U0366562

普通高等教育旅游管理"十一五"规划教材

编委会名单

主　任　喻学才

编　委　喻学才　周武忠　任黎秀　黄震方

　　　　刘庆友　王国聘　张维亚　王永忠

　　　　万绪才　陈肖静　张　捷　魏向东

　　　　丁正山　黄傲成　贾鸿雁　赵宁曦

　　　　郭剑英　王金池　朱应皋　余子萍

普通高等教育旅游管理"十一五"规划教材

旅游文化学

喻学才　主编

化学工业出版社

·北京·

本书共12章，包括绪论、世界旅游文化概览、中国旅游文化的演进历程、旅游主体与旅游文化、中国旅游主体的文化特征、西方旅游主体的文化特征、旅游客体与客体旅游文化的特点、中西方客体旅游文化的特点、旅游介体与旅游文化、中国旅游介体的文化特征、旅游产业与旅游文化、旅游文化建设展望。本书涵盖了古、今、中、外四个方面的旅游文化，不仅包含传统旅游文化类教材所涉及的旅游文化主体、客体、介体等方面，而且针对这些旅游文化主体、客体、介体的文化特征进行了系统的论证和介绍；不仅有对旅游文化理论的探讨，而且特别重视与具体的旅游文化实证相结合。最后，本书还对21世纪中国旅游文化建设做出了适当展望。

本书的特点有四方面：①信息量大，内容丰富；②视野开阔，写作角度多样化；③实证性强，特别重视理论与实践的结合；④多维透视，从不同角度，对同一文化现象进行实证研究。本书力求融入最新的旅游文化理论研究成果，结合近些年来的典型旅游文化实用案例，突破目前旅游文化类教材的传统编写框架与思维模式，在原有教材的基础上实现教材内容和形式的创新和完善，为旅游文化研究与实践提供借鉴和指导。

本书可用作高等院校旅游类专业的本科教材，也可供高职高专院校旅游类专业教学使用，以及从事旅游管理的从业人员参考。

图书在版编目（CIP）数据

旅游文化学/喻学才主编. —北京：化学工业出版社，
2010.3（2024.8重印）
普通高等教育旅游管理"十一五"规划教材
ISBN 978-7-122-07561-1

Ⅰ. 旅⋯　Ⅱ. 喻⋯　Ⅲ. 旅游-文化-高等学校-教材
Ⅳ. F590

中国版本图书馆 CIP 数据核字（2010）第 002733 号

责任编辑：唐旭华　　　　　　　　文字编辑：杨欣欣
责任校对：蒋　宇　　　　　　　　装帧设计：尹琳琳

出版发行：化学工业出版社（北京市东城区青年湖南街 13 号　邮政编码 100011）
印　　装：北京科印技术咨询服务有限公司数码印刷分部
787mm×1092mm　1/16　印张 12¼　字数 298 千字　　2024 年 8 月北京第 1 版第 7 次印刷

购书咨询：010-64518888　　　　　　　　售后服务：010-64518899
网　　址：http://www.cip.com.cn

凡购买本书，如有缺损质量问题，本社销售中心负责调换。

定　　价：45.00 元

版权所有　违者必究

序

在各种产业中，旅游产业是发展速度最快的一种。由于发展速度偏快，会带来一些急功近利的问题，如旅游项目的粗放式开发、旅游景区的同质化竞争、旅游企业服务的诚信度缺失、文化资源开发的简单化、遗产类旅游资源的建设性破坏问题等。

在各种学科中，旅游学科是发展速度最快的一个学科。由于发展速度偏快，也同样出现了一些急功近利的现象。如办学条件不够而硬上，培养目标定位的雷同，实践环节与理论学习的比重把握不好，行业需求过旺对师资队伍的影响等，都是发展中出现的新问题。

在旅游产业发展和旅游学科发展的大背景下，我们的教材建设实际上起着重要的推动作用。这种推动作用主要表现在两个方面：一是为培养旅游产业急需的各种类型、各种层次的人才提供最基本的课本；二是总结学科发展的研究成果，将学术研究的结晶做大众化的表达。让千千万万学子在较短的时间里能够快速吸收最新的研究成果。

改革开放三十年来，我国的高等院校旅游专业教材建设取得了长足的进步。从教育部的部颁教材，到各省的地方自编教材，估计总数有近百套之多。百花齐放，蔚为大观。江苏的高等旅游院校的师资有组织地编写旅游管理教材（简称"苏版"），始于1999年。当时那套苏版旅游教材自2000年推出以来，得到全国许多兄弟院校的认可和使用，我们也收集了不少的反馈意见。根据收集的反馈意见，我们为现在这套教材（即由化学工业出版社出版的苏版旅游教材）所确立的编写指导思想如下。

一、1999年主编的苏版教材主要实现了一个目标，即把大家组织起来，完成了江苏省旅游教材从无到有的目标。本套教材的目标应该有所超越。我们这次的目标是完成教材从粗到精的质变。我们把大家的聪明才智和努力形成合力，共同打造一个江苏旅游学术界的新形象。

二、现在这套教材虽然是另起炉灶的工程，但前一系列教材好的东西我们还是要继承。有些基础比较好的书稿也不一定要大修大改。总之是发扬好的，完善不足。臻于至善是我们的共同目标。

三、这套教材要及时反映本领域的最新学术成果；要及时反映本领域最新的政策法规。

四、这套教材要追求世界性、前沿性和兼容性的统一。所谓世界性，就是我们编写教材的眼光应该是世界性的。我们不能只谈中国的，对本领域的世界范围的信息要有所涉及。所谓前沿性，就是要求我们的教材在介绍已经成为定论的东西的同时，也应适当跟踪正在出现的新理论、新概念和新方法。当然在措辞时应注意给读者以清晰的区别，不要让使用者分辨不清哪是定论，哪是未定之论。更重要的是用语要客观公正。因为教材不是学术专著，不是一家之言。所谓兼容性，就是说希望我们的每一本教材都应该追求多层面、多角度地包括相关的信息和知识。对有的教材而言，这种兼容性可能是理论、方法、案例几个内容的有机融合，而对另外某些教材来说，可能就是纵向、横向以及内在结构的知识和信息的表述。

五、文字风格上我们希望这套教材共同追求一种简洁明快的文风。

当然，我们的这套教材是否实用，要等着广大的用户评价。因此，我们真诚地期待着全国高等旅游院校的专业课教师以及广大学生的意见。因为学科尚在发展中，大家都在探索中，我们有一点可以承诺的是：我们会真诚欢迎所有使用者的批评意见。我们将随时记录读者的意见，在修订时吸收进去。"学，然后知不足；教，然后知困"，"止于至善"，古人的良训永远是我们的座右铭。

2008 年清明
于东南大学旅游学系

前　言

　　旅游文化在我国有几千年的历史。二十五史、诸子百家等著作，各地的历代地方志、名山大川的名胜志以及为数众多的族谱和家谱，都是重要的旅游文化信息源泉。中国是一个文明古国，发展现代旅游业自然离不开这些旅游文化遗产。在中国旅游经济和全球旅游经济一体化过程中，怎样卓有成效地确保区域性旅游文化特色的可持续发展，是摆在我们面前的重大任务。因此，我们必须研究旅游文化，在和国际接轨的同时坚持"古为今用，洋为中用"的原则，努力创造21世纪的既有全球意识和全球眼光，又有中国作风和中国气派的崭新的旅游文化！

　　本书的特点有以下几点。

　　① 信息量大。本书基本上包括了古、今、中、外这四个方面的旅游文化，概括精到，内容丰富。

　　② 视野开阔。本书既有对世界各大洲旅游文化的介绍，也有对中国旅游文化演进史的扫描；既从纯文化的角度，也从旅游产业的角度来剖析旅游文化；既有对新世纪旅游文化建设的构想，也有对改革开放以来中国旅游文化研究的综述。

　　③ 实证性强。本书特别重视旅游文化理论的探讨和具体的旅游文化实证的结合。较强的实证色彩，有利于使用者的自学和参悟。

　　④ 多维透视。本书有意识地从不同的角度对同一文化现象进行实证研究。

　　⑤ 可作工具书。本书除正文内容外，还有附录。这些附录都是工具书性质的，采纳自可靠读物。如历代旅游文化名著、近20年的旅游文化研究综述等。

　　本书的作者及分工情况如下：第1章、第2章、第3章、第4章、第6章、第11章、第12章和附录1、附录2由东南大学喻学才、毛桃青编写；第5章由南京师范大学周年兴、文朋陵、沙润编写；第7章由金陵职业大学朱敏编写；第8章由南京财经大学吴芙蓉编写；第9章、第10章由扬州大学潘宝明编写。本书由喻学才教授担任主编。另外参与编写工作的还有申健健、王洋、翟雨芹、隋芹芹、韦志慧、韩露、王子斌、姚建园。

　　本书的编写目的在于希望通过各位参编专家的通力合作，给读者提供一本体系相对完整的旅游文化教材。当然，我们的目的是否能够达到，取决于教材使用者的反映。借此机会，我们真诚地希望广大任课教师和读者提出宝贵的建议，以便使本书乃至本学科逐步完善。

编者

2009 年 12 月

目　录

1 绪　论

　　旅游，作为人类社会的一种生活方式，是普遍存在的，世界上任何一个国家或民族，都不可能和这种生活方式无缘。只是不同地域、国家和种族的人们的旅游，在具备全人类旅游的共同性的前提下，还保持着他们自己区域或者民族的差异性。正是各种不同的地域、国家和民族之间的差异以及这些差异间的交流，才使得人类的这种生活方式丰富多彩，价值永恒，并且时刻推动着人类的旅游由一般的社会文化活动一步步走向产业化的道路。

　　旅游，对每一个社会成员而言，是人生的一种特殊经历。上至国家元首，下至普通平民，在其一生中都会或多或少或深或浅地拥有这类经历。我们所称道的那些载入史册的旅行家或旅游学家，和众多的名不见经传的普通旅游者，从旅游即经历这一点看，在本质上并无什么区别。差异只不过表现为：历史上著名的旅行家、旅游学家们的这类经历丰富些，感受深刻些；而普通人的这类经历贫乏些，感受肤浅些罢了。著名者不仅能至，而且能言，不仅能言，而且能文，故能流传于后世。而普通人一般只能做到第一境界，即能至，顶多能言而已，故身后无人知晓。

1.1　旅游的定义

1.1.1　中国古代学者的定义

　　中国唐代学者孔颖达（公元 574～648 年）曾给旅游下过一个定义。他说："旅者，客寄之名，羁旅之称，失其本居而寄他方"。这可能是世界上关于"旅游"最早的定义。这个定义虽然没有 20 世纪的旅游学家们所概括的那样全面，但却抓住了旅游最本质的特征，即"失其本居而寄他方"。

1.1.2　西方现代学者的定义

　　英国学者伯卡特·梅特里克认为："旅游是人们离开他经常居住和工作的地方，短期暂时前往一个旅游点的运动和逗留在该地的各种活动。"德国学者蒙根·罗特对旅游的理解是："是那些暂时离开自己的住地，为了满足生活和文化的需要，或个人各种各样的愿望，而作为经济和文化商品的消费者在异地的人的交往。"这两个定义可以看作是对孔颖达认识的延伸，它依然是将旅游视作一种生活方式或文化活动来加以描述的。

　　随着工业革命的到来，旅游由单纯的文化活动发展为经济产业。相应的，也就有学者从产业的角度对旅游研究进行定义，如加法利教授认为"旅游研究是对离开居住地的人的研究，是对因旅游者的需要而产生的这一工业的研究，是对旅游者和这一工业给东道地的社会文化、经济和自然环境所造成的影响的研究"。对旅游者的研究、对旅游业的研究以及对旅游的影响研究共同构成一个完整的旅游研究系统。

1.2 旅游文化的定义和性质

1.2.1 旅游文化的定义

旅游文化是作为和旅游经济相对的一个概念被提上研究日程的。何谓"旅游经济"？何谓"旅游文化"？在探讨二者关系之前必须先弄清楚这个问题。所谓旅游经济，它指的是现代旅游业中旅游介体（旅游管理机构、旅行社、旅游公司等旅游企业）与旅游供给方和旅游需求方的各种经济关系。旅游经济学就是研究旅游需求与旅游供给之间的经济关系和规律的学问。供给方主要指资源市场，需求方主要指客源市场。而旅游文化则是一个比旅游经济古老许多的概念。

人类有了旅游活动，便有了旅游文化；但旅游经济则是在人类进入商品经济社会以后才出现的。旅游文化有几千年的历史，旅游经济则只有百余年的历史。因此，从广义的角度来说，旅游文化学是一门研究人类旅游活动发展规律的学问。从狭义角度说，则是一门研究在商品经济运行环境下如何合理开发利用过去时代所创造的旅游文化遗产，如何立足本国本地，创造有时代精神和地域特色的旅游文化的学问。

1.2.2 旅游文化的性质

（1）旅游文化与旅游经济相互影响

旅游文化和旅游经济在现代旅游业中不是水与火的关系，而是水与乳的关系；不是互不相容的关系，而是互相交融的关系；是一种你中有我，我中有你的关系。在商品经济社会中，旅游经济的存在通常规定和制约着旅游文化的开发。首先，现代旅游文化的开发程度之深浅，其开发规模之大小，总是要受当地经济基础的制约。没有强有力的市政基础设施和旅游接待设施的支撑，某旅游地的旅游文化历史内涵再丰富，开发者的产品组合思路再有创意，也难以作为旅游产品推销给旅游者。比如交通、食宿、通信不解决，再好的旅游产品开发构想也是泡影。从这个意义上讲，旅游经济决定旅游文化。其次，在实行市场经济的今天，作为以旅游文化为灵魂的旅游产品，旅游者需通过等价交换的途径才能取得消费的权力；而作为旅游经营者，他开发的旅游产品在市场上流通，也只有通过等价交换的渠道才能进行。一般而言，有什么样水准的产品，就可卖什么档次的价钱，不能以次充好，以劣代优。从旅游者方面看，他们有多大的支付能力，就可消费与之相当的旅游产品，比如住宿，工薪阶层就不会选择住五星级饭店。从这个意义上讲，也是旅游经济决定旅游文化。自然，旅游文化有时也可能动地反作用于旅游经济。比如某些硬件不尽如人意的地方，由于旅游从业人员服务意识特别强，自觉地尊重客人，急客人之所急，想客人之所想，可以吸引回头客，获得经济效益。因为他们为客人提供了十分人性化的服务，故给客人留下了深刻的印象，而这正是工业社会很多企业所缺乏的。一个团队在旅游过程中，也许会遇到飞机不准点，食宿标准与旅游者所支付的费用相左的情况，但如果导游人员素质高，善讲解，关心团中每一位游客，办事能力又很强，这样，也许旅游者所遇到的小小的不愉快会被导游的优质服务所抵消。还有一种情况是某些贫困地区由于决策者的精明，在旅游经济基础相当薄弱的情形下当机立断发展旅游业，通过滚动式发展的道路，先小打小闹，为进一步开发像样子、上档次的旅游产品积累资金，也可取得成功，如河北涞水野三坡、浙江金华的兰溪就属这种类型。

旅游文化和旅游经济的这种关系还可从以下几个方面得到说明。

① 从旅游者方面看，一个现代旅游者要想把旅游愿望变为现实，要想前去旅游目的地领略其向往已久的旅游文化，他必须凭借现代旅游业中的介体机构，如旅行社、旅游公司等

中介条件。同时，他为了完成从甲地到乙地的旅行，必须支付一定数量的货币才能加入这一特殊消费行列。一句话，不经过旅游介体，不通过旅游经济手段，他的梦想便难以成真。即使进入信息时代，团体包价旅行逐渐消失，新兴的旅游服务信息系统依然具有旅游经济的功能，在实质上并无不同。

② 从旅游地的开发建设看，开发建设旅游地自然有着经济赢利的目的，但为了吸引旅游者，旅游地的建设又不能忽视独具特色的本地旅游文化的开发。没有旅游文化特色的旅游地就像没有灵魂的木乃伊，旅游者必然唾弃它。在我们国家，凡属开发成功的旅游地无一例外地都有自己的旅游文化，如曲阜这个旅游地就以儒家旅游文化为特色，西安就以汉唐文化为灵魂等。即使原本没有旅游文化遗产的地方，一旦开发旅游地，也得选准主题，如深圳华侨城的"锦绣中华"、"中国民俗村"、"世界公园"等模拟景观的建设就有兼容并包的特区旅游文化个性。如果看见深圳模拟景观开发成功了，就不问因由地在内地如法炮制，这样的旅游地开发必然失败，因为决策人只见其利，未思其弊。忽视本地旅游文化遗产的开发而去邯郸学步学深圳，实际上就是无视旅游者要求旅游地有个性特色这样一个基本事实。

③ 从旅游经营者来看，任何时候都不应忘记尊重旅游者，不应忘记旅游者不远千里出游为的是享受异质文化，因此，在食、住、行、游、购、娱六大环节和经营管理上都不能忽视旅游文化建设。只求赚钱，不重文化，势必助长短期行为，以损害旅游者的精神需要为代价，其后果自然是十分严重的。

如果我们对旅游业作一个大体的结构分析，它不外乎由旅游主体（旅游者）、旅游客体（旅游地）和旅游介体（即旅行社等中介组织）三大块组成。旅游者要实现旅游愿望，要和旅游介体打交道，通过他们了解旅游目的地的有关情况，购买由旅游介体开发的旅游线路，因此旅游主体和旅游介体之间不得不发生经济关系。但旅游主体花钱旅游，一方面要获得亲历旅游目的地的人生经历，要使自己获得异质文化的享受；另一方面，旅游者购买了这一旅游产品，他在消费过程中还希望得到质价相符的旅游服务。这两个层次都属旅游文化的范畴。前一层次愿望的满足，有待于旅游地的规划开发能突出唯我独有的旅游文化特色；后一层次愿望的满足，则需要从业人员具备良好的文化素养和无可挑剔的服务技能，即既有常规服务又有情感服务；既有质价相符的服务，又有超值服务。因此，旅游介体硬件质量的好坏，服务质量的高低，都会直接影响到旅游主体对旅游客体的审美观赏的质量，同时也会给旅游介体带来至关重要的影响。一般而言，旅游者的质量投诉，大多集中在旅游介体方面。如违约降低食、宿、交通工具的档次，导游水平低，服务态度差等。虽然问题出在旅游经济方面，但其中同时也反映出旅游文化的欠缺。可见，旅游经济和旅游文化是很难截然分开的。

（2）旅游文化是旅游业的灵魂

作为一种新兴的产业，旅游业从1840年的初具雏形到现在的影响国计民生，也才经历一个半世纪的发展历程。一百多年来，旅游业在世界范围内蓬勃兴起，尽管有的国家出现得早，有的国家出现得晚，但大体都经历了类似的发展阶段。旅游业在各国的发展都在遵循着客观的规律，这就是从一开始只重视旅游经济的收益，自觉或不自觉地忽视旅游文化的价值到后来普遍重视旅游文化的现实价值和潜在价值，从而保护自然环境和文化传统的过程。

忽视旅游业是经济产业的观点是片面的认识，但忽视旅游文化在旅游产业中的地位同样是片面的认识。中国是一个有五千年历史的文明古国，有着世界上含量最为丰富的文化遗产，作为旅游资源，人文景观所占比重特别突出。从弘扬爱国主义主旋律的角度看，我们应该通过宣传我们伟大祖国的"旅游文化"，让外国游客知道中国文化的伟大与古老。就追求旅游业的经济效益而言，一个旅游产品应体现中国文化的内蕴，使之具有独特的吸引力。试想，旅行社设计的旅游线路若无文化特色，旅游者会心甘情愿地将钞票给你吗？为什么旅游者愿意消费那些古色古香、土色土香、野色野香的旅游项目？为什么有的导游"游而不导"会令中外游客扫兴？道理是不言而喻的。

只重旅游经济不重旅游文化，很容易将旅游业引向急功近利、竭泽而渔的道路。如许多旅游胜地满负荷甚至超负荷接待旅游者，严重地破坏了旅游空间的环境美和意境美，这是只见眼前可观的门票效益却忽视了长远的环境效益的表现。有些新开发的景区在保护措施还未跟上的情况下，急不可耐地对外开放，为了屈指可数的一点收入，却导致景区内著名景观惨遭破坏，孰重孰轻，一眼便知，而主事者往往执迷不悟，如古墓葬的开发和石灰岩溶洞的开发项目就不乏这方面的例子。再如，一旦谁开发出一个抢手的旅游产品，马上有很多跟风者步其后尘接踵而至，这种情况在旅游项目开发和旅游线路设计中都普遍存在，最典型的莫过于深圳的"锦绣中华"等模拟景观开发模式。但是深圳模式适用于深圳，并不一定适合内地普遍推广。只是因为在深圳开发成功，经济效益可观，内地部分省市便无视本地的旅游资源个性和区域文脉，照葫芦画瓢，依然是重视经济轻视文化的表现。在线路设计方面也是这样，改革开放三十年来，旅行社销售的产品并未出现百花齐放的灿烂景象，而是各种背景不同的旅行社在没有细分和定位的旅游市场上狭路相逢，大多数旅行社生产和销售的几乎是完全相同或极其相似的产品。没有文化的旅游业是不健康的，也不可能成为现代化的产业。旅游业是一项文化性很强的产业，旅游者为了追求文化享受才进行旅游活动。旅游产业无论是就其"形"还是就其"神"而言，只有体现出各种不同的文化特色才能吸引旅游者，从而产生旅游消费。因此可以说，没有旅游文化就没有旅游业。旅游文化是旅游业的灵魂。

（3）旅游文化应实现本土化

1994年11月3日至4日世界旅游部长会议上发布的《大阪旅游宣言》中指出："国际旅游业的领导人肩负着不可推卸的责任，要把这个美丽富饶的地球传给后世，强调需要采取积极的努力，以保护自然环境和传统，使其不因无计划的旅游发展而遭受破坏。"严廷昌先生曾言："一个旅游者想要在旅游中获得什么，不能不反映出一个旅游者的文化素养、道德情操；而一个国家在旅游中提倡什么，不能不反映出一个国家的精神风貌、文化传统"。国家如此，地区亦然。

旅游经济的标准可以国际化，旅游文化的标准却应当本土化。要发展旅游业，需要投资修路，建造宾馆，购置车辆。作为介体的旅游接待设施和市政基础设施，是世界各国发展旅游都共同会面临的问题。评价容易形成统一的尺度，如饭店的评星定级，旅行社的规模、档次，旅游地的交通、通信等硬件建设，都不难确立统一的标准。而我们开发景点，体现文化内涵这些属于旅游文化范畴的开发却不必整齐划一，也不应该用一成不变的标准来衡量。

景点建设有如小说戏剧作品中的人物形象塑造，它应该是其他景点无法替代的"这一个"！因为任何一个景点的形成，都有自己独特的时空条件和环境因素。比如同为江南名楼，岳阳楼以关心民瘼为主题，黄鹤楼则以寄托乡愁为灵魂，决然不会雷同的。而之所以会雷同，倒是因为开发者用某种已有的模式来修改或曰包装景点，由于规划设计者的文化准备不够，故此往往走以同类景观为范型开发的道路。更有甚者，直接照抄照搬，即使放大或缩小，那也绝不是创造，如20世纪末铺天盖地的模拟景观即是忽视旅游文化应采用本土化标准所致。

旅游服务亦应充分体现本土特色，要将旅游者对了解异质文化的渴望心理之满足寓于极富地域文化或民族文化精神的服务之中。采用有着浓郁地方特色的接待方式，营造能使旅游者激动不已的、甚至是终生难忘的接待氛围，包括食、住、行、游、购、娱六大环节的多层次服务之中。

由此可见，承认"旅游文化"在促进"旅游经济"健康发展方面的作用和地位，承认其独立的学科地位，实为推动中国旅游业向高品位前进的必由之路。这种导向对于纠正只重金钱不重人、只重视旅游业的经济性而轻视旅游业的文化性的偏向，无疑有着积极意义。

1.3 旅游文化学的研究对象

根据旅游文化的定义，旅游文化的研究对象也就相当清楚了。所谓旅游文化，它要研究的就是旅游主体在和旅游客体发生关系过程中所创造的文化。它包括：a. 旅游发生地国民世世代代所创造的文化；b. 旅游目的地人世世代代所创造的文化；c. 旅游主体在和旅游客体发生关系时因交流而感受的文化差异。

旅游主体和旅游客体之间的关系史就是旅游文化的演进史。迄今为止，这一演进过程已经过两个历史阶段：第一阶段，旅游主体和旅游客体直接发生关系；第二阶段，旅游主体通过旅游介体和旅游客体发生关系。目前人类社会中科学技术水平较高的国家已开始进入第三阶段，即旅游主体通过信息技术和旅游客体发生关系。第一阶段，大体与农业社会始终相一致；第二阶段，大体与工业社会始终相一致；第三阶段将可能会与信息社会始终相一致。目前，已经出现的网络旅游虚拟现实技术，即可视为信息社会的旅游介体。

旅游文化学是旅游学的一个分支。这门学科的核心是回答旅游者，旅游景点（或旅游吸引物）、旅游服务者凭什么吸引人，为什么同样一个景点不可能吸引所有人这样一些问题。同时，对旅游经营者而言，它的核心是回答开发什么样的景点（或吸引物）才能得到旅游者认同？提供什么样的服务才能让旅游者满意？

旅游文化学是一门综合性很强的学科。它与历史学、地理学等传统学科，及与旅游经济学、旅游资源学、旅游管理学、旅游社会学、旅游心理学等新兴学科都或多或少有着不可分割的关系。不过，它和对某种社会现象进行单方面的具体考察的学科不同，它是"对旅游活动中社会文化现象进行综合的考察和研究，从总体上揭示旅游这种人类文化活动的本质和发展变化的规律"。因此，尽管旅游文化学和旅游管理学、旅游经济学等学科关系密切，但是"毫无疑问，旅游文化学是所有这些学科都不能取而代之的"。（马波. 现代旅游文化学. 青岛：青岛出版社，1998.）

1.4 旅游文化学的研究内容

明白了旅游文化的研究对象，我们就不难知道旅游文化的研究内容了。

旅游文化，就其构成而言，我们需要研究旅游主体、旅游客体和旅游介体三大要素。关键自然是研究以三大要素为载体的种种文化现象及规律。一个国家或一个区域、一个民族的旅游文化特征，总会在其旅游主体、旅游客体和旅游介体身上得到鲜明的反映。一个国家、区域或民族的旅游主体在和其他国家、区域、民族的旅游主体交往过程中，各自固有的文化习性都会从主、客、介三方面表现出来。这些形形色色的差异就是旅游文化，是旅游者乐于了解的，也是旅游文化学要着力研究的地方。

以旅游客体而论，研究者需要研究旅游景观、旅游景点、旅游景区这样一些范畴。以旅游主体而论，研究者需要研究旅游者、旅游层、旅游群这样一些范畴。以旅游介体而论研究者需要研究导游、旅行社、旅游集团公司等范畴。其中旅游主体的研究原点是旅游者；旅游客体的研究原点是景点；旅游介体的研究原点是导游者。循此道路研究，必能揭示旅游文化的规律。

若以旅游文化的构成层次而言，则研究工作当包括物质文化层面、制度文化层面和精神文化层面三大层次。

物质文化层面指旅游者实现旅游愿望必须借助的物质手段，如饮食，日用器物、舟车交通、建筑园林、道路、村落、城市等。其中大量的是旅游景点，即我们习称的旅游吸引物。

制度文化又称社会文化。这一层面是人类处理个体与他人、个体与群体之关系的文化产物，它包括社会的经济制度、婚姻制度、家族制度、政治制度等，对旅游文化而言，这里可区分为两类：其一，旅游目的地国家或地区的制度文化，"入乡随俗"这句成语讲的就是旅游产生国或地区的人们到旅游目的地国家或地区时不能忽视对目的地的风俗禁忌的了解和遵循；其二，制度文化也指旅游活动中约定俗成的一些规矩，以及旅游群体之间各自的管理制度以及旅游群体间交往的习惯做法等。

精神文化层面。精神文化是人类的文化心态及其在观念形态上的反映，它包括人们的文化心理和社会意识诸形式，因为"文化的核心由来自历史传统的积累所形成"。就旅游文化而言，精神层面的研究毫无疑问应该是重点。因为它制约着制度层面和物质层面两个方面。比如，为什么中国人从古至今重视天人合一境界的追求，而西方人则重视人对天的独立性境界追求？为什么中国的古代旅游文化十分重视生态环境的保护，而西方古代旅游文化则在这方面意识比较淡薄？为什么在西方性旅游可以以合法的形式存在，而在中国却为国情所不容？凡此种种，只有从旅游文化的精神文化层面去加以研究，才可得到说明。

物质文化、制度文化和精神文化这三个层次的划分只是为了论述的方便。事实上在许多情况下这三者是分不清楚的。比如，南昌的滕王阁，作为一个著名的古建筑，它显然是属于物质文化的层面，因为其利用的建材是物质的。然而它在历史上屡遭损毁，重修二十九次。为什么人们如此不遗余力，不厌其烦地重修滕王阁呢？这里有一个传统的影响问题。滕王阁作为南昌地方的象征性建筑物，它的存在已经成为该城的一个不可省略、无法替代的有机部分，经历唐、宋、元、明、清直至当代，一千三百多年间，重修不已。驱动地方官和当地士绅一再重修滕王阁的决定因素，就是传统，一种已经被大家公认的约定俗成的城建制度或文化建设规章。

若问为何人们如此钟情滕王阁？旧滕王阁塌了，另外修一处标志性建筑难道不行吗？答曰：不行。因为这滕王阁是因王勃写序而出名。这一品牌是无法替代的。中国人一向尚古重文，所谓山川景物因人而显，因文章而传就是这个意思。说到这一层，就到了价值观上来了，也就是关涉旅游文化的精神层面上了。

又如武汉的黄鹤楼，清代楼体只有十几米高，20世纪80年代初重建后的高度却增加到44米，这个高度备受部分建筑师责难。但平心而论，设计师也有难处，在城市建筑全盘西化，千篇一律朝空中飙升，整个城市几乎成为水泥森林的情势下，设计师将高度作一些夸大处理，可以说是不自觉地反映了社会文化的变化或曰制度文化的变迁，因为今日武昌已不同于清代的武昌。至于许多仿古建筑从建材方面看都舍弃了传统的木构而代之以钢筋水泥结构，这同样反映了社会文化的变化。因为今日仿古建筑的修造一半为了保存古迹，一半为了吸引游人。过去游览名胜，只是少数有钱有闲阶层的雅事，管理相对容易，失火等情况发生的概率要小。而今天著名景点常常超负荷接待，若用木构，火灾发生的概率要大许多倍。再说，森林资源的匮乏，大木难得也是今不如古的地方。凡此种种，都反映出我们这个时代的社会文化或曰制度文化不同往昔，因此旅游文化的表现形式也有了时代的特点。

1.5 旅游文化学的学科体系构建

从学科建设的角度看，旅游文化学体系的建构至少应包括以下三大组成部分：

第一，基础理论部分。包括本体论：旅游文化学的基本概念和研究范畴的界定，方法论（即哲学方法，一般科学研究方法和具体科学研究方法）和价值论（包括旅游文化价值、旅游文化美学价值、旅游文化生态价值）等。

第二，结构理论部分。包括学科的基本构成（如前所述旅游主、客、介三大骨架以及物质、制度和精神三大层次），研究对象间内在的规律性揭示。

第三，实践应用部分。包括阐释古今中外的大量旅游文化实践、检验现在的旅游文化开发实践和预测将来旅游文化的走势。

1.6 旅游文化学的研究方法及意义

1.6.1 旅游文化学的研究方法

首先，我们应学会使用系统联系的方法。旅游文化是旅游大系统中的一个子系统，它的存在是和其他子系统的存在互为前提和条件的，不能孤立地去研究它，而应用普遍联系的观点、系统有机的眼光去研究。

其次，必须用发展的观点看待旅游文化。旅游文化和其他文化形态一样，它也是在不断变迁的。就某一个旅游发生地而言（比如中国），在一个相当长的时期（如封建社会），可能变化不大，但相对历史长河的漫长而言，它自己也必然会有明显的发展阶段。只要旅游发生地彼此交往，旅游文化就会出现新的气象。因此，不能静止地看待旅游文化。

最后，研究旅游文化必须用比较的方法。有比较才有鉴别。旅游文化的魅力就在于，站在较高的视点上，我们通过比较所看到的是一系列的国家与国家、区域与区域、民族与民族、阶层与阶层之间的种种异同。这些大同小异正是旅游文化的要义所在。当然，比较法也是多层次的，就研究方法而言，大致有以下几个层次：书本知识和实地游历的比较，地面遗址和地下文物的比较，不同时代、不同地域的文献记载之比较，不同空间、不同时间的旅游主体的比较等。

1.6.2 旅游文化学的研究意义

（1）旅游文化的研究意义

第一，研究旅游文化，有助于弘扬民族文化，提高国民素质，促进旅游业的发展。

中国历史悠久，民族众多，文化源远流长，人文资源丰富多彩，中国的人文旅游资源即是这个艺术宝库中的精华。我们应该以伟大的民族文化而自豪，从祖国的艺术宝库中吸收有价值的东西加以发扬光大。而很多情况下，往往只有文学艺术修养比较高，受祖国的传统文化感染较深的旅游者才能领悟到某些审美对象较为深刻、丰富的意蕴。研究旅游文化，可以把"美"更广泛地传达给人民大众，提高国民素质。旅游文化学以为旅游业可持续发展服务为目的，所以会针对旅游经济建设中的难点、疑点、重点来研究，从而指导实践工作，促进旅游业的发展。

对于任何一个国家来说，能够激发境外游客热情和兴趣的最主要和最具魅力的，除了自然景观以外，就是这个国家的民族文化景观和由民族文化景观所体现的民族文化特色。要发展旅游业首先必须要了解和研究本国和本民族的文化。对我国旅游文化的研究，是以满足旅游者对异质文化了解的好奇心为目的，设法发掘旅游产品的文化含量，增加和提升旅游景点、旅游项目的文化品位，从根本上繁荣旅游市场，促使中国跻身于世界旅游强国之列。旅游活动和旅游业发展不仅会给接待地带来经济效益，还会导致接待地社会文化的深刻变化。任何一个国家或地区发展旅游业，最终目的还在于提高人民的整体生活品质，因此必须重视旅游对社会文化的影响，并以此作为制定旅游发展政策和具体措施的依据之一，努力将旅游的负面作用降至最低。

研究旅游文化，通过游览祖国的壮丽河山欣赏领略祖国的悠久历史和灿烂的文化，让国内游客迸发出爱国主义情感，增强民族自信心和自豪感；让国外游客增加对中国古老文明的了解，传递中国人民的友谊，缩小彼此间的差异，消除彼此间的隔阂。

第二，研究旅游文化，有助于解释人类的旅游行为，揭示旅游活动发生发展的规律。

旅游文化从文化这个特殊的角度来审视旅游活动，研究旅游产生、发展乃至成为人类生活不可或缺的组成部分的内在原因，为人们认识旅游的本质提供最有效的方法和途径。研究旅游文化要注意对旅游现象的纵横比较，探讨旅游行为运动变化的机理、发展趋势，按照一定的理论方法对未来的情况进行预测，才能有助于旅游活动的全面发展。旅游业发展存在着支配它的客观规律，包括经济规律和文化规律。只有遵循这些客观规律，旅游业才能得到有效的发展。人们在进行旅游产品开发和旅游企业经营管理时，一般对经济原理相当重视，但对文化规律的认识多不关心，因而使许多活动行为具有盲目性，在很大程度上还处于自发的、不完全自觉的状态。开展旅游文化教育，能促使旅游从业人员进一步认识旅游业发展的文化规律，从理论认识上提高自觉性，从而减少在实践活动中的盲目性，更有效地按照文化发展的客观规律经营和管理旅游业。

第三，研究旅游文化，有助于构建旅游学科体系，丰富旅游学和文化学的研究内容，推动社会科学的发展。

旅游文化学是旅游学和文化学的交叉学科，又是旅游学的分支学科，它借用文化学理论、概念和方法，对旅游活动中的文化现象和文化规律进行研究，能同时丰富旅游学与文化学的内容，促进旅游学和文化学的发展。此外，旅游文化在今天具备了广泛的社会意义，已经成为当今社会科学的研究对象。在加强旅游文化建设的过程中，加强旅游业间的国际文化交流与合作，准确、迅速地把握国内外旅游业的最新动态和发展趋势，有助于推动旅游业的发展，也有助于旅游学科和社会科学的发展。

（2）旅游文化学应有自己的学科地位

在我们国家发展旅游业，自从抛弃外事接待模式以来，经济学家们的下述观点便一直占据着统治地位，即："中国旅游业最主要的目的是促进国家经济发展，因此旅游天生是一个经济产业。""旅游消费有文化性的特点并不能改变旅游业的经济性。"

在我国旅游专业学科目录中一开始只有"旅游经济"这个二级学科。在我国，"旅游经济"这个学科名称事实上已取代了本来应有的一级学科"旅游学"。这方面除了全国高校本科以上层次的招生目录可以证实外，全国影响最大的上海图书馆《全国报刊论文目录索引》、中国人民大学书报复印资料中心的《旅游经济》、甚至国家旅游局编辑出版的《中国旅游年鉴》的目录分类也可证明。这类目录分类中没有旅游文化的位置，而统统被纳入"旅游经济"这个大口袋中。

众所周知，由于起步晚，我国旅游业从业人员文化层次偏低。作为政府，如不从舆论导向上加以引导和强调，从人才培养上加以布局和落实，所谓重视旅游资源的"文化积淀"很可能会成为一句空话，那前景将是灾难性的。从发展国内旅游来讲，也存在一个旅游资源文化内涵的挖掘、提炼、利用和保护的问题。进入20世纪90年代以来，专家们不断发出警告：中国人不懂中国文化的越来越多，大量的旅游项目都存在着互相模仿、盲目开发的现象，只讲眼前的经济效益（其实许多项目只不过是对市场需求的错误判断罢了，如大量的文学名著模拟景观、游乐宫之类），不计民族国家文化遗产的损失。这难道还不发人深省吗？

在我国，旅游文化在旅游产业中的地位，已日益为有识之士所关注。这种关注一方面表现在旅游产品设计不能脱离旅游文化，另一方面又表现在旅游资源开发和景区规划是以旅游文化为基础的。从旅游学术界专家们的研究方向看，三十年来研究旅游文化的学者和著述明显增多，且表现出十分明显的服务产业的趋势。

20世纪80年代，我国的旅游主要是国际旅游，旅游资源开发基本上局限在有限的几座城市中，所谓开发也主要是简单利用和修复有较大价值的文物古迹，学术界指责的建设性破坏等现象其影响还不太大。进入90年代以后，国内旅游勃兴起。和20世纪80年代不同，90年代是"村村点火，处处冒烟"，在全国范围内开始出现旅游开发的热潮，接踵而来的是人造景观大量涌现并且鱼龙混杂。中国不少地方的旅游开发大有不问市场、只事模仿的势头，并且日益表现出重经济轻文化的不良趋势。有钱或有权，想干什么项目就干什么项目，将规划视同鬼话。造成今日这种局面的原因，固然有国人的求同倾向和急功近利心理在起作用，但政策导向和人才培养导向的疏忽也是不容忽视的事实。我们的主管部门是否考虑过：我们上那么多人文景观项目，投入那么多资金，我们的文化准备充分吗？理论本应先行，自20世纪80年代中期以来，学者们便呼吁国家重视旅游文化建设，但没有引起应有的重视。我们开发的旅游产品，是否受消费者欢迎，关键看质量，但衡量旅游产品的标准是文化。没有文化或文化品位不高的旅游产品是不会给投资者带来效益的。

"旅游经济"这件小袍子已经裹不住日渐突出的"旅游文化"的躯体了。关于探讨旅游吸引物的文化因素的文章，关于探讨旅游设施文化性质的文章，关于探讨旅游纪念品如何体现民族特色和地方特色的文章，关于探讨旅游经营者向旅游者提供的各项服务如何突出原汁原味文化风味的文章，连篇累牍地出现在我们的旅游报刊和有关报刊的旅游专栏之中。这是一个不容忽视的现象。旅游业的实践已向旅游教育提出了这么一个要求：顺应产业的需求，在学科目录中增加"旅游文化"这个专业目录，使其能为发展旅游事业、弘扬民族文化的伟大目标尽力。

尽管在20世纪末的我国高校学科目录调整中，已经把旅游经济改为旅游管理。但我们认为这依然不能反映旅游业对学科目录设置的要求。理想的学科目录设置应该是：一级学科，旅游学；二级学科，旅游文化、旅游经济、旅游管理。因为旅游管理之不能笼罩旅游文化，与旅游经济之不能笼罩旅游文化相同。唯有旅游学才能包容旅游文化、旅游经济和旅游管理三大方面。我们相信，随着我国旅游教育界同仁的共同努力，旅游学学科地位迟早会得到承认，旅游文化学的重要性迟早也会得到社会各界的认可。

思 考 题

1. 什么叫旅游文化？它与旅游经济的关系如何？
2. 片面强调旅游经济、忽视旅游文化有哪些严重后果？
3. 为什么要强调旅游文化的学科地位？
4. 试述旅游文化的研究对象、研究内容和研究方法。

2 世界旅游文化概览

旅游文化具有极强的地域性特点，不同国家和地区会拥有不同的旅游文化。旅游文化又是各地区固有文化彼此交流的产物，特别是交流频繁的国家和地区的旅游文化，更具有极强的国际性和交融性特点。由于和平交往、战争征服或宗教影响，许多名胜古迹成了多种文化叠加的载体。随着人类社会的发展，人地关系日渐重要，许多珍稀地貌、植物和动物景观因为人类审美意识和环境意识的作用，也成为旅游文化的一个重要的组成部分。

2.1 亚洲

2.1.1 亚洲在世界旅游文化史上的贡献

综合考察世界各国在过去五千年历史长河中的旅游活动及对旅游的认识，亚洲人民对世界旅游文化的贡献是最大的。这种贡献表现在以下几个方面。

① 以孔子（公元前551～479年）的敦品、睦邻、怡情为代表的儒家旅游文化观，对中华民族热爱和平、热爱旅游的民族性格的形成，乃至对整个亚洲汉文化圈诸国的国民精神的塑造产生了深刻的影响。孔子所追求的天下为公、和平友爱、世界大同的理想境界，儒家重视资源保护、强调持续发展的思想，对整个人类都是宝贵的精神财富。以老子、庄子为代表的"天而不人"、"既雕既琢，复归于朴"的美学观十分重视天人合一境界的追求，这种将天、地、人作为一个大系统中的三个有机部分来辩证看待的美学思想是十分深刻的，它对于我们纠正人类自己破坏生存环境日益严重的倾向，无异于一剂救世良药。

简而言之，儒家处理人与人之间关系的哲学思考，道家处理人与自然关系的忠告，这些古老的人文精神的结晶，对人类新世纪的健康发展，是富有启迪意义的。

② 以西周时期周穆王的西行探险为标志，而后有西汉的张骞西域探险，东晋的法显和盛唐玄奘、鉴真的宗教探险远游，以及明代郑和的西洋远航、徐霞客的喀斯特地貌探险考察，都不仅促进了地理观念的解放，而且是以敦睦邻国、弘扬文化、促进交流为宗旨的。较之西方探险家志在殖民或获取黄金香料、掠夺矿藏的征服境界有着本质的区别。

③ 亚洲在世界旅游文化史上占有重要的地位，还因为这里是世界三大宗教即佛教、基督教、伊斯兰教的发源地。占旅游资源绝大多数的世界各大洲诸多宗教旅游景观其源盖出于此，许多观念文化特色亦源于此。

2.1.2 亚洲其他国家旅游文化景观

（1）孟加拉

位于孟加拉国南部的巴格哈特古城，该城现保存一座清真寺，因为处在沼泽地中，缺乏石材，故为砖结构，寺内支柱大部分是石柱，屋檐线是孟加拉国特有的较平缓的凸形曲线，建筑四角呈圆筒形。

（2）柬埔寨

位于柬埔寨暹粒省金边湖北侧的吴哥遗迹群，该遗迹的中心是建在寺庙中心三层台基上的圣塔，柬埔寨政府已将圣塔图案置于国旗的中心，作为国家象征。吴哥窟是由苏耶跋摩二世下令建造的。

（3）塞浦路斯

位于塞浦路斯首都尼科西亚西南约100公里处的帕福斯，是一处古迹众多的名胜。它因希腊神话中爱与美之女神阿芙洛狄忒（Aphrodite）诞生于此而著名。自古至今，此处海滨的爱神岩一直被世人作为敬奉爱神的圣地，城中建有阿芙洛狄忒神庙。后来罗马人改造希腊神话，将阿芙洛狄忒改成了维纳斯。

位于塞浦路斯西南部特罗多斯地区的教堂与修道院，因保存了大量精美的拜占庭时期的彩绘壁画而著名。

（4）格鲁吉亚

位于格鲁吉亚首都西北约20公里处的姆茨赫塔古城，本是4世纪时伊比利亚王国的首都，该城在连接波斯和地中海的东西贸易通道中有着重要意义。该地教堂亦多，因斯威提茨赫威利大教堂中央的一根小柱子是靠祈祷竖起来的，因此有"活柱子"之誉。

格鲁吉亚西部的库塔伊西的格拉特修道院则因用大量马赛克装饰圣母像而名扬四海。

（5）印度

位于印度马哈拉施特拉邦北部文达雅的悬崖上的阿旃陀石窟因其开凿时间长（持续1000余年）、壁画工艺特别（"湿壁画"，即用黏土、兽毛、牛粪、谷糠等物拌匀，涂在洞壁上打底子，再涂以石灰层，趁石灰层未干时绘画，这样画好后，画面颜料与涂层一块自然风干，色彩可长期保存）和雕刻精美传神著称。我国的高僧玄奘在他的《大唐西域记》中第一次记载该石窟。

在印度，有些石窟显示出多教合一的特征。如位于马哈拉施特拉邦的埃罗拉石窟群中就分别有佛教窟（1～12号）、印度教窟（13～29号）和耆那教窟（30～34号），其中10号窟雕凿巧夺天工，以雕像众多、生动传神著称，与此相类似的是阿格拉古堡，该城堡位于印度北方邦，受莫卧儿王朝三世阿克巴皇帝（1556～1605年在位）影响，该城堡的建筑亦融合印度传统建筑和伊斯兰建筑风格于一体。

泰姬陵是典型的莫卧儿风格的建筑，为波斯建筑风格与印度风格的统一体。印度建筑传统主要体现在左右对称、整体谐调上，而波斯风格则主要体现在四分式庭院、鳞茎形顶塔、圆形穹顶等方面。

位于印度南部的马德拉斯有一座造于公元7世纪的石造寺庙，庙中供有保护神毗湿奴卧像（面向陆地一方）和破坏神湿婆像（面向大海一边）。

位于首都新德里东南约500公里处的克久拉霍古迹大多是寺庙，寺庙内全部有精美的雕刻，使人难以分清到底是建筑还是雕刻。寺庙中有一个希卡拉塔，神庙中供奉的是湿婆神。位于印度南部的卡纳塔克邦的帕塔达卡尔石雕群中也供奉湿婆神。

位于印度孟买东南约6公里的阿拉伯海上象岛石窟内的雕刻题材多与印度教有关，其中有湿婆神、守护神。石窟中最著名的一尊雕像是湿婆神像，该像一身三面胸像，正面为创造之神的湿婆，右面为守护神的湿婆，左面为毁灭之神的湿婆。

印度东南部的泰米尔纳德邦的坦贾武尔的布里哈迪斯瓦拉神庙建于11世纪，亦供奉湿婆神。

（6）印度尼西亚

印度尼西亚首都雅加达东南约 400 公里处有婆罗浮屠，此浮屠呈金字塔状，分下、中、上三层，分别象征佛教的欲界、色界、无色界三个层次。该浮屠上的神像的各种手印代表大乘佛教所说的佛的各种说法相。如降魔印、施愿印、禅定印、施无畏印、说法印、转法轮印。

距雅加达东南约 420 公里的普兰班南寺庙群，梵天堂和毗湿奴堂，供奉着印度教的湿婆、梵天和毗湿奴三大主神。

（7）日本

日本奈良的法隆寺五重塔是公元 7 世纪末建成的，是日本保留至今的最古老的一座木结构塔。奈良，曾于公元 710～784 年作过日本的首都，其建筑文化受中国文化影响甚大。

兵库县姬路市的姬路城始建于公元 1601 年，是日本没有遭战火破坏的极少数城市之一，其中大天守阁和 3 座小天守阁以及 4 座连接望楼被确定为日本国宝。该城是日本木结构建筑艺术的精华，因该城主体建筑都涂白色灰浆，故又有白鹭城之称。

日本岐阜县白川村和富山县上平村、平村有许多人字形木屋（第二次世界大战以前），第二次世界大战（简称二战）后这种民宅数量骤减，经日本政府和当地居民采取措施保存了它们，现已成为日本历史文化遗产的代表之一。

日本本州岛南部的广岛和平纪念碑，即以被 1945 年 8 月 6 日原子弹爆炸毁坏残存的原物产陈列馆主楼作为纪念碑。

（8）老挝

老挝的琅勃拉邦古城，这个名字的意思是"金佛城"，其保护神是一尊高 1.3 米的金佛，相传此金佛系 14 世纪 50 年代柬埔寨（14 世纪时，称为高棉国）国王将女儿嫁给老挝（14 世纪时，称为澜沧王国）国王时所送的嫁妆，可见和平友好的文化交流是旅游文化的一个重要内容。

（9）黎巴嫩

安杰尔王城位于黎巴嫩首都贝鲁特东部，系倭马亚王朝的哈里发瓦利德一世所造，城内布局模仿罗马都市的建筑风格。

（10）尼泊尔

尼泊尔首都加德满都原名康普提尔，始建于公元 732 年。李查王朝国王在公元 12 世纪用一棵独木建造了一座塔庙，后来以此庙为中心发展成市，"加德满都"中文意思就是"独木庙"。此城自古以来就是中国与印度之间的交通要道，因为这一独特的地理位置，这里成了印度教、佛教和西藏喇嘛教共存的城市。城内有寺庙 2700 多座，人云此城庙宇多于民居，佛像多于市民，是典型的寺庙之城，故联合国世界遗产委员会将加德满都谷地的加德满都和帕坦巴德岗两座城市一块定为世界文化遗产。

释迦牟尼诞生于尼泊尔兰毗尼专区鲁潘德希县。兰毗尼是一个小村庄，占地约 7.77 平方公里，在释迦牟尼诞生处建有一座摩耶夫人庙。公元前 623 年尼泊尔历正月月圆之夜，她途经兰毗尼，在一棵巨大的婆罗双树下生下了释迦牟尼。旁有一口池塘，水清见底，在池水附近有公元前 249 年印度孔雀王朝的阿育王前来朝拜时所立石碑，石碑高 9 米，地上 5 米，地下 4 米，石碑上刻有梵文铭文，系阿育王所立，文曰："神所宠阿育王灌顶凡二十年，亲来恭敬申言。此为释迦牟尼佛祖降生地，爰建此柱，立马于顶，以世尊降生古人，兰毗尼村以所产八分之一计赋，免各税"，石碑因雷击断落，发现后修复，但顶上已无马，因我国东晋和盛唐的两位高僧法显和玄奘一前一后实地考察过兰毗尼，凭借《法显传》和《大唐西域记》的文字记载，释迦牟尼诞生地才得以确定。

（11）巴基斯坦

巴基斯坦北部的塔赫特·巴希佛教遗址，距首都伊斯兰堡西北约 150 公里，公元 1～5 世纪，此处是繁荣的佛教圣城，后遭战争破坏。这里和印度的马图拉，一般被认为是佛像艺术的发祥地，对印度和中国的佛教美术影响极为深远。

（12）菲律宾

菲律宾吕宋岛的巴奥艾·圣玛利亚、马尼拉教堂群以及班乃岛虽受西班牙风格影响，但既无侧廊又无交叉廊，且采用长方形平面，和西班牙风格不尽相同。

（13）韩国

韩国庆州的石窟庵和佛国寺是朝鲜半岛新罗王朝鼎盛时期的代表。该国的海印寺距首都首尔 230 公里，因藏有 81258 片汉文大藏经版而著名。这套经版始刻于 1236 年，历时 15 年，字体方正，笔画精细，格调高雅，始终如一，反映了古代韩国工匠高超的雕刻技术。

韩国首都首尔市中心的宗庙，是朝鲜王朝国王李成桂祭祀祖宗的地方，现在每年 5 月第一个星期日这里有仿祭祖表演，由此可见儒家观念对韩国影响之大。

韩国首都首尔因历史上先后有百济王国、高句丽王国、新罗王朝、高丽王朝定都于此，故有"皇宫之城"之誉。现保存完好的还有一座 1405 年始建、1611 年重建，此后 300 年间一直作为王宫的昌德宫，格局与中国宫殿建筑相同。

（14）斯里兰卡

位于斯里兰卡中央省的锡吉里耶古城系僧迦罗王国王子迦叶波围绕锡吉里耶山而建，山如巨型卧狮，山顶有宽 0.016 平方公里的平台，上面建有一座精美的王宫。上山的路旁崖壁有一处称为"锡吉里耶墙"的石壁，上面刻有用僧伽罗文（今斯里兰卡官方语言）写成的 685 首题诗，作者有国王、将军、僧侣、文人等，历时 1000 余年，至今仍清晰可辨。山下多小溪、喷泉、池塘、亭阁等，整个城堡是亚洲现存的最古老的风景园林。

在斯里兰卡中央省还有圣城康提，是该国著名古都和第二大城市，此城系佛教圣地，释迦牟尼生前曾三次来此传教。这里的佛牙寺建于公元 15 世纪，因珍藏释迦牟尼的一枚牙齿而著名（另一枚藏于中国北京西山八大处的佛牙塔内）。每年 8 月这里都要举行长达 10 天的纪念释迦牟尼的活动，佛牙藏于该寺暗室一金塔内（据说 1500 年前传到这里），塔中套塔，共有 7 层。纪念活动时，一头佛牙寺养的圣象驮着佛牙宝塔与披红挂彩的象群游行，成为游览者难以忘怀的经历。

（15）叙利亚

叙利亚首都大马士革自古便有"天国里的城市"之誉，据传伊斯兰教创始人穆罕默德曾在大马士革郊外山顶上眺望全城风光，赞叹不已。但他并没进城，而是原路返回，随从询问，他回答说，只能进入天堂一次，我若进入这座人间天堂，将来就无法再进入天上的天堂了。大马士革建城于公元前 2000 年，公元前 15 世纪，被埃及法老图特摩斯三世征服，公元前 333 年，马其顿王国的亚历山大大帝从波斯人手中夺取了这座城市，历尽沧桑，几度兴衰，但现在尚保留下来建于古罗马时代的中心大街——直街，建于 1115 年的医院、清真寺、公共浴室等。

在叙利亚的德拉省，有一处名胜叫布斯拉古城，本为叙利亚附近一个王国，历史上先后被罗马、阿拉伯人征服，因此，不同民族的统治者便在这里留下了不同风格的建筑。其中最主要的建筑是公元 2 世纪修建的古罗马剧场，该剧场为古罗马露天剧场中最大、最壮观，保存最完整的一座，具有极高的建筑艺术价值。

阿勒颇古城，位于叙利亚西北。其中一座始建于公元前 2000 年的古城堡最有特色。该古堡用巨石砌成，四周绕以又宽又深的护城河，城堡入口处有 3 道大铁门，第一道门上雕有两条互相盘旋的巨蛇，因此称为蛇门。第二道门和第三道门皆为狮雕，不同的是第三道门的狮子一只作哭状，一只作笑状。城堡易守难攻，据说只有 1401 年蒙古帖木儿汗曾攻下过。

（16）泰国

索可泰历史名城，位于泰国的首都曼谷以北 390 公里处，俨然是一座佛教艺术之露天博物馆。

（17）土耳其

位于土耳其的卡帕多希亚省的石窟、伊斯兰教建筑与其所在的凝灰岩地貌景观及洞窟中的壁画，构成十分奇特的文化景观。

（18）乌兹别克斯坦

位于乌兹别克斯坦西部的希瓦的伊斯罕·卡拉建筑，1990 年列入世界文化遗产，该处最著名的是城中的帕夫拉万·马夫姆德陵以及许多伊斯兰教宗教学校建筑。

位于乌兹别克斯坦西部的布哈拉城是中亚地区伊斯兰教研究中心之一，先后建成许多伊斯兰教学院，学院建筑亦形成极具特色的宗教建筑群。另外，该城建于 10 世纪初的伊斯迈尔·萨曼陵墓被誉为中亚建筑艺术的杰作。

（19）越南

越南顺化古迹群位于越南中部的平治天省，此处为越南古都，其建筑基本上是模仿中国北京故宫的样式，系阮氏历代王朝建筑。

（20）也门

也门的首都萨那东部的萨那古城至今仍保存 103 座清真寺，14 个古代修造的浴场，29 所伊斯兰教学院和 6000 座古民居。

（21）以色列

耶路撒冷这座古城在公元前 1049 年为古以色列国王的都城。公元前 586 年新巴比伦国王尼布甲尼撒攻克耶路撒冷；公元前 532 年这里又被大流士（古波斯国王）侵占；公元前 4 世纪后，这里又先后被马其顿、托勒密、塞流古等王国统治；公元前 63 年，罗马人攻占耶路撒冷。这里是犹太教、基督教、伊斯兰教三教圣地。该城周五、周六、周日三个安息日分别为穆斯林、犹太教和基督教徒的安息日。

2.1.3 亚洲的饮食文化

（1）东方饮食文化

东方饮食文化又称中餐饮食文化、箸食文化或中华食文化，有 5000 余年的发展历程，因活跃在东半球而得名。它有四个基本特点：

① 主要植根于农、林业经济，以粮、豆、蔬、果等植物性食料为基础，膳食结构中主、副食的界限分明；猪肉在肉食品中的比例较高，重视山珍海味和茶酒，喜爱异味和补品（如昆虫、花卉、食用菌、野菜等）。

② 以中国菜点为中心，还包括高丽（朝鲜半岛的古称）菜、日本菜、泰国菜、缅甸菜、新加坡菜等；烹调方法精细复杂，菜式多、流派多、筵宴款式多，重视菜点的艺术装潢和菜名的文学修辞；医食同源，以传统的中国医药学作指导，强调季节进补与药膳食疗；习惯于圆桌合餐制，箸食；讲究席规、酒令及食礼。

③ 受儒教、道教、佛教、神道教的影响较深，历史文化的积淀多，烹调意识强烈；以味为核心，以养为目的，以悦目畅神为满足，讲究博食、熟食、精食、巧食、养食、礼食及趣食；现代科学技术的含量相对较少，具有东方农业文明的本质特征。

④ 主要流传在东亚、东北亚和东南亚，影响到 20 多个国家和地区的 16 亿人口。其中，中国有"烹饪王国"的美誉，"日本料理"也有较大的知名度。北京、上海、广州、香港、台北、东京、首尔、仰光、曼谷和新加坡等城市的餐饮业昌盛，是当地旅游业的重要支柱。

（2）阿拉伯饮食文化

阿拉伯饮食文化又称清真餐饮食文化、抓食文化或土耳其饮食文化，有 1300 余年的发展历程，因诞生于阿拉伯半岛、与伊斯兰教同步发展而得名。它亦有四个基本特征：

① 主要植根于农林牧渔相结合的经济，植物性食料与动物性食料并重，膳食结构较为均衡；羊肉在肉食品中的比例较高，重视面粉、杂粮、土豆和乳品、茶叶、冷饮等软饮料，喜好增香佐料和野菜，不尚珍奇。

② 以土耳其菜点为中心，还包括巴基斯坦菜、印度尼西亚菜、伊朗菜、伊拉克菜、科威特菜、沙特阿拉伯菜、巴勒斯坦菜、埃及菜等；烹调技术古朴粗犷，长于烤、炸、涮、炖，嗜爱鲜咸和浓香，要求醇烂与爽口，形成"阿拉伯式厨房"风格；习惯于席地围坐铺白布抓食，辅以餐刀片割，待客情意真挚。

③ 受伊斯兰教古兰经的影响较深，选择食料、调理菜点和进食宴客都严格遵循《古兰经》的规定，"过斋月"，特别讲究膳食卫生，食风严肃，食礼端正。

④ 主要流传在西亚、南亚和中北非，影响到 40 多个国家和地区的 7 亿人口；其中的土耳其被誉为"穆斯林美食之乡"，伊斯兰堡、雅加达、德黑兰、巴格达、科威特、利雅德、耶路撒冷、开罗的特色肴馔，也都以"清真"二字脍炙人口。

（3）中国饮食文化

受传统文化中的阴阳五行哲学思想、儒家伦理道德观念、中医养生学，以及文化艺术成就、饮食审美风尚、民族性格特征等诸多因素的影响，我们的祖先创造出彪炳史册的中国烹饪技术，形成了博大精深的中国饮食文化。

从沿革看，中国饮食文化历史悠久，分为生食、熟食、自然烹饪、科学烹饪 4 个发展阶段，推出 6 万多种传统菜点、2 万多种工业食品、五光十色的筵宴和流光溢彩的风味流派，获得"烹饪王国"的美誉。

从内涵看，中国饮食文化涉及食源的开发与利用、食具的运用与创新、食品的生产与消费、餐饮的服务与接待、餐饮业与食品业的经营及管理，重视饮食与国泰民安、饮食与文学艺术、饮食与人生境界的关系等，体现出鲜明的重视文艺和重视人伦的特征。

从外延看，中国饮食文化可以从时代与技法、地域与经济、民族与宗教、食品与食具、消费与层次、民俗与功能等多种角度进行分类，展示出不同的文化品位，体现出不同的使用价值，异彩纷呈。

从特质看，中国饮食文化突出养助益充的养生论（谷物类食物为主，重视药膳和进补）；五味调和的境界说（风味鲜明，适口者珍，有"舌头菜"之誉）；奇正互变的烹调法（厨规为本，灵活变通）；畅神怡情的美食观（文质彬彬，寓教于食）等四大属性，有着不同于海外各国饮食文化的天生丽质。

从影响看，中国饮食文化直接影响到日本、蒙古、朝鲜、韩国、越南、泰国、新加坡等国家，是东方饮食文化圈的轴心；与此同时，它还间接影响到欧洲、美洲、非洲和大洋洲，像中国的茶文化、酱醋、面食、药膳、陶瓷餐具和大豆等，都惠及全世界几十亿人口。

总之，中国饮食文化是一种广视野、深层次、多角度、高品位的悠久区域文化，是中华民族人民在漫长的生产和生活实践中，在食源开发、食具研制、食品调理、营养保健和饮食审美等方面创造、积累并影响周边国家和世界的物质财富和精神财富。

（4）印度饮食文化

印度饮食文化有以下几个特点：

① 食性杂，忌讳多，差异大，不同的食风并存而且互不干扰。如北方是面食为主，南方是米食为主；中上层习用西餐，平民保持东方饮食风貌；印度教徒多茹素，少吃荤，爱羊肉，禁牛肉；穆斯林过斋月；基督教徒有小斋、大斋和封斋之举；拜火教徒的饮食戒律则更神秘；还有部分人不吃蘑菇、竹笋和木耳，回避带壳的动物和 4 条腿生物；忌讳左手取食和在同一盘中取食，回避 1、3、7 等数字；男女大多不同席，不吃他人接触过的食品等。习惯于分餐制，多系席地围坐，右手抓食。

② 存在着"一辣四多"的共通性。所谓一辣，就是普遍爱用咖喱和辣椒佐味，菜品重在生鲜、清火、香辣、柔糯或润滑。所谓四多，一是奶品多，多数印度人不吃牛肉但喝牛奶，并善于调制奶制品，还有利于营养平衡；二是豆品多，经常充当主食，可弥补动物蛋白摄取之不足；三是蔬菜多，能充分利用热带和亚热带的地利，广辟食源；四是香料多，喜食花卉，金色郁金香入馔是其一绝。一辣四多的实质便是素食为主，嗜好香辣，俭朴务实，有着浓郁的南亚不发达地区生活风情。

③ 印度饮料也别具一格。如红茶是煮沸后加糖、奶；马萨拉茶要添配生姜与小豆蔻。该国人一般不爱喝汤，而喜欢清凉的白开水。饮水是从上面滴下来用嘴接，饮茶是倒入盘中用舌舔。

（5）日本饮食文化

日本饮食文化突出特征是包容性、科学性与严肃性，并以"日本料理"独树一帜。

在古代，日本饮食文化受中国的影响很深，曾引进众多的"华食"。1868 年明治维新以后，资本主义迅速发展，饮食文化中又充实进欧美的"洋食"成分，到了 20 世纪日本则将"华食"、"洋食"与大和民族的"和食"巧妙融合，形成卓尔不群的"日本料理"，这便是其包容性与创造性，在世界上评价颇高。

日本的科学技术发达，其饮食文化中现代科学技术的含量相当高，这不仅仅表现在不断开发新食料、新食具和新工艺上，更重要的是近 50 年来它从合理膳食入手，把增强国民的身体素质作为一项基本国策，兼取东西方膳食结构之长，提高了国民的营养水平。

日本烹调注重五色（春绿、夏朱、秋白、冬玄、配黄），要求色彩和线条搭配，有"眼睛菜"之誉；注重五法（生、烧、炸、煮、蒸），强调用视觉与触觉去感知食物；注重五味（春苦、夏酸、秋滋、冬甜、调涩），要求单纯和明净；注重筵席和套路，菜谱和席谱规范，如同药典一般。此外，日本还制定了众多的食品法规，以法监管饮食。

因此。日本饮食文化可以归纳为：兼收并蓄而又自成一体，膳食均衡而又新潮前卫，严肃规范而又风格鲜明。

2.2 欧洲

2.2.1 欧洲旅游文化的纵向回顾

欧洲的旅游文化，粗线条地加以归纳，主要经历了四个发展阶段。

在第一阶段，唱主角的是古希腊人，由于土地狭小，人口增长快，希腊人因而极富冒险精神，他们不断地向小亚细亚西部沿海移民。公元前 800 年希腊移民占领了西西里岛。到公元前 6 世纪，希腊人已占领地中海西部海岸，另外一些希腊人则乘船朝北穿过黑海海峡，进入黑海，并在那里建立移民点。

希腊人经过许多世纪的探险旅游，地理观念已从原来熟悉的地中海周围，一直扩张到印度和非洲，其中特别突出的是亚里士多德的学生亚历山大大帝的远征。古希腊的文人学者如赫卡泰、泰勒斯、希罗多德等亦性喜远游，他们将远游见闻笔之于书，大大丰富了古代欧洲的旅游文化，如赫卡泰的《大地环游记》、希罗多德的《历史》、色诺芬的《长征记》等，其中赫氏著作多自然景观的描写，希氏著作侧重历史地理的分析，而色氏著作则多记录了民风民俗。

在第二阶段，唱主角的是罗马人。公元前3世纪以后，希腊人在探险旅游方面的主角地位才逐步让位于罗马。罗马于公元前510年成为共和国以后，对外发动了一连串征战，于公元前265年统一亚平宁半岛，在不到200年的时间内，罗马先后征服了迦太基、希腊、埃及和叙利亚等地，后罗马共和国演变成地跨欧亚非三大洲的大帝国。第一阶段欧洲的旅游文化主要体现在探险旅游上，如果说腓尼基人主要是在海上探险，那么希腊人则是海陆并进，罗马的探险则主要在西欧陆地和不列颠岛上进行。

在第三阶段，传教士唱主角。随着欧洲中世纪的结束，资本主义开始登上历史舞台。与此相联系，基督教也迅速地向世界各地扩张。在基督教传教的过程中，成千上万的传教士从欧洲到美洲，到亚洲，到非洲，他们所到之处，兴建修道院，认识当地文化，同时也反过来加深对欧洲文化的理解。简言之，中世纪的欧洲旅游文化有极浓的宗教色彩。到了15世纪，欧洲的探险已由小规模的个人冒险或外交军事性探险向着由政府或商业组织赞助的大规模海外探险转变，这种探险给欧洲中世纪以后的旅游文化打上清晰的烙印，这一时期的旅游文化带有更明确的殖民色彩。

与朝圣旅游同样值得一提的是娱乐旅游。欧洲人特别是希腊人、罗马人和英国人，在这方面应占有重要地位。娱乐旅游包括洗矿泉浴、看杂技、驯兽、魔术、戏剧等。

在第四阶段，欧洲作为产业革命的发源地，蒸汽机的问世，使延续了几千年的交通方式和交通工具发生革命性变化，同时也使旅游文化发生前所未有的变革。如旅游中介机构的出现以及随之而起的旅游产业使旅游文化打上一系列迥异于此前许多个世纪的痕迹。这主要表现在火车、汽车、喷气式飞机用于旅游，豪华饭店的建造，以及由此带来的旅游产业化新格局的出现上。

2.2.2 欧洲旅游文化景观

欧洲旅游文化占70%以上的内容属于宗教范畴。至今仍以废墟形式存在的神庙和众多的教堂、修道院，已成为欧洲旅游文化的重要物质载体。

（1）阿尔巴尼亚

阿尔巴尼亚的布特林特考古遗迹中就有爱奥尼亚式神殿和早期基督教堂。

（2）奥地利

在奥地利莫扎特故乡萨尔茨堡也有许多教堂和修道院，其中建于公元700年，坐落在布鲁克贝尔克山麓的贝格女修道院是奥地利最古老的女修道院。

（3）保加利亚

位于保加利亚首都索菲亚以南8公里处的博亚纳教堂因壁画人物各具个性而著名。

位于保加利亚首都东北240公里处的伊凡诺沃岩洞教堂在13世纪时即为国教和文化中心，原有的300多座教堂中现虽只保存了5座，但因岩壁上留下的古代艺术家们的风景、人物画，特别是裸体画，而闻名于世。

位于保加利亚首都以南约60公里的里拉修道院因创始人伊凡巨大的感召力而屡毁屡建，

现为保加利亚国家博物馆。

（4）克罗地亚

在克罗地亚的伊斯特拉半岛，有建于 6 世纪上半叶的以主教名字命名的埃乌普拉希乌斯教堂。

（5）捷克

位于捷克南部的泽莱纳霍拉地区的内波姆克巡回教堂，因其建筑设计独特而在建筑史上占有重要地位。

位于布拉格东南约 1200 公里处的库特纳霍拉朝拜教堂建于 18 世纪初，它巧妙地融合了哥特式和巴洛克式的建筑风格，还未完工即被指定为圣地。

（6）丹麦

位于丹麦西兰岛中部的罗斯基大教堂，距今 800 多年，属晚期罗马式建筑，因安葬丹麦历代王族而著名。

（7）芬兰

位于芬兰首都赫尔辛基以北 230 公里处有佩泰耶韦教堂，该教堂因具有 18 世纪芬兰木结构教堂的典型特征而著名。

（8）法国

位于法国诺曼底海岸外 2 公里的大海上的圣米歇尔山修道院，因孤悬海上而著名。

位于沙特尔的沙特尔大教堂与兰斯的圣玛利亚大教堂、亚眠大教堂和博韦大教堂并称法国四大哥特式教堂。沙特尔大教堂以 173 个彩色玻璃窗和 2 个圆花窗以及由彩绘玻璃组成的近 4000 个人物图案而著名。

位于法国勃艮第地区的韦兹莱大教堂因在建筑风格上对法国北部的宗教建筑产生了深刻影响而著名。

位于法国索姆省亚眠市的亚眠大教堂因其建筑时间早（1220 年）、采光设计新（墙体几乎全被每扇 12 米高的彩色玻璃代替）、宗教题材雕像美而著名。

位于法国科多尔省的丰特努瓦的西斯特尔教团修道院则因建筑配套设施齐全，封闭自足而著名。

位于法国维埃纳省的圣塞尔-梭尔-加尔坦佩教堂则因壁画创作时间早（12 世纪）、内容丰富（大殿拱顶表现的是创世纪、门廊内表现圣经中的一些情节，圣坛内则表现耶稣殉难等）而著名。

在著名的《马赛曲》诞生地斯特拉斯堡，最高的建筑是哥特式大教堂。

位于法国北部兰斯的圣玛利亚大教堂也是哥特式建筑的杰作，是 13 世纪新建筑技术和雕塑艺术完美结合的典范。

位于法国中部的布尔歇大教堂则以在中世纪的法国拥有至高无上的教权而著名。

（9）德国

位于德国西部的亚琛大教堂，从建筑上讲，它融合了拜占庭式和法兰克式的建筑风格，是加洛林朝代文艺复兴的代表性建筑。从旅游的角度看，该教堂则因保存了圣母玛利亚的遗物箱和安葬查理曼大帝遗体而著名。

位于德国西南部的斯皮雷市的斯皮雷大教堂则因石制的交叉穹隆及刻着皇帝鲁道夫身像的石棺安葬于大教堂下祭室而著名。

位于德国中部的维尔茨堡宫廷礼拜堂是 18 世纪欧洲最美的教堂之一，阶梯式穹顶壁画为世界之最。

位于德国巴伐利亚的维斯教堂则因传说该堂供奉的木雕耶稣流泪而闻名。

位于德国黑森州的洛尔施修道院因罗马殉教者那扎流斯的遗骨珍藏其中和查理曼大帝及臣僚捐赠土地钱物而著名。

位于德国西部巴登·符腾堡州的马鹿布隆修道院则因曾经成为德国著名的神学院，该国许多文学家都曾在该院学习而著名。

位于德国的北莱茵——威斯特法伦州的科隆大教堂则因其教堂钟楼建筑艺术高超和可眺望莱茵河美丽的风光而著名。

（10）梵蒂冈

位于梵蒂冈的圣彼得大教堂因是世界上最大的教堂，同时又是世界天主教中心而著称于世。教堂最初是由君士坦丁大帝于公元326～333年在圣彼得墓地上修建的，称老圣彼得大教堂。

（11）意大利

位于意大利米兰市的圣玛利亚教堂，则因达·芬奇在圣餐厅北墙绘制壁画《最后的晚餐》而遐迩闻名。

位于意大利佛罗伦萨的圣十字教堂以造型精美而著称。

在水城威尼斯的450处名胜古迹中，教堂120座，修道院64座，钟楼120座，其中圣马可教堂供奉的是威尼斯人的保护神圣马可。圣马可广场东侧有圣马可墓。

位于意大利比萨的比萨主教堂因保存有精美的油画、石雕和木雕等艺术品而著名，同时比萨也因为著名的比萨斜塔而著名。

位于意大利那不勒斯的圣劳伦斯·马乔来教堂因集中体现了哥特式建筑艺术而知名。

位于意大利中北部的拉韦纳有建于5～6世纪的早期基督教建筑，这些建筑（如尤尼亚洗礼堂等）不仅建筑艺术高超，而且镶嵌工艺品，壁画也很出名。

（12）希腊

在希腊，无论是巴赛市的阿波罗神庙，还是弗吉达州的阿波罗神殿，或是雅典卫城的帕特农神庙，都是古希腊建筑艺术的纪念碑。

在希腊特里卡拉色州的悬空修道院建筑群，建在海拔400～600米的岩峰上，充分显示了修道士们的信心和毅力。

（13）拉脱维亚

拉脱维亚首都里加的圣彼得教堂最早建于1209年，教堂尖塔高120米，其塔尖上的金色公鸡雕像是该城的标志。

（14）立陶宛

在立陶宛的首都维尔纽斯一地就有28座天主教堂、7座东正教堂、2座新教礼拜堂和一座清真寺。

（15）马耳他

在马耳他群岛上已发现的神殿多达30座。

（16）挪威

位于挪威中部松·奥·菲约拉内郡的建于12世纪的奥尔内斯木结构教堂，不用一颗钉子，一颗螺丝，教堂内部还保存着800多年前的精美木雕画，不仅古老，而且保存完好。

（17）葡萄牙

葡萄牙莱里亚的巴塔利亚修道院集会厅不用一根支柱，构思大胆奇特。

（18）罗马尼亚

位于罗马尼亚北部的摩尔多瓦的彩绘教堂外观绚丽多姿。

（19）俄罗斯

位于俄罗斯西部的奥涅加基季岛上的主显圣容教堂、圣母教堂等均为木结构建筑。

（20）英国

位于英国肯特郡的坎特伯雷大教堂被认为是英国最大的修道院。

位于伦敦的威斯敏斯特大教堂因其具有典型的维多利亚哥特式风格而享誉天下。

位于英国达勒姆郡的达勒姆大教堂是英国现存最大的最完整的诺曼底式建筑之一。

（21）乌克兰

位于乌克兰首都基辅的圣索菲亚大教堂是中世纪俄罗斯最重要的教堂，也是后来兴建的许多教堂的样板。该教堂的马赛克画《祈祷的圣母》用了 300 多万块、177 种玻璃石制成。圣母像高 5.5 米。

（22）瑞士

位于瑞士东部的梅索尔奇纳修道院因雕像而著称。

位于瑞士博登湖南部的圣加伦修道院，始建于 9 世纪初，为石造建筑，因其图书馆珍藏中世纪抄本 200 余种而著名。

（23）瑞典

欧洲教堂之多，甚至到了有专门的教堂村出现的地步。瑞典北部的甘梅鲁斯塔德就是一个由于信教人多，许多参加宗教活动的人当天赶不回去就在教堂周围搭建小房子住宿发展起来的，现该处保存有中世纪以来建筑的 424 间小屋，1996 年联合国已将其列入《世界遗产名录》。

（24）西班牙

也有些修道院在建筑上没有特色，但因收藏有特色而著名的。如西班牙北部洛格罗尼奥的尤索和苏索修道院，因收藏西班牙国宝——一部诞生于 997 年的最早的西班牙语文献《圣米兰之注记》而著称。

另外，西班牙北部的奥维耶多市近郊的圣米格尔教堂、圣玛利亚教堂规模都不大，但因其对后来的西班牙教堂建筑产生了较大影响而著名。

在欧洲，甚至有沿着朝圣之路出现众多的教堂组成的教堂群的情况。在西班牙朝圣者沿着阿拉贡、纳瓦拉、拉·里奥哈卡斯蒂利亚、莱昂到加里西亚经历 5 个自治区 166 个市镇村。哈卡的圣佩德罗教堂是朝圣之路上最早建成的罗马式建筑（始于 11 世纪中叶），莱古拉大教堂则因拥有彩画玻璃而受人喜爱；圣地亚哥-德孔波斯特拉大教堂是"朝圣之路"上最精美的建筑。

位于西班牙塞维利亚市的塞维利亚大教堂是世界第三大教堂，教堂塔楼高 98 米，已成该市象征。该教堂中央大厅里安放着哥伦布的灵柩，该教堂的隔壁圣埃梅内尔小教堂的大厅里则安放着文学家塞万提斯的灵柩。

位于马德里以西约 90 公里处的阿维拉古城有一处圣何塞修道院，系著名修女莱萨创建的，特别引人注目的是祭坛侧面的壁龛里安放的那尊"无罪的怀胎少女像"，堪称杰作。

在西班牙首都马德里西北 50 公里处的埃斯科里亚尔修道院则是一座修道院和皇宫合一的建筑，距今近 500 年了，其间的图书馆是当时欧洲最大的图书馆之一，馆藏大量羊皮纸手抄本。最古老的是拉丁文《圣经》手抄本。

2.2.3 欧洲的饮食文化

欧洲饮食文化又称西餐饮食文化、叉食文化或法兰西饮食文化，有 3000 余年的发展历程，因活跃在西半球而得名。它有四个基本特征：

① 主要植根于牧、渔业经济，以肉、奶、禽、蛋等动物性食料为基础，膳食结构中主、副食的界限不分明；牛肉在肉食品中的比例较高，重视黑面包、海水鱼、巧克力、奶酪、咖啡、冷饮与名贵果蔬，在酒水调制与品饮上有一套完整的规程。

② 以法国菜点为主干，以罗宋菜（即俄菜）和意大利面点为两翼，还包括英国菜、德国菜、瑞士菜、希腊菜、波兰菜、西班牙菜、芬兰菜、加拿大菜、巴西菜、澳大利亚菜等；烹调方法较为简练，多烧烤，重用料酒，口味以咸甜、酒香为基调，佐以肥浓或清淡，菜式、流派与筵席款式均不是太多，但是质精、规格高；重视饮宴场合的文明修养，喜好以乐侑食。

③ 受天主教、东正教、耶稣教和其他一些新教的影响较深，有中世纪文艺复兴时代的宫廷饮膳文化遗存；重视运用现代科学技术，不断研制新食料、新饮具和新工艺，强调营养卫生，是欧洲现代工业文明的产物；注重餐饮格调和社交礼仪，酒水与菜点配套设施规范，习惯于长方桌分餐制，叉食，餐室富丽，餐具华美，进餐气氛温馨。

④ 主要流传在欧洲、美洲和大洋洲，影响到 60 多个国家和地区的 15 亿人口；其中的法国巴黎号称"世界食都"，莫斯科、罗马、法兰克福、柏林、伦敦、维也纳、华沙、马德里、雅典、伯尔尼、渥太华、巴西利亚和悉尼等著名都会，均有美食传世。

2.3 美洲

2.3.1 美洲旅游文化的特点

作为前欧洲人的殖民地，美洲的旅游文化包含原来的土著文化和欧洲人所带去的大陆文明两大部分。这既反映在旅游文化景观上，也反映在美洲人对工业革命以来的旅游文化的创新上。

美洲人对旅游文化的新贡献主要伴随交通工具的革命性变化而来。过去在欧洲各国，马车是主要交通工具，随着蒸汽机时代的到来，铁路、火车迅速为旅游业所用。"一百年前，美国的乔治·莫蒂默·普尔曼（George Mortimer Pullman）首创了软卧车厢，卧铺每晚是 2 美元，车厢顶上装有华丽的吊灯，油漆的厢顶，地下铺着华贵的布鲁塞尔地毯"，"普尔曼的第一辆餐车——德尔蒙尼科，建于 1868 年，到了 1869 年，在他的沙龙餐厅车厢里，就可以提供牛肉汁、麋、牛排、羊排，而每份只需 1 美元"。

当 20 世纪的人类正尽情享受火车和轮船所带来的快乐时，汽车旅游的时代又悄然来临。尽管在 19 世纪末现代汽车创始人卡尔·奔驰等人制造的汽车速度很慢，并且发动机经常坏，但是半个世纪之后，已经是 80% 的美国人都在假日里乘汽车旅游，大约超过 100 万个家庭，都在汽车后面带上拖车，或是带上帐篷，以备夜晚露宿之用。

另外，第二次世界大战之后，美国联邦和州政府合作，发展公路事业，大约到 1960 年，全美公路网络告成，公路网极大地方便了美国公民的汽车旅游，沿路还配套设计了专为汽车旅游服务的汽车旅馆。

20 世纪 60 年代，喷气式飞机在美国用于旅游，交通工具的划时代进步，又一次推动了旅游业大发展，也促成了美洲旅游文化的高速特征。

电脑预定系统的使用，网络旅游时代的开创，美洲人亦贡献卓著。美洲旅游文化的另一面是土著文化的原始和古朴，如民俗文化景观，与领先世界潮流的现代旅游文化正好相映成趣。

2.3.2 美洲旅游文化景观

（1）阿根廷

位于阿根廷东北部的瓜拉尼耶稣会传教区，是 17～18 世纪时耶稣教团在南美传播的见证，该地有一间巴洛克风格的教堂，另有 5 个村庄。因当地不产石灰，故这个教堂从地基到屋顶全部由石头砌成。

（2）玻利维亚

玻利维亚西南部的波托西省的波托西城，是玻利维亚最大的银矿产区，有"银都"之称。原为印第安人的小村落，西班牙殖民者发现后进行掠夺式开发。该城为西班牙式风格，有 25 座教堂。

（3）巴西

欧鲁普雷图古城，位于巴西东南部，该城因淘金而兴起（1696 年发现大金矿）。

奥林达古城，城中多棕榈树，建筑掩映其间，主要以宗教建筑著名。

巴西东部的萨尔瓦多古城是葡萄牙殖民者在巴西建筑的第一座城市，该城有 160 多座教堂，是拉美地区教堂最多的城市。最古老的是马特里斯·圣母康塞桑教堂，建于 1549 年；最大的是建于 17 世纪的瓦西利亚教堂；最美的是圣弗朗西斯科教堂（黄金教堂）。

位于巴西东南部的孔戈尼亚斯的仁慈耶稣圣殿系葡萄牙移民弗里西亚诺·门德斯所建（1757～1772 年），通体洁白，造型美，以耶稣背负十字架赴难为主题的雕刻作品是拉丁美洲基督教艺术的杰作。

伊瓜苏国家公园分属阿根廷的米希奥内斯省和巴西的巴拉那省，其中的伊瓜苏瀑布群呈马蹄形，共有 200 多条瀑布，有趣的是这些瀑布相对而泻，要正面欣赏本国的瀑布，只有到邻国地盘上才行。

巴西东北的卡皮瓦拉山国家公园中的卡皮瓦拉山洞窟，是南美洲大陆最古老的居民生活过的地方，洞中壁画内容主要是以几何图形表示人体和各种动植物，有舞蹈、爱、狩猎、祭礼、仪式等内容的图案，用红颜色绘制，时间是在公元前 2 万～公元前 1 万年左右，最晚的亦在公元前 4000 年。

（4）加拿大

在梅多斯湾国家历史公园里发现并清理了 8 处斯堪的纳维亚古建筑。其中 3 处为大的住房，4 所工厂，一所锻炉，这些是 11 世纪的建筑，这些古建筑遗迹的发现说明在哥伦布发现美洲之前几百年就有西欧人到达北美。而世俗之见一直牢不可破地认为是哥伦布最先发现美洲。

位于加拿大西部的不列颠哥伦比亚省安东尼岛上的宁斯宁镇是著名的印第安原始宗教遗址，那里有 10 座用红雪松木建成的古屋遗址和用来表达崇拜圣物和怀念祖先的图腾柱和丧葬柱 32 根。

位于加拿大西部的艾伯塔省的美洲野牛涧为史前印第安土著居民最大的围猎场之一，它包括野牛跳崖处、屠宰区和加工处理场。

魁北克古城本为美洲印第安人的村落，1608 年法国探险家桑普兰建立了第一个白人殖民地，1759 年为英国人所有，1763 年根据英、法协议归英国。

（5）智利

位于智利瓦尔帕莱索区以西太平洋上的复活节岛，本来并不叫这个名，是 1722 年 4 月 6 日探险航海家雅各布·洛吉久发现了这座由比耳族土著人居住的岛屿，他登陆那天正巧是复活节，因此才命了这个名。从 6 世纪开始，岛上土著人便开始雕刻"毛阿伊"（一种巨人石像），一般每块高 7 米到 10 米，重 500 吨到 900 吨，整齐排列在海边约 100 座用巨石垒成的平台上。在该岛南部圣城奥朗戈发现了 4300 多幅岩画，在科哈乌朗戈发现了一种条板，上刻有祭祀用的象形文字，如天书一般无人能解。

（6）哥伦比亚

位于哥伦比亚北部的玻利瓦尔省的卡塔赫纳港口城堡亦是 16 世纪中期西班牙在美洲殖民地最重要的港口，有教堂、修道院、木结构斗牛场。

玻利瓦尔省的圣克鲁斯-德蒙波斯历史名城亦是西班牙人殖民的结果，18 世纪中叶，这里有砖瓦结构的建筑 3600 多座，这些建筑模仿西班牙样式，木结构天棚采用了西班牙穆德哈样式，建城时，还建了很多教堂。

在哥伦比亚西南部的乌伊拉省圣奥古斯丁考古公园，500 多平方公里的范围内，有大量的神殿、墓地和石像，当地古代艺术家们（约 5 世纪后）用黑曜石制成石斧在玄武岩上雕刻出精美的石像和石碑，现还残存 400 余处。公园周围无采石场，在美洲大陆古代文明中，人们又不懂使用轮子，这些巨大的沉重的石头不知是如何运来的。

（7）古巴

古巴首都哈瓦那旧城保存完好，周围三面环水，布满防御工事。

在古巴的圣斯皮里图斯州，有一个叫特里尼达的早期拉美殖民城市。16 世纪前后，那里是偷渡者和海盗横行的地方，此后逐渐演变为砂糖、香烟和黑奴贸易之城。

（8）多米尼加

在多米尼加共和国，有一殖民城市叫圣多明各，意思是"神圣的星期天"系为纪念哥伦布的弟弟巴塞罗缪·哥伦布 1496 年一个星期天到达这里而建，系拉丁美洲最古老的欧洲殖民城市。在圣多明各城的奥萨马河口还有哥伦布的儿子在 1510～1514 年建造的军事要塞——奥萨马城堡。

（9）厄瓜多尔

厄瓜多尔的加拉帕戈斯群岛，因盛产巨龟而得名，加拉帕戈斯岛就是"龟岛"的意思，1835 年英国生物学家达尔文环球考察在此停留一个多月，发现生物有为适应环境而改变自己的现象，著名的《物种起源》与此岛的启发有密切关系。

（10）萨尔瓦多

在萨尔瓦多首都圣萨尔瓦多西北 40 公里处有一名叫霍亚德塞的考古遗址，它是一座于公元 600 年被距该村落 1 公里的突然喷发的罗马卡路提火山熔岩所覆盖的村落，1976 年施工时意外发现。该古村落保存完整，可与意大利古城庞贝媲美，该村落是玛雅文明的一部分。

（11）危地马拉

危地马拉佩腾省西北部有蒂卡尔国家公园，该处在公元 9 世纪前是玛雅文明的繁荣地区，现有刻于公元 292 年的象形文字石碑，有建于公元 810 年的美洲豹金字塔（因形似美洲豹而得名）。

在危地马拉东北部的伊萨巴尔省，有基里瓜考古公园和玛雅文化遗址，这里盛产翡翠，在 9 世纪前后衰落。基里瓜的建筑达到了 8 世纪美洲文化的高峰，其中刻于石碑的浮雕和象形文字是研究玛雅文化的珍贵史料。

（12）海地

海地北部的海地角曾是 1791 年奴隶起义地，当时黑奴多达 50 万，1793 年发表黑奴解放宣言，1804年1月1日海地宣布独立。

(13) 洪都拉斯

洪都拉斯西部科藩省有公元前7世纪至公元前1世纪洪都拉斯玛雅古城遗址，其中有祭坛、石碑、金字塔、石阶、庙宇、雕塑等，其中最有代表性的是金字塔。通往金字塔顶的石阶上刻满了象形文字。

(14) 墨西哥

墨西哥中部的普埃布拉古城，被称为"天使之城"。城中的一座耶稣会教堂内埋葬着一位被海盗劫持到墨西哥的中国公主。

在墨西哥城东北40公里处有特奥蒂瓦坎古城，该城原建于公元前1世纪，有太阳金字塔、月亮金字塔分立城区中轴线南北两端，中间用长4000米、宽45米的"死亡大道"连接。

墨西哥中部的历史名城萨卡斯的萨卡特卡斯大教堂，是墨西哥特有的土著风格与基督教风格完美结合的典范。

拉丁美洲今日的基督教是从墨西哥城传播开来的。一般修道院建造程序：①先建筑大矩形的前院；②然后建造开放式礼拜堂；③接着建造教堂及其附属建筑；④最后建筑钟塔、回廊。

(15) 巴拿马

巴拿马首都巴拿马城曾是印第安人渔村，1519年建城，1903年成为巴拿马首都，城南广场上耸立着运河开凿者纪念碑，城外圣多明各教堂有300多年历史，全砖建筑（无任何支柱）。

(16) 巴拉圭

巴拉圭南部伊塔普阿省有耶稣会传教区。耶稣会是伊古那提乌斯·迪·罗约拉于1543年在巴黎创立的。6年后，受罗马教皇保罗三世的委托，耶稣会在世界各地传教，经过几十年的努力，传教士们在南美各地建立了30多个印第安教区，其中巴拉圭8个，阿根廷15个，巴西7个。

(17) 秘鲁

马丘比丘位于秘鲁东南部的库斯科省，它居于两座险峻的山峰之间，面积13平方公里，海拔2280米，是印加帝国的都城遗址。现存200多座古建筑，建在高山石坡上。著名的《马丘比丘宣言》于1977年12月在这里诞生，来自世界各国的建筑师共同认定保护历史环境和遗产的原则，同时提出了文化传统的继承问题。

秘鲁首都利马老城因保存壁画、布画、雕刻等艺术珍品而著名，被誉为"拉丁美洲独一无二的艺术精品"。

秘鲁西南部的伊卡省因纳斯卡巨画而闻名。巨画一般几百平方米大，最大的一块达5平方公里，其上或鸟兽虫鱼，或如飞船跑道。关于巨型地画的作者，有持外星人创作说，有印第安人创作说等观点，尚无定论。

(18) 美国

美国西部的科罗拉多州梅萨弗德国家公园因保存有古代印第安人的多层崖居而闻名。

美国东北部的宾夕法尼亚州首府费城，在1790～1800年间是英属13块殖民地中最大的一块，是当时的首都。1776年7月4日来自美国13个州的代表在这里签署了《独立宣言》，确立了美国的联邦制国家体制。

位于纽约的自由女神像是法国雕塑家奥古斯特·巴托尔迪用 10 年时间在巴黎构思并雕刻的。据说，雕像的模特是他的妻子，雕像的面部是他的母亲。铁架由艾斐尔铁塔的设计师艾斐尔设计，基座由美国建筑师理查德·莫里斯·胡恩特设计。1884 年在法国制成，1885年运抵美国组装。雕像揭幕时间是 1886 年 10 月 28 日，总统克利夫兰揭幕，系法国为纪念美国独立战争期间美法联盟而赠送给美国的礼物，像高 46 米。

美国新墨西哥州查科遗址，系恩那沙人在 9～11 世纪用石头建造的巨大的村庄，鼎盛时期有 75 个这样的石林。

该州还有陶斯镇，因保存有土著印第安人和西班牙殖民时建筑而闻名。

2.3.3 美洲的饮食文化

（1）印第安饮食文化

印第安人是美洲土著民族的总称。印第安人对人类饮食文化的最大贡献，是他们首先成功地栽培 40 多种农作物，如玉米、马铃薯、向日葵、木薯、可可、烟草、棉花、剑麻、番茄、辣椒、西葫芦、南瓜、菠萝、花生、鳄梨等。特别是玉米，奠定了美洲文明的基础，被誉为"印第安人之花"；再如马铃薯和向日葵，对欧亚两大洲食源的扩大也影响深远；至于可可、番茄、辣椒、南瓜、花生和烟草，更是造福于全人类。

印第安人的烹饪技艺也独具一格。其主要食料多为玉米、马铃薯和亚热带山区荒漠的野生草本植物。喜爱番茄、菜豆与辣椒，珍视昆虫、仙人掌果和龙舌兰汁液，习用向日葵油。烹调方法拙朴、便宜，至今仍保留着古老的"石烹"。印第安人调理玉米和马铃薯有绝活，均能做出百多种花色乃至酿酒。其口味是以辣为主，鲜咸中略带酸甜。他们的昆虫菜肴多达数十种，在世界上颇有名气。他们的饮料多是直接取自大自然，如仙人掌果汁、龙舌兰茎液、古柯树（一种富含可卡因的灌木）叶片茶。印第安人较为集中的秘鲁和墨西哥，饮食文化都达到较高的水准。秘鲁的餐饮业十分兴旺，在南美洲素享盛誉；而墨西哥人之善吃据说排在世界第五位，仅次于中国、意大利、法国和印度。

印第安人的饮食生活还受到古老的玛雅文化和印加文化影响，保留着许多图腾崇拜的遗俗。如饭食习以"黄色"为贵，尤为喜爱黄玉米、黄土豆、黄辣椒、黄南瓜、黄菠萝和黄花生，这是他们崇拜太阳、以太阳子孙自居、以黄色为神圣的原因所致。印第安人相信"万物有灵"，普遍重视祭祀，祭仪隆重而又神奇。至于其食礼，古朴、率真、大度并且纯真。

此外，印第安人的制陶、纺织、印染、绘画、雕刻、羽饰、刺绣、金银铜器等工艺精湛，经常用于餐室装潢和餐具美化，丰富了饮馔的文化内涵。

（2）汤加饮食文化

汤加为南太平洋西部的岛国。汤加国虽小，饮食文化风情却举世闻名。其中包括催肥的薯块、特异的全猪宴、神圣的卡瓦酒、反对节食减肥等。

汤加人主食是硕大薯类的块茎，还有椰子和香蕉。由于经常食用营养丰富的优质碳水化合物，所以举国上下大都肥胖，并且以胖为美、以胖为荣、以胖为尊贵。

汤加人平时很少吃肉，也不喝牛奶。如遇大典，则在王宫举行盛大的"全猪宴"。届时广场上摆放着许多棕榈叶编成的特大条案，每个案上陈放 25 头烤猪、30 只烧鸡、几十只大鳌虾和成堆的蔬果。赴宴者席地而坐，用手撕扯着肉菜肥吃海喝。同时表演热烈奔放的劲歌狂舞，喜庆欢腾。此宴吸引了五洲四海的观光客，赚取不少外汇。

"卡瓦"是一种胡椒科灌木的树根，将其晒干捣碎浸滤出的汁液，即为"卡瓦酒"。它虽不含酒精，但有浓烈的辛辣味，会使舌头麻木。此酒可以健肾降压，并且越喝越上瘾。汤加人敬献卡瓦酒时，常有礼节严谨的神圣仪式，带有原始部落宗教的遗痕。

汤加人也忌讳 13 和星期五，不许吃饭时说话，还忌讳将鲜花当礼品送人。该国以身材苗条为丑陋，宴会上不准涉及节食、减肥等内容。

（3）美国饮食文化

美国饮食文化具有多元化的属性，追求时尚，膳食简便，善于吸收他国之长为己所用，同时也保留固有的饮食嗜好与忌讳，食风新颖别致，食物五光十色。

美国是个开放型的发达国家，由于对外交往频繁和生活水平较高，便成为世界美食汇展的橱窗。从中国的饺子到法国的奶酪，从墨西哥的玉米粽子到汤加的烤乳猪，都拥有众多的食客。而且他们评价食品，往往是一阵风，"只要说是有营养，便敢舍身一试"。像猕猴桃、鹰嘴豆、防风根、工程蝇，在这里都曾风靡一时。这便构成其饮食文化的一大特色——食性杂，求时髦，赶潮流，多变化。

美国人吃饭随便而简易，家庭烹调技术一般不高，故而大多依赖方便食品，而且消费量大。他们的一日三餐，多是见啥吃啥，有啥吃啥；家宴出奇的简单，哪怕仅有一道菜，也敢大发请柬，甚至要求客人自带酒菜光临。据统计，美国人每天至少要吃一餐方便食品，约占饮食开支的 40%；美国有各类快餐店数十万家，一年消费方便汤 100 多亿碗；以供应军队快餐食品出名的肉商"山姆大叔"，现已成为美国的别称。这又说明美国饮食文化是建立在发达的现代食品工业基础之上的，科技含量较高。

美国菜兼取法、意之长，结合国情演化，200 多年间烹调工艺也达到一定的水准。其品味是咸中带甜，一般不用大蒜、辣椒和醋调味。多系瓜果配肉品。喜清淡，重香熟。烹调时，肉要去骨，不用内脏；鱼须剔刺，砍掉头尾；虾要剥壳；蟹要拆肉；果要去皮去核。煎炒、焗烤与铁扒，均见功力。名食有苹果烤鸭、哥伦比亚牛排、芝加哥奶油汤、弗吉尼亚史密斯菲尔德农家火腿、花旗大虾、巧克力热狗、南瓜馅饼、玉米羹等。

美国的食俗也不同一般。如重视餐具，每人每餐多达 20 余种，式样齐全，质地考究。情人节、圣诞节和感恩节同时也是食品节，美味山积。近年来因为道德、禁欲、营养和"文明病"流行等原因，兴起"素食主义"，倡导绿色食品、黑色食品、昆虫食品和花卉食品，减肥之风大盛。但是，对肥肉、黏骨、禽皮、虾酱、爪趾、臭豆腐、海味、山珍、蒸菜、烧菜等，许多美国人不感兴趣，至于饲养的宠物（如狗、猫、鸽、兔），更是严禁食用。

2.4 非洲

2.4.1 丰富的自然遗产

非洲在地形上有若干重要而明显的特征，一是非洲有广阔的平原，相对而言山地较少，地势起伏不大，既不像其北面的欧洲那样有山势雄伟、面积巨大的阿尔卑斯山脉，也不像亚洲那样有面积十分广大的平原。整个大陆平均海拔为 750 米，在各洲中居第二位。面积广阔的高原不仅有利于交通的发展，而且和地理位置及气候因素结合，在东非、中非北部和西非中南部等地区形成了世界上最广阔的热带草原，即所谓"萨王纳"群落。其繁茂的草本植物为草食动物和以草食动物为食的肉食动物创造了良好的生活环境，因此，在萨王纳地区，生活着种类繁多、数量巨大的动物群，包括羚羊、斑马、非洲象、犀牛、河马、长颈鹿等有蹄类草食动物和狮、猎豹、鬣狗、豺等大型肉食动物。其中有不少是非洲的特有种，有的已属稀有珍贵的动物物种。而这些草原和草原上的动物，及以其为主体的众多的野生动物保护区正是非洲最重要、最具代表性、最吸引人的旅游资源。目前，非洲共有各种天然动物园 70

多处，总面积达41万平方公里，是世界各洲中天然动物园面积最大的一洲。肯尼亚的察沃国家公园和坦桑尼亚的塞伦盖蒂国家公园以野生动物繁多著称于世，每年都要接待大量的游客。

博茨瓦纳的旅游资源主要是数量较多、种属繁多的野生动物园。该国西部人口稀少，又有水草丰美的奥卡万戈河内陆三角洲，为野生动物的生存和繁衍提供了理想的条件。全国约有各种野生动物350万头，其中大象即有5万头之多。此外，还有许多狮、豹、犀牛、河马、长颈鹿、羚羊、斑马、鲑鱼及多种鸟类。目前，全国有4个面积巨大的国家公园和6个野生动物保护地。它们共占全国面积的1/4左右。

2.4.2 众多的史前及远古文化遗址

位于阿尔及利亚撒哈拉东南与尼日尔、利比亚交界处的阿杰尔的塔西利史前洞窟壁画和雕刻作品亦为非洲一绝。最古老的壁画和雕刻诞生于公元前1.2万～公元前8000年，主要描绘本地的各种动物，太古时代（公元前8000～公元前4000年）的壁画和雕刻图像奇形怪状，勾画简略。放牧时期（公元前4000～公元前1500年）的作品主要表现牛的神态和人的日常生活，还有更晚些时候的描绘马车飞奔和骑手狩猎场面的作品。

位于利比亚和阿尔及利亚接壤处的德拉尔特·阿卡库斯石窟与上述性质相同。

位于尼日尔的阿加德兹地区的阿伊尔和泰内雷自然保护区，于一望无际的沙漠之中的平均海拔800米的阿伊尔山上却留下了远古时代（约公元前4000年）雕刻的许多岩画，这些雕刻在大理石、斑岩和花岗岩上的岩画，最初有象、鹿、山羊等动物形象，后来出现了乘坐战车奔驰的图案，岩石上甚至还刻有祈祷文和求爱信，这些人文景观和广袤无垠的沙漠形成强烈的沧桑对比。

在埃及，开罗金字塔代表非洲陵墓文化的极致。底比斯古城及其墓地，位于尼罗河东岸，该城古迹众多，供奉太阳神卡纳克神庙，经几代王朝的修复和扩建，集中了埃及2000年建筑艺术的精粹。

位于埃及东南部的努比亚遗址，其中最雄伟的建筑是阿布·辛拜勒大庙和王后寺庙，两座寺庙都是公元前8世纪在岩石上凿出的。庙中四尊高达20米的拉美西斯的巨大塑像及其爱妻妮菲泰丽王后的许多塑像皆美丽动人，几千年过去了仍光彩如新，该处寺庙等古建筑体现了埃及数千年宗教建筑艺术的特点。

在埃塞俄比亚首都以南100公里处的蒂亚整石雕刻，上面刻有各种图形和令人费解的符号。

在埃塞俄比亚北部的提格雷区阿克苏姆考古区，有建于公元前3世纪的高达33米的整石碑，其雕刻、加工、运输和竖立仍是人类未解之谜。

位于埃塞俄比亚南部格穆·戈法地区的奥莫低谷，出土了数目可观的各种猿人化石，其中纤细型的南方古猿和粗壮型的南方古猿的颌骨、牙齿和全身骨骼化石，为研究人类起源的学者所珍视。

在加纳南部600公里长的岩石海岸线上，分布着沃尔特、阿克拉、克里斯琴博等60多座要塞和城堡，这些文化遗迹是欧洲与非洲贸易的历史见证，也是17世纪黄金贸易和18世纪的奴隶贸易的历史见证。

2.4.3 鲜明的殖民文化遗迹

从15世纪开始，葡萄牙、西班牙、荷兰、美国、法国相继入侵非洲。最初主要是掠夺非洲象牙、香料等物品，后来，殖民者开始了罪恶的奴隶贸易。他们掳掠黑人运往西印度群岛和美洲其他地区，以换取其他物品、原料运回欧洲。奴隶贸易持续400来年，使非洲失去

1亿多人口。19世纪70年代，欧洲殖民者开始瓜分非洲，除埃塞俄比亚和利比里亚外，非洲其他部分完全沦为他们的殖民地，直到20世纪60年代，大批非洲殖民地国家纷纷独立。1990年3月21日，纳米比亚宣布独立。非洲诸国终于结束了被奴役的殖民历史。

在1815年废除奴隶贸易以前，位于塞内加尔首都达喀尔附近的大西洋上的戈雷岛一直是奴隶买卖的中心之一，此岛先后被葡萄牙、荷兰、英国和法国殖民者所占领。1776年荷兰殖民者建造的两层奴隶堡位于小岛东部，楼上为殖民者卧室，楼下为关押奴隶处。据统计，从该岛运走的奴隶达20万人。

在加纳的阿克拉西南，依山傍海处，亦有葡萄牙人兴建的奴隶堡，名为爱尔米纳堡。城堡中央有一低矮大厅，为当年买卖奴隶的地方，城堡下层为囚禁奴隶的处所，有一秘密通道通向海滩。500年来保存完好，现已成重要旅游景点。

位于突尼斯北部的土加有一座带有柱廊的圆形剧场，系罗马帝国占领后所建，现保存完好。

位于赞比亚与津巴布韦接壤处的维多利亚瀑布，原本另有其名：赞比亚人叫它"莫西瓦图尼亚"，津巴布韦人叫它"曼吉昂冬尼亚"，两名均有"声若雷鸣的雨雾"之意。但19世纪中期，英国传教士戴维·利文斯通都以英国女王的名字命名，带有十分明显的殖民意义色彩，类似的地名在世界各地原殖民地都有。

在坦桑尼亚首都达累斯萨拉姆还保存有古老的德国木屋。

2.4.4 多彩的民俗景观

非洲的土著民俗往往是对旅游者最有吸引力的文化资源。

在坦桑尼亚的首都达累斯萨拉姆国家博物馆内，就收藏有许许多多的非洲手工艺品，还有一个基本保存原状的传统非洲村落。

在尼日利亚古城贝宁，还保存有奥吉亚门酋长故宫大厦及阿索洛酋长祠堂。

在科特迪瓦的马恩，旅游者可以观赏藤桥，访问非洲的铁匠村落，欣赏别具风味、令人激动的雅可巴和坦等部族的著名面具舞。

在加纳阿散蒂地区的土木结构的房屋，是当地人于19世纪就地取材用传统方法建造的，这些建筑与土著的宗教信仰有密切的联系。该地建筑内部用于装饰墙面的传统绘画多用象征性图案表现民间格言和谚语内容。

位于利比亚与突尼斯、阿尔及利亚交界的汉拉地区的加达梅斯老城，是北非传统住宅的突出范例，它有砖坯墙、木结构和棕榈大门窗等，均使用原始的建筑材料。

位于马里中部尼日尔河内三角洲最南端的杰内古城，有一座大清真寺，建于1909年。这所建筑占地面积6375平方米，建筑面积3025平方米，它未用一砖一石，采用一种当地特殊的黏土和树枝建筑而成，100根粗大的四方体泥柱支撑着祈祷大厅屋顶，屋顶上开着104个直径10厘米的气洞，寺门宽阔高大，寺院的主墙由三座塔楼组成，塔楼之间有5根泥柱相连，整座寺院融撒哈拉建筑风格和苏丹建筑艺术于一体，结构别致。

位于马里的莫普提区的多贡族村落布局和住宅平面结构均呈人形：男人集合场所居于村子的北端，视为头部，南端的两座庙宇代表脚，东西两端各有一间代表手的圆屋，长老住村落中心，代表心胸，村民住村南。居民住宅也呈人形，厨房是头部，两个采光通气孔代表眼睛，卧室在腹部，右边仓库代表男人，左边仓库代表女人，大门在脚部，床代表大地，平屋顶代表天空。

位于突尼斯北部的杜加和土加是农业区，无庙宇等建筑，但当地民居很特别，房屋的底层是冬天的寓所，夏天的住处被安置在地下，因为这里夏天特别炎热。

2.4.5 独特的饮食文化

（1）埃及饮食文化

由于外来的饮食文化因素不断侵入，埃及传统的饮食文化难以一脉相承。现今的埃及饮食文化隶属于阿拉伯饮食文化范畴。埃及领土地跨亚、非两洲，除了尼罗河谷、地中海沿岸、苏伊士运河和西奈半岛外，绝大多数地区是炎热干燥的热带沙漠，主要的农产品仅有小麦、玉米、洋葱和甘蔗，畜牧业的发展也受到限制。因此，该国的饮食文化又具有西亚和北非热带沙漠气候的特色，如主要食用政府补贴的"耶索面饼"，大米稀少，蔬菜也不充裕，豆薯类的小吃多；制菜习用粗盐、胡椒、辣椒、咖喱、番茄酱、孜然、柠檬汁和黄油等调味，口感偏重，喜好焦香、麻辣与浓郁。另外，该国的饮料多为红茶、淡咖啡、酸牛奶、果汁、啤酒与凉开水，爱好瓜果与雪糕，喜欢咀嚼可以提神的咖啡叶。

（2）黑人饮食文化

黑人饮食文化的主旋律，是在撒哈拉沙漠以南的 50 多个国家和地区内。一般说来，他们继承了尼格罗人先民的膳食传统，并且具有原始宗教色彩，以及热带沙漠、热带草原、热带雨林气候的风情，较为古朴粗犷。如有的捕获野兽，采集野生草木，有的进步到食用面食、奶汁及家畜，有的则是两者兼具；普遍爱吃芭蕉、椰子等水果，习用玉米、高粱及杂麦、薯芋煮粥或烤饼，善于提取奶油、酿造土啤酒和利用野生草木做饮料，嗜好蛇鼠与昆虫。其食具多为简陋的骨石器、竹木器或陶瓦器，烹调技术粗放，调味品少，生食比重大，熟食为辅。他们的祭祀亦多，食忌各别，喜欢以乐侑食，每逢聚宴，歌舞跳跃，篝火通明。

思 考 题

1. 亚洲在世界旅游文化史上有哪些突出的贡献？

2. 世界各大洲著名景观的分布有何特点？

3. 美洲旅游文化和非洲旅游文化有何异同？

3 中国旅游文化的演进历程

在世界历史上，曾经出现过古埃及、古巴比伦、中国、古希腊等文明古国。然而由于种种自然的和社会的原因，这些文明古国的历史，自然也包括旅游文化演进史，却不同程度地出现中断和被外来文化同化的现象，其中中国是唯一的例外。中华民族在5000年的历史长河中，有过无数次同室操戈的争战，也有过不少次外敌入侵的屈辱，但可以引以为豪的是，中华民族5000年的文明史，自然也包括旅游文化演进史，却从未中断过。这是世界文明史上的奇迹，也是炎黄子孙永恒的骄傲。

我国的旅游文化演进史，大体上可区分为神话传说时期和信史时期这两个时期。而信史时期又可依次厘定为夏商周三代、秦汉、六朝、唐宋、元明清和晚清民国这么五个阶段。

3.1 神话传说时期的中国旅游文化

由于儒家不信"怪力乱神"，对远古神话传说多有阉割篡改，致使中国神话不如希腊丰富完整。其中旅游神话的遭遇也不比其他类型的神话好多少。虽然如此，在先秦古书中，仍然保存了一些极有价值、能够让我们间接了解先民旅游活动的神话传说。

3.1.1 有关黄帝的旅游传说

中华民族的始祖黄帝，在秦汉时期的典籍中，特别是道家的著作中，他是一个足迹遍于天下，性好远游的古代帝王。传说"黄帝游幸天下，有记里鼓，道路记以里堠"（明，杨慎《升庵集》）。"里堠"即"堠（hòu）"，堠，古代计算里程的土堆，谓之"牌堠，五里一堠"（《正字通·土部》）。黄帝死后葬于陕西黄陵县桥山。山上古柏成林，郁郁苍苍。山顶有一碑亭，"黄帝陵"三字为郭沫若所书。黄帝陵现已成为全世界炎黄子孙朝拜的圣地。河北省科学院旅游研究中心的郭康等专家在黄帝和蚩尤争战的涿州大地上策划了气势磅礴的"黄帝城"模拟景观，用精心构思的建筑景观来展示这一古老的华夏文化精粹。

黄帝的儿子累祖也性喜远游，最后死在旅途中。尧的儿子傲也是一个"唯漫游是好"的旅行家。以与颛顼争帝、怒触不周山闻名的天神共工之子修，也"好远游，舟车所至，足迹所达，靡不穷览"（应劭《风俗通义》）。

3.1.2 有关大禹的旅游传说

相传大禹生于今四川茂汶羌族自治县石鼓乡。许多古书记载说大禹的母亲生他时是"剖胁而生"，其故乡因之又名剖儿坪（《吴越春秋》、《蜀本纪》、《华阳国志》、《锦西新编》）。并说剖儿坪下岷江两岸白石累累，上皆有斑斑血迹，刀刮不去，相传为禹母剖胁时所溅之血。至今当地人仍对剖儿坪敬若神明，附近方圆百里无人敢来放牧；有过失的人逃避其中，便没人敢来追捕。据考古学家考证的结果，茂汶、松潘这一带居民是古代夏族的一支。

另一种说法是大禹乃鲧的儿子。鲧受帝尧的命令负责治理洪水，采用筑堤堵水的治水战略，结果辛辛苦苦干了九年，洪水未能缓解。帝尧派火神祝融杀鲧于羽山。鲧死三年，其尸体不腐，有人以吴刀剖之，鲧腹生禹（《山海经》、《淮南子》持是说）。

大禹治水反其父之道而行之，他坚持一个"疏"字。通过他及全国各地的部落成员十三年坚苦卓绝的努力，洪水得到了治理。在紧张的治水生涯中，大禹舍身济世的圣贤情怀，公而忘私的敬业精神，卓有成效的治水成绩，为中华民族树立了千秋万代的精神楷模。

治水英雄大禹还铸九鼎，把全国各地山川形势、道路远近以及奇禽猛兽和一切不利旅行的事物标在九鼎上，以便人们旅行时趋吉避凶。跟他一起治水的伯益，把沿途见闻，包括山川名称、方位、出产等地理、气象、动植物知识分点介绍，并附有各种奇禽怪兽图形，这就是中国古代奇书《山海经》。关于禹铸九鼎，《左传》亦有比较简短的记载。禹疏九河的遗迹在黄河、长江等水道上多有留存，许多关于大禹治水的优美传说至今尚在劳动人民中间口口相传。大禹人生的最后一站是浙江会稽（今绍兴）。他在那里召开诸侯大会，庆祝治水胜利，不料突然中风身亡。大禹陵亦是历代游人向往的旅游胜地。

大禹的传说虽多，但大禹却是真实的夏代开国君主。

3.1.3 与旅游有关的神的传说

神话和传说虽不能据为信史，但既散见于先秦时期众多的古籍之中，总不会事出无因。它至少说明中国人早在遥远的古代就酷爱旅游。人们将"修"和"累祖"奉为行神加以膜拜，从天子到庶人出门远行没有不首先祭祀他们的，这更可说明中国古代热爱旅游有着深厚的群众基础。关于对"修"和"累祖"这两位行神的祭祀，中国古籍中也有记载。汉人应劭在《风俗通义·祀典篇》及《独断篇》中认为人们祭祀的行神（或"道路之神"）是共工的儿子修："谨按《礼传》，共工之子曰修，好远游，舟车所至，足迹所达，靡不穷览，故祀以为祖神。"而《宋书·历律志》引崔实《四民月令》主张行神应是黄帝的儿子累祖。他还举了《诗经》中的韩侯和《左传》中的鲁襄公出行前祭祀"祖神"的情形作例子。唐颜师古注《汉书·景帝十三王传》"祖于江陵北门"一句时引用崔实的说法："祖者，送行之祭，因飨饮也。昔黄帝之子累祖，好远游，而死于道。故后人以为行神也。"

对于这种古书记载的看似矛盾的现象，清代学者孙诒让在《周礼正义·夏官·大驭篇》中有一段分析。他说：古代祭祀行神这件事，《周礼》的正文和注解文字都没有言及。这件事最早见于《曾子问·疏》一书，而这本书却是引用崔实《四民月令》的说法。那上面说："宫内之軷（音 bó，古代祭道路之神的名称，祭后以车轮碾过牲口，取行路无艰难之意）祭古之行神；城外之軷，祭山川与道路之神。"他又引惠士奇的话："祖道本祭行神，祖在城门外，行则庙门外之西。礼虽不同，其神一也。崔云道路之神，非行神而何？"孙氏作结论道："宫内城外两軷祭，神不当有异。惠说近是。今考'行'为天子七祀，地示之小祀也。祖神即道神。"

大概因为累祖和修都是人民崇拜的远古旅行家，在安排神位时为了不至于偏祖而多设一个位子吧。人们崇拜他们，每当远行便祭祀他们，其用意不外乎"求道路之福"。

在中国古代，这种出门远行祭祀行神的活动，大量见于历代文史书籍。例如《吴越春秋·勾践入臣外传》："越王勾践，五年五月，与大夫文种范蠡入臣于吴，群臣皆送至浙江之上，临水祖道，军阵固陵"。《文选·荆轲歌序》："丹（燕太子丹）祖送于易水上。"大体说来，祖送的内容为先祭行神，然后进行告别宴会。

近半个世纪来，欧美学者经过大量的研究，认为《山海经·海外东经》中的"黑齿国"即今之墨西哥。20世纪60年代初湖北荆门县出土的战国铜戚上的中国珥蛇舞人像，同秘鲁绣有海神像的地毯图案完全一样。《山海经》对密西西比河流域等北美东部地区也作了描写。（卫聚贤《中国古代与美洲交通考》，《科学画报》1980年第8期《是四千年前的文明吗？》）

若确是如此，则先民们的远游就不是神话而是事实了。

3.2 夏、商、周时期的中国旅游文化

夏代的旅游资源，我们迄今所能见到的文字资料除了《尚书》、《史记》几部古书中关于大禹治水的记载外，有一条谚语值得一提。谚云："吾王不游，吾何以休？吾王不豫，吾何以助！一游一豫，为诸侯度"。"豫"也是"游"的意思。这条夏代谚语由于孟子的征引而被保存下来（《孟子·梁惠王下》）。赵岐注："言王者巡狩观民，其行从容，若游若豫。豫亦游也，游亦豫也。"文意为老百姓好久不见自己的君主出游了，他们中有的春天没有种子，有的秋天吃不饱肚子。从前君主按时巡视，小民不至于饥寒。而现在却久久不见君王的影子。言下之意，有责怪君王不关心人民的意味。夏、商、周三代的帝王旅游，一般叫"巡狩"，或者叫"游豫"，或者叫"游夕"。意思都是一样，是与农业生产密切相关的政治活动。夏商时期的商业旅游、学术旅游乃至域外旅游，由于史料缺乏，暂时还无法讨论。但商代车工已经能制造相当高级的两轮车，车轮有辐条，结构精致华美。今山东滕州市有奚公山，就是夏商时期著名的造车世家奚仲家族的故里遗迹。

到了东周，礼崩乐坏，王纲解体。大批周天子身旁的文化人离开中央，分别投奔诸侯。《论语·微子》篇记载了当时中央音乐家的去向："太师挚适齐，亚饭干适楚，三饭缭适蔡，四饭缺适秦，鼓方叔入于河，播鼗武入于汉，少师阳、击磬襄入于海"。这不过是当日官学下移的一个缩影。从此，在中国历史上开始出现士阶层。由于诸侯争霸，周天子无力控制局面。士阶层因此显得异常活跃。孔子、孟子、苏秦、张仪，不过是春秋战国时期众多策士中声望卓著的几个。知识分子朝秦暮楚，奔走不暇，所谓孔席不暖、墨突不黔，恰是当日士阶层奔竞形象的写照。这应该是中国旅游史上的一个新纪元。因为在此之前，旅游者主要是帝王。而此后，像苏秦、张仪这样出身寒微的人，像孔子这样没落的贵族，乃至他们的出身各异的弟子，都加入到旅游队伍中来了。当然，那时的旅游，主要目的还不在欣赏娱乐，而是审时度势，致身卿相。但是，大量的旅游实践和审美感受，也促使他们的旅游带上审美的色彩。其中不少旅游哲学见解，对后世中国的旅游文化还产生了不容低估的影响。这在《论语》、《庄子》、《孟子》、《荀子》、《韩非子》、《列子》等先秦诸子书中，可谓随处可见。

夏、商两代的旅游接待设施，因文献难征，不得而知。周代的旅游接待设施，已经相当普遍了。《周礼·周官》上说："凡国野之道，十里有庐，庐有饮食。三十里有宿，宿有路室，室有委（指委积，古代仓廪积聚的物资）。"并且形成"宾至如归"（《左传·襄公三十一年》）和"有朋自远方来，不亦乐乎"的好客传统（《论语·学而》）。

夏商周三代最大的，且有文字记载的旅行家，当推夏禹和周穆王。夏禹的旅游当然是治水的副产品。他三过家门而不入的先天下之忧而忧、急人民大众之所急的圣贤胸襟，给中国人民留下了十分美好的印象。穆王姓姬名满，是西周王朝第五代国君。史书上说他在位 55年，其人天性好游，发下宏愿，要使天下都布满他的车辙马迹。反映他的旅游生涯的书叫《穆天子传》，是他的十名随行史官秉笔直书的实录。现在传世的本子残缺不全。

周朝对旅游理论思考得最深刻的并对后世产生了深远影响的是儒家孔子和道家的庄子、列子。孔子提出了"仁者乐山，智者乐水"的比德说和"父母在，不远游，游必有方"的近游观（《论语·里仁》）；庄子提出了"依乎天理，因其固然"和"既雕既凿，复归于朴"的崇尚自然的旅游观；《列子》书中提出了"人之游也，观其所见；我之游也，观其所变"的尚变的旅游

观以及与此相联系的内游理论。这些思想直到今天仍在影响着中国人民的精神生活。

3.3 秦、汉时期的中国旅游文化

3.3.1 秦代的旅游文化

在秦王嬴政并吞宇内、威震八荒之前，在我国东南沿海诸侯国齐、燕等地方，士阶层已开始形成。他们大概是被海市蜃楼所迷惑，一心寻找海上仙山，乞求不死之药，希望能以之化去人生苦短的烦恼。秦始皇统一中国后，也迷上了长生术。为了寻海上仙山的不死之药，秦始皇派出了许多方士四出考察。其中最著名的一个叫徐福。"福"也可写作"市"。始皇二十八年，他上书称海上有蓬莱、方丈、瀛洲三神山，上有不死之药。请得数千名童男童女乘船入海，一去不复返。徐福为江苏赣榆人。公元7～8世纪随着中、日文化交往的频繁，日本文献中关于徐福的记载增多。日本人将其尊为农神和医神。秦始皇自己则把古老的巡狩制度继承下来，作为了解下情，巩固统治的策略。另一方面，在巡狩的同时，还加进了寻求长生之药的求仙内容。这一点，是他和此前历代帝王巡狩的最本质的不同。不过，应该说明的是，秦始皇为了巡狩的需要，大规模地扩建道路，建设行宫。这对发展旅游应该说还是起了很重要的作用的。他派出大量方士寻幽访胜，目的虽然是不死之药，而客观上却有利于山水自然美的发现。特别是对大海美的发现。

3.3.2 汉代的旅游文化

汉武帝的旅游路子与秦始皇惊人地相似。他一生也巡狩和求仙并重。不过，汉武帝的开拓精神比秦始皇更强烈。汉武帝时对匈奴等少数民族政权的武装反击，张骞的西域探险，司马相如的西南夷之行，司马迁为撰写《史记》而游历全国，共同构成了这一鼎盛时代的旅游特点。而尤其值得称道的是张骞的西域之行和司马迁的漫游活动。前者是有政治目的的探险旅游，而后者则是比较典型的学术考察旅游。这是划时代的进步。特别是司马迁的读活书式的漫游方式对后世中国学人的精神生活的影响至为深远。"读万卷书，行万里路"的旅游文化传统实肇始于他。

在汉代，由于中外交往频繁，旅游身份证明的使用也势在必行。当时的身份证明称"过所"。在《楼兰尼雅出土文书》第637号上，就保存下了一份"过所"的原文："月支国胡支柱，年四十九，中人，黑色。"第700号"过所"上写着："异，年五十六，一名奴；髭须，仓白色，著布裤褶"。在与其共出的"过所"中有一件写明是由敦煌太守签发的。

3.4 魏晋、南北朝时期的中国旅游文化

3.4.1 魏晋时期的旅游文化

西晋末年，天下大乱。王室东迁，偏安江左。这一次大迁徙对于中国旅游史的意义，不可低估。以往长期生活在黄河流域的社会上层人物，走惯了"周道如砥，其直如矢"的北方道路，一旦进入"山重水复疑无路，柳暗花明又一村"的江南地区，强烈的时空变化感刺激了这批文化人的大脑。历史的潮流把他们从黄河流域赶到长江流域，黑暗时期的政治风云又使他们不得不考虑全身远害。这一时期的绝大多数知识分子都走了寄情山水、啸傲风月的道

路。由于天下分裂，军阀割据，人为地造成此疆彼界的分裂。因此这一时期的旅游绝大多数是短途旅行。与其说是探奇，还不如说是为了追求适意娱情。这一时期的突出特征是对山水作审美评价的现象蔚然成风。刘义庆的《世说新语》一书中就留下了为数众多的山水欣赏文字。浙江会稽境内特多名山水，东晋人王子敬游后评价说："从山阴道上行，山川自相映发，使人应接不暇，若秋冬之际，尤难为怀。"（《世说新语·言语》）著名画家顾恺之从会稽（今绍兴）回建康（今南京），"人问山川之美，顾云：'千岩竞秀，万壑争流。草木蒙笼其上，若云兴霞蔚。'"（《世说新语·言语》）这是欣赏真山真水。晋简文帝入华林园（故址即今南京鸡笼山前和平公园），顾谓左右曰："会心处不必在远，翳然林水，便自有濠濮间想，觉鸟兽禽鱼自来亲人。"（《世说新语·言语》）这是欣赏人造山水（园林）。

东晋时期还应特别提及的是读书人中爱竹、爱松、爱菊成为风气。爱松、爱菊，自以陶渊明为代表。在他的《归去来辞》中就有对"三径就荒，松菊犹存"的讴歌。"采菊东篱下"，"抚孤松而盘桓"成为他归隐生活的一个侧面。至于爱竹，自当以王羲之、王徽之父子为代表。《永嘉郡志》载东晋时有个姓张的人家有苦竹数十顷，户主在竹中为屋，常居其中。王羲之闻而往访，张某逃避竹中，不与相见，羲之亦自得其乐而还。王徽之有一次临时寄宿一栋空宅，便令左右在院子里种竹。有人不解，问他住一天就走，种它干嘛。王徽之并不急着回答。先自顾自啸咏一通，以手指竹曰："何可一日无此君？"（《世说新语·言语》）

后世中国文化中的岁寒三友和松竹梅菊四友等审美文化现象，正是发源于东晋时期的这批名人的赏鉴。或者说，正是他们首先赋予松竹菊以审美价值。

3.4.2 南北朝时期的旅游文化

宋齐梁陈时期，私家园林已较发达，并且已有相当于今天的风景区管理处或园林管理处一类机构。在《南史·梁宗室》中记述南平元襄王萧伟爱造园林，且造得"有侔造化"。萧伟"立游客省"，四季均有安排——"寒暑得宜，冬有笼炉、夏设饮扇"；并且专门安排有人做旅游笔录——"每与宾客游其中，命从事中郎为之记。"南朝齐代文慧太子还发明了"游墙"："造游墙数百间，施诸机巧，宜须彰蔽，须臾成立；若应毁撤，应手迁徙"（《南史·齐武帝诸子》）。

这一时期也有个别涉足远游的旅行家，像东晋义熙年间舍身求法、陆去海还的法显，像撰写《水经注》的郦道元即是代表。特别是法显的远游以及远游记录《佛国记》，开辟了我国宗教徒的域外远游之先声，极大地丰富了我国古代的探险旅游传统。东晋王羲之等人的兰亭雅集也开了后世文人墨客春秋佳日游山玩水、分韵作诗风气的先河。北魏杨炫之的《洛阳伽蓝记》"假佛寺之名，志帝京之事"，开后世区域性佛教寺庙旅行志之风气。

东晋以来，逆旅开始繁荣。逆旅就是私人旅舍、旅馆的意思。杜预注《左传·僖公二年》说："逆旅，客舍也。"而"旅馆"一词最早就是出自此时谢灵运的《游南亭》诗中"久癗昏垫苦，旅馆眺郊枝"一句。至此，"旅馆"一词逐渐替代了长达千年之久的"逆旅"并沿用至今。

3.5 隋、唐、宋时期的中国旅游文化

3.5.1 隋代的旅游文化

隋朝的历史短暂，然而炀帝却称得上是别具特色的旅行家。他追求奢侈，不惯车马旅行的劳顿，乃下令修京杭大运河，开创中国旅游史上舟游的新篇章。此外，他的弄臣——巧匠

杜宝、黄衮发明的水上游乐机械也是史无前例的。杜宝的《水饰》对于水上游乐机械的记述至为详细。先是隋炀帝命学士杜宝修《水饰图经》15卷，由黄衮按七十二势制成机械人和机械动物。三月上巳日，炀帝令群臣于曲水观水饰。这七十二势就是以72个不同人物故事为题材的机械人和机械动物游乐设施的总称。举例来说，像"禹过江黄龙负舟"、"秦始皇人海见海神"、"武帝泛楼船于汾河"、"屈原遇渔父"、"屈原沉汨罗"、"长鲸吞舟"以及"穆天子觞西王母于瑶池之上"、"孔子值河浴女子"等等。这七十二势皆刻木为之，"或乘舟，或乘山，或乘平洲，或乘磐石，或乘宫殿"。"木人长二尺许。衣以绮罗，装以金碧，及作杂禽兽鱼鸟皆运动如生，随曲水而行，又间以妓航（即载妓女的船只）与水饰相次。亦作十二航，航长一丈，阔六尺，木人奏音声，击磬撞钟，弹筝鼓瑟，皆得成曲。及为百戏跳剑舞轮。升竿掷绳，皆如生无异。其妓航水饰亦雕装奇妙，周旋曲池，同以水机使之。又作小舸子，长八尺，七艘，木人长二尺许，乘此船以行酒，每一船一人擎酒杯，立于船头。一人捧酒钵。次立一人撑船在船后；二人荡桨，在中央。绕曲水池回曲之处各坐宾客，其行酒船随岸而行，行疾于水饰。水行绕池一匝，酒船得三遍乃得同止酒，船每到坐客之处即停住。擎酒木人于船头伸手，遇酒客取酒，饮讫，还杯。木人受杯，回身向酒钵之人取杓斟酒，满杯依式自行。每到坐客处例皆如前法。"杜宝说这些装置都是在水中岸上安了配套的机械设施才如此像真人一样。他解释说，这些杰作都出自"巧性今古罕俦"的黄衮之手。亦是对我国近游传统的一次丰富。

3.5.2 唐代的旅游文化

唐初，太宗皇帝吸取隋朝亡国的教训，加上大臣魏征等人的谏阻，他几乎没有过较远距离的旅游活动。他在《帝京篇》小序中明言自己特别欣赏近游。其词曰：

"沟洫可悦，何必江海之滨？麟阁可玩，何必两陵之间乎？忠良可接，何必海上神仙乎？丰镐可游，何必瑶池之上乎？"

由于开国君主树下了近游的先例，除高宗、玄宗、武则天的几次封禅活动例外，后继者们几乎没有一个放情远游的。

唐代沿袭隋制，实行科举取士制度。出身寒门的读书人，只要有真才实学，通过科举道路可以进入统治集团。这种政策极大地调动了广大中下层士子的从政热情。唐人因此而远游成风。这是继晚周社会以来的又一次旅游高峰。和以前的许多世纪相比，这个时期是旅游人数最多的一个时期。士子们为了提高诗艺，遍游名山大川，考验史书正误，拓展眼界胸襟；广交文朋诗友，切磋诗歌艺术，以博取功名。当他们考上进士后，一批批步入政界。各州县行政长官绝大多数便由新进士充任。这批高层次的旅游者任职以后，在上任的路上，在任所里，游山玩水便成了他们工作的一部分。因此，这一时期的旅游诗以前所未有的数量和质量出现在文坛上，许多脍炙人口的名篇，如李白的《望庐山瀑布》、《静夜思》，崔颢的《黄鹤楼》，王维的《送梓州李使君》，王之涣的《登鹳雀楼》，杜甫的《望岳》，孟郊的《游终南山》，韩愈的《谒衡岳遂宿岳寺题门楼》等，都是诗人们当年的旅游见闻和感受之写照。这一时期知识分子中涌现了一大批旅行家，如"五岳寻仙不辞远，一生好入名山游"的李白，"过岭万余里"远征到今日越南的张籍，以著《茶经》闻名中外的陆羽和以通俗易懂的诗风著称于世的白居易等。

唐代共有1639处驿站，分布在全国国内交通网——驿道上，每30里置一驿站。驿站分水驿、陆驿和水、陆两用驿三类。水驿配船、陆驿配车，水陆驿则舟车兼配。一般按驿马数目配草料田。一马配40亩。国家每年还要支出100万贯用于驿路、驿站的维修。民间旅店林立于驿站两旁。

除驿路外，还有大运河是南北漕运的要道。此外，从当时的首都西安，还有通日本、西域、南亚等国的"国道"七条。伟大的现实主义诗人杜甫在《忆昔》诗中写道："忆昔开元全盛日，小邑犹藏万家室。稻米流脂粟米白，公私仓廪俱丰实。九州道路无豺虎，远行不劳吉日出。"

这一时期由于举国重道教，天下道教名山的开发得到了朝廷的资助，洞天福地呈现出一派欣欣向荣的景象。道士中也涌现了不少有名的旅行家，如司马承祯。

这一时期佛教也得到了较大的发展，"天下名山僧占多"已成为不争的事实。佛教的发展和道教的兴盛一样，使自然山水的人文色彩日渐浓厚。更值得一提的是佛教徒中出现了杰出的探险旅行、舍身求法的玄奘。他是继晋代陆去海还的法显之后的又一个著名佛教旅行家，他的事迹载在《大唐西域记》中。鉴真和尚七次渡海，向日本传播佛法，也是中国文化史上大放异彩的杰出人物。柳宗元《永州八记》的写成，标志着游记文学的成熟。

与旅游队伍日渐壮大的形势相适应，唐代旅游客馆亦相当发达。除西安、泉州、洛阳、广州等大城市，即便是小小县城也不缺乏此类设施。杜甫客蜀时曾专门写过一篇《唐兴县馆记》。这类建筑在规模上已大大超过用作传驿的传舍。其中有回廊、环廊可供游人散步，可免日晒雨淋，更有"修竹茂树"以美化环境。公馆的结构如下："门之内为厅堂，其后为燕息所。东西为夹室，左为厨房，右为厕所和浴室，以及仆从车马之所寓，……厅之前列松树，松柏纵横有序，四周围以墙垣，上面盖瓦，风雨无虞。"（谢迁《公馆记》，见《嘉靖天长县志》）这虽是明代的记载，因中国文化重视传统保护，尤其是历代寺庙、学官、公馆多沿陈法，故可想象唐宋时期公馆当去此不远。另外，唐人已有用于旅游盛物的"被袋"了。（唐，李匡义《资暇录》）

在唐代，"凡有人要从这一处到另一处去旅行的，应得呈验两封信，一封是地方官给的，一封是本地的太监给的。地方官的信是护照一类的东西，上面写明所经过道路，及持信人的姓名，其同伴人，其年岁，其同伴人的年岁，并其所属的部族名。凡在中国旅行的人，无论是中国人，是阿拉伯人，或者是别种外国人，都应当有一份证明。至于太监所给的一封信，却证明旅行人所带银钱或商货的多少。因为在路上，每到一站，便有站兵来检查这两封信。检查之后即在信上批明：'某年某月某日，某国某人到此，携某物，同伴者某某人'。所以要这样的手续，是预防旅行人在路上丢失银钱或商货起见，要是有什么人丢失东西，或者是死了，人家就可以查明他的东西是如何丢失的，仍旧发还给他。如果他死了，就还给他的继承人"。这段话出自唐代阿拉伯商人苏莱曼的《东游记》（刘半农、刘小蕙合译本）中。于此可见唐代对入境的外国旅游者管理之一斑。

3.5.3 宋代的旅游文化

宋代与唐代类似。地方官亦十分重视旅游接待设施的建设。最能从理论上说明旅游服务设施重要意义的，当推梁介。介为四川泸江地方官，他在《泸江亭记》中指出："予谓游观之益，则欲择胜，行旅之益，则欲求其便。"为什么旅行时需要求便，而游览时则需要择胜呢？因为"水行而乘舟，人之所同也。然四支（同肢）百骸（音 hái，此处指骨节），窘束于寻丈之间，动作寝卧，皆失故常，疾风怒涛，为之忧惧。浮家而俱者，虽僮仆婢姿，慊然（不满足的样子）有不自适之意。行及郡邑，人人自以为得少休也。縻舟而出，左右前后，有屋室可娱，相命而趣之，列席而坐，载酒而酌，彷徉盘磲，洒然忘疲，岂不足以为行人之惠乎。"他更进而指出：如果地方官只关心自己所居的地方的环境美化，而对于城镇的公馆则不闻不问，"主宾相接，劳迎钱送，顾瞻栋宇腐败倾倒，此而弗顾，谓其能善理也哉。"认为不重视公馆建设、维修的地方官不是好官。他因此而把问题提到："一亭之废兴，系行者之休戚"的高度（《江阳谱》，《永乐大典》卷 2217 引）。这种见解，同唐代杜甫在《唐兴县客馆记》结尾时所说的"若观宇不修而台榭是好，宾至无所纳其车，我浩荡（放肆纵恣，不深思熟虑的样子）无所措手足，获高枕乎"那句话，在好客这一点上实在没有什么不同。在我国，自古以来便有热情好客的传统。古时候重宾客之交，故诸侯列国皆有舍馆以纳宾客。宾馆的建筑既求安全实用，又讲究美观大方。公共交通也经常维修，地方官经常了解宾馆的损坏情况，加以修缮。因此宾至如归，没有灾患。古时候上级官员考察下级政绩时，这方面也是重要的一环。有人甚至以此来观国之兴替和政之得失。在中国古代，用以规范人们行为的礼制共有五个方面，而宾客之礼居其一。

在宋代文献中，还保存着部分旅游日用必需品的记录。如宋人旅游车——"安车"："安车车轮不欲高，高则摇。车身长六尺，可以卧也。其广合撤，輞（车轮的外周，也作"椚"）以索（粗绳子）缠之，索如钱大可也。车上设四柱，盖密箪为之。纸糊黑漆，勿加梭，梭重又蔽眼，害于观眺。厢高尺四寸，设茵荐之。外可以稳睡为法。车后为门，前设扶板，另于厢上。在前可凭，在后可临。时移徙，以铁距子簪于两厢之上，板可阔尺余，令可容书策及肴尊之类，下以板弥之。卧则障风。近后为户以备仄卧观山也。车后施油幰（音 xiǎn，车的帷幔）。两头设轴如画帧。轴大如指，有雨则展之，傅于前柱。欲障日障风则半展，或偏展一边，临时以铁距子簪于车盖梁及厢下，无用则卷之，立于车后。车前为纳陛（车前的踏板），令可垂足而坐。要卧则以板梁之，令平。琴书酒榼（音 kē，古代盛酒的器具）扇帽之类，挂车携盖间车后皆可也。"（宋，沈括《忘怀录》）可见宋人游山玩水在交通工具上真肯动脑筋哩！宋代大文豪苏轼还发明了"择胜亭"。所谓"择胜亭"就是一种可遮阳避雨的组合式小木屋。这种"亭""凿枘交设，合散靡常。赤油仰承，青幄四张。"其重量不大，"我所欲往，一夫可将。"这种亭观景极为方便，"春朝花郊，秋夕月场。无胫而趋，无翼而翔"（《苏东坡全集·择胜亭铭》）。

宋人游山，一般不喜欢太多人一起。比较理想的是一主一仆，外加杂使三人。因为游山伴侣太多，则应接人事很疲劳，有妨静赏。沈括为我们记录了当时游山者携带的生活必需品的名称、数量："行具二肩（由两个人担负）。甲肩：衣被、枕、盥漱具，手巾、足布、药、汤、梳。竹为之二罱并底盖为四，食盘子三，每盘果子碟十，矮酒榼一，可容数升以备沽酒，匏（音 páo，葫芦的一种，外壳可做饮具）一杯三，漆筒合子贮脯干果嘉蔬各数品，饼饵少许，以备饮食不时应猝（急）。唯三食盘相重为一罱，其余分任之。暑月果合皆不须携。乙肩：竹罱二，下为柜上为虚罱。左罱上层书箱一，纸、笔、墨、砚、剪刀、韵略、杂书册。柜中食碗碟各六，匕箸各四，生果数物，茶二三品。腊茶即碾熟者盏托各三。附带杂物：小斧子、斫刀、药锄子、蜡烛二、挂杖、泥靴、雨衣、伞、笠、食桃（音 diào，烧水烧饭用的器具），虎子（便壶），急须子（暖酒器，吴地方言，见《三余赘笔》）、油筒。"

与宋代旅游的蔚然成风相适应，指南车、记里鼓等用于定向计程的机械也开始运用于旅游实践之中。指南车是一种双轮独辕车。车上立一木人伸臂南指。只要一开始行车，木人的手臂即向南指。此后不管车向东或向西转弯，由于齿轮系的作用，木人的手臂总是指向南方。《宋史·舆服志》上曾记载仁宗天圣五年（1027 年）燕肃造指南车和徽宗大观元年（1107 年）吴德仁再造指南车的详细情况。当代王振铎有复原模型。（详见中国青年出版社《中国古代科技成就》。）

宋人雅爱山水，特别是知识阶层更甚。宋人林昉《田间书》附录的《杂言》中为我们留下了一则当时邀请友人一同游山的请柬：

"有残缣败素（缣素：细绢，可以作画），绘一山一水爱之若宝，售之必千金。至于目与真景会，则略不加喜，勿乃贵伪而贱真耶？味乐之真，今日正在我辈。春雪既霁，春风亦和。或坐钓于鸥边，或行歌于犊外，百年瞬息，欢乐几何？肴核杯盘，随意所命，勿以丰约拘也。檄书驰告，盍（音 hé，何不的意思）勇而前！"

这份请柬从批评世人只知宝爱山水画的残迹而不识直接欣赏山水出发，鼓动朋友们及时赏景，不要因酒肴不精而犹豫。请柬本为枯燥的应用文，却写得如此摇曳生姿、韵味无尽，实在不比晋宋人的山水小品逊色。

有宋一代，在旅游文学和旅游理论方面，也有了更大的进展。以人而论，两宋著名的旅行家就有苏轼、陆游、杨万里、范成大等人。以流传千古的旅游名著论，范仲淹的《岳阳楼记》、苏轼《赤壁赋》、陆游的《入蜀记》、范成大的《吴船录》等旅游文学著作，都是两宋历史土壤滋孕的奇葩。以旅游理论论，这一时期以欧阳修、苏东坡等为代表的古文家，糅合儒、道、释三教，提出了中国知识分子不能在官场表现其才具，必借优游山水以体现其价值，乐不因境而因乎心等一系列旅游理论见解。

宋代董汲还撰有《旅舍备要方》，为我国最早的旅游保健专书。

3.6 元、明、清时期的中国旅游文化

3.6.1 元代的旅游文化

元代版图辽阔，人们的视野较前更为开阔。从《四库全书》元人文集中提供的信息看，当时许多旅游者都能跨国旅游。大量的旅行记中反复强调天下一统给旅游者带来的安全保证和交通便利。故这一时期的远游理论和实践都有较大幅度的进展。另一方面，由于种族压迫，以汉人为代表的中国知识分子，特别强调心灵的解放。因此这一时期近游、心游理论也相当突出。

元代旅游方面，由于国际往来增多，故对于旅行设施和服务有一套气魄颇大的规定。据《永乐大典》卷 19421、19422 记载，在元代中书省直辖的腹里地区和河南、辽阳、江浙、江西、湖广、陕西、四川、云南、甘肃行省共设立了 1400 处驿站，通往岭北行省的三条主要站道共设置驿站 119 处。另据《汉藏史集》记载，宣政院管辖的吐蕃（bō）地区亦设置了27 处驿站。完善的旅行接待设施使四方往来之使"止则有馆会，顿（驻扎）则有供帐，饥渴则有饮食，而梯航毕达，海宇会同。"意大利著名旅行家鄂多立克曾这样记载元代中国旅舍及其服务：

"因为旅舍需要供应，所以他（指元朝最高统治者）叫在他的整个国土内遍设屋舍庭院作客栈，这些屋舍叫做驿站。这些屋舍有各种生活必需品，对于在那些地区旅行的一切人，无论其境况如何，有旨叫免费供给两餐。"（《鄂多立克东游录》）

所谓"免费供给两餐"指的是朝廷给来往史臣规定的接待规格。《永乐大典》卷 19416记载，元朝窝阔台汗时规定，"使臣人等每人支肉一斤，面一斤，米一斤，酒一瓶。"

中国人民的热情好客的古老传统，可见在元代亦得到了发扬光大。元代的旅游名著多，最著名者有周达观《真腊风土记》（真腊，即今柬埔寨）和李志常著《长春真人西游记》。

3.6.2 明代的旅游文化

明代和晚周、唐宋类似，可以说是中国旅游史上的第三个高峰。这一时期的特点在于整个社会普遍重视山水景观的鉴赏和旅游经验的总结。明代，是我国旅游史上的黄金时代。最杰出的旅行家郑和、徐霞客，出生于明朝；精于山水鉴赏的王士性、王思任、公安三袁和钟

惺、谭元春、张岱都出生在这个时期。《徐霞客游记》、《星槎胜览》、《广志绎》、《历游记》、《五岳游草》等千古不朽的旅游名著亦产生于斯世。这个时代的旅行家还十分注重性灵的抒发。明人创作的旅游诗、文数量要超过唐人，意境也有不少开拓和创新。明人游山水，除开自己创作旅游文学外，还往往用前人诗句集句为联。杨慎说他游峨眉山时，曾在山寺准备好的"简板"上题写了"奇胜冠三蜀"（晁公武语），"震旦第一山"（佛经），……又写了"半天开佛阁，平地见人家"。他说这副联题在老保楼简板上，用的是范景仁的成句（《升庵集》卷 76）。

3.6.3 清代的旅游文化

清代是中国封建王朝最后一个时期。和此前各代相比，它有一系列不同的特点。

① 旅游者的构成发生了变化。平民阶层开始步入旅游者队伍中。

② 旅游空间拓宽了。清代由于闭关锁国的格局被外力打破，一大批先进的中国人得以以各种途径从事域外旅游。这一时期出国旅游的人数之多，阶层之广，在中国历史上是空前的。岳麓书社出版的《走向世界丛书》几乎收录了这一时期域外旅游记的全部。

③ 由于康熙、乾隆对知识分子所采取的压制、禁锢政策。知识分子不能自由地抒写胸中忧愤，被迫将精力放在做考据一类没有政治风险的学问上。此种风气亦对旅游文化产生了深刻的影响，使中国旅游文化的尚实传统发展到极致。

④ 由于西洋文化的影响，中国人多少年来很少变化的旅游观念、旅游方式、旅游工具都相应地发生了一系列变化。晚清时，上海租界区已经形成了专门为外国旅游者服务的民间旅游组织。民国时期上海已经开始出现以赢利为目的的中国旅行社，并且创办了专业刊物——《旅行杂志》。特别值得一提的是，晚清以迄近代，许多志士仁人远游海外，经过中西文化的比较，大量撰文揭发国民劣根性，以唤醒国人自尊自强。如康有为在《欧洲十一国游记》中批评中国人不爱惜文物古迹，喜欢随地吐痰。鲁迅旅日期间发现中国人自尊心的缺乏等，对于改造中国国民心理素质以追步世界发达国家，无疑是值得大书特书的事情。民国时代更有单人独骑自行车环游世界的潘德明；前些年有只身自费考察黄河的杨联康、独漂万里长江的尧茂书以及他的后继者们。虽说这样的旅游名人还太少，和我们这个几千年文明古国的形象不相称，但毕竟已经开始。

3.7 现代旅游文化的新发展

对外开放以来，中国传统的旅游文化正在吸收世界各国的旅游文化中的营养是毫无疑问的。试想，大家如果还死守着"孝子不登高，不临危"的古训，大家都陶醉在浩如烟海的书堆中作卧游，或充其量在近郊公园内优哉游哉，怎么可能出现探险旅游呢？价值观念的更新，当归功于对外开放和中西价值观念的碰撞。

1978 年开始的改革开放对旅游文化最大的影响，主要在于旅游的产业化给旅游文化注入了新的内容和活力。

① 传统的旅游文化研究主要是关于旅游主体和旅游客体的研究。而改革开放以来，旅游介体研究的重要性正在受到高度重视和特别关注。

② 传统的旅游文化缺乏国际性比较，而改革开放以后的旅游文化则逐步具有了全球视野。

③ 传统的旅游文化基本上不涉及经济领域，改革开放以来的旅游文化则既重视旅游的

经济属性也重视旅游的文化属性。

　　④ 改革开放以来的旅游文化不同于过去的精英文化占主体，而是在大众色彩方面高过历史上任何时期。对服务的强调和重视也超过了历史上任何一个时期。

　　⑤ 传统的旅游文化信息载体比较单一，除了已游者的口碑外，就是少数游客所撰写的旅行记和旅游诗词，从载体言，不外乎口头和纸上两方面。当代旅游文化载体多元化，是一大时代特点。

思 考 题

1. 周朝有哪些优良的旅游文化传统？
2. 秦、汉两代的旅游文化有何异同？
3. 魏晋南北朝时期的旅游文化有哪些特点？
4. 明代在中国旅游史上有哪些贡献？
5. 清代旅游文化不同于明代的有哪些？
6. 当代旅游文化和历史上的旅游文化有何不同？

4 旅游主体与旅游文化

研究旅游文化，当先从旅游主体入手。大千世界景观千奇百怪，旅游者各人喜好不尽相同；食、住、行、游、购、娱为旅游者所必须，然各人之消费观亦不尽相同；面对同一景观，每个旅游者的审美观感亦不尽相同。所有的旅游者都要消费，都会从赏景过程中得到审美愉悦，此是旅游者之大同；而前述三大不同则是旅游者之小异。旅游主体研究的任务就是要研究旅游者之间的大同小异。研究旅游主体（包括单个的旅游者和群体的旅游者）之间的种种细微差异，对于我们认识旅游产业化过程中的市场细分和旅游文化的演变，都具有重要意义。

4.1 旅游主体释义

旅游主体就是旅游者。旅游者若按时间划分，可分为古代旅游者和当代旅游者两类；若按空间划分，则可将旅游者分为国际旅游者和国内旅游者两类。

古代旅游者和当代旅游者最大的区别在于：古代旅游者是直接同旅游客体发生关系，而当代旅游者则是通过介体即旅游业服务体系和旅游客体发生关系。

国际旅游者和国内旅游者的分法则主要限于旅游产业化历史阶段。一般而言，发达国家经营旅游业，总是先国内旅游后国际旅游；而发展中国家经营旅游业总是先国际旅游后国内旅游。

旅游者一词在西方文献中最早见于 1811 年出版的《牛津词典》，其释义为："以观光游览为目的的外国游客。"1937 年国际联盟统计委员会对"外国旅游者"的解释是："离开自己的居住国，到另一个国家访问至少 24 小时的人。"并且规定下列人员不能包括在内：①去某国就业任职，不管是否订有合同，或者在该国从事营业活动的人；②去国外定居的人；③去国外学习，在校膳宿的人；④属边境地区居民及落户定居而又越过边境去工作的人；⑤临时过境不停留的旅行者，即使在境内停留时间超过 24 小时以上的人。1991 年 6 月在渥太华召开的"国际旅游统计工作会议"，将旅游者定义为："旅行者中各类从事旅游活动的人统称为游客。""游客"一词从此被确定为旅游统计体系中的基本单位。所谓"国际游客"意为"任何前往其常住所在国以外某个国家进行旅行，并且离开自己常住环境的时间不超过12 个月，其前去访问的主要目的不是为了从事任何在访问国家获得报酬活动的人。"

国际游客又可根据过夜或不过夜，分为过夜国际游客和国际一日游游客。

"国内旅游者"指的是："任何前往于其常住国内，但在自己常住环境以外的某个地点进行为期不超过 12 个月的旅行，其到该地进行访问的主要目的不是为了从事可从该地获得报酬活动的人。"

国内旅游者亦可分为国内旅游者和国内一日游游客。我国的国内旅游者这一概念指的是本国公民在国内进行旅游的人。

旅游者之所以被作为旅游活动的主体看待，这是因为旅游者在旅游活动中所处地位的重要性决定的。

① 旅游者是旅游业发生、发展的关键。可以这么说，旅游资源开发主要解决的是看什么的问题，旅游者研究则主要解决谁来看的问题。而旅游业研究最重要的使命就是要解决如何看的问题。没有旅游者，看什么和怎么看就毫无意义了。

② 旅游者是旅游业服务的对象，旅游产业化的核心问题是旅游者。食、住、行、游、购、娱六要素的灵魂也是旅游者，因为如果六要素配套不协调，服务质量不能使旅游者满意，旅游者就会弃之而去。旅游者走了，旅游业也就完了。

③ 旅游者是旅游从业人员的衣食父母，旅游业的经济效益就出自旅游者身上。旅游从业人员通过其所拥有的接待设施和提供优质服务，进而获取经济效益。然而如果没有旅游者接受服务，皮之不存，毛将焉附？即使从旅游统计的角度看，旅游者的主体位置也是显而易见的。在商品经济条件下，旅游业是属于商品经济范畴的服务行业，它也存在着由旅游供给和旅游需求所构成的市场，即旅游市场。旅游者代表了旅游需求方面，而旅游资源和旅游开发机构则代表旅游供给方面。旅游者是旅游商品的购买者、消费者。旅游资源的开发利用，旅游业的发展进步，都要依旅游者的需求为转移，旅游需求制约着旅游供给。因此，科学的旅游统计应该以旅游者为中心。

4.2 旅游主体相关知识

4.2.1 旅游需求

（1）旅游需求的概念

需求是指消费者在一定时期内，依照一定价格购买某一商品或服务的欲望。旅游需求则指人们购买旅游产品的欲望。如果进一步分析，则可以看出，需求是购买欲望与支付能力的统一，缺少任何一个条件都不能构成有效或现实的需求。由于旅游活动的特点，要购买旅游产品除了购买欲望与支付能力外，还必须拥有足够的余暇时间。因此，旅游需求就是有一定支付能力和余暇时间的人购买某种旅游产品的欲望。

（2）旅游需求的特征

由于自然、地理、政治、经济、文化等方面的原因，国际旅游需求在流向和流量上具有一些显著特征，具体可以概括为以下几个方面。

① 近距离流动多，远距离流动少。时间和货币是造成这种现象的主要原因，据统计，全世界的短距离旅游者占旅游者总人数的80%，远程旅游者只占20%。

② 从北向南流动的多，从南向北流动的少。造成这种现象的原因既有自然方面的原因，也有经济方面的因素。从自然因素看，国际旅游者主要从寒冷的北方地区向温暖的南方地区流动。从经济因素来看，世界北部多为发达国家，南部多为发展中国家，每年从发达国家流入发展中国家的旅游者约占世界旅游总人数的20%，而发展中国家流入发达国家的旅游者仅占世界旅游总人数的5%。

③ 发达国家和地区之间相互流动。由于政治、经济、文化等多方面的原因，世界上大多数发达国家既是主要的旅游客源国，又是主要的旅游接待国。据统计，西欧、北美等地区的近20个发达国家的旅游客源量占世界旅游市场总客源量的90%，其中80%的客源量在这些国家之间流动。同时，由于地理、民族、语言、文化等方面的原因，出现了两个国家的旅

游者互相对流，互为客源国和接待国的情况。

世界旅游组织近年发布的研究报告显示，当人均消费增幅低于1%时，旅游支出呈下降趋势；当人均消费增幅为1%时，旅游支出保持不变；当人均消费增幅为2.5%时，旅游支出增长率为4%；当人均消费增幅为5%时，旅游支出增长率则达到了10%。

（3）旅游需求的影响因素

影响国际旅游需求的因素主要有三类：一是旅游客源国或地区方面的因素；二是旅游目的国或地区方面的因素；三是旅游客源国或地区与旅游目的国或地区之间的因素。这些因素总括起来，可以分为以下五个方面：

① 总人口。这里所说的总人口是指客源国或地区的人口总数，人口数量的增长不仅会增加日常消费需求，也会增加旅游需求。一般来说，人口基数大的国家在出游率不高的情况下出游人数依然多，因而仍然是主要的客源国。

② 人口结构。人口结构是指人口的年龄、性别、职业、文化水平和城市化程度等。

年龄对人们的旅游需求具有较大的影响，这主要是由于不同年龄阶段的人，其身体状况、心理状态和生命周期不同所致。例如，未婚的青年人旅游欲望比较强烈，但由于经济条件的限制，难以完全实现自己的旅游需求；已婚尚无子女的青年人具有强烈的旅游需求，也具有出游的客观条件；已婚且有子女的青年人，其旅游需求会因孩子尚小而受到影响，外出旅游的可能性较小；35～50岁的中年人一般事业有成，经济状况良好，子女已经自立，因而具有较强的旅游需求，并且有条件予以充分实现；老年人时间充裕，有一定的积蓄，如果身体健康的话，他们的旅游需求也很强烈，其出游率呈现日益提高的趋势。

性别对旅游需求的影响也是显而易见的，主要表现在男性旅游者的比例高于女性旅游者，其中的主要原因在于男性和女性的家庭角色不同。一般说来，男性旅游者有更多的自主时间去旅游，而女性旅游者则常常受到家庭的羁绊而不能出游。随着家务劳动的社会化，女性的出游率不断提高，成为客源市场中一个不容忽视的组成部分。

职业对旅游需求的影响主要表现在以下几个方面：其一，不同职业的人经济收入不同，其旅游需求的强度和内容有着明显的差异。其二，不同的职业，带薪假期的时间安排不同。制造业的带薪假期比较集中和固定，第三产业的带薪假期则可以分段使用。因此，制造业的员工多集中在夏季旅游，第三产业员工出游的季节差别不大。其三，不同职业的人，接受的刺激量不同，心理状态的平衡情况不一，其旅游需求各不相同。

文化程度对人们的旅游需求也有一定的影响，文化水平较高的人对外部世界了解较多，较少有地域偏见，容易克服对异国文化和陌生环境的抵触情绪及恐惧心理，容易产生旅游需求；而文化程度较低的人，认识狭隘，往往知足常乐，不容易产生旅游需求。

城市化程度对旅游需求的影响主要表现在城市居民出游率大大高于乡村居民，造成这一差别的主要原因是：一方面，城市居民的收入较高，交通便利，信息通畅，有利于旅游需求的形成；另一方面，城市越来越拥挤和嘈杂，污染问题日趋严重，面对这一切，人们渴望回归大自然，投身到一个全新的环境中去，旅游需求就这样不可避免地产生了。

③ 旅游价格、通货膨胀与货币汇率。旅游价格对旅游需求的作用是显而易见的，如果展开分析，可以清楚地看到旅游产品的价值量和供求关系对旅游价格具有决定性的影响。旅游接待国的通货膨胀程度和汇率水平对旅游价格的高低也有直接的关联。如果旅游接待国的通货膨胀程度较高，导致该国同旅游客源国之间的汇率下跌，旅游接待国的货币贬值，旅游产品的实际价格下降就会对旅游需求产生促进作用。反之，如果旅游接待国的通货紧缩，导致该国同旅游客源国之间的汇率上升，旅游接待国的货币升值、旅游产品的实际价格上涨，

则会对旅游需求产生制约作用。另外，除接待国的旅游价格外，国际交通费在旅游总支出中占有相当大的比重，其价格高低必然促进或阻碍旅游需求。

④ 旅游供给状况。旅游接待国的旅游供给状况决定着旅游需求的实现或满足程度，在旅游供给要素中，旅游资源决定着旅游需求能否充分实现，旅游设施条件和旅游服务水平对旅游需求的满足程度也有重要的影响。

⑤ 政治和文化因素。国家间的政治关系对旅游需求亦有很大的影响。两国关系良好，双方的旅游活动频繁；两国关系紧张双方的旅游活动稀少；两国没有邦交关系，双方之间则不可能产生旅游活动。同样，基于某些政治原因，一些国家也会鼓励或限制本国居民的旅游需求。

文化对旅游需求的影响较为复杂，对内向型个性的旅游者来说，文化差异越小，越容易激发其旅游需求；对外向型个性的旅游者来说，文化差异越大，越容易激发其旅游需求；对混合中间型个性的旅游者来说，既有一定的文化差异，又有一定的文化认同，最容易激发其旅游需求。因此，确定旅游供给的文化距离，并以此设计旅游类型、旅游方式和旅游项目，就能最大限度地激发人们的旅游需求。

4.2.2 旅游动机

（1）旅游动机的概念

人为什么要旅游？成千上万的游客追求的是什么呢？也就是旅游者的动机是什么？

动机是一个心理学名词，是直接推动人从事某种活动，并朝一个方向前进的内部动力。通俗地讲，动机就是激励人们行动的主观因素。人的各种行动都由动机引起，是为了实现某些需要而进行的。相似地，旅游动机（tourist motivation）是直接推动一个人进行旅游活动的内部动因或动力。

旅游动机的产生和人类的其他行为动机一样，都来自人的需要。人为了满足或实现某种需要产生了行为的动机。旅游是人类社会发展到一定阶段的产物，是人类各种需要中的一种。马斯洛的需要层次论是研究动机的基础，但这一理论并不足以完全解释人的旅游动机。人们外出旅游，满足的需要多半是较高层次的，属于精神需要，也就是说在满足了最低的生理要求之后提出来的。尽管在旅游活动中，旅游者也有满足低层次的生理和安全需要的要求，但这并不成为一个人外出旅游的目的。当然，这些需要的满足仍然是必要的，这一点不容忽视。

（2）旅游动机的基本类型

由于旅游的参加者范围广泛，旅游动机也就丰富多样，动机归类研究难于一致。美国学者约翰 A. 托马斯曾提出使人们外出旅游的 18 种动机，包括教育文化、休息娱乐、种族传统和其他方面。日本学者田中喜一将旅游动机归为 4 类：心情动机、身体动机、精神动机和经济动机。每一种动机反映了不同的需求。而美国著名的旅游学教授罗伯特 W. 麦金托什则提出，因具体需要而产生的旅游动机可划分为下列四种基本类型：身体健康动机、文化动机、交际动机、地位与声望动机。

国内的学者也对旅游动机进行了分类，主要的有屠如骥将其分成求实、求新动机等 9 大类，刘纯分成探险动机及复杂性动机等 6 大类及吕勤分成求补偿动机等 3 大类。

（3）影响因素

在影响旅游动机的个人方面的因素中，一个人的个性心理特征起着重要的作用，不同个性心理特征的人有着不同的旅游动机，进而产生不同的旅游行为。在这一领域的研究中，美国的心理学家斯坦利·帕洛格的研究较有代表性。他发现人们可以被分为如下五种心理类型,这五种心理类型分别被称为自我中心型、近自我中心型、中间型、近多中心型、多中心型。心理类型属于自我中心型的人,其特点是思想谨小慎微,多忧多虑,不爱冒险。他最强烈的旅游动机是休息与轻松。在行为表现上,这一类型的喜安逸,好轻松,活动量小,喜欢熟悉的气氛和活动,理想的旅游是一切都事先安排好的,比较欣赏团体旅游的方式。处于另一端的属多中心型心理类型的人,特点是思想开朗,兴趣广泛多变。行为表现上为喜新奇,好冒险,活动量大,不愿随大流,喜欢与不同文化背景的人相处,喜欢到偏僻的,不为人知的旅游地体验全新的经历,喜欢飞往目的地。

除此以外,还有很多个人因素会影响人们旅游动机的形成。这些个人因素主要有:年龄、性别、个人的文化程度与修养。例如,受过较高程度教育的人,掌握的知识和关于外界的信息也相对较多,从而更有亲自了解外部世界的兴趣和热情,同时,也有助于克服对陌生环境的不安和恐惧。除了旅游者的个人因素外,某些外部因素,如社会条件、微社会环境条件(即个人所属的社会团体及阶层、周围的人际关系等)、家庭或个人的收入状况等也会对人的旅游动机产生影响。

4.3 旅游审美行为

4.3.1 旅游审美的概念

审美是审美主体与审美对象通过审美中介发生交互作用的过程,由审美主体、审美对象、审美中介、审美活动四个要素构成。那么旅游审美就是旅游者与旅游景观通过旅游中介发生交互作用的过程。

通过旅游获得精神上的审美愉悦和满足,是所有旅游者的共同追求,也是旅游的本质之所在。旅游审美的主体即旅游者。他们是具备审美欣赏和审美创造主观条件并且进行审美活动的人。旅游审美对象则是自然界和人类社会一切种类的或一切系统的美。这包括自然美、社会美、艺术美、科学美、技术美。在旅游过程中,自然美、社会美和艺术美是大量存在的,从而也是主要的审美对象,科学美和技术美则因较少地存在而成为次要的审美对象。旅行社、旅游交通、旅游饭店,特别是导游,构成旅游审美的重要中介。

旅游审美活动包括审美创造和审美欣赏这两个方面。在旅游环境中,有关单位和人员都应该也可能进行审美创造。这主要是对旅游资源的合理开发与管理,使供人们参观的景点和事物成为美的形象。其次,是旅游中介单位及其服务人员必须进行审美创造。再者,游客也应该进行审美创造。而审美欣赏,则是审美主体通过自己的感官去视听和领略审美对象,从中获得情感愉悦的过程。在旅游环境中,游客、旅游服务人员是审美欣赏的主要主体,同时也是主要的审美欣赏对象。旅游环境中的审美活动,其审美创造主体和审美欣赏主体是存在辩证关系的。

4.3.2 旅游者的审美个性

不同的旅游者因其自身个性特征、文化修养、生活经历以及所处的社会背景等的不同,呈现出不同的审美个性。他们在旅游审美能力上有高低之分,对美的欣赏和判断有不同的看法。对旅游资源的美表现出不同的偏好,表现出一定的审美情趣。通过不同的审美方式,体现出不同的审美层次。

旅游者的审美能力与他的文化修养有关。自然景观在基本层次上能激发旅游者的感官从而产生一系列的美感,这种层次的审美绝大多数人都能做到。此所谓旅游审美层次中的"悦耳悦目"的状态。往往自然景观中还蕴含着一定的文化信息，只有具备一定文化修养的人才能体会。而对于人文景观，更需要旅游者对相关知识有一定的了解，这样才能达到"悦神悦意"的旅游审美层次。

不同的旅游者往往选择不同的审美方式，审美方式的不同主要体现在审美角度、时机、距离上。

审美的角度深刻影响着审美效果，对同一景致欣赏角度的不同，审美效果会截然不同。雁荡山合掌峰同时有夫妻峰、双乳峰、雄鹰峰等名称，就是因为观赏角度的不同而造成的。苏轼"横看成岭侧成峰，远近高低各不同"是从不同角度、不同远近审视庐山而得到的鲜明印象。因此，合适审美角度的选择是达到如期审美目的重要保证。

审美的时机。有些景致的时间性是很强的，若时机选择不当，会直接影响审美效果，甚至不能得见其美。"钱塘观潮"最为典型，农历八月十八日是钱塘江观潮的最好时机，大潮的壮观景象，会使人感到大潮的崇高之美。季节的不同，景致也有变化，作何选择旅游者应视情而定。泰山四季景致就各有特色，春天百花争艳，处处生机；夏天遍山吐翠，云封雾绕；秋季层林尽染，明净如妆；冬季漫天飞雪，山峦如睡。同一旅游者，在不同季节游览泰山，会有明显不同的审美的感受。

在审美过程中，审美主体需要与审美对象保持一定距离，才能使审美对象显示其美，太远太近均不合适。比如观赏瀑布最好站在瀑布下距其有一定距离之处。这样不仅可以看到半是水来半是烟的美景，还能听到瀑布飞流直下的声音。甚至还会有水溅到身上，这样则更有一番情趣。对于大江大河宜于俯瞰或远望，这样才能感受什么是波澜壮阔，什么是"浩浩汤汤，横无际涯"。而一些秀丽的湖沼池塘则适合近赏，只有这样才能产生画中游的意境。如杭州西湖，只有走近了才能欣赏到"三潭印月"、"断桥残雪"、"苏堤春晓"等美景。

4.4 旅游者的消费行为

4.4.1 旅游消费行为的概念

旅游消费行为是个体在收集有关旅游产品的信息进行决策和在购买、评估、处理旅游产品时的行为表现。很明显，旅游消费行为具有经济属性，但旅游消费行为不是单纯的经济行为，而是受社会文化背景、消费者个性和情感等因素影响的复杂的感性消费。获得心理和精神上的满足是旅游消费者普遍追求的目标。大多数旅游消费者所追求的最终利益并不是旅游产品本身，而是一种梦想、一种体验、一项活动。因此从本质上说，旅游消费行为的基本出发点、整个过程和最终效应都是以获取精神享受为指向的。人们借助旅游来放松身心，释放压力，颐神养性，调整情绪。随着社会的发展和人们生活水平的提高，愈来愈多的旅游消费者追求旅游产品所蕴含的时尚，从旅游的精神价值中寻求认同，以期达到对平凡生活的补偿，满足情感需求。毫无疑问，旅游消费行为是人们满足自己精神文化需要的一种感性消费行为。

4.4.2 旅游消费行为的一般特征

（1）信息收集注重口碑

旅游市场上的消费者在作购买决策之前所进行的信息收集与一般消费品的信息收集有区别。旅游消费者主要通过人际交流来获取所要购买的服务信息，而广告等媒体沟通手段相对地不被旅游消费者所重视。也就是说，在旅游市场中，旅游者大部分是通过朋友和同事等的介绍来做购买决策的，比较重口碑。

（2）对消费行为中的风险更为敏感

消费者在购买任何商品时，都可能感知到或大或小的风险。但由于旅游消费过程中，生产与销售、购买与消费都是同时进行的，消费者在购买服务产品时感知到的风险可能更大。基于旅游产品的无形性和易变性的特点，购买价格风险和功能风险出现的概率较大，因此旅游者对其风险更为敏感。

（3）品牌偏好的高度忠诚

由于购买服务具有更大的风险，而旅游消费不同于日常的必需消费，不同消费者因个体特征的差异，偏好就不同。偏好是不易改变的，在旅游消费中也不易得到较好的满足，因而为了保证每次旅游消费都能获得最佳体验，旅游消费者对其所偏好的品牌有更高的忠诚度。例如对饭店来说，鼓励已有的消费者保持品牌忠诚是可能的，但创造新的消费者就比较困难。

（4）消费效果评价与消费行为同步

旅游消费者对服务质量的评价是在其进行旅游消费的同时进行的。比如酒店里的饮食的好坏一吃就知道，住宿水平的高低也在消费中就得出了结果。消费者对质量的满意程度实际上就是对接受服务的感知与对服务的期望的比较结果。也就是说，当感知超出期望时，消费者就会认为质量很高，就会表现出高兴甚至惊喜；当期望与感知一致时，消费者就处于满意状态；当没有达到期望时，就会表现出不满甚至愤怒。因此，旅游服务质量的保持与控制工作应和旅游消费同时展开，才会有效果。

4.4.3 影响旅游消费行为的因素

影响旅游消费行为的因素是多方面的，可以大致分为两大类：一类是消费心理层面上的因素，如旅游消费者的动机、态度、情绪、性格、认知结构、习惯等；另一类是家庭、社会阶层、文化群体、职业等影响旅游者的抉择、旅游目的地的确定及现实购买行为的环境因素。这些因素中有的对旅游者的消费行为产生直接的影响，有的对旅游者的消费行为产生间接影响。更常见的情况是多种因素在一起共同影响旅游者的消费行为。

思 考 题

1. 旅游者的文化背景对其审美行为有何影响？

2. 旅游消费和旅游主体是一种什么样的关系？正确认识旅游文化对旅游消费有何积极影响？

5 中国旅游主体的文化特征

旅游活动是人类特有的具有主体意识的自觉行为。人类在进行旅游实践的过程中，也自不可避免地接受着文化的制约，以自身的文化观念去开展旅游活动，进行文化体验，并加以重温、思考和再造。中国是一个有着五千年悠久历史的文明古国，是世界文明的发源地之一。博大精深的中国文化造就了独具特色的中国旅游文化，旅游在中国自有其生成、发展的土壤和历史。中国旅游主体深受中国传统文化的影响，在旅游实践过程中，在旅游文化体验中，有其自身独特的一面。在漫长的历史长河中，中国旅游主体逐渐形成了重人、重文、重自然、重民、重古、重附会、重调和等的文化传统。

5.1 中国旅游主体的价值观特征

所谓价值观，它指的是价值主体对价值客体所作的价值判断。价值主体千差万别，价值判断因此也各不相同。一个人有钱有时间，总得要花费才是。但不同的价值主体的时间和金钱却有不同的花法。同是花在旅游上，不同的旅游者会有不同的选择。即使是同一层次的消费者，由于旅游动机和兴趣的不同，其选择也会不尽相同。简言之，有不同的价值主体，就会有不同的价值观。当然，价值观，在不同的历史阶段，其作用也不相同。对世界上绝大多数国家来说，古代社会旅游者的价值观只具有认知意义，因为许多国家虽然国名存在，但文化早已变更。而像中国这样的文明古国，5000年来一脉相承，文化传统没有中断过。古代的旅游主体的价值观有不少还是鲜活的，以旅游文化的形式继续存在，还在影响着我们的生活，这在人类历史上不能不说是一个奇迹。

5.1.1 重人

（1）重人传统

在中国传统文化中，受弘扬主体精神的儒家的深刻影响，认为人是宇宙万物的中心。人要"赞天地之化育"，与天地"相参"。考察事物，明辨物理，既要"上揆之天"，又要"下察之地"，更要"中考之人"。人成为衡定万物的尺度。在主客体关系上，重视对主体道德修养要求而忽视对客体的探求与改造。这种传统文化深刻影响着中国的旅游文化，形成重人的传统。

重人传统是指中国古人欣赏山水时，特别看重审美主体的民族心理习惯。"山以贤称，境缘人胜。"（王恽《游东山记》）中国古人衡量心目中的风景名胜一个重要标准是，看这块土地与历史上的帝王将相、文人墨客以及其他类型的名人是否发生过关系。如果发生了关系，即使是一般所在，也会令后人徘徊观望，产生思古的幽情，从而对这块土地的感情也在无形中加深。元人王恽举例说明：

"赤壁，断岸也。苏子再赋而秀发江山；岘首，瘴岭也，羊公一登而名垂宇宙。"（《游东山记》，苏子指苏轼，羊公指羊祜）

从王恽的话中，我们不难看出，历史上许多名垂史册的山岳，都是因为有贤哲之士与之发生关系，因而得到永久的称颂。而无数胜境也多半由于文人墨客的称赏而彪炳志乘。中国古人的注意力多集中于名人，对于山水本身的特色则很少考虑。至于对山水自然美的发现又当别论。不过一旦发现山水美的人成了名人，人们对山水本身的美便不如对历史名人那样重视了。或者因人及景。也就是说先崇拜名人然后去看山水的美，以己之眼光印证前贤之看法，如柳宗元发现湖南零陵山水的美，写了八篇游记。五代两宋以来，根据"永州八记"前往寻幽探胜者史不绝书，有些人写文章批评柳宗元笔下的永州山水美和真实的山水差距较大，然而永州山水的魅力并不因为这些批评者的言论而减价。推原其故，重人故也。只要杰出人物曾经徜徉其间，本来不甚出色的山水，也会因名人效应而增色。

（2）重人传统的体现

① 历史名人的登览。有的山水本身并不很美，只因历史上某一名人登览过，或者某一名人是在这块土地上诞生的，因而被后世称颂，成为旅游热点。天姥山、敬亭山、庐山瀑布、安陆的桃花山、山东的济宁（唐时称任城）因李白而名于世。黄鹤楼因道士子安和诗人崔颢而名于世。桃花源、九江因陶渊明而名于世。峄山（古时亦称东山）因孔子曾经登临过和亚圣孟子诞生于山下而为历代游客所景仰。黄州赤壁如不遇苏轼，尚不知要沉埋至何时何月。西湖孤山若无林和靖经营，也许不会那样声名卓著。兴山假如不产绝世美人王昭君，秭归若不孕育伟大诗人屈原，诸暨如果不生西子，山水必不如此有声有色。

② 重大的历史事件。有的山水并不神奇，但因历史上某种大事在这里发生，因而大大提高了该处的知名度。比如湖北当阳的长坂坡，本身不过是鄂西山地向江汉平原过渡的坡形地段中的一个局部，只因《三国演义》中赵子龙单骑救主那次恶战发生在这里，因而赢来了无数游人寻幽探胜。虽然那儿如今已经是"坡前商店挤民房"了，但仍不能破坏旅游者"信步当年古战场"的兴致。福建上杭的古田镇，山水并不奇特，只因历史上著名的古田会议曾在此召开而吸引了无数游人前来参观拜谒革命先辈留下的遗迹。

③ 人类的实践活动。有的山水并无突出特色，只因生在人群集中的地区，因而较早被人们所发现和赏爱。山川的知名度总是与它和人类聚居地间的距离密切相关的。一般说来，离都市或一般聚居地较近的山水，其开发时间自然要比远离都市或一般聚居地的山水早。其山水的知名度也遵循着这么一个原则：离通都大邑越远者，其知名度越低。柳宗元在《钴鉧潭西小丘记》一文中，悲叹"唐氏之弃地"、"价四百"、"连年而不售"的不幸遭遇时，就曾发过下面的感慨："噫！以兹之胜，致之沣、镐、鄠、杜，则贵游之士争买者，日增千金而愈不可得。"另一方面，宋以来全国各地州、县乃至乡镇，都有八景之目。这些形形色色的八景，尽管具体内容千差万别，但有一点是共同的，这就是都在人们聚居地附近不远的地方。例如福建龙岩的"旧八景"包括"龙川晓月"、"虎岭松涛"、"登高独秀"、"双井流泉"、"东宝春云"、"奇迈岚光""紫金晴雪"、"九侯叠嶂"等，都在城区或城区附近。而景色秀丽的梅花山、龙崆洞等因当时地理位置相对较偏而未被列入。这些事实都从不同的侧面说明山川景致的发现和得名，丝毫离不开人类的实践活动。

④ 文人墨客的题咏。许多风景名胜最初默默无闻，只因有了文人墨客的题咏，便因此饮誉天下，名垂后世。湖南的岳阳楼在孟浩然、杜甫之前，名气并不大，不过是地方长官宴请文士的一个所在。自从孟浩然的"气蒸云梦泽，波撼岳阳城"和杜甫的"吴楚东南坼，乾坤日夜浮"名句一出，加上宋代名臣范仲淹的《岳阳楼记》，遂使岳阳楼大名于世。庐山瀑布在中国瀑布中并不算有特色的瀑布，但因李白的"日照香炉生紫烟，遥看瀑布挂前川。飞流直下三千尺，疑是银河落九天"这首诗而成为庐山一景。宜昌的三游洞，自从形成洞穴景

观以来，至少也有一万年。可在白居易、白行简和元稹三人游洞题壁之前却从不见于志乘，更没有人将其当作名胜去游览。

⑤ 以人为主题的传说故事。几乎所有的风景名胜，都有一个动人的传说，一个同山水联为一体的故事，这大大增强了风景区的吸引力。在中国，几乎没有一处山水没有传说，并且都是与人息息相关。这类传说，往往具有浓厚的自然地理背景，比如围绕溶洞、潭瀑一类的地貌水文现象，传说往往与大海龙王联系在一起；而沿节理面断裂的巨石，则大多留有"试剑石"之类的美谈，在造型地貌上形似人物走兽者，总冠以仙、神之尊。神话故事和民间传说有时还表现了历史人文地理的特点。例如有关泰山的传说，总离不开帝王登山封禅的题材。江西龙虎山的传说，多和上清宫张天师有关，因为相传这里是张天师的故乡。名山大川的优美神话传说像一条彩练，把自然景观和人文景观巧妙而协调地联结起来，从而对游人产生更大的感染力。近几年全国各地雨后春笋般问世的题为《××山的传说》之类的山川风物传说书籍，从一个侧面佐证中国旅游文化重人传统有着深厚的群众基础。

⑥ 古代山水欣赏中的"比德"传统。两千多年前的一天，孔子和他的弟子们在周游列国的旅途中，曾经讨论了人和自然这个既是哲学又是美学的问题，孔子因此发表了他的被后世称为"比德"说的山水欣赏见解：

"知者乐水，仁者乐山。知者动，仁者静。知者乐，仁者寿。"（《论语·雍也》）

"仁"和"知"都是儒家极高的理想人格境界，而孔子这个儒家祖宗又将观赏山水与仁知境界的实现结合为一。这样做便对后世的中国旅游文化产生了两方面的深远影响：一是为旅游这一文化娱乐活动在人生中的崇高地位的形成奠定了哲学、伦理和美学的基础，两千多年来，中国人几乎无不受孔子这两句话的影响，旅游在中国文化中之所以源远流长、根深叶茂，热爱山水之所以会形成历久不衰的传统，孔子见解的影响是不可低估的；另一方面，由孔子所总结的周人山水欣赏的"比德"传统，也是灯火相续，流传至今，从而构成中国旅游文化的一大特色。

5.1.2 重文

(1) 重文传统

风景区的"文章"，主要指游记、旅游诗、题名、楹联，以及一些用前人诗句或名言刻石的点景文字等。这些"文章"的物质载体通常是碑、碣和自然石，也有刻在木板上的。重文传统是指中国古人特别看中风景区的"文章"的文化传统。

"山水藉文章以显，文章亦凭山水以传"，这句话道出了中国古人对待名山大川与文章的辩证关系。"山川景物，因文章而传"的这一重文传统在中国古人心目中根深蒂固，影响到旅游文化的诸多方面。

(2) 重文传统的体现

① 评价风景区的一个重要标志。中国古人并非不懂得自然景观的妙处，但他们对于经过文人歌咏显露出自然景观精华所在的旅游资源似乎更为重视。宋代滕子京谪守巴陵郡，于重修岳阳楼时致书范仲淹求记，说"窃以为天下郡国，非有山水瑰丽者不为胜，山水非有楼观登览者不为显，楼观非有文字称记者不为久，文字非出于雄才巨卿者不成著"（《与范经略求记书》）。这种"使久而不可废，则莫过于文字"的认识，在宋元以来的各地风景名胜建设中都随时随地地体现出来。即便当今重修的黄鹤楼，历代名贤的题咏（诗、文、词、联）仍是该景点的灵魂。明人钟惺在替《蜀中名胜记》写的序言中也明确指出："山水者，有待而名胜者。曰事，曰诗，曰文。之三者，山水之眼也。"所谓"有待"，是说山水本身不能成为名胜，它必须具备两个条件：一是奇杰之士的流风余韵，一是文人墨客歌咏山水的诗文。有

许多地方，就自然景观而言，本来无甚特色，而一旦某名士吟咏它，便会声名鹊起。湖南的岳阳楼固然能得山水清气，但使它享有"洞庭天下水，岳阳天下楼"盛誉的直接原因，应该说是杜甫、孟浩然和范仲淹等人的诗文，是中华民族旅游文化中的重文心理影响的结果。杭州西湖因为有林和靖的"疏影横斜水清浅，暗香浮动月黄昏"（《山园小梅》）咏梅名句，后人遂在孤山种植大面积的梅花，以至孤山赏梅，一度成为西湖一景。苏东坡写了《饮湖上初晴后雨》这首绝句，甚至连西湖的名字也改为"西子湖"了。唐人张继写了一首《枫桥夜泊》："月落乌啼霜满天，江枫渔火对愁眠。姑苏城外寒山寺，夜半钟声到客船。"遂使寒山寺闻名遐迩。其"夜半钟声"亦成为中外游客趋之若鹜的游览点。类似这种因为一首诗、一首词而成为历代游览热点的例子实在不胜枚举。这种游览心理亦是重文传统的表现。

② 风景区"文章"的艺术价值。风景名胜区的楹联、摩崖石刻、碑刻、诗文、书画题记是我国重要的文化遗产。用文学艺术的美去赞颂自然美，对风景区起到点题、润色和创造意境的作用，可使人们通过游山不仅欣赏到风景美和文化艺术美，还能获得历史文化知识。历史、文化艺术和自然山水，三者与名胜区融为一体，是我国风景区的一大特色。

旅游楹联是最常见也是极富导游意味的点景艺术，它们或上联写自然景观之美，下联赞人文景观之美；或同写自然景观，上联写远景，下联写近景；或同写人文景观，上联述古，下联言今；或同述历史人物，一褒一贬，且扬且抑。有的旅游楹联对风景、对某一景区的全部或局部进行描写、概括，能够给旅游者以导游作用，予旅游者以思想教育、艺术熏陶。如桂林龙隐洞联："龙从何处飞来？看秀峰对峙，漓水前横，终当际会风云，破浪不尝居此地。隐是伊谁偕汝？喜旁倚月牙，下临象鼻，莫便奔腾湖海，幽栖聊为寄闲身。"本联用嵌字格，在联首将洞名"龙隐"二字嵌入，然后用问名提起，巧妙地将独秀峰、漓江、月牙山、象鼻山这几处毗邻的名胜组织入联。上联在"龙"字上做文章，因为人们心目中"龙"总是乘风破浪的灵物。下联从"隐"字上想心思，写出"龙"的精神的另一方面：暂时以屈求伸。这样仅用 56 个字，就勾画了一条蛰龙的精神风貌。

摩崖石刻（点景石刻和记游石刻）是用前人诗句中只言片语点逗精神，助人游兴，也是中国旅游景点上习见的事实。游过黄山玉屏楼的人，总不会忘记那石壁上的"如何"二字吧？正当你为那云海缥缈、山石耸翠的奇观惊叹不已时，忽然间看到了石壁上的点睛文字，它好像在问游客：黄山如何？玉屏楼如何？此时此地，你难道不能得到美的享受吗？当你游览五岳之首的泰山时，在岱宗坊入山时，天阶旁"登高必自卑"的石刻，你若到此，不是更深刻地理解到"千里之行，始于足下"的道理吗？这些在通往各名胜点的道路两旁，到处可见、大大小小、参差错乱的摩崖石刻，令人有目不暇接之感。这里有标明地名的，如"瞻鲁台"；有颂泰山高大者，如"泰山岩岩"、"登峰造极"；有介绍泰山在五岳之中特殊地位者，如"天下第一名山"；有概括景观特色者，如"月色泉声"、"松壑云深"；有抒发游人逸兴者，如"一尘不染，万境皆空"；有志士仁人的警世之言，如冯玉祥将军的"还我河山"。游人且游且看，既可将动观和静观结合进行，便于消除连续奔走的疲劳，又可以从摩崖文字中获得教益。

③ 游览名山大川时的刻石纪念。中国古人旅行的目的，除满足其认识世界、欣赏世界的愿望外，他们还希望通过自己在旅游过程中所创造的"文化"（包括诗、文、楹联、题名书法等信息载体）给山水增辉，与天地同寿。在中国古人看来，"君子疾没世而名不称焉。"只有立德、立功、立言才是"三不朽"的事业。在旅游活动中，立德和立功比较少见，而立言刻石纪念却随处可见。他们想留下一些金石文字来和无情的时间抗衡。

重文的传统在我国，两千多年来几乎没有发生什么变化。传说时代的黄帝便已知道在游览名山大川时刻石纪念，据《穆天子传》这部产生在三千年前的中国旅游名著记载，周穆王游览昆仑山时，在凭吊黄帝当年的行宫遗迹之际，就曾观赏摩挲过黄帝留下的石刻碑铭。大禹治水，亦曾在湖南衡山、武汉蛇山等地刻石纪行，这些遗迹曾使许多才士徘徊歌咏，不能自已。秦皇、汉武、唐宗、宋祖，无不加以仿效。到了后世，如清代的康熙和乾隆皇帝，比起他们的先辈来，更是有过之而无不及。他们巡视到哪里，便写到哪里，到处是他们的石刻。帝王如此，士大夫阶层亦莫能例外。较之历代帝王的诗文刻石，士大夫阶层游山玩水时题刻形式更自由活泼，而范围更广大。上者增辉山川，下者污染景物。

希望通过刻石文字留名后世的欲望，不仅存在于帝王将相和士大夫阶层之中，即便是普通百姓也如此。在敦煌莫高窟中，许多画工不甘心被人遗忘，他们往往在替功德主（即出资造像者）画像题名后，于一般人不易发觉的地方题上自己的名字。如北周第 290 窟北壁上端图案纹样中题写有"辛丈和"三字。专家分析说，这正是画工在用颜色描绘纹样时，有意在这不易为人察觉的地方留下自己的名字。

5.1.3 重自然

(1) 重自然传统

对于"自然"的理解，应有两层含义：一是指环绕在我们周围的客观事物的总和，亦即大自然或者自然界；二是指不经人力干预而让其自由发展，表现为不勉强、超然的境界。重自然的传统一方面表现在我国古人对大自然的认识有着悠久的历史，另一方面表现为自然法则广泛应用于旅游客体的营造中。

在古代西方，艺术和诗歌在尽情描写人类关系的各个方面后，才转向表现大自然。就是在表现大自然的时候，大自然也总是处于局限和从属的地位。这大概与基督教的影响有关。有一段时间，基督教强迫信徒们把一向尊敬的山、泉、湖、沼和森林看成恶魔的创造物。到了 13 世纪，也就是中世纪的鼎盛时期，西方人对外部世界才有了重新认识和重新领略。可以这么说，在西方把自然界当作审美对象来观赏至早也是 13 世纪以后的事情，而我国则远远走在他们的前面。

以我国名山的发展史为例，在秦汉及其以前的漫长岁月中，人们主要把名山看作是自然崇拜的神祇。但是早在西周时期就有人明确地把山水作为审美对象来欣赏和描写。在信史时代，我们所能见到的最早发现并欣赏山水自然美的人，当推周穆王。《穆天子传》上说："天子遂袭昆仑之丘，游轩辕之宫，眺望钟山之岭，玩帝王之宝，勒石王母之山，纪迹玄圃之上。乃取其嘉木艳草，奇鸟怪兽，玉石珍块之器，重膏银烛之宝。"

到了魏晋南北朝时期，人们对名山的认识由自然崇拜转变到游览观赏的审美活动。在此时期中，士族享有社会特权，士族及其文人在充裕的物质条件和佳丽的江南山水环境中，过着清淡玄理和登临山水的悠闲生活。同时，一些政治失意的文人、官宦，或"肆意游邀"，或退隐田园，以寄情山水。前者的代表是南朝宋诗人谢灵运，后者则是东晋大诗人陶渊明。他们游山玩水，起到促进名山由自然崇拜对象转变为观景览胜的审美对象的作用。著名书法家王羲之，著名隐士向平，著名诗人鲍照，"山中宰相"陶弘景，著名画家宗炳，著名地理学家郦道元都曾在礼赞山水美的方面划下了痕迹。

唐宋到明清这一历史阶段出现了研究名山成因、探索名山科学价值的科学家和先进的地学理论。其代表人物就是宋代的博学家沈括和明代的地理学家、旅行家徐霞客等人。他们远远走在世界同学科科学家的前面。

中国古人对山水自然美的体悟较其他文明古国为深刻，自然不仅指未曾为人类加工过的客观物质世界，它还被广泛用作旅游文学、旅游工艺品、风景区建设、园林建设优劣的标准。这种重自然的传统形成主要受我国传统文化中道家的影响。在中国古代漫长的封建社会里，大多数统治者将儒家用于治世、佛家用于治心、道家用于养身。而旅游活动的主要目的和作用就是养身。因此，中国旅游文化深受道家思想的影响。在道家看来，"道生一，一生二，二生三，三生万物"（《老子》四十二章），"道常无为而无不为"（《老子》三十七章）。道不仅是世界的本源，也是普遍的法则，没有一件事物不是它的所为。"人法地，地法天，天法道，道法自然"（《老子》二十五章）。法，就是遵循的意思。自然，指自然而然。道法自然，即道以自然而然为法则，把自然作为自然界和社会的最高法则。

（2）重自然的体现

① 风景名胜区的建设。清人袁枚《随园六记》，首篇园记已经为整个园子的建设定下了基调。他说，子所以名随，只于原名加了个走之，仍其旧音。"凡江湖之大，云烟之变，非山之所有者，皆山之所有也。"这说明该园可以充分借景。他明白留白的艺术道理，或者说，他懂得造园也要敢于舍弃。"弃其南，一椽不施，让云烟居，为吾养空游所；……不筮日，不用形家言，而筑毁如意，变隙地为水，为竹，而人不知其不能屋；疏窗而高基，纳远景，而人疑其无所穷。以短护长，以疏彰密，以豫蓄材为富，以足其食，徐其兆而不趋，为犒工而恤夫，使吾力常沛然有余，而吾心且相引而不尽。此治园法也，亦学问道也。"这里比较集中地体现了袁枚的园林美学思想。除了前面提到的艺术上的留白外，他还重视因形就势，尊重自然。

纵观名山大川，可以看到一个普遍的现象，即建筑与自然景观美的协调和加强是建筑景观美的关键所在。建筑之得体于自然，就是结合风景区内各风景点的地形和自然景观的特征，充分利用自然空间，使建筑的群体布局、个体设计以及建筑细部的艺术处理都与环境取得和谐统一，形成一个有机的整体。

以"雄伟"为自然观光形象特征的景区或景点，建筑物常常布置在山脊、山顶或明坡（坡峰）上，以协调或加强雄伟高大的气势。如泰山的一天门、中天门、南天门，九华山的天台，峨眉山的金顶都有居高临下之威势，增强了山体雄伟高大的美感。以"险峻"为自然景观特色的景区或景点，建筑物往往临悬崖、倚陡壁，凭险而居。如华山的南天门、下棋亭等。山西恒山的悬空寺，建在悬壁岩凹之中，飞梁穿石缝，楼阁通栈道。以"秀丽"为自然景观特色的景区和景点，建筑物多依山傍水，有林木掩映。在山清水秀的江南地区，这类建筑景观是很多的。一般多在主要观景点上置以造型轻巧、体量适当、尺度合宜、色彩素雅的亭阁，引游人静观山水，使风景益增雅趣。以"幽深"为自然景观特色的景点或景区，建筑物常选择在山麓、山谷、山间小盆地的古树茂林之中，造成幽谷藏古寺、密林隐殿宇的优美环境，如雁荡山的灵谷寺、峨眉山的洪椿坪、福州鼓山的涌泉寺等都具有这类环境。

在建筑与环境关系的艺术处理上，我国名胜景点大多具有浓厚的民族特色，这就是以涵为主、涵露结合的手法。对于以"雄、险、旷"为特征的自然景观，建筑物常以"露"居多，而以"秀、幽、奥"为特征的自然景观则以涵为主。取"露"的手法，也往往以"露"引"涵"为常见。如露山门以引内涵之大殿，亮牌楼、石兽、石人以引出山麓密林深处的皇陵（如明十三陵）等。

② 中国古典园林艺术崇尚自然。中国古代文化和西方古代文化，由于地域差异以及发展道路的差异，其美学思想迥然不同，具体表现在：中国文化向来重视天地人一体化。从来不让人独立于天地之外。西人则否，在西方文化中，人和自然是割裂的，人定胜天被充分认

可。因此才有园林重视整齐，肴馔重视营养搭配的特点。中国人虽然承认人为万物之灵，但仍强调人与天地的和谐共生，最有代表性的是庄子的"顺其自然"说。庄子重视自然的本性，尊重自然本性，要求人们克服知识、理性引起的狂妄自大和矫揉造作，要使自己的欲望顺应自然的法则，与自然物保持和谐。庄子书中分别用把鹤的脚胫戒短和把鸭子的脚胫硬性拉长，东施看见生病的西施捧心皱眉便加以效法等许多寓言故事教育人们不要干违背自然的傻事。这些伟大而深刻的思想直接影响到中国文化的方方面面，如园林花木营造方面，强调因循自然，不剪枝叶；如烹饪讲究五味调和，重视宴饮环境，如文章讲究含蓄曲折，行于所当行，止于所当止；个人修身处世，重视自然率真，等等。

我国园林，从宏观上划分，有北方园林和南方园林两大系统。所谓北方园林，主要以被烧成废墟的圆明园和保存完好的承德避暑山庄为代表。所谓江南园林，则主要指各朝各代遗留下来的散布在苏州、扬州、杭州等南方城市中的私家园林。尽管这两类园林所属的主人不同，园林的景观特点不同，造园的艺术手法不同，园林所体现的意境也不同。但是这些园林不同点的背后都有着深刻的自然地理环境背景。北方园林所在地地势低平、开阔，降水量偏少，多温带夏绿阔叶林植被，园林在体量上多大气磅礴，建筑物的翘角较小，景观上四季有别，反映了皇家的豪放气派。南方园林所在地多丘陵地带，降水充沛，大多属亚热带常绿阔叶林植被，因此园林在体量上则小巧玲珑，建筑物的翘角较大，景观上最明显的特征是四季有花，环境幽静，体现的是主人追求淡泊、恬静的意境。但南北园林所共同遵守的，即"卜筑遵自然"。

5.1.4 重民

（1）重民传统

从官方文化来讲，重民传统体现在"与民同乐"思想的深刻影响上。从民间文化来讲，重民传统则体现在民俗与旅游活动的紧密结合上。

民为邦本的思想对中国封建社会的影响十分深刻。"民为贵，社稷次之，君为轻"（《孟子·尽心下》），是流传千古的孟子名言。"保民而王"，"得乎丘民而为天下"，"民贵君轻"的思想影响到了中国的旅游文化。在《孟子·梁惠王》中，有一段关于与民同乐的论述。孟子认为，贤者与民同乐，故能乐其乐。而不贤者虽有池沼等游乐对象，因其不能与民同乐，故快乐难以长久。他引《诗经》中赞美文王"以民力为台为沼而民欢乐之"的有关句子和《尚书》中所引商朝民众仇恨商纣王独乐的民谚，从正反两方面举例，说明"与民偕乐"和"独乐"的本质区别，以此来启发和讽刺梁惠王。

一部中国旅游史，始终贯穿着这一重民传统。这种把发展旅游和实施仁政结合起来，通过旅游来体现仁政的观点，对中国古代旅游资源的开发、旅游文化的建设、旅游文化特色的形成，有着极为重要的影响。

（2）重民传统的体现

① 对历代帝王肆意远游的约束。在中国古代，凡敢于置国家大事、民众疾苦于不顾，而一味远游者，几乎无一例外地要受到舆论的谴责。这种谴责从民间传说故事中、从官修正史中以及形形色色的稗官野史和大量的旅游文学作品中均可看到。人们可以对在野的高人逸士的隐逸旅游大唱赞歌，而绝不原谅那些帝王四出旅游。古代帝王几乎无不希望上泰山封禅，但谁如果敢冒天下之大不韪，在天下动乱、民不聊生时去封禅，那么这个皇帝一定会招致民众的怨恨和正直的朝臣的不满。在历史上，大臣冒死谏阻帝王去封禅、谀臣谎称天下太平哄骗帝王去封禅的例子并不少见。一些自我意识比较强的帝王，也能自觉抵制臣下的怂恿，如《全唐文》中就收有唐高宗的《停封中岳诏》。诏中说，他本来打算上泰山，因"河

南河北尚有十余州旱涝，加以朔方寇盗，时或侵边。关内流离。"因此认识到，如果"下亏鸿业"，虽"遍刊群岳"，也"不足上报元功"。

② 历代地方官对建设城镇游览设施的重视。《左传》上说，郑国的战略家裨谌思考国家大事时，"谋于朝则殆，谋于野则获"。裨谌说他在城市里考虑问题头脑不清醒，效果不好；而到了郊野，效率就会大大地提高。这是因为城市人多，环境嘈杂，而在空气清新、环境幽静的郊外，人的大脑所受外物干扰较少，工作起来效率较高。孔子也认为山水可以激活人的思路。《孔子家语》卷二上说："孔子北游于农山，子路、子贡、颜渊侍侧。孔子四望，喟然而叹曰：'于斯致思，无所不至矣。'"后来，为了满足人们的这种需要，统治者们便在城镇近郊，因其自然形胜，修建类似后世的城镇公园，以为"为政者观游之所"。这类设施如果离城近，则不建斋厨卧室；若稍远，则"为堂为楼，以燕以息。更衣膳饔莫不毕具"。这类建筑的功能有二：一是为一个城镇的官吏们提供一个游观之所；二是借助此类游观之所达到官吏观风问俗、了解民情的目的。

唐人柳宗元从人的生理需要出发，论证了建设"城镇公园"的必要性。他说："夫气烦则虑乱，视雍则志滞。君子必有游息之物，高明之具，使之清宁平坦，恒若有余，然后理达而事成。"（《零陵三亭记》）这类建筑比之那些处在"高山之巅，穷涧之滨"，需要游览者"跋履崎岖，登陟险阻，非无事者莫能至"的风景名胜，其显著特色是"连城邑，挟市井"，可以"朝登暮眺，往返不劳……赋诗把酒，无适不乐宜"（元王结《文忠集》）。简言之，这种近游场所的开发，便于官、民游览，怡情养性，是封建时代精神文明建设的一个重要内容，是地方政治的一个重要方面。

在中国历史上，由于这种"与民同乐"思想的熏陶，产生了一大批将仁政实施与旅游开发结合进行，从而名垂青史的地方官。像柳宗元之被贬永、柳，一方面时刻不忘"利安元元为务"，为落后地区老百姓谋福利；另一方面，又重视城郊游观之所的建设。像白居易、欧阳修、苏东坡、范仲淹等人，都是把这两方面结合得很好的样板。在浩如烟海的游记文学作品中，有一个不变的模式存在着，这就是凡属地方官重修或新筑旅游景观之际，有关的纪实文字必须点明这一工作是在政通人和、邑政大放光辉的时节进行的。写地方官的出游也是如此。当然这类表白未必百分之百可靠，但即使它是游记中的套话，也足以说明在中国古人的心目中，重视民众生活情况，主张仁政和旅游相结合，是被当作传统，当作一种优良传统来看待的。毫无疑问，这一与民同乐的思想，对于鼓励封建时代的帝王和地方官开发旅游资源，对于保存旅游文化，都产生了不容漠视的影响。从某种意义上讲，这一思想对后世官僚的精神世界有着一种无形的制约作用。大多数地方官都希望凭借旅游设施等载体，储存自己在该地人民心目中树立的为民父母的德政者形象。

由于这种"与民同乐"思想的影响，使得中国官僚阶层的旅游和欧洲各国官僚贵族的旅游带上不同的特色。一般来说，欧洲贵族为了休息，往往远赴他省或外国度假旅行。他们的旅行对个人的享受比较看重，如享受大自然的阳光、空气、森林、海滩等。他们的旅行离开守土很远。而中国古代官僚绝大多数就近选点，一则可以消烦娱心，二则可以观察民风，了解下情。一句话，中国古人总是把旅游看成政治的一部分，他们不肯脱离政治来谈旅游。地方官如此，帝王也是如此。

③ 民俗与旅游活动的紧密结合。以杭州的民间岁时令节为例，如元宵节吃汤圆，端午节吃粽子，中秋节吃月饼，重阳节吃栗糕等。其实，这些岁时风俗与旅游有着密切的关系。早在六朝时，就有良辰、美景、赏心、乐事的"四美"之说。到了南宋，更有"四时赏幽"，进一步把四季景色与旅游联系在一起。因此，民间佳节风俗就逐渐演变成社会性的独具一格

的旅游节了。像"万民普庆"的春节，据《梦粱录》"正月"条记载，"一岁节序，为此之前"，"不论贫富，游玩琳宫梵宇，竟日不绝"。正月十五为元宵节（又名灯节），白居易做杭州太守时，也描绘说："岁熟人心乐，朝游复夜游。春风来海上，明月在江头。灯火家家市，笙歌处处楼。"还有像"寻春直须三月三"的"探春"、清明时节的"寻春"的盛景、五月端午西湖的"龙舟竞渡"、中秋节的祭月赏月、八月十八的观潮、"佳节有重阳"的重阳登高等，都是民间旅游佳节，自古以来相沿成习，与民间风俗习尚、神话传说、民间娱乐和工艺品紧密联系在一起。"好景良辰适相合"，正概括了民间风俗佳节和旅游季节相结合的特点。

5.1.5　重古

（1）重古传统

重古传统是指中国古人在旅游实践活动中表现出来的崇古的价值取向和尚古的心理。

珍惜自己民族的历史，爱护先辈留下的痕迹，在文明世界里，这几乎是尽人皆知的常识。而这种传统尤以中国为突出。在两千多年前，儒家创始人孔子曾多次表白他崇拜古代文化，他认为周代的政治制度和学术文化达到了前所未有的高度，他对尧舜统治时期也向往不已。他描述自己的立身行事是"信而好古，述而不作"。他向诸侯推销自己的治国方案不成，退而教书授徒，著书立说，而他所讲的、所做的全部工作，体现了他信而好古的文化价值取向。

这种尚古心理的存在，与宗法制农业社会有着密切的关系。中国是一个以农立国的国家，又是有着深厚宗法传统的国家。在这种国度里，从农业生产的春种秋收，到人自身的生老病死；从科学技术的使用到思想文化的传播，人们对各个领域规律的认识，都是日复一日、年复一年的经验积累。这种积年累月的带有很大盲目性的直观探索，付出的代价是相当沉重的。因此，人们极为珍惜既有的经验，小心翼翼地维护古已有之的局面。正由于把既往的东西看得十分重要、十分伟大，就必然形成一种卑琐心理和自我萎缩的人格，对现时的、新奇的东西缺少信赖。而这，则又和要求稳定、以守成为特征的宗法制农业社会相一致。

（2）重古传统的体现

① 越古越好的价值尺度。传统的中国人评价旅游点，大多认为越古越好。这种心理尤以中、低层人士为突出，对自然山水具有敏锐鉴赏力只有在士大夫阶层以上的人们中才可能体现。唐朝陕西凤翔县出土的一批周代石鼓、泰山上秦始皇登封时李斯撰写的碑文、相传为大禹手书的蝌蚪文字衡山岣嵝碑，这些古老的文化曾激动过一代又一代旅游者，见到的自然手舞足蹈，形诸笔墨；未访到的不免无限惆怅，遗恨终生。作为补偿，在没有古老的人文景观的风景区，好事者也会附会出各种各样的传说，给缺少文化的自然山水披上一层古老文化的外衣。如四川九寨沟、湖南张家界开辟为旅游区后不久，便有《九寨沟的传说》、《张家界的传说》等旅游书籍问世。这种尚古心理在清代地方志的修撰过程中也有反映。从今天的旅游者流向分析看，人们常说的热点过热、冷点过冷的现象，有相当一部分就是受尚古传统影响所造成的。

② 杜撰名胜的倾向。我们知道孔子虽然曾经周游列国，但他的游踪范围在今人看来实在不能说很大。春秋时期的列国主要是黄河流域的一些诸侯国，算起来不出今天的河南、河北、山东、山西。南边他到过楚国，但只到信阳而已。他本来是计划到楚国推销自己的仁政方案的，当他在信阳等了一段时间后，楚国传来对他老人家的方案不感兴趣的信息，于是他伤心地带着弟子们返回鲁国。孔子死后，随着历代帝王的褒封，孔子的地位逐渐高到无以复加的境地。于是明清时代撰修的湖北、湖南等省、府、县志书中，许多孔子根本不可能去的

地方，开始出现了形形色色与孔子有关的山水名胜。这种拉孔子装门面的现象，也可以从一个侧面帮助我们认识中国旅游文化的尚古特色。

③ 重视古人古事介绍的山水游记。在古人的游记作品中，有这么一种普遍的现象存在。凡所游览风景名胜有古代文化遗迹的，游记作者无不加以追根溯源式的介绍，有的甚至表现出一种低回久之、不能离去的惆怅心情。我国最早的游记首推《穆天子传》，在这本先秦古籍中，随行史官记述了穆王旅游到昆仑山时的许多游览内容，其中有一项就是凭吊黄帝的行宫，观看黄帝当年来昆仑时留下的刻石文字。此后，在《论语》、《庄子》等先秦典籍中，我们还看到了孔子旅行途中对周朝古文化，对周公等古代先贤的膜拜之情。西汉著名史学家、文学家，同时也是伟大的旅行家司马迁，在漫游大江南北、黄河内外的旅途中，对于中华民族历史上的著名古战场，著名军事家、政治家、思想家、文学家出生和活动的地方，亦分别在《史记》这部皇皇巨著中加以生动的描绘和浓厚的抒情。司马迁曾随汉武帝登封泰山，我们从《史记·封禅书》中可以清楚地看出，他对于汉武帝以前历代帝王的封禅活动，以及留存下来的遗迹曾以极大的热情予以记载和描述。

④ 热衷纵向继承、轻视横向移植的观念。在旅游资源开发和旅游者欣赏口味方面，这种特点体现得异常鲜明。就旅游点的建设来看，中国古人对开辟自然风景旅游点的兴趣，远不如建设有古迹的旅游点浓烈。从各地方官灯灯相继的开发旅游资源的碑刻资料中不难看出，像柳宗元、吴武陵、欧阳修等人所开辟的以自然景观为主体的碑刻远远少于以名胜古迹著称的景观修复资料。以湖北一省为例，赛武当以及鄂西的腾龙洞等以自然美雄踞一方的景点，充其量只在方志中一标其名而已，而像襄阳的岘山坠泪碑，钟祥的孟亭、白雪楼、阳春台、武汉的黄鹤楼，隆中诸葛亮故居等古迹却一修再修，碑刻连篇累牍。就旅游者的欣赏心理分析，如果没有文化遗迹的地方，即使拥有较好的自然风光，也不会受到多数中国人的喜爱。武汉东湖在"十大风景名胜评选"活动中榜上无名，推其缘故，因为其人文古迹比较缺乏。从旅游者的流向倾向分析，也是看古迹的多于看山水的。这种情形直到改革开放后才有所转变。从中西对比也可看出，西方世界除了珍视本国固有文明外，对了解外部世界还保持着浓厚的兴趣。这一点地中海沿岸国家表现得尤其突出。西方国家在征服其他国家时，对于别人的名胜古迹，往往不远万里移植到自己的国家，如埃及的方尖碑之被移植到伦敦是其例。有的国家仰慕古代文明，模拟名胜。近年来，美国在自己国土上修建万里长城，仿造中国园林即是一例。而中国除了西方列强当年留在中国的几座花园、教堂外，西方名胜的移植很少出现。但随着对外开放的深入，我国历史上轻视横向移植的缺憾正在逐渐被克服，如近十年来蓬勃兴起的人造景观建设热，像深圳的"世界之窗"、北京的"世界公园"、无锡的"欧洲城"等。

通过考察中国旅游史，尽管经过了否定传统文化的十年浩劫的摧残，以及外来文化的冲击，信而好古的中国旅游文化传统不仅没有销声匿迹，反而更上一层楼。当代中国旅游业中的形形色色的仿古建筑、仿古街、仿古城，如雨后春笋般蓬勃兴起，像香港的宋城、西安的唐城、上海的大观园、河北的宁国府、山东阳谷县的狮子楼、梁山县的忠义堂、武汉的黄鹤楼和晴川阁等都较有影响。更有今人着古装的仿古旅游活动，如北京颐和园的得和殿，工作人员就穿当年宫女的服装，接待游客。曲阜孔子诞生日庆典活动举行时，城里连马车夫都着古装，泰安市还举办封禅旅游活动。尽管有的地方由于主办者的文化水准不够，弄得非驴非马，招致各方批评，但应当承认，这一股仿古风的出现并且经久不衰，决不是偶然的。它是中国旅游文化的深层传统，即尚古传统在国民行为中的表现。我们知道，具有丰富的想象力，能够从圆明园的废墟上想象出当年万园之园中的曲榭回廊，清风明月，并且低徊久之的毕竟是少数人；对于多数普通游客来说，将无形的景观有形化，将抽象的古迹具体化，使虚变实，使今如古，更加有利于游客对景观的欣赏，其教育效果自难同日而语。

5.1.6 重附会

（1）重附会传统

重附会是指中国旅游文化中的牵强附会、张冠李戴的现象。如果我们走进图书馆，我们就会从形形色色的地方志中，从诗人墨客的文集中，从用作谈资的轶闻琐记中，观察到这种现象的普遍存在。如果我们深入到天下名山大川去作旅游考察，从各景点的传说中，从游人的闲话中，从一些似是而非、真真假假难以分辨的古迹中，更可看到这种附会传统的广泛存在。这种附会传统的形成与中国传统的思维方式有密切关系。中国传统的思维方式用价值判断统摄事实认识，寓事实认识于价值判断之中，偏重从主体的需要而不是从客体本身去反映客体。因此，认识上常带有模糊性，表现为意会性。这种旅游文化传统在真正高层次的文化人并没有很大市场，但它却在覆盖人口绝大多数的通俗文化层中拥有广大的信徒。因此这是一种值得重视的文化现象。

（2）重附会的体现

① 因形似而附会。广西融水县境内的灵岩真仙洞，内有石人像，乃钟乳石，而酷肖老子像，所以从唐时开始，便附会上老子故事。近年来各处溶洞中多用八仙过海，观音下凡之类的说法，作导游解说，亦系因形似而附会。又如，唐人丘光庭在《兼明书》中提到的一种现象，当时"天下有山独立者，而州县因皆云其山自蜀飞来"，因此各处名山号"飞来峰"者比比皆是，丘氏指出，按《尔雅·释山》"独者：蜀也"，"然则凡山孤绝四面不与余山连者，皆名为蜀。而云自蜀飞来，一何诬缪"。

② 因音近而附会。中国文字中一音多字的现象对旅游文化的附会传统之形成有一定的影响。贵州关索岭，本来意思是，因在贵州最高峻的山上设重关挂铁索以引行人，故简称关索。而民间却把"关索"附会为关公的儿子，把此处得名的来历改为因神人关索曾驻此。宋无名氏《谈选》一书中记载了这样一桩趣闻：浙西吴风村有伍子胥庙，村俗讹桀相传，为"五卒须"，因塑其相即须分五处，傍又有杜拾遗祠，岁久相貌漫毁，讹传为杜十姨。一日，秋成，乡老相与谋，以杜十姨嫁五卒须（《说郛》卷五）。宋邢凯《坦斋通编》"改易地名"条谓："诗人好改易地名以就句法，如大孤山旁有女儿港，小孤山对岸为澎浪矶，韩子苍诗：'小姑已嫁彭郎去，大姑常随女儿住。'四者之中所不改者女儿港耳"。

③ 因神似而附会。某一客观对象本来不具有某种特点，但被附着在这一客观对象之上的形象，在实际上或在传说中具有某种力量，因而后人将这种特点亦附会上去，无以名之，故曰因神似而附会。在我国各道教名胜中，往往有一些历史上某朝某代修炼成功的道士飞升上天的遗迹，这些所谓的遗迹也多半是捕风捉影附会而成。从中国传统的气功理论和实践看，有轻功的人，飞檐走壁，或作短距离的飞行是完全可能的，但遨游天宇、驾雾腾云则否；从中国传统的养生理论和实践看，善养生者，活至百余岁仍神志清醒，面有少容者有之，但与天地同寿、长生不死则否。那么，在道教名山为什么会出现这类飞升上天，长生不死的传闻呢？这是因为"大概名山之著者必古，有耽情丘壑之士，选胜结庐于此，而有终焉之志，后世遂因而神其说耳。若严光于富春（山），卢鸿于（嵩山）太室，司马承祯于天台（山），李泌于衡（山），陈抟于华（山），天下望之如神仙中人"（清·马世骏《茅山记》）。正因为高人逸士绝尘去俗，逍遥乎山水之间，轻松自在，世人虽艳羡而又迷于世间声色，虽慕之而不能身体力行，故益神之，而自由、无拘无束、长寿正好在其精神上与人们所想象中的神仙特征合辙，故一人倡之，百人和之，辗转讹传，遂失本来面目。

④ 因误解空间而附会。山川城郭虽然依旧，可是州县之设却屡次变更，同一地名，在历史上所辖范围时大时小，同一人物，生于此而卒于彼，加之年代久远、前人记述简略，后世若非博通古今之士，自难免不犯空间错误。因王粲《登楼赋》著称于世的仲宣楼遗址，在湖北省境内有三处，据《江陵县志》记载，一在江陵城东南隅，一在襄阳，一在当阳。因诸葛亮而知名的八阵图在四川亦有三处：据明人何宇度《益部谈资》记载，一在新都牟弥镇，其石有 128 堆，据说这是诸葛亮的"一头阵法"；一在夔州，其石 64 堆，据说这是诸葛亮的"方阵法"；一在棋盘市，其石 256 堆，据说这是诸葛亮的"下营法"。孟子书中的沧浪孺子之歌是流传万口的名篇，但关于沧浪之水的遗迹却多达五处，清人钟岳在《沧浪记》中写道："沧浪之水见于地方志者有五处，一见于武昌之兴国州，一见于常德之龙阳县，一见于安陆之沔州，一见于鲁之峄县，一见于襄阳之均州。"

⑤ 望文生义、误读古书而附会。古人已矣，留给后人的只是文字信息，而时移世异，同样一个词的含义往往发生很大的变化，读古书者，稍一不慎，便会误解前人的意思，甚至有错得风马牛不相及的情形出现。杜牧有咏西施诗，其中有句云："西子下姑苏，一舸逐鸱夷"。后人因此都认为西施在灭吴后，跟着聪明绝顶的范蠡划着小船，浪游太湖，去享人间清福去了。实际上这种讲法便是附会杜牧诗句而成。关于西施的结局，《墨子》书中就有"吴起之裂，其功也；西施之沉，其美也"的记载。《吴越春秋·逸篇》亦云："吴亡后，越浮西施于江，令随鸱夷以终"。两书记载相吻合。杜牧逞才任气，一时误解"鸱夷"二字，因越相范蠡号鸱夷子。而伍子胥被谮害，死后就是用鸱夷（皮袋子）盛尸丢在钱塘江上的，西施在中间起了重要作用。杜牧只是将盛子胥尸体的鸱夷理解成范蠡的号，故而误会。

⑥ 因热爱家乡而附会。中国人有热爱家乡的优良传统，在和外地人谈话时彼此亦喜欢各自夸耀自己家乡的风物人情之美，诸如有什么名山、古迹、特产，出过何种在历史上有影响的人物等，如果所言属实，自然沾不上附会的边，但如果夸耀失实，那就是附会了。这种类型的附会最常见的情况是利用古名人以抬高自己家乡身价。在众多的州县志书中，我们常可看到某山的得名因某名人曾到此之类的记载，而实际上如果你花点时间研究一下那个被拉来装门面的古代名人，就会明白，那不过是因恐家乡无名胜而引不起别人重视的一种补救措施。这方面的例子太多，它既反映在文字上，也表现在口头中。在各地的口头传说中这类附会更多。

综上所述，附会有这几种表现形式，一个共同的特点是弄虚作假。作为一种民族文化，从整体上看，弄虚作假是危险的，它往往与自欺欺人相联系。但作为旅游文化，它又具有特殊性，矛盾的特殊性就应用特殊的方法来解决。对待景点的真伪，中国古人有两种态度，一种是明知是假，但不去说破，"过客知有误，行人但乞灵"。另一种是以考据家的眼光刻意求真，"景一未详，裹粮宿春；事一未详，发箧细括"。后者以清代的人为突出，前者以唐明两代为突出。从旅游文化的特殊性考虑，自以前者为通达之论，西湖净慈寺，传说当年建寺需巨木，济颠和尚运用法术从四川运来大批古树，最后一根还没浮出水面，因工匠报说材料够用，济公喝止，从此这根巨木就留在井中。如果游客有兴趣，以绳索缒下用电筒还可照见。这个故事无疑是杜撰的。但他却有着无穷的魅力，因为它和济公"哪里不平哪里有我"的高尚人格相联系。另外，从审美效果来看，如果不追求真伪，这个传奇的故事就可给旅游者留下广阔的想象空间。如果要揭穿老底，那眼前的古井就毫无旅游观赏价值。

5.1.7 重调和

"和"字在中国文化里，从古到今，一直是灵魂，无论是从官方话语体系、知识精英话语体系或市井民众的话语体系中都普遍存在。"和"字不是僵化的文化遗产，而是鲜活的文化。

（1）重调和传统

"和"在中国文化里，最初可能是指五味的调和（烹调）和八音的和谐（音乐），后来引申到人与人的关系范畴。最后形成一种和孔子所提倡的"中庸"相近的价值观。孔子之前的晏子，有一次批评只知奉承拍马的佞臣梁丘据时讲过"和"和"同"的区别。他说，和如五味的调和，一定要有水、火、酱、醋各种不同的材料才能调和滋味；八音的和谐，一定要有高下、长短、快慢各种不同的声调才能使乐曲和谐。君臣之间的"和"也是这样，要能听到不同的声音，国家大事才能处理得恰到好处，如果君主说可，臣下应该实话实说，如不正确，就应反对。这样帮助君主纠正错误认识。梁丘据的表现是"君所谓可，据亦曰可；君所谓否，据亦曰否；若以水济水，谁能食之？若琴瑟之专一，谁能听之？"（《左传·昭公二十年》）

"和"作为文化学意义上的理念，在《论语》中有以下几处。

其一："有子曰：礼之用，和为贵。"（《论语·学而篇第一》）

有子是孔子的弟子。他讲的这句箴言，用今天的话说，就是礼的作用，以遇事都做得恰当为可贵。

其二："丘也闻有国有家者，不患贫而患不均，不患寡而患不安。盖均无贫，和无寡，安无倾。夫如是，故远人不服，则修文德以来之。"（《论语·季氏篇第十六》）

这句话是孔子批评弟子冉有时讲的，用今天的话说，就是：我孔丘听人说过，无论是诸侯或者大夫，不必着急财富不多，只须着急财富平均；不必着急人民太少，只须着急境内不安定。若是财富平均，便无所谓贫穷；境内和平团结便不会觉得人少；境内平安，便不会倾危。能做到这样，远方的人还不归服，便再修仁义礼乐的政教来招致他们。

（2）重调和传统的体现

①"尚和"传统在饮食文化中的表现

a. 从菜肴制作看，中国菜最大的特色是五味调和。湖北农村过年，常见各家各户的厨房门上，贴着"一人巧做千人饭，五味调和百味香"的对联。看了对联后总免不了对在厨房操劳的女性肃然起敬，因为这对联既赞美了她们的勤劳和智慧，又肯定了她们高超的烹调艺术。如果没有家庭主妇们的双双巧手，春节这样的传统节日将会黯然失色。讲究烹调，追求五味调和，特别是"调和"二字，真可谓中国饮食文化的精髓。而古代饮食文化作为文化传统，仍在现代饮食活动中存在和发展，它们并没有因为现代社会的到来而悄然离去。

在我们中国人看来，烹饪的产品其价值不仅仅在于果腹，它同时应具有善和美两种功能。正因为此，我们总是习惯于把名特菜肴呼为美味佳肴。汉代学者郑玄在解释《周礼·天官冢宰》中"膳夫"这个官名时指出："膳之言美也，今时美物曰珍膳。"在《周礼》中关于王室膳食的安排，有一套相当庞大的专门班子负责。包括哪些动植物可用作菜肴的原料，都有详细的规定。什么季节用什么料都有严格的规定。如"兽人"手下管着五十八人，按规定，他们的职责是"掌罟田兽"、"供膳羞"。意思是负责网罗野兽以供王室烹饪之用。其中关于献野味，有一条规定："冬献狼，夏献麇。"为什么要这样规定呢？郑玄注曰："狼膏聚，麇膏散。聚则温，散则凉。以救时之苦也。"唐代学者贾公彦疏曰："狼，山兽，山是聚，故狼膏聚，聚则温，故冬献之。麇，是泽兽。泽主销散，故麇膏散，散则凉，故夏献之。云以救时之苦者，夏苦其大热，故献麇，冬苦其大寒，故献狼。"一言以蔽之，在选择食品原料时亦需考虑与季节调和，与人之生理需要调和。从这个意义上讲，调和也可释为适应。这是较初级意义的调和。

在《周礼》中还有一种叫"饔"（yōng，负责菜肴烹调）的官员。"饔"的本意是"割烹煎和之称"。中国古人并不满足于把生东西煮熟了事，而认为"熟食须调和"。这种负责给内容各别的菜肴加调味品的官员就被称为"饔"。在《周礼》中，"饔"分"外饔"与"内饔"。"外饔"主管祭祀所用菜肴和宴赏外臣时菜肴的调味配给工作。"内饔"负责国君等王室成员的饮食调味工作。

《吕氏春秋·孝行览第二》云："调和之事，必以甘、酸、苦、辛、咸，先后多少，其齐甚微，皆有自起。鼎中之变，精妙微纤，口弗能言，志不能喻。故久而不弊，熟而不烂，甘而不哝，酸而不酷。"这几句话可以说已把中国烹饪的最大特色——调和描述得相当明了了。所谓"先后多少，其齐甚微"，是说在烹煮过程中，哪些调料先放，哪些调料后放，放多放少，都很有讲究，究竟放多少合适，先放还是后放，没有量的规定，而关键在于当事人要善于把握"度"。这个"度"是不易描述的，可上乘的菜肴应具有"久而不弊，熟而不烂，甘而不哝，酸而不酷"的特色。其宗旨是将诸味中和成一协调的有机体。而在诸调料中，"盐"的地位尤其重要。《周礼》上说："盐所以调和上食之物。"周礼的制定者还专门安排了官员分别负责盐、酱、醋等调味品的分发。如果说选料的讲究为的是有益健康，可以叫做对真、善的追求的话，那么在此基础上的调和，就是为了满足人的视觉和味觉而设，因此也就可以称之为对美的追求了。

调和还指菜肴能体现季节的变化。随时节的不同，原料的选择、烹饪的方法俱应随之而变。如清代大诗人袁枚的随园菜就很重视这一境界的追求。

时至今日，我们到祖国各地游览，不管是在祖国的哪个角落，也无论正规宴席还是普通的街头小吃，"调和"的特点随处可见，甚至在我们普通家庭的一日三餐中，也十分容易看出这个特点。

在西方饮食文化中，虽然也用调味品。但其历史远不如中国悠久，更重要的是调料的配合方式亦与中国迥异。如英国人的宴会上最常见的烤鸡、烤羊肉、火腿，辣椒油、胡椒粉、盐、芥末酱都放在桌子上，由用餐者自己去调。用烹饪术语说，那是加热后调和。颇有点类似我国北方水饺的吃法。中国饮食的调味方法，重视与菜肴味、色的有机统一，我们多数情况下是在烹饪过程中加进调味品，等到菜肴做成，调味品和食物已水乳交融、密不可分了。这样做成的菜肴，才可能达到五味调和的艺术境界。中、西"调和"的差别，甚至也可以从各自对烹饪一词的不同解释看出。在英、法饮食文化中，烹饪一词的意思是"烹煮"，而中国饮食文化中的烹饪一词却包含着"烹"和"调"两种内容。清末有位学者提出："西人之肴馔，腴洁养身而已，无调和之味"。

中国菜在上菜程序上亦讲究搭配合理，有益健康。如集八大菜系特色之大成的孔府菜不仅以其命名的富贵雍容、形色味香的统一和原汁原味以及菜肴加工采用传统方式等著称于世，孔府菜在上菜程序上亦十分集中地体现了中国饮食文化重视"调和"的习惯。我们不妨来分析一下"燕菜全席"的菜谱搭配。这种宴席通常有海参、鱼翅、鸭子，习称"三大件"。每个主菜都配有四冷碟、四热碟，如粹活虾、炸溜鱼、三鲜汤、元宝肉、黄焖鸡等，还配有点心、水果等甜食。有时"三大件"也作"四大件"，即省掉海参而添鲑鱼、甘甜，每件配两个行菜，再配两盘点心，一甜一咸。接着上饭菜四个，有时上一品锅，锅内有白松鸡、南煎丸子加油菜、栗子烧白菜、烧什锦鹅脖。随后上四个素菜，最后上面食。燕菜全席是孔府高档宴席，能比较集中地反映民族饮食的真精神。据孔府饭店郭星经理言，孔府菜从选料到加工一直到上菜程序，都十分符合人体营养保健的要求。许多外国旅游团不远万里飞到山东，目的就只有一个，品尝孔府宴席。更有某营养学家对孔府菜进行了全面综合鉴定，结论也是一样。应该说，这样的文化精华在中国大地上被保存下来，是我们炎黄子孙的骄傲。郭君亦曾发表他们对孔府菜的现代化的看法。当今孔府菜名震世界，外国旅游者纷至沓来，我们若死守传统，不考虑食客的饮食习惯，不考虑在传统中加进如何适应食客口味的内容，孔府菜就会缺乏生机。

b. 中国菜讲究色、香、味、形、艺的有机统一。色、香、味、形这四个字分别指视、嗅、味三种感觉器官对菜肴的感受境界。"色"和"形"是视觉的事，一道菜做成后，用眼睛看去，觉得舒服好看。"香"是嗅觉的事，一道菜端到桌上，扑鼻而来的香气使人食欲顿增，胃口大开。"味"是味觉的事，食客在大快朵颐时，舌头上的味蕾对菜肴的美味有强烈的感受。"艺"是注重质和量的配合以及菜肴的命名，要搭配和谐，给人以艺术的美感。

"蜀中有一道人卖自然羹，人试买之，碗中二鱼，鳞鬣肠胃皆在。鳞上有黑纹，如一圆月，汁如淡水，食者咸剔去鳞肠，其味香美。"

这是说四川有一道人所制作的鱼羹（汤），鱼形一如未曾加烹似的。而鱼汤亦如清水。因其逼肖水中游鱼，故以自然名之。宋代江苏地区的名厨还会用鱼片拼成牡丹花，色泽鲜艳如初开之时。我们今天的宴席上，类似这类形色、香、味俱全的佳肴仍随处可见。上述两例都是宋代以前的烹饪之花。足见中国烹饪讲究色、香、味、形的统一其传统已相当悠久了。更奇的是，在宋代有一名叫做梵正的女尼善享饪，她能以各色菜果拼凑成王维辋川图山水画面（详见宋人陶谷《清异录·馔羞》）。

菜肴做到这地步，到了能将王维辋川图再现在餐桌上的地步，这岂止是大饱口福，完全是在进行艺术鉴赏。不同于鉴赏山水画的地方在于，鉴赏山水画只能使视觉获得美感，而享受这样的佳肴，则是味觉、嗅觉、视觉同时得到满足。

不仅菜肴的烹制可以达到这种境界，就连日常饮用的茶也同样可以做到色、香、味、形的统一。

中国茶是驰名世界的饮料，它的采摘、炒、揉、冲、泡都有其具体的要求。在陆羽以前，"称茗（茶）饮者必浑而烹之，与夫瀹蔬而啜者无异也"。意思是说和煮一般蔬菜汁饮用没有多少分别。但到了陆羽手里，由于他的努力，使饮茶成为艺术。大凡一匹茶叶，从采摘到蒸、捣、拍、焙、穿、封、煮、饮。整个程序都有许多讲究。火候稍有不到或略为过火，就会影响到茶叶的质量。在陆羽的时代，喝茶不是像今天这样用开水冲泡，而是烹煮。通常是在烹煮过程中，加进一些调料，大多是有益人体健康的中药。其指导思想颇同上文谈到的五味调和的境界，当然，这里的"五"同前面的"五"一样也只是表示"多"的意思，并非确指。在唐宋文人的笔记中，关于如何择水，如何烹，用什么原料烹，都不乏丰富的记载。这里就不详说了。大约在宋代，有人已发明炒青工艺，即不把茶叶捣成粉末，和其他调料一起制成饼状，而是掌握火候，高温杀青后，将茶叶揉曲，然后焙干。这是一个重大的进步。这样炒成的茶叶，煮开或用开水泡开后，不失其原色原叶，而味香亦兼而有之。在今天，绿茶已相当普及了。广大爱茗饮者之所以热衷绿茶，决不是偶然的。它恰恰是中国饮食文化追求色、香、味、形有机统一的文化心理的反映。现在，美国等发达国家受中国影响，饮茶之风亦盛。不过，中国饮茶艺术到他们手里，多少总要变形。我们的祖先强调活水还须活水烹，讲究煮的火候掌握，宋明以来，又十分强调色香味的统一。而西方国家则一切以节约时间为准的。各种名目的速溶茶畅销城乡，反映出他们学习中国的饮茶艺术尚有很大的差距。简言之，外国人饮茶为健身止渴，而中国人则除此动机，还有把饮茶作为艺术鉴赏的一面。

现在，不少旅游者撰文介绍日本的茶道。其实，茶是中国人发现的，《茶经》和饮茶艺术也是中国古人创造的。日本的茶道是宋元以后才从中国传过去的。宋代日本大庇国师昭明到中国天目山径山寺学佛，把当地僧众们边品茶、边论佛、边观景的饮茶方式带回日本，从而形成了日本的茶道。这里抄上两则宋人的记载，借以说明日本茶道的渊源所自：

"馔茶而幻出物象于汤面者，茶匠通神之艺也。沙门福全生于金乡，长于茶海，能注汤幻茶成一句诗，并点四瓯，共一绝句。泛乎汤丧，小小物类唾手办耳，檀越（施主）日造门求观汤戏，全自咏曰：'生成盏里水丹青'云云。"

"茶至唐始盛，近世有下汤运匕，别施妙诀，使汤纹脉成物象者，禽兽虫鸟花草之属纤巧如画，但须臾即就散灭，此茶之变也。时之谓茶百战。"

汤戏也好，茶百战也好，反正你得承认这是艺术，并且是不易达到的神境。这种艺术固然转瞬即逝，但仍为世人孜孜追求。美国人怕泡茶倒茶渣浪费时间，普遍使用速溶茶。快则快矣，然而人生在世，难道只有创造的义务，就没有享受的权利么？更何况世界上很多事情是不能急于求成的。这方面倒是中国、日本和英国人聪明。如果说饮茶太讲究会浪费时间，那日本的茶道程序如此烦琐，为何日本民族在当今世界那样生机勃勃呢？我们中国近百年固然落后于发达国家一大截，但这与风俗习惯如饮茶之类传统文化的影响并无必然联系。遗憾的是，这一古老的饮茶艺术现在对青年一代已相当陌生了。可口可乐、汽水、果汁已成了大多数人喜爱的饮料，大城市中除四川、浙江、广东等地，像样的茶社已经不多了。

c. 在进食方式上，中国人喜欢共食。作为饮食文化，它的内涵不仅指烹制特点，同时还包括进食方式。用通俗的话说，前者解决的是如何烹制的问题，后者则要解决的是怎么吃的问题。

中国人对待饮食，从来都不把它仅仅看作果腹的手段。而习惯于用它作为联络人与人感情的纽带。在进食方式上，多喜采用"共食"的方式。

还是让我们从中华饮食文化的源头作一番考察吧。在中国古代，有两个字与饮食文化关系甚大，这就是"宴"与"享"。这两个字既有联系又有区别。说它们有联系，因为它们都是指饮食这件事。说它们有区别，是因"宴"指的是活人与活人之间的团聚饮食，而"享"则是用于祭祀死去的人们的一种饮食仪式。关于这两个字的区别，前人分辨甚为清楚：所谓"享"，其功能是"以训恭俭"，它的特点是"设几而不倚，爵盈而不饮，肴干而不食"。这"不倚"、"不饮"、"不食"是指活着的人一俟饭菜、饮料和座位等安排就绪后，便退居餐桌以外，意思是尊重死去的人，让他们用餐。这就是我们常说的祭祀。摆设肴馔，让死去的先人享用，表示不忘根本，因此态度要虔诚，要恭敬。而"宴"则不同，它的功能是"示慈惠，"其特征是："有折俎焉，得以相与而共食"这就是我们常说的宴会。中国古代君主往往一方面通过赐宴给下属联络上下级关系，以便长治久安；另一方面又通过祭祀先人而加强其家庭、其政权的凝聚力。《玉海》中用几句话恰到好处地解释了古代君主发明宴会的动机：

"君臣之分（界限），以严为主；朝廷之礼，以敬为主。然一于严、敬，则情或不通，无以尽忠告之益，故制成燕饔之礼，以通上下之情。于朝曰君臣焉，于燕曰宾主焉。"

这里的"燕"是假借字，与"宴"通用。在中国史书中，帝王大宴群臣，宴请外国使节乃至旅游者和普天下人民大众的记载史不绝书。在大量的几乎是无法统计的古代游记、旅游诗词、笔记小说中，在近八千种山经地志中，关于文人墨客雅集宴饮、人民大众在旅游旺季于风景名胜之地痛饮歌呼的盛况，不乏丰富而生动的描绘。这种"共食"习惯，这种通过酒食游戏相征逐方式联络人际感情的文化传统，一直流传到现在，并且早已深入到千家万户，普及至男女老幼心间。作为一个中国人，对于这种"共食"习惯，也许司空见惯，不以为奇。而对于一个生活在西方世界、吃惯西餐的外国旅客来说，则不能不为之惊讶不已。因为西方人宴客虽然也是同桌而食，形式相同，实质则异。他们各吃各的，而中国人则是同吃一菜。西方人的吃法从卫生学的角度言之，自然是科学的。但这种方式却不可能像中国人宴客那样通过吃喝来联络感情、清除隔阂、培养家庭乃至民族的凝聚力。明乎此，我们也就会明白，为什么时至21世纪，分餐制的改革倡议仍无法在神州大地上通行。

饮酒，也是中国饮食文化的一个大题目。在中国传统饮料中，最富文化意义的当首推茶、酒二物。茶、酒二物性质不同，故传统文化对二者的规范也不相同。茶因有清心明目、提神、解酒、祛病等许多功能，故中国人用茶款待客人时，多数地方是只要客人不表示不想再喝，主人总会一而再、再而三地殷勤相劝。酒则不然，因酒喝多了伤害身体，故此古人有"唯酒无量不及乱"的告诫。酒在人们的日常生活中用到的场合很多，几乎只要是宴会都要用酒，正如一句古话所说："无酒不成世界"。对于饮酒的人而言，酒和菜处在同等重要的地位。苏东坡不是在《后赤壁赋》中慨叹有客无酒？有了酒时，又叹无肴吗？民间俗语形容宴会的丰盛，也往往以"酒足饭饱"来表达。主人陪客往往说"怪酒不怪菜"之类的请客人多吃菜的谦语。可见酒在中国人心目中的地位了。在古代，正统的中国人不反对饮酒，但反对喝醉，以不伤身体，不失礼仪为准则。但到明清以后，这种古风已所存无几了。诚如黄光在《大积善录》中所说：

"予尝观世俗会宾客，不以贵贱，未有不强人饮酒者。劝人饮酒，故非恶意，然当随人之量以劝之，乃可以尽宾主之欢也。"

他因此而特别欣赏古时候"宾主百拜而酒三行之礼"。所谓"百拜而酒三行"，这是古人的一种做法，就是用比较烦琐的宾主礼仪来延缓时间，减少实际饮酒的次数。因为饮多饮少这本无所谓。重要的是饮酒这种形式是人与人之间友好联系的媒介。

d. 对宴饮氛围的艺术性追求——中国人进食的另一特征。中国人饮食，还十分注意宴饮气氛的追求。除了喜欢追求热热闹闹外，还特别喜欢把宴席设在风景秀丽的景区，或花前月下，或名楼杰阁。一边美食，一边赏景。古代中国人宴客，向有"以乐侑酒"的传统，大概是因为音乐可以增强食欲，而人体美又可作为欣赏对象的缘故。到了晋宋，随着对自然美的认识，人们发现"丝不如竹，竹不如肉，"对八音的迷恋竟被美女婉转的歌喉所取代。到了谢灵运手里，他更进而发现"岂必丝与竹，山水有清音"。于是由王羲之等名流开风气之先，每逢宴会必找风景优美的处所，在自然怀抱里尽情地吃喝享受。脍炙人口的《兰亭集·序》便是这种风气初开时的真实写照。"阳春召我以烟景，大块假我以文章"，李白那篇名文也是在桃李园中喝酒时写下的。如果嫌外出不便，便在人造自然——园林中进行。这方面的例子不胜枚举。上至帝王将相，下至贩夫走卒，莫不如此。试以明代为例，万历年间的北京西山："每至盛夏之月，芙蓉十里如锦，香风芬馥，士女骈阗，临流泛觞，最为胜处矣。"（袁小修《珂雪斋文集·西山》）明时的虎丘："中秋，游者尤盛。士女倾城而往，笙歌笑语，填山沸林，终夜不绝，遂使丘壑化为酒场，秽杂可恨。"（李流芳《虎丘小记》）

封建文人往往自命高雅，若李流芳者即是一例。名胜风景为国人共有之财产，难道只能由几个文化人垄断不成！不过从他的怨恨声中仍可窥到当年虎丘的宴饮盛况。像唐代长安，宋代杭州的西湖、开封、洛阳，明代的苏州、扬州等城市的风景名胜都自然成为宴饮场所集中之处。凡是天下太平的时代，在节日里就难免出现这种歌吹沸天的景象。

即使身遭贬谪，有一肚子牢骚的迁客骚人在追求宴饮环境的优美上也不例外。唐代大政治家、大思想家、大文学家柳宗元因永贞革新失败贬官永州，当他登上西山，发现在这里可以俯视"数州之土壤"，"其高下之势，岈然洼然，若垤若穴，尺寸千里，攒蹙累积，莫得隐遁。萦青缭白，外与天际，四望如一。"禁不住"引觞（酒杯）满酌，颓然就醉"，"至日暮犹不欲归"。宋代大文学家欧阳修贬官安徽滁县，亦常到醉翁亭宴客。他之所以在这里宴客，所追求的正是野花幽香、佳木繁荫、水声潺潺、林壑深秀的自然环境，以及"负者歌于途，行者休于树，前者呼，后者应，伛偻提携往来而不绝者"的前来游观的一般民众。在这样的地方宴客，一方面可收与民同乐之效，另一方面又有与造化相谐之趣。

皓月当空，繁花照眼，这样的景观亦是古人宴客的绝好环境。李白《月下独酌》诗云："花间一壶酒，独酌无相亲。举杯邀明月，对影成三人。月既不解饮，饮徒随我身。"苏轼《水调歌头》："明月几时有，把酒问青天。不知天上宫阙，今夕是何年。"二人诗词皆夜饮酒之名篇。至于花下饮宴的赏心乐事，在唐、宋、明、清历代更是所在皆是。中国人酷爱自然，总希望与自然融合为一。因此在居室的布置上，在文章的写作上，在画境的创作上，在园林的经营上，总忘不了强调"自然"二字。这可能是中西文化最大的区别所在。对宴饮环境的追求自然也不例外。

e. 重情。"有朋自远方来，不亦乐乎！"孔夫子两千多年前说过的这句话，集中体现了中国人民热情好客的美好传统。在历代正史中，在外国旅游者的旅游记中，记载和歌颂了许多中国人对待"远人"的热情接待情景。这里就牵涉中国旅游饮食文化的另一特点，即重情。追求感情的融洽，宴会气氛的亲切，强调主人和客人感情的交流。唐代大诗人杜甫旅居四川期间，曾写了一首《遭田父泥饮》的诗。诗中那个田父（农民）举止粗鲁，然而热情好客，真气感人。他"叫妇开大瓶，盆中为吾取"。他"高声索果栗"，诗人"欲起时被肘"。虽然这个农民在杜甫这位有教养的士人眼中未免"指挥过无礼"，但他仍觉此人真实可爱——"未觉村野丑"，情真意实故也。李白的《将进酒》写自己在元丹丘的颍阳山居中痛饮狂歌，那诗篇一旦读后便经久难忘。什么原因？原因当然和写出了李白奔放不羁、傲岸狂放的性格有关。但对宴会场面宾主融洽无间的气氛的成功描写，恐亦是重要的原因。"陈王昔时宴平乐，斗酒十千恣欢谑。主人何为言少钱，径须沽取对君酌。五花马，千金裘，呼儿将出换美酒，与尔同销万古愁。"试问，谁能不为李白那种率真坦荡的性情所感染呢？谁又能不为那样亲密的宴会气氛倾倒呢？我们在安排宴席名单时，总是想方设法将有芥蒂的当事人分在不同的席面上，这显然是为了避免冲突，担心因一二人之间的不愉快而影响整个宴会的和谐气氛。大家外出旅行，在进餐地点的选择、对服务人员的要求、对同桌人员的选择上无不可以看出这种重情的心理。

② 尚和在建筑文化方面的表现

a. 建筑与自然的和谐。在中国传统文化的体系中，主张少人为而任自然的心理，从老、庄时代就已初步形成。老子和庄子都极力主张人类回复到与鸟兽杂处的时代去。他们认为文明进步使人与大自然融洽无间的关系日渐疏远，是对那种宁静状态的破坏。

老、庄的这一思想曾经深刻地影响过和正在影响着我国传统的和现代的旅游文化。这种影响表现在风景区的建筑上。中国人对于自然山水，除了讲究游观外，还讲究休息和居留。因为山水之美，一年四季不同，一日四时也不同，晴天的美和雨天的美也风格各异。要全面领略山水之美，走马观花、蜻蜓点水是不行的，需要长时间生活其中，或者在春秋佳日、月夜雨天亲临观赏。为此，亭台楼阁、茶房酒肆的建筑则势所必然。此类建筑一则可以避风雨骄阳，二则可为进餐之所，许多建筑同时也是欣赏景观的驻足之处。在我国名山大川乃至许多普通的风景区，这类建筑触目皆是。令人最感兴趣的是汉以来历代旅游者对这类建筑的描绘，因为从他们的叙述中，可以归纳出中国人对旅游建筑的审美倾向，或者称作传统也未尝不可。

这类旅游建筑很有讲究。它通常要求：建筑物必须与自然山水协调，只能锦上添花，不能喧宾夺主；建筑物应具备可行、可游、可居的综合功能；建筑物本身的色调宜朴素自然而不能雕饰过分。唐代大思想家、大诗人、大散文家柳宗元在贬官永州期间，曾为永州刺史崔敏写了一篇《永州万石亭记》。记中述说崔敏在任期间发现城北荒野中"怪石特出"，"度其下必有殊胜（佳境），步自西门，以求其墟。伐竹披奥，欹仄以入，绵谷跨溪，皆大石林立"，于是，当事人命令民工"刬辟朽壤，剪焚榛秽，决沟浍，导伏流。青为疏林，泂为清池，寥廓泓渟，若造物者始判清浊，效奇于兹地，非人力也。乃立游亭以宅阙中"。此亭的环境特点就是"万石环绕，清池潆洄"。当事者对"万石"景点的开发，没有更多的人工整治。所谓"刬辟朽壤，剪焚榛秽"，无非是使被秽草恶木遮蔽下的"万石"显露出来，而"决沟浍、导伏流"又不过是为了使万石景区变活，因中国风景重视山水相依和景因水活。

白居易的《草堂记》则典型地体现了中国人对居住环境的审美要求。元和十年（815年），白居易因上奏章请搜刺杀武元衡的凶手，触怒当时的宦官集团，乃以越职言事罪贬为江州刺史。到任的第二年秋天，他在游览庐山时看中香炉峰下遗爱寺旁的一块空地，于是筑室其上，次年春落成，这幢建筑名曰草堂，它所处的位置是庐山风光最集中、最迷人的所在。处于香炉峰和遗爱寺之间。草堂"面峰（香炉峰）腋寺（遗爱寺）"，"前有平地，轮广十丈；中有平台，半平地，台南有方池，倍平台。环池多山竹野卉，池中生白莲白鱼……""堂东有瀑布，水悬三尺，泻阶隅，落石渠，昏晓如练色，夜中如环琴筑声。堂西倚北崖右趾，以剖竹架空，引崖上泉，脉分线悬，自檐（屋檐）注砌（台阶），累累如贯珠，霏微如雨露，滴沥飘洒，随风远去。其四傍耳杖屦可及者，春有锦绣谷花，夏有石门涧云，秋有虎溪月，冬有炉峰雪。阴晴显晦，昏旦含吐千变万状，不可殚纪。"其建筑物本身"木斫（砍削）而已，不加丹，墙污（粉刷）而已，不加白"。不仅注意到建筑物和周围环境的协调，还注意到了建筑物本身质朴美的创造。试想若把"草堂"打扮得珠光宝气，富贵固然富贵，却失去了自然的灵性。

另一位中唐诗人吴武陵在《新开隐山记》中提到他在山上建亭的情况：第一，亭建于山顶，目的是为了"凭轩四望，目极千里"；第二，供旅游者娱乐和休息的建筑则建在山腰或山麓，总之不太显眼的地方。吴武陵的这种安排很有审美眼光。盖因亭虽高踞山顶，而极其简朴，其作用只不过供游人驻足观景和避风躲雨而已。且这类亭子大多体量甚小，不致对真山构成喧宾夺主的威胁。而占地较多、功能齐全的建筑则只能建在山麓或山腰相对隐蔽的地带，这样一则可收方便游人之实效，二则也不至于破坏山水整体的美。清代常安在浏览北京西山龙泉庵时写道："庵有池泉出螭口，注池中，昼夜无间，听其潺潺激荡之声，居然惊涛倒峡起于檐庑之间。左右客堂二楹，因山以构；山排列则竖而为屏，山罅隙则窍而为牖。天然位置，视人工迥别矣。"九华山的东岩精舍亦同样以其与自然山水协调无间而自具特色；清人熊祖诒《重建东岩精舍碑记》中说：东岩精舍"随其冈峦蜿蜒，坡陀曲折，凹者间之，峻者梯之"。

这种强调建筑物本身质朴自然，同时又强调与所在山水相协调的审美理想，从发展旅游、保护环境、美化生活诸角度观之，实不失为中国文化之一优良传统。武夷山大王峰下的"幔亭山房"，是一幢有着浓厚山野情趣的建筑，系原中国建筑学会理事长、已故著名建筑大师杨廷宝先生的杰作。这幢改建的宾馆不仅外观和武夷山的色调相吻合，内部装饰乃至家具风格都极具山野情趣。竹编的天花板，竹编的地面，竹编的墙壁，加上整套原木家具，其古朴清新的神韵曾使许多长期生活在拥挤的大都市中的游客流连忘返，不愿离去。杨先生继"幔亭山房"后，又设计了一幢六十个床位的小型宾馆，即"武夷山庄"。山庄内部自然拥有现代游客所希望享用的旅游设施，而从外表看，这幢六十个床位二层楼的小宾馆，屋面随山坡自然错落，檐口挑廊挂柱，白墙红瓦，赤石勒脚，房舍以曲径回廊相呼应。游人到此，往往误以为是一般民居。

b. 园林艺术是我国传统文化的精华所在。在世界范围内，中国园林素有"世界园林之母"的美誉。1984 年英国利物浦国际园林节上，中国的燕秀园得了大金奖。这个燕秀园的设计者是中国园林建设公司女工程师李志敏。燕秀园是仿北京北海公园静心斋的沁泉廊和枕峦亭建造的，很有中国古典皇家园林的气派。除了获大金奖外，还获最佳造型和最佳亭子两个奖。许多经营园林的外国老板，都请中国园林建设公司为他们建造中国园林。在美国的纽约，也有以苏州网师园殿春簃为蓝本的复制园林——明轩。

读者也许会问，中国园林为何那样地受世界人民的喜爱？换言之，中国园林的独特魅力是什么？一百多年前，《忘山庐日记》的主人说过下面一段话：

"园林之幽深奥曲，肴馔之温淳甘美，文章之姿婉周折，三者我国之所独擅于世界也。西州之园林，整齐适观而已，无入胜之境，肴馔腴洁养身而已，无调和之味；文章朴直达意而已，无传神之笔。"

这段话谈了文章、饮食、园林三个方面。通过中西对比，得出的结论是恰切公允的。他关于园林的见解："中国园林之幽深奥曲"，有入胜之境；（西方）"园林，整齐适观而已，无入胜之境"。道出了中西园林的最根本的差异。赵君豪在《上海之园林》（一）中说得更清楚，他说："吾国园林以丘壑胜。亭台楼阁，曲水红桥，一花一草之微，必寓有无限诗意。竹篱茅屋，柴扉半掩，初不甚广，然循曲径以行，则每别有洞天，而景愈幽邃，有怪石嶙峋之假山，有玲琮悦耳之流泉，读'山重水复疑无路，柳暗花明又一村'之句，园林丘壑之美，从可知矣。至若欧美名园，与吾国人所经营者绝不相类，其园有碧绿如茵之草坪，平坦整洁之行道。他若游泳池，拍球场等，无一不备，盖所以锻炼身心者也。"

中国园林虽为人工创造，却能于叠山理水中，造成一种"虽由人作，宛自天开"的神似真山水的境界，造园家对取真山真水作造园之素材，取诗的意境为造园立意之根据，取山水画作创造园景的蓝图。考察我国的园林历史，无论是汉代皇宫内苑的"聚土为山，十里九坂"的园林土山，抑或是富人袁广汉的北邙山下"构石为山，高十余丈"的园林石山，一个共同的特点是，它们都是以真山水为蓝本而加以模仿的。晋宋以来，由于对自然山水美欣赏能力的提高，造园规模普遍变小，当时士大夫所造的私家小园，山水都是以浓缩、写意的形式表现出来的。尽管如此，它们没有抛开真山水。即使到明清以后，园林中的山水发展到或表现真山之一片，或表现真水之一角这种成熟程度，尽管造园者作了大刀阔斧的省略，只保留了最能表现某处山水特色的片断，从造园者的创作中仍不难看出其概括、提炼同样源于真实自然山水。宋人郭熙在《林泉高致》中曾经说过："千里之山，不能尽奇；万里之水，岂能尽秀。太行枕华夏，而面目林虑，泰山占齐鲁，而胜绝者龙岩。一概画之，版图何异！"此虽论画，亦可通造园概括之法。

我们发现，宋代以来的造园家们的造园理论，几乎无一例外都提到要迹近自然。或者说，山水画家的山水欣赏和批评见解，完全为造园家所借用。还是以《林泉高致》为例，如：

"山以水为血脉，以草木为毛发，以烟云为神采。故山得水而活，得草木而花，得烟云而秀媚。

水以山为面，以亭榭为眉目，以渔钓为精神，故水得山而媚。

石者，天地之骨也，骨贵坚深，而不浅露。水者，天地之血也，血贵周流而不凝滞。"

这些画家欣赏山水美的经验之谈，被造园家毫不费力地借用过去作为鉴定园林中的人造假山、假水优劣的理论根据。

5.1.8　崇尚真实

崇尚真实，是我国旅游文化的一个显著特征，同时也是一个十分古老的传统。这个传统的形成，是与中国人历史感特强的民族文化心理相联系的。在古代，我国有左史记言，右史记事的制度。帝王的一言一行，都有随行史官加以记载。这些原始记录保存下来，是为了给后人写历史提供第一手资料。中国历史上，秉笔直书一直是受人们尊重的史学传统。《左传》襄公二十五年记载说：齐大夫崔杼杀齐庄公后，当时的史官太史写上"崔杼弑其君"，崔杼杀害了太史。在古代，史官是世袭的，太史被杀后，他的两个弟弟分别继任，仍是秉笔直书，又先后被崔杼杀害。待太史的第三个弟弟继任后，仍大书"崔杼弑其君"，崔杼这才放手。当时另一个史官南史氏听说太史氏一家兄弟数人都被杀害，为了捍卫史官的尊严，"执简以往，闻既书矣，乃还。"这个历史故事告诉我们，中国古代史官对史料真实性的看重超过了对其生命的珍惜。

这一优良传统在中国旅游文化中亦有明显的体现。从《山海经》、《穆天子传》、《水经注》到《法显传》、《大唐西域传》、《真腊风土记》、《徐霞客游记》乃至各个名胜古迹所在地留下的历代建设碑刻和浩如烟海的游记著作，均有体现。

和意大利等地中海沿岸国家的海洋文化背景不同，中国从很早的时候，便是一个封闭型的国家。内陆为主的地理环境，自给自足的农业经济，宗法制的国家一体化的稳态社会结构，以及植根于农业社会所特有的朝后看的心理习惯，决定了中国古代的旅游历史感极强，极其看重真实性的特点。

对于中国旅游文化的这一特点，国际学术界曾给予了极高的评价。印度和柬埔寨等国的考古学家，根据晋代法显、唐代玄奘和元代周达观的旅行记上所记载的方位道里，成功地发掘了好几处古文化遗址。印度史学界甚至认为如果没有中国游方僧人的真实性极强的旅行记，印度的历史，中亚的历史，特别是佛教的历史，将无从写起。由此观之，中国旅游文化崇尚真实性、注重历史感的优良传统，已为世界人民所认同。

对待中国古代的旅游文化遗产，我们必须站在建设现代旅游文化、推动和繁荣当代中国旅游业的高度，对其进行冷静的分析批判，区别何者为精华，何者为糟粕。继承那些可以用来建设当代中国旅游文化大厦的"构件"。对于那些有碍当代旅游文化建设的传统观念，则要坚决地与之决裂。从我们讨论的若干旅游文化传统中，像重视游览艺术的传统，重文、重人的传统，崇尚自然的传统，虽然它是产生在小生产土壤之中的旅游文化，它们却因其自身价值可为我们建设当代旅游文化所用。甚至已经成为了我们正在建设的当代旅游文化的重要组成部分。其他有些传统亦可在一定范围为发展当代旅游业所用，如尚古传统之见于仿古旅游，重民传统广泛见之于民俗旅游，附会传统可用于丰富景观内容等。

5.2　中国旅游者消费的文化特征

研究旅游消费，实际上就是要了解消费者对旅游产品的看法。根据 Olson and Reynolds

的手段—目的理论,影响旅游者对旅游产品决策的主要因素有三:①消费者的个人价值观;②产品属性;③产品消费结果。正是消费者的个人价值观与产品属性的相互作用,才会产生消费结果。其中,个人价值观毫无疑问属于核心的东西。因为正是它引导或者说制约着消费者做这样的消费而不做那样的消费。而价值观则最容易体现出文化特征。

5.2.1 重人

虽然中国古代有"读万卷书,行万里路"的说法,文人、士大夫们还把山水之游作为修身养性的对象和工具,但是,安土重迁、不尚远行的文化特征也具有抵制旅游和反对旅游的倾向。人们缺乏冒险精神,求稳不变,甚至把旅游看作是不务正业。所谓"在家千日好,出门一时难";"金窝银窝不如自己的草窝";"父母在,不远游,游必有方";"孝子不登高,不临危"等就是这种心态的反映。

此外,重视家庭、提倡节俭的价值取向决定了中国人会多方位地考虑子女的抚养、教育、就业、婚姻以及自身的养老等问题,节制当前消费、储蓄资金。在消费内容上,中国人更热衷于饮食消费和购买生活用品、家电、住房等,以满足家庭生活的需要,享受天伦之乐,而不会优先考虑旅游消费。旅游消费被认为是奢侈的消费行为。

但是随着我国社会生产力水平的提高和西方文化的传播,人们的社会生活发生了翻天覆地的变化。在现代人的价值观念中,旅游成为人们回归自然、提高生活质量的重要途径,抵制旅游的观念在逐渐瓦解。进入 21 世纪以来,我国民众观光游玩和消费的热情达到了前所未有的高度。

5.2.2 旅游目的地的选择

现代中国人的游娱观念、出游目的地的选择和游玩活动的形式等,不同程度地受到了传统文化和民俗习惯的影响。

大多数中国旅游者都恪守"游必有方"的信条,每次出游都有一个较为固定的目标和日程。在旅游目标的选择上,中国旅游者往往不自觉地继承了中国传统的审美观念,延续着以儒家学说为中心的旅游观。人们偏好以观赏为主的园林游览和风景审美活动,喜欢优美和谐的自然景观、社会知名的历史文化古迹等。在活动项目的选择上,中国旅游者偏爱活动较为舒缓,缺少刺激性和对抗性的项目,注重精神内涵和亲情交融,在安闲中享受旅游之乐。

5.2.3 出游方式

中国旅游者受儒家文化的影响,在思想意识、思维模式上追求群体取向。这种群体意识,表现在行动上就是倾向于集体行动,强调互相依赖、相互合作,每个团体成员都为不被排除在"圈外"而努力。相应的,在远程或出国旅游中,中国旅游者多选择组团的形式;在短程或假日旅游中,则往往选择全家出游或亲友同游的方式,较少单独出游。在决策时也是以集体为单位做出旅游决策。

5.2.4 爱面子

"爱面子"是中国人受传统文化影响的一个特点。购买旅游纪念品会成为到过某个地方旅游的证据,成为某一次旅游经历的最好证明,因此,炫耀性消费在中国出境游游客的消费行为中占有很大的比重。这当中,既有中国传统文化的影响,也有西方文化东渐所产生的作用。中国游客境外购物大多瞄准了高档时装、名牌化妆品、品牌首饰、珠宝等商品。这些奢侈品的价格不受使用价值和价值的约束,而是由它们在一种文化中所代表的社会地位、权利等符号象征价值决定的。中国旅游者盲目购买奢侈品与"爱面子"的性格特点有关,同时与西方大众传媒的推动和示范作用也有密切的关系。

5.2.5 与目的地居民的交往

中国人生来比较安稳，喜欢自娱自乐，不大喜欢与人交流。在旅游的过程中，中国旅游者不大喜欢与目的地居民过多地交流。他们与自己同行的旅游者交流较多。因此即使在出现有较大文化差异的时候，也不会发生冲突。

思 考 题

1. 举例说明旅游文化传统对我国现代旅游业的影响。

2. 随着我国改革开放的不断深入，传统文化受到了不少冲击。请你谈谈我国旅游文化传统发生了哪些变化？

3. 为什么说"和"作为一种文化理念，至今仍是鲜活的？可否举例说明尚和传统在普通民众日常生活中的影响？

4. 中国文化传统对中国旅游者的消费观念的影响体现在那几个方面？

6 西方旅游主体的文化特征

世界各民族因其各自不同的自然环境和不同的历史发展过程形成了不同的文化类型，彼此之间存在着明显的差别。

三面高原一面海的相对闭塞的地域特点，使得古代中国文化基本上与外隔绝，但这同时也为农业文明的发育提供了得天独厚的条件，并以此为基础形成了以小农经济为特征的经济形态。同时，大河、大陆性环境及其所造成的自给自足的自然经济使得中国人赞成尽物之性、顺物之情，把人们牢牢地束缚在土地上；而农业社会的稳定，家人亲友的长期聚居，使得中国人自古将别离看得非常重，这让中华民族在思想情感上表现为喜一不喜多、喜同不喜异、喜静不喜动、喜稳不喜变。

而西方文化的活水源头是古希腊文化。古希腊文明发源于地中海，其所处的海洋环境培养了西方民族原始的冒险外倾的民族性格。在他们看来，人类的力量与海洋比较起来显得很渺小和脆弱，但是人类依靠自身所具有的勇敢、刚毅、伟大斗争精神征服了大海，因而人类的气魄比海洋更伟大，这一切也都塑造了西方民族开放、勇敢的性格。

西方文化与中国文化有很大区别，表现在旅游上就呈现出了不同的价值观和不同的消费文化特征。

6.1 西方旅游主体价值观特征

西方世界的旅游者的价值观主要体现在认识自然和征服世界的强烈渴望上。从古至今，基本没有大的变化。

在人类旅游活动史上，有三个重要的时期，人们是不应该忘记的。第一个时期，货币的发明。它表明物质生产的发展已有可能进行一定规模的贸易往来而摆脱了简单的以物易物的古老的交易方式。第二时期，是产业革命的成功。它意味着商品经济的发生发展，地区间和国家间经贸活动有了发展扩大的可能。第三个时期，新技术革命时期。这一时期随着信息技术的突飞猛进，地球似乎越来越小，国与国之间的往来变得越来越容易了。与第一个时期大致相当，西方的旅游史主要以商贸旅游者的追逐财富和军事征服的副产品——探险旅游为代表。与第二个时期大致相当，随着蒸汽机的发明和使用，旅游发生了划时代的变化，这就是旅游中介业——旅行社的出现。它使旅游以前所未有的产业化的形式出现。与第三个时期大致一致，信息技术的飞速发展，使旅游业得到空前的发展，也正在酝酿着前所未有的变革。

考察西方旅游史上不同历史时期的旅游主体的价值观，我们发现早在 5000 年前，古埃及第六王朝的领袖——法老奈姆蒂姆萨夫一世（公元前 23 世纪在位）和他的儿子——法老佩比二世在位期间，就曾派遣埃及商队队长哈库夫负责"探出一条通往亚慕的路"。

在地中海东岸聚居的航海民族腓尼基人，为了把他们生产的农产品运销地中海沿海各国以换取其他生活物资，很早便发明了古老的天文学，懂得根据日月星辰决定方位的航海学，揭开了人类历史上波澜壮阔的海上探险的篇章。腓尼基人后来甚至称霸于地中海很长一段时间。他们因为精于航海，也曾被邻国埃及借去从事海上探险（埃及尼科二世时），但海上贸易仍是他们的日常功课。腓尼基人的海上探险内容丰富，时间漫长，故事很多，但出于保守商业机密的考虑，大量的航海经历都未能保存下来，只有一本名曰《汉诺周航记》的探险笔记很偶然的得以留传后世。它叙述的是公元前5世纪中叶迦太基贵族汉诺在大西洋航行的传奇经历。此外，就是古希腊"历史学之父"希罗多德的著作《历史》第四卷所记载的埃及法老尼科二世时期腓尼基人航海探险朋比国的传奇经历。不过，希罗多德只是间接地从船员口中听来的。公元前522年，居鲁士王朝（在今波斯境内）的贵族大流士夺得王位。而后不久，他的军队闯进了印度河流域和巴尔干半岛，建立了人类历史上第一个地跨欧、亚、非三大洲的庞大帝国——大流士。大流士帝国统一了从印度河到爱琴海之间的货币与度量衡。创造了当时世界上最完善的道路系统和驿传制度，对商业和旅游的发展做出了不容抹杀的贡献。大流士在位期间，曾经组织过一次著名的海上远程探险，时间在公元前518年。探险的目的是弄清印度河的流向，和为沿海荒漠隔断了的帝国东西部之间开辟海上通道的可能性。这次海上远程探险的带队人叫西拉克斯，海上航行时间长达两年半，第一次完成了绕阿拉伯半岛的航行，最后抵达埃及。西拉克斯的航海记录没有完整地保存下来，但从古希腊历史学家希罗多德的著作中，可以间接地了解一些，因为希罗多德的有关古印度的知识来自西拉克斯。

古印度人的探险旅行主要集中在印度附近和半岛以东地区，仍以商业经营为主。当时人们评价那些常年在外的商人是"天生的周游列国的人"。公元1世纪，安度罗王朝时期，印度人成功地利用季风，通过了水深浪急的孟加拉湾，到达安达曼群岛、马来半岛、苏门答腊岛、爪哇岛乃至印度支那南部沿海，并且一路上留下了不少移民城镇建筑，后来成为移民国家。其中最著名的两处古迹至今仍是旅游热点，它们是印度尼西亚的婆罗浮屠和柬埔寨的吴哥窟。当然，古印度的探险旅游间接的也有宗教徒传教活动的一份功劳。

从腓尼基人那里学得不少航海技术的希腊人亦极富冒险精神。不过希腊人的探险发现主要集中于地中海的北侧和黑海。这些地方基本上都是腓尼基人没有去过的地方。希腊人还有一点与腓尼基人不同，他们喜欢将沿途见闻记录下来，留下了不少航海记录。此外，古希腊的文人学者有喜欢远游的习惯，如荷马、希罗多德、泰勒思等文化名人都有浪迹天涯的经历。这些文化名人也留下了不少旅游文化史料。生活在公元前6世纪的米利都人黑卡泰就是一位既爱远游又勤于写作的旅行家，他的游记《大地环游记》几乎包括了当时希腊人所掌握的地中海沿岸地区旅游文化知识的全部。亚历山大（希腊学者亚里士多德的学生）的远征对打通欧洲和印度的关系，意义重大。西地中海希腊移民城市马西里亚在公元前530年左右出过一个名叫欧提梅拉的海上探险旅行家；200年后，这里又出了一个叫匹瑟阿思的探险家，他是一个精通天文、地理、数学，又熟谙航海技术的人，他的探险虽然以商贸为目的，但他的强烈的求知欲和大胆的探险精神仍给人留下极深的印象。作为希腊文明的继承者，罗马人同样继承了希腊人的海上航行技术和探险精神。不同的是，罗马人海陆并进。在罗马旅游史上，于公元前2世纪诞生了著名的探险家波里必阿，此人的兴趣是探索新世界，故以探险为主；而约两个世纪后诞生的斯特拉波则更像一个旅行家，他主要在已经明确了解的已知的地中海世界里游览，他有旅游著作《地理学》传世，书中对已知的世界（地中海）有详细的记载和描述。总之，这两个旅行家堪称罗马时期的探险旅游的代表。对于罗马帝国当时海上贸易的繁盛局面，有一本名曰《厄里特里亚海航行记》的专书记载。书的作者是公元1世纪时的一个佚名商人。书中清晰地勾勒了当时印度洋贸易的网络，众多的港口、城镇和包括他们自己开辟的航路在内的众多的航路。这位佚名商人也记载了印度人与中国人进行的丝绸交易。

亚洲西部的阿拉伯半岛三面环海（波斯湾从东边、阿拉伯海从南边、红海从西边环绕着这块大陆）。周围都是文明发达之邦，但直到公元5～6世纪时，这里仍然是未被开发之地，公元630年，穆罕默德率领穆斯林征服了麦加，至此，一盘散沙的阿拉伯半岛各个部落得到了统一。631年，阿拉伯半岛各个部族的代表团相继来到麦地那，表示自愿抛弃原来的信仰，皈依穆罕默德倡导的伊斯兰教，并在政治上服从穆罕默德的领导。随后不久，穆罕默德的继承者们便走出阿拉伯半岛，伊斯兰教也由民族宗教变为世界宗教。阿拉伯给世界旅游带来的最大的贡献是宗教朝觐旅游。直到今天，伊斯兰教信徒一年一度的前往麦加和麦地那朝圣仍旧是世界性的著名旅游活动项目。

阿拉伯人的探险旅游的代表人物是伊德里西。此人大约生活在公元1100～公元1160年间，他的贡献在于撰写了一本名为《志愿环游世界者的乐趣》的游记型的地理书。该书可视为阿拉伯帝国的探险历史之地理学表达，或曰阿拉伯人的地理知识的总汇。和古希腊人的探险著作或曰地理著作重视科学考察、实地测量以及理性推断不同，阿拉伯人的同类著作有点类似中国的《水经注》，重视对阿拉伯帝国代表性的地方志和探险家的游记进行加工改写，对人文信息关注尤多。阿拉伯帝国还诞生了许多著名的商人旅行家和著名的旅行记。这里摘要介绍几位。第一位旅行家名曰阿布·塞义德。在公元916年左右，阿布·塞义德根据自己的实地游历，修改了另一位佚名的阿拉伯商人的旅行记，书名为《中国印度闻见录》；该书顾名思义，关于中国和印度的有关记述最多，例如其中就提到黄巢起义对穆斯林的伤害，对繁荣的海上贸易的破坏等情况。第二位旅行家叫伊本·鲁思塔。此人游历了小亚细亚和东欧草原，对东欧民族风情多有记载，所撰游记著作《锦囊》成为10个世纪之前希腊学者希罗多德以来的有关东欧草原的最翔实的记载。第三位叫伊本·海卡尔。这位旅行家游历了西班牙到印度河的广袤的地域，他的游记著作学术味道更浓一些，书名叫《道里邦国志》，该书对西亚、中亚、波斯湾诸城市描述得特别细致。第四位叫伊本·拔都塔。他于1325～1354年的三十年间，游历了亚、非、欧三大洲的几十个国家，有许多地方是其他阿拉伯人没有涉足的。后来游历归来，由他口述，秘书记录，1356年全书定稿，名曰《异域奇游胜览记》，我国译本通作《伊本·拔都塔游记》。中世纪阿拉伯帝国诞生那么多探险旅行家，固然有宗教传教的原因，而当时国土辽阔，社会安定，阿拉伯帝国国力的强大，也是重要的原因。

中世纪的欧洲，北部还十分落后，为基督教布道的盲区。最为活跃的探险旅游由日耳曼人中的诺曼人唱主角。这些诺曼人的行径绝对是赤裸裸的海盗行为，无论是血腥的侵略，还是浪漫的探险，他们没有留下只言片语，他们的目的就是抢劫。公元11世纪末开始的十字军东征是中世纪西欧最重大的事件之一，同时也可以说是当时最为重要的东方探险旅行。事情起因于穆斯林和基督教信徒争夺圣城耶路撒冷，两教皆认为自己的圣人在此城中有灵迹，即都认为该城是他们的圣城（基督教教徒认为耶稣出生、受难、升天都在耶路撒冷；穆斯林亦坚信他们的先知穆罕默德就是在耶城中某一块巨石上升天的）。当时事实上是穆斯林占了上风，已经控制了耶城，基督教徒为了宗教面子鼓动罗马教皇乌尔班二世发起了一场宗教地盘争夺战。这场争夺战前后延续了近200年，东征前后一共8次。最后以1187年十字军在耶路撒冷所建的堡垒即所谓拉丁王国被穆斯林军队夺取，10000多名基督徒被迫卖身为奴而告结束。十字军东征在世界旅游史上的意义，主要在于它是信奉基督教的西欧人探索东方世界的第一步，它既是武装朝圣，也是冒险探索，因为当时十字军并不清楚耶路撒冷在哪里，只是朦胧地知道在东方某个地方。而后约一个世纪，蒙古人横扫欧亚大陆，建立统一的蒙元帝国后，欧洲的传教士们才纷至沓来，成为另一种类型的探险旅行家。蒙古人在横扫欧亚，建立统一的蒙元帝国过程中，虽然杀戮过多，但无意中也做成了一件好事，这就是使梗阻不畅长达数百年的古老的丝绸之路重新畅通起来。加上蒙古人宗教政策开明，不搞宗教歧视，而且幅员广大，交通畅达、安全，罗马教皇虽然未能实现其对蒙古地区的基督教化（元朝以道教全真教为国教，元朝以外的蒙古部落基本都被伊斯兰化了）的梦想，但是，在蒙古人统治时期，欧洲人和中国人都能够安全地在古丝绸之路上自由地行走。

15 世纪以来，世界史上被称为地理大发现的时期。哥伦布、达·伽马、麦哲伦乃至库克的南方大陆之探险，斯坦利的中部非洲探险，俄国人普尔热瓦尔斯基的中国西藏探险，虽然不排除科学研究的目的，但他们探险的第一驱动力还是征服世界和攫取财富。因此，著名爱国学者竺可桢教授在《地理学家徐霞客》（商务印书馆，1934 年）中告诫国人："纵览十六、七世纪欧洲探险家无一不唯利是图。其下焉者行同海盗；其上焉者亦无不思攘夺人之所有以为己有，而以土地人民之宗主权归诸其国君。是即今日之所谓帝国主义也。"西方学者法里士在《地理创造家》一书中也明明白白指出："如果哥伦布对于黄金与其他贵重物品以及其他附带的价值没有坚强的想象和欲望，那么，他决不会远渡重洋去探求印度群岛的新海道。"可谓一针见血。

当然，在西方人的价值观中，也有类似中国先贤孟子的"四海之内皆兄弟"的仁爱之言，如："若有外人在你们国中和你们同居，就不可欺负他。和你们同居的外人，你们要看他如本地人一样，并要爱他如己，因为你们在埃及地也作过寄居的。"（《新旧约全书·利末记》）。圣经中还有诸如"智者来自四方，交谈发展思想"一类旅游色彩很浓的格言。在欧洲，德国文豪歌德称旅游意大利"等于进了一所大学校，一天所学的东西多到不可胜数"（《意大利游记》1786 年 11 月 7 日，赵乾龙译，花山文艺出版社 1995 年版）。穆罕默德的圣训有云："学问，即使远在中国，亦当求得之"，这与我国的读万卷书，行万里路的求真务实的传统亦颇为一致。

6.2 西方旅游主体消费文化特征

6.2.1 西方旅游主体的价值观和生活方式

研究旅游消费，首先要研究旅游文化。而旅游文化又主要表现为旅游主体的价值观和生活方式。一国或一地的旅游者为什么普遍喜欢海滨和阳光，而另一国一地的游客为什么又特别钟情山岳和洞穴？为什么有的国家游客喜欢看当代社会风情、普通百姓日常生活？而另一些国家和地区的游客却迷恋大自然和真正的文物古迹？旅游主体消费的特点，只能从他们的文化传统上加以说明。

比如，法国人喜谈抽象的原则，以抽象原则支配日常行为。自由、平等、博爱这一革命时期的口号，成为法国的立国原则。人权宣言中有人类生而平等，人类生来享有天赋权利等。法国人生来长于数学，思想精辟，对事实虽不太注重，但很善于把握问题的要点；法国人富于情感，与人交往，一见便成知己；其在公务方面，注重形式，行政上手续十分麻烦；在政治上，法国党派林立，民性不太稳定，政治生活常有变动。

英国人则与法国人不一样，英国贵族和中产阶级都有凡事根据习惯和历史上的惯例说话和行事的特点。英国人对事实比法国人看重。英国人的风险意识比法国人强，他们喜欢向外部探险开拓。

德国人的性格喜欢凡事刨根问底，是一个做事特别认真的民族。他们认为每一问题都有其所以然，一件一件调查，求得其根本原因和基本原则，非彻底弄清楚不可。这就是德国人的特性。德国人长于组织，精于周密的策划。从民性上看，德国人性格严谨，做事一丝不苟，认真是出了名的。在二战末期的 1944 年冬，德国被盟军铁壁合围，法西斯第三帝国覆亡在即。整个德国笼罩在一片末日的氛围中，经济崩溃，物资奇缺，老百姓生活陷入严重困境。更糟的是，在地处欧洲中部的德国，家里如果没有足够的木柴，根本无法挨过漫长的寒冬。政府只得允许百姓上山砍树。于是政府派人进山把老弱病残的劣质树标上记号，让百姓去砍。在国之将亡之时，这个规定谁会认真执行简直是笑话。可是，你能想象"帝国"崩溃前的德国人是如何砍树的吗？不但根本没有去哄抢，而且直到二战结束全国居然没有一起居民违章砍伐无标记树木的事情发生。"具备了无政府的条件，却没有无政府现象。"

德国人国民素质高，环保意识强。他们把环保看成第三大重要的事情，仅次于就业和打击刑事犯罪。良好的环保教育使该国人民养成自觉爱护环境的习惯。即使是刚刚学会走路的小孩，也知道把废弃物送到垃圾桶里。在各地旅游的游客中，经常可以看到德国游客将废弃物包好放在随身携带的包裹里，等有机会就放在垃圾桶里。德国人甚至连办公室的整理这样的小事也丝毫不肯马虎。德国人在下班时将办公用的文件和用具整齐地摆放在办公桌上，连用过的铅笔也要按长短顺序摆放整齐，然后才离去。

日本是我们的邻国，也是我国的主要客源国。日本深受中华文化的影响，这是大家都认同的事实。但日本接受中华文化，并不是无选择地兼收并蓄，而是吸取精华，剔除糟粕。自唐代以来，日本在很多方面都学习中华文化，例如尊王思想，礼仪观念，重视心学，学习中国书法、建筑，佛教等，日本都学得很成功。

美国是一个年轻的移民国家，同时又是世界强国。在他们国家，有着现代化的城市、现代化的工厂、高度机械化的农业，还有发达的信息产业。这些东西第三世界国家的游客自然会感兴趣，而美国游客没人爱看与他们相同的事物。他们对了解中国、中国文化和中国人民比较感兴趣。中国人，特别是种地的中国人，而不是那些住公寓的；还有，大多数人是怎样生活的，他们最喜欢了解这些。美国游客愿意住在离市中心比较近的饭店，为的是可以在大街上散步，看中国人给家里买些什么东西，要花多少钱，怎么花，以便将中国人的物质生活和自己的物质生活作个比较。美国游客还特别想了解那些无论在生活方式还是在时间意识上，都同自己的生活和文化有很大区别的事物，如古丝绸之路、西藏。美国人探险愿望极为强烈，根据有关统计资料显示，该国每年约有半数旅游者选择有探险意味的旅游。自然这种探险不光是局限于大自然，还应包括对他们从未见识过的文化景观的探险。

对美国游客这个特定的旅游主体的消费心理，我们在此前相当长一段时间内的认识存在偏差，这方面的偏差主要表现在我们的导游，我们的旅行社，我们的旅游决策机构，都不同程度地忽视了对中国、中国历史和鲜活的当代中国人民的生活这些美国人最感兴趣的访问内容的重视。借用美国著名的旅游领队麦尔克教授的话说，美国游客"不是来看现代高楼大厦和现代交通的，他们在家也能看到这些。"

6.2.2 发达国家和发展中国家国民旅游价值观错位现象

研究旅游主体消费的文化特征，我们除了应该重视研究主要客源国的国民性格外，还应关注发达国家和发展中国家国民旅游价值观错位现象。

20 世纪 80 年代中期，有个英国人叫保罗·哈里森，写了一本名为《第三世界》的书。他在书中阐述了这样一种观点，其大意是：西方社会的现代化，使西方人厌倦于自己社会的空虚和令人窒息的物质享受，于是不辞劳苦地到第三世界国家去寻找西方早已失去的质朴；但这种西方人所希望看到的质朴，第三世界的人们并不珍惜，而是视其为落后，因为他们渴望现代化。缘此，第三世界古老的文明，一些静的和动的、死的和活的历史载体，正在迅速消失。西方旅游者所到之处，不时被西式的饮食、西式的游乐和西式的旅游目的地的拙劣的模仿所包围。民族文化本身没有免疫力，视觉艺术和表演艺术堕落为庸俗的、商业化的闹剧和陈套！以中国为例，对外国旅游者最有吸引力的，本来是中国文化传统的古老悠久和地域文化的丰富多样。但在我们的旅游供给中，却是大量的对西方文化的模拟。与此形成鲜明对照的是，在市场经济的大潮中，正像自然界的物种在逐年减少一样，中国文化的多样性也正在悄悄地被扼杀。年轻的惠安女已开始抛弃"封建头、开放肚、浪费裤"，而选择了短上衣、牛仔裤。有的身穿时装，戴一块花头巾，两条辫子若隐若现，基本上已经告别了那黄斗笠、绿头巾的过去了。傣族先富起来的年轻人，已经不屑于住那令旅游者心驰神往的竹楼了。代之而起的是钢筋水泥的火柴盒建筑。许多地方领导，在城市化推进过程中，盲目决策，肆意毁坏文物古迹。有的规划设计人员不懂历史和文化，把古城格局搞得面目全非，个性全无。我们应该记住，一个失去自身文化传统的民族，必然失去自身的特色。

美国未来学家托夫勒曾经预言，经济的全球化、文化的民族化和地方化将是一种历史发展的趋势。从旅游的角度看，也是这样。试想，旅游文化的开发建设，如果总是唯发达国家的马首是瞻，相对落后的国家和地区如果都不重视本民族、本地区的民族文化和区域文化的保护和开发，发达国家和地区的旅游者的愿望得不到满足，他们准备用于旅游消费的花销又怎能流入发展中国家和地区呢？因此，唯有世界各国和地区都在发展经济的同时，坚持自己文化的特色和个性，才是真正在坚持可持续发展的战略。

旅游产品的地位和吸引力，不是由旅游供给者决定的，而是由市场确定的。如果我们深入研究就会发现，不同的国家和地区所显示出来的旅游文化特征，总是与该国家或地区的文化背景有着千丝万缕的联系。

以旅游统计为例，欧洲小国瑞士，十分重视对旅游业现状进行调查研究，旅游资料的统计翔实、全面，对旅游业发展情况能做到及时分析、总结，并及时研究发展对策。这中间，翔实的旅游统计资料是十分重要的基础性工作。中国旅游文化传统中，有一个备受世界学术界好评的传统，就是崇尚真实（详见本书第五章）。古代的中国文人在旅游时看到一切有价值的现象，都会自觉地加以真实的记载；后世的人在修复有关古迹时，也会尽可能地按有关文献的真实记载加以修复；直到今天我们发展旅游产业，保护文化遗产，所遵循的仍然是崇尚真实的传统，具体表现为整旧如旧的原则。中国旅游业近几年请外国专家编制旅游规划，经外国专家反复强调旅游统计问题，引起了我国领导机构对旅游统计的重视，以立法的方式确立了中国旅游业的统计制度。

思 考 题

1. 简要说明西方旅游者的价值观？

2. 对比西方主要国家旅游者消费的文化特征异同？试举例说明价值观对旅游文化的影响？

7 旅游客体与客体旅游文化的特点

7.1 旅游客体概述

7.1.1 旅游客体的文化属性及定义

旅游活动的过程是旅游主体（旅游者）通过旅游中介（旅游业）作用于旅游客体（旅游资源或吸引因素）的行为过程。因此，旅游活动的产生、开展，一方面是由于人类自身发展完善的内力驱使，另一方面也受到旅游客体的吸引和激发，旅游客体所具有的魅力调动和激发了人们旅游的欲望和动机，并最终转化为实际的行动。

那么，旅游客体对旅游主体所产生的"魅力"的源泉来自哪里？我们可以从旅游客体包括的旅游资源或吸引因素，例如山岳、江河、大海、花木等千差万别的自然景观，以及文物古迹、建筑、园林、民俗风情、美味佳肴等丰富多彩的人文景观，一一分析不难发现，作为旅游客体中各类旅游资源或吸引因素之所以能够给旅游者产生强大的震撼力，其本质的原因就是无不打上了人类文化的"烙印"。

各类旅游客体作为人类文化的载体，不仅是旅游主体所感觉到、意识到的具体对象，而且成为能够满足旅游主体审美需要的产品，通过旅游业的精心策划安排，旅游主客体互相联结、融合、渗透、同一，产生旅游活动的"魅力"。假如去希腊旅行，你将被邀请去观赏奥林匹斯山的风光，领略地中海的波涛，并登上雅典卫城，亲临帕特农神庙的遗址，目睹多利安式廊柱的雄奇，感叹古希腊雕刻艺术的精湛；去意大利佛罗伦萨，你将领略哥特式、罗马式的古典建筑风俗，"大卫"等文艺复兴时期的艺术杰作；如果去法国巴黎，你会乘坐汽艇游览塞纳河的风光，你还将畅神于巴黎圣母院前、埃菲尔铁塔上、旺多姆广场的凯旋门下、卢浮宫的艺术品中；如果在中国旅行，你可观赏到南秀北雄的自然风景，婉约多姿的湖光山色，古老宏伟的建筑，小巧玲珑的园林，稀世罕见的珍宝，韵味生动的绘画，遒劲独特的书法，仙气佛光的石窟，欢快明朗的音乐，造型优雅的舞蹈，尊老爱幼的国风，花样齐全的菜肴以及淳朴热情的主人等。因此，我们可以给旅游客体下一个定义，是指旅游活动过程中旅游业赖以生存和发展的物质基础和现象，是旅游业给旅游主体营造的审美指向及审美关系的产品核心。

这里要特别提出：第一，旅游客体与旅游资源不能完全画等号。一切可供旅游主体游览的对象才能算旅游客体，或者说旅游资源未与旅游主体发生联系之前，就不能划入旅游客体的范围。一部分未被人类认识和开发的旅游资源，只能算是潜在的旅游资源，不能算旅游文化中的旅游客体。第二，研究旅游客体的旅游文化同策划设计旅游客体的文化旅游也是截然不同的两个概念。旅游客体的旅游文化属文化范畴；策划设计某一具体旅游客体的文化旅游是属旅游活动项目的设计组织，是旅游的一种类型。但两者又有密切联系，策划设计某一具体客体的文化旅游，必须以开发利用旅游客体的旅游文化为基础，才能获得较好的结果；同时不断创新的文化旅游活动也能促进旅游客体的旅游文化不断被认识，内涵不断丰富。

7.1.2　旅游客体的旅游文化特点

对旅游客体的旅游文化特点的研究，是从旅游文化个性的角度，进一步提示旅游客体的文化本质，充分发挥其作用，营造一种文化氛围，形成旅游活动的鲜明特色。其突出的旅游文化特点表现在：

① 旅游客体的旅游文化性是相对于旅游主体感知而言。它同样不能离开旅游者的审美感觉而存在。懂得审美，才会欣赏旅游客体的美，才可获得旅游的乐趣。黄山有一著名景区——风姿独秀的始信峰，在北海宾馆的东北部不远处，整个山峰自上而下，如被神斧劈裂为二，其下危崖千丈，深不见底。当你立在两峰之间的渡仙桥上，真是如入仙境，如在画中……从始信峰上望去，危崖幽谷之间，奇峰怪石林立，特别是石笋石柱，大小参差，嵯峨嶙峋，真是鬼斧神工，令人叫绝。但如果旅游者缺乏对这一奇石景观的审美能力，就会感叹黄山始信峰不过是一堆石头的断块构造，就不能较好地欣赏旅游客体的美，感受不到游黄山的无穷乐趣。又如参加佛教旅游活动，如果旅游者缺乏对佛教文化的了解把握，那么旅游过程只能限于烧香拜佛、求签算命的形式。而具备一定佛教文化知识的旅游者则不同，他们在一次佛教之旅后，会多一些人生境界的净化，会多一些思辨感悟的快乐。因此，对旅游客体的感知能力是有强有弱的，欣赏能力愈强，从旅游中获得的美感与乐趣也愈多。

② 旅游客体的旅游文化特点还反映在对旅游主体、旅游介体具有启智性。通过回顾旅游客体的演进历程我们不难知道：当旅游者的视野受时代原因束缚时，旅游客体的范畴是狭隘的，人类对它的认识和界定也是片面的。随着社会生产力的提高，随着人类征服自然、了解自身能力的提高，旅游客体存在着随时代的发展而内涵不断丰富、外延不断扩大的历史过程。这表明随着时代的进步，一方面旅游主体对旅游客体会获得越来越丰富的文化信息；另一方面内涵不断发展丰富、外延不断扩大化的旅游客体，又会引导启发旅游主体的想象力，按照美的规律去不断创新，发掘新的旅游客体。例如，在交通闭塞的农耕时代，人们对旅游客体的认识局限于自然山水和人文胜迹，并且在资源评价上也体现出封闭自足的特点，动辄"天下第一"。进入工业时代，人们对旅游客体的认识在空间上得到空前的突破；随着高技术时代和信息社会的来临，虚拟旅游、太空旅游正在一日千里地改变着人们的想象力。"坐地日行八万里，巡天遥看一千河"已经不只是诗人的梦想了。这个启智性的特点，正如美学地理学家纽拜所说，风景不单是一个自然物，主要还是人们用以满足自身基本欲望和社会需要的手段。

③ 对于现代旅游业重要凭借的旅游客体而言，只有从"旅游文化"入手，展示其丰富深厚的底蕴，从不同侧面表现共同的文化主题，才能满足旅游者的审美要求。江苏省南京市在制定2000年旅游业规划时，十分重视文化与旅游的结合力度，推出具有南京特色的文化旅游拳头产品。具体措施包括：第一，继续完善一批南京旅游的"名牌"产品，例如中山陵风景区、雨花台烈士陵园风景区、秦淮夫子庙风光带等。第二，建成中国近现代史博物馆。南京在中国近现代史上具有特殊的地位，许多景点在海内外具有较大的影响力，如原"总统府"，若能加以整修"包装"，建成中国近现代史博物馆，必将在海内外产生较大影响。第三，推出南京六朝文化旅游线。南京是我国著名的六朝古都，近年来，市文物部门在朝天宫建成了六朝文化博物馆，并已初具规模。今后应集中精力，精心选址，将散落在全市各地的六朝石刻及反映六朝文化的其他内容集中展示，建成六朝文化公园，与六朝文化博物馆及夫子庙、王谢故居等共同组成六朝文化旅游线，以全面展示六朝古都的文化历史。第四，建设

明城墙风光带，推动南京明城墙申报世界历史文化遗产。南京明城墙是世界上规模最大，保存最完整的古城墙，要加快古城墙风光带的建设，特别是最能反映城林特色的台城风光带的建设，将台城、玄武湖、鸡鸣寺、北极阁、九华山等连成一片，为广大游客提供一个集中领略南京特色风光的"窗口"景点。第五，全面开发大江风光带。南京的城市功能定位之一是江滨城市，而江滨城市特色的体现则集中于大江风光带。通过以上具体方案的实施，在未来的新世纪里南京古城一定会绽放出灿烂的旅游文化之花。

④ 旅游客体的旅游文化具有地域性的特点。旅游客体中的自然旅游资源的地理地带性分布及后天性塑造和相互作用，导致各地区的地质地貌、气象水文、土壤生物各不相同，从而形成了千姿百态、景象万千的自然旅游景观；旅游客体中的人文旅游资源亦是如此，不同国家和地区在民族、历史、文化遗存、地理环境、社会制度、生活方式和生产科技上的差异，使得它们的历史遗产、文物古迹、宗教文化、民情风俗、园林艺术、建筑设施、社会进步、科技成就乃至物产饮食等方面的表现各不相同。正是由于这种地域差异，引发了人们对外乡异邦的了解、交往的热情与兴趣，而要获得对旅游客体这种地域性文化特色的全方位及直接的、深刻的认识理解，只有通过旅游活动，才能够使旅游主体得到所谓的全然陶醉"高峰体验"。因而，创造旅游客体明显的地域文化特色，是旅游目的地旅游文化建设的重要方面，是吸引客源的重要条件。安徽省旅游开发的重点之一就是"做好徽文章"。"徽文章"即徽州文化。徽州文化是南宋至清末在皖南徽州境内崛起的一种地域文化，内涵丰富，体系完备，物质、精神、制度文化并存，诸多文化现象自成体系，具有全国性影响，被称为"中国封建社会后期社会文化的标本"。"做好徽文章"就是要大力开发徽州旅游文化资源，发展徽州文化旅游。可规划黄山以山上的自然景观为主的旅游与以山下人文景观为主的旅游相结合，从多角度、多方位、多层次和多形式设计旅游项目，让旅游者感受到独特环境下"徽文化"的形成、发展的历史原因和鲜明特色，感受一次"读天地之大书"的快乐。

⑤ 旅游客体的旅游文化还具有大众性的特点。当代的旅游活动已经不再是少数特权阶层的专利，不只是少数人的享受活动，而是一种社会大众性活动，成为现代人们生活的一个组成部分或补充形式；同时，旅游业是一个经济产业，按照赢利的原则进行设计，追求利润是最大的目的。这两个因素导致了旅游客体的旅游文化必须要被绝大多数人接受，产生共鸣才行。因此，旅游文化不是书斋文化，而是民间文化；不是庙堂文化，而是庶民文化；不是雅文化，而是俗文化。它要具有广泛的群众性。

这里我们要强调两个问题：第一，旅游客体的旅游文化具有大众性的特点，是将一般意义上的文化通俗化，并非排斥高雅文化的支持和引导。因为任何一个国家或地区发展旅游业都不会仅仅看到旅游的经济作用，而是在强调旅游经济效益的同时还看重旅游的社会教化功能，谋求人类生活品质的进步和提高。人类和人类文化都是向上的，旅游活动的形式和内容必须与之匹配，不断优化，这个优化的过程，就是高雅文化作用于旅游客体的过程。第二，旅游客体旅游文化的大众性，要求旅游的开发和经营必须充分考虑大众游客的需求特点，不能搞得"曲高和寡"，否则就有可能出现"高处不胜寒"的冷清结果；同时又不能一味媚俗、简单地、被动地迎合旅游者的口味，而是要有人文理性的渗透，要使产品具有一定的文化品位，否则要么因产品缺乏内涵流入粗制滥造之列而不受消费者的欢迎，要么就会导致腐朽落后文化的沉渣泛起，妨害社会肌体的健康发育。

下面，我们就从旅游客体中有代表性的旅游景观、旅游饮食、旅游纪念品及城市风貌等四个方面加以具体地论述。

7.2 旅游景观

7.2.1 旅游景观概述

（1）景观及其基本属性理念

景观是在一定地域中可以观察到的客观事物的综合体。景观是人的视觉可观察到的事物，是在一定地域中自然环境和人文环境各种因素的综合实体；组成景观的因素具有各自属性，各种景观因素以其聚合的相互时空关系组成规律性的景观结构形式，从而构成特定景观的内涵和外延。

景观的最基本的属性：

① 景观具有一定的地域范围（景域、景观单元）；

② 景观为地域中各种基本要素、现象聚合成客观存在的综合实体；

③ 景观地域中各要素单元（景观单元）的聚合，以其特定时空关系而具有特定的结构（景观结构）和系列（景观系列）；

④ 通过景观地域中的要素、结构、系列组成与其关联相对应的、人们可观察到的综合标志（景观特征）。

（2）旅游景观

从旅游资源属性上分类，有自然旅游资源和人文旅游资源两大类。我们一般将自然旅游资源和人文旅游资源在一定区域范围的综合表征，称之为旅游景观。如果仅是各自然旅游景观在一定地区的综合表征，就称为自然旅游景观。同样，各人文旅游景观在一定地区的综合表征，便是人文旅游景观。旅游景观涵盖的范围比较广泛，并随着旅游资源开发的深度和广度的加强，其外延也会不断扩大。旅游需要满足旅游者猎奇、赏新的需求，旅游活动不断开拓新的内容，于是一些原本并非认定为旅游景观的景观成为了旅游者的观赏对象，转变为有旅游价值的旅游景观类型。比如，一些工业设施成为工业旅游景观，一些乡村原野成为乡村旅游景观，一些种植业园地成为农业旅游景观……

自然旅游景观和人文旅游景观在各个不同的旅游区和旅游点中结合方式是不相同的。有的地区以自然旅游景观为主，辅以人文旅游景观，如云南的石林景观、四川的九寨沟风光，它们比之当地的历史文物、民俗风情似乎更具吸引力。反之，像西安的古城文物、兵马俑坑，河西走廊上的敦煌，张掖等古城遗址，比当地的山水风物要更具观赏价值。也有某些名胜风景区，如安徽的黄山、九华山，江西的龙虎山，杭州的西湖风景区等，可说是自然旅游景观和人文旅游景观并重的区域。但不论是怎样的结合，自然旅游景观离不开人文旅游景观的点、染、烘、托、藻、饰、精、镂；人文旅游景观也离不开自然旅游景观的造型布局、设色构图。它们两者相辅相成、相得益彰、相映成趣。

对旅游目的地来说，强化旅游景观与文化的结合，强化旅游景观与旅游客源地的景观差异，是扩大知名度和美誉度，吸引大量游客的重要措施。

对于旅游者来说，在进行旅游活动时所欣赏、所享受的旅游景观往往是某一地区的自然旅游景观和人文旅游景观的具体美、综合美。例如即使是以纯自然风光为吸引物的旅游目的地，旅游者也不仅仅只满足于欣赏景区的自然风光了，而是把旅游地的整个社会风貌、民俗风情等都纳入了获取信息的认识对象，即对旅游景观的综合认识。只有这样旅游者才能够达到最大的信息摄入量的目的，才能形成更为深刻的体验。

7.2.2 旅游景观的旅游文化特点

分析旅游景观的旅游文化特点，我们可以通过分别剖析自然旅游景观和人文旅游景观的旅游文化特点来把握。

（1）自然景观的旅游文化特点

自然景观的旅游文化是以大自然为载体的审美文化，亦可称为物态审美文化。大自然是一种本然的"物态"存在，它之所以能成为一种旅游审美文化的载体，是由于它已进入到人类的文化圈中，并且成为人类旅游的一种直接享受对象。其旅游文化的特点表现为：

① 自然景观的旅游文化性是旅游主体审美不断升华成熟的必然结果。人类出现以前，地球上万事万物，如波光粼粼的大海河川、千姿百态的地貌、光怪陆离的洞穴、幽深静谧的森林、珍奇逗人的动物和温暖宜人的气候等已自然存在。但那时人的生命力水平极为低下，人屈从于自然、依赖于自然，人类早期的先民忙于为自身的生存而斗争，与自然环境处于一种抗争状态。不论是东方人还是西方人，并没有也不会产生现代意义上的旅游，更谈不上对自然的审美意识。先民称"美"为"甘也，从羊从大"，对美的感受仅是从填饱肚皮中获得的。随着人类不断的发展，人类与自然之间的敌对性和疏远性被不断克服，自然事物、景观大量地进入到人类的生活圈中，推进了人类对自然审美的萌芽。梁朝文学家吴均在给朋友朱元思的一封信中描述他自富阳至桐庐的水上看山经历："风烟俱净，天山共色。从流飘荡，任意东西。自富阳至桐庐一百里许，奇山异水，天下独绝。水皆缥碧，千丈见底。游鱼细石，直视无碍。急湍甚箭，猛浪若奔。夹峰高山，皆生寒树。负势竞上，互相轩邈，争高直指，千百成峰。泉水激石，泠泠作响；好鸟相鸣，嘤嘤成韵。蝉则千转不穷，猿则百叫无绝。鸢飞戾天者，望峰息心；经纶世务者，窥谷忘返。横柯上蔽，在昼犹昏；疏条交映，有时见日。"凡此种种皆表现出对自然形式美的切身感受。在西方，自然作为独立的审美客体始于文艺复兴时期。在19世纪人们把山描绘成"令人尊敬的"、"壮观的"、"高雅的"和"自然美的精髓"。特别是第二次世界大战结束之后，随着工业化、城市化的进程，越来越多的人渴望获得"久在樊笼里，复得返自然"的乐趣。物态审美文化有了快速的发展。热爱大自然，亲近大自然，向往大自然，享受大自然的恩泽，探索大自然的奥秘，领略大自然的神奇，成为人们所追求的和向往的。

② 自然景观的文化性是通过自然美来体现的。自然景观通过山水、生物、天象、气象等要素的组合，创造出千差万别的自然美。用美的形式，例如形象、色彩、音响、动态与静态等来展现在人们的面前。

a. 大自然的形象美。"形象"是指自然景观在空间上所显示的感性形式。"形象美"主要是指自然形象的审美特征。人们通常用"雄、奇、险、秀、幽、奥、旷"这几个字来概括自然景观形象美的主要特征。

雄：雄壮美是旅游活动过程中，主客体之间因吸引而产生碰撞与抗衡，使得旅游主体的力量被充分激发而生成的一种壮阔的体验，是客体力度释放和主体内应力被激活的过程。旅游主体的主要感受是形象高大，气势磅礴。巍巍高山、莽莽丛林、奔腾的大江，都显示出雄壮美。珠穆朗玛峰以其绝对高度称雄世界；泰山位于坦荡辽阔的山东平原之上，因相对高度大，以"会当凌绝顶，一览众山小"凌驾于齐鲁丘陵之上；长江上著名的峡谷——虎跳峡，河水落差竟达169米，江水奔腾咆哮，水花飞溅，两岸雪山对峙，山高谷深，水流湍急，形成"狂涛卷地，飞瀑撼天"的景观气势。明末清初魏禧《魏叔子文集》卷十《文叙》说"洪波巨浪，山立泅涌"，"人凉而快之，发豪士之气"指的就是雄壮美。

奇：奇特美是一种出于意表，是客体呈现的表象使主体产生超乎寻常的想象而引起主体奇特的审美感受。旅游主体的主要感受是幻怪离奇，非同一般。我国的黄山以"天下第一奇山"著称。"奇峰、奇石、奇松、奇云"——奇峰叠嶂连云，劈地摩天，高低错落，变化无穷；奇石造型别致，千姿百态；奇松苍郁挺拔，遒劲有力，或盘根虬干悬结于危岩，或于峭壁间破石而出；奇云波澜起伏，浩瀚似海。

险：险峻美是与悬念同时产生，往往易被陡然而起的立面和高差激发而出，它与寻常的平面美不同，是一种立体的张扬扩散的美，是异常咄咄逼人的美。旅游主体的主要感受是形态陡峭，气势险峻。"自古华山一条路"，就是说华山的山势特别险峻。鸟瞰华山，犹如一方天柱拔起于秦岭山前诸峰中，四壁陡立，险峻之势油然而生。

秀：秀丽美是主客体化解冲突、相互抚慰、情景交融的柔性美。旅游主体的主要感受是山水柔美，生机盎然。"桂林山水甲天下"，体现了桂林山水山清水秀，妖娆动人之景；"杏花春雨江南"，表现了江南雨量充沛，植被丰茂，山水交融的江南水乡特色。

幽：幽深美是富于理性力度的宁静，是隐含深刻意味的旷远，是较小视野范围内拉大景深，最大限度地延长寻觅美的过程的美。旅游主体的主要感受是清静幽深，含秀藏奇。深深的竹林，寂静的山谷，密林深处的弯弯小溪，群山怀抱中的小小茅舍，都给人以"幽"的感觉。所谓"深山藏古寺"，"曲径通幽处，禅房花木深"，都构成了"幽"的景观。

奥：旅游主体的主要感受是封闭迷离，曲折复杂。云南路南石林，人乎其内，使人感到奥秘无穷，幽深莫测，如扑朔迷离的迷宫。"一线天"景观，四周崖壁环列，通道如岩隙曲折而出，深奥如井。

旷：旷远是把美的视线放平放宽，所视对象平旷无垠，荡旷高远的山水景观常使人心旷神怡，或引发无限惆怅的审美感受。"天苍苍，野茫茫，风吹草低见牛羊"，"孤帆远影碧空尽，唯见长江天际流"就是"旷"之美。洞庭湖被称为天下之旷，因其地处江汉平原，"八百里洞庭"烟波浩渺，气象万千。范仲淹在名作《岳阳楼记》中用"衔远山，吞长江，浩浩汤汤……"描绘了洞庭湖之"旷"景。

b. 大自然的色彩美。大自然给予人的视觉享受，除了上述的形态特征外，还有无限丰富、变幻无穷的天然色彩，它是由植物、地、天、光、气等因素构成的色彩变化。人们把大自然四季的色彩形容为"春翡夏翠秋金冬银"；许多著名的旅游景观均用色彩突出渲染。"苏堤春晓"突出春色；"匡庐烟霞"突出庐山日出之色；"翡翠迷谷"突出黄山翡翠谷溪水、石头被阳光照射发散的迷人色彩；四川"青城天下绿"突出了青城山满眼绿色的景观。

c. 大自然的声音美。是指自然景观的各种声音，在特定的环境中给人的一种美感享受。瀑落深潭、惊涛拍岸、溪流山涧、泉泻清池、风起松涛、幽林鸟语、寂夜虫鸣等都能产生音乐般的节奏，给人以精神熏陶和联想，从而激发美感认识。有的名山建有"松涛亭"、"听泉亭"等建筑，就是为游人提供欣赏自然界的"音乐"之便。对久居闹市，长期生活在噪声环境中的人来说，去名山大川欣赏"自然交响乐"，无疑是一种极大的享受。

d. 大自然的气味美。大自然中到处充满鸟语花香，树木、花草等均可产生令人愉快的气味。"森林浴"就是人们来到大自然的森林之中，畅吸新鲜空气的一种旅游健身活动。

e. 大自然的静态美与动态美。静态中的大自然是美的。寂静的山谷，风平浪静的湖泊和港湾，沉睡中的森林，都让人感到一种静态的美。实际上，在自然界中，静中是有动的，林中的飞鸟，花丛中的昆虫，水中的游鱼，飞流直下的瀑布、流泉，飘浮的云烟，波光粼粼的水面，无不表现了大自然的动态美。

③ 自然旅游景观的旅游文化性特点还表现在当今人类对大自然的影响愈来愈大。现

在所谓的大自然，纯自然境界极为稀少，大多已在不同程度上受到人类活动的干扰，故在很大程度上成为"改性"的大自然，并且愈是人口稠密、经济发达、接近人类聚住中心的地区，人类对大自然的影响就愈大，甚至成为人造自然体，如市郊的人工森林、风景区等。

（2）人文景观的旅游文化特点

人文景观是人类长期从事劳动实践和创造的结果，是人类历史文化的产物或现代文明的结晶，是旅游审美活动的重要组成部分。人文景观的种类繁多，形态各异，特点各不相同。从远古的人类生活遗址到繁华的现代都市；从宗教的古塔寺庙到庄严的皇家宫殿；从淳朴的民俗民风到优美的神话传说；从各类的工艺美术到各种民族服饰等，都属于人文景观之列。

① 人文景观的旅游文化性突出表现在它们具有非常浓厚的民族文化内涵。如果我们说自然景观的文化特点表现在其"形"上，那么人文景观的文化特点的突出表现就在于"神"上，充分体现了各地区人们的文化意识形态。例如古典园林艺术，西方古典园林崇尚几何形，造园艺术一丝不苟地按照纯粹的几何结构和数学关系发展，基本特点是整齐划一均衡对称，具有明确的轴线引导，甚至连花草树木都修剪得方圆规矩，充分反映了西方文化强调外在的物质形式和唯理主义，重视人对自然的支配。与之相反，中国古典园林在中国文化"天人合一"的自然观的支配下，对园林布局强调"效仿自然，高于自然"，体现了自然美与人工美的巧妙结合。又如我国的古塔，是宗教建筑之一。佛塔起源于印度，公元 1 世纪前后，随佛教传入中国。但是，中国的佛塔在结构上和形式上同印度的佛塔已有很大的不同，它融合了民族的建筑艺术特点，主要是把中国原有的亭台楼阁建筑中的一些特点，运用到塔的建筑中，从而创造了具有中国特色的佛塔。其深层次的原因是印度佛教传入中国后，已被中国文化中儒教、道教所融合，形成了中国自己的佛教文化。既然塔的"内在"规定性已改变，当然其"外在"形式就会被中国文化赋予新的建筑形式。

② 人文景观的旅游文化性还表现在具有功利性的特点。与自然旅游景观的旅游文化性不同，人文景观的旅游文化性反映了人文旅游景观的创造者与旅游者之间相互沟通和交流的本质。创造者通过制造一定的"景观"，向旅游者传达一定的思想意境和价值趋向，而旅游者通过"欣赏"创造者的"景观"，逐步获得创作者的真正意图。只有当旅游者真正把握住了创作者的真正思想，"景观"的魅力和价值才能得到最大的发挥。我国帝王们死后葬身的坟墓称为"陵"，规模都十分宏大，外部和内部设施都十分齐全，设计都十分精美，旅游者在观赏到这些陵墓时无不感叹建筑之美与豪华奢侈，但只有明白帝王在生前这样大兴土木是希望死后其魂灵能够继续享受权与欲的道理时，对帝王陵墓的认识才算入木三分。我国云南少数民族纳西族妇女的服饰上有星星、月亮，旅游者看了都觉得十分好看、神迷，实际上纳西族妇女服饰上绣的星星、月亮，表达了纳西族人对纳西妇女年年岁岁披星戴月、辛勤劳作的赞美。

③ 人文景观的旅游文化性还反映在可创造性的特点。突出表现在一大批湮没的文物古迹和遗址相继被发掘、发现和修复；传统历史文化、民族习俗和物产名看得到继承、整理和发扬；一批批反映新的时代风貌的人文建设和景观不断地涌现和开拓，从而出现了新型的人文景观。

例一，以江苏省徐州市汉文化景观开发为例：到目前为止，徐州共发现二十余座不同形制的大中型汉代王侯陵墓，出土了大量的汉画像石、汉兵马俑和汉代器具、遗物。丰富的汉文化遗存和汉文化底蕴构成了徐州汉文化景观，从而确立了徐州的旅游开发应以汉文化景观为主的指导思想。具体的做法是，以汉文化为依据，建设一批仿汉文化景观，如以仿汉文化景观和以汉文化为主题的汉城公园、汉街及汉风情表演和每年一度的"汉文化节"（模仿再现汉代风土人情、民俗文化、政治经济等）；制作一批能反映汉文化特色的旅游纪念品；开展以本地区汉文化为景观特色的旅游活动，与周边以齐鲁文化景观、吴文化景观、楚文化景观为特色的旅游地区合作，相互连动，共同发展。

例二，以深圳市人造景观的开发为例：深圳市是我国的经济特区，是世界了解中国的"窗口"。由于深圳市是我国改革开放的产物，建市年代很短，因此发展旅游业缺乏像历史文化名城那样厚重的文化积淀。但它本身有毗连香港的优越的地理位置和依山靠海、风光绮丽、四季常青的自然条件，加上是经济发达的特区，有大量来来往往的人流，需要深圳市开发出现代的新的景观来满足人们的旅游活动需求。其成功经营的一系列人造主题公园——锦绣中华、中华民俗村、世界之窗、欢乐谷等就是典型的代表，它们充分反映了旅游业与文化的紧密融合。文化具有一定的民族性、延续性、区域性，旅游需要一定的新奇性、观赏性，深圳的人造主题景观将两方面有机地结合起来，选择、继承、发展、创新，用文化的丰富内涵融于旅游项目的创新之中，一个个富有创意的旅游产品接连问世，一项项烘托旅游氛围的项目有条不紊地出笼。经过十多年不断创意的旅游文化理念的树立，使得深圳人造景观旅游生机勃勃地发展，并在全国独树一帜。

综上分析，一个旅游区的旅游景观的旅游文化性，必须从其包括的自然旅游景观、人文旅游景观的文化特点以及两者相结合的文化特点中加以综合反映。这样才能够对旅游主体产生强大的吸引力；对一个成功的旅游景观而言，独树一帜的鲜明旅游文化形象是其重要的保证。

下面，我们以"五岳之尊"——泰山的实例作为本节的结束，期盼能引发读者对旅游景观的旅游文化特点有更多的思考与研究。

泰山不但在自然特征上具有雄伟的美，而且体现了中华民族几千年的历史文化。

泰山自然美的主要特征就是雄伟壮丽，它在五岳中虽仅居第三位（按其海拔高度），但凌驾于齐鲁丘陵之上，相对高度达 1300 多米，与周围的平原、丘陵形成高低、大小的强烈对比，在视觉效果上显得格外高大。泰山群峰起伏，主峰突兀。从海拔 150 余米的山麓泰安市区，至中天门海拔 847 米，南天门 1460 米，玉皇顶 1545 米，层层叠起，形成了一种由抑到扬的节奏感和"一览众山小"的高旷气势。泰山山脉绵亘 200 余公里，基础宽大，形体集中。基础宽大便产生安稳感，形体庞大而集中则产生厚重感。所谓"稳如泰山"、"重如泰山"、"泰山压顶"等名言，正是上述自然特征在人们的精神上与心理上的反映。所以明代开国皇帝朱元璋曾描述泰山道："根盘齐鲁兮，不知其几千百里"。

泰山多松柏，尤其是那苍劲挺拔的古松，如"壮士披甲"，对泰山的雄伟形象起着烘托作用。泰山的岩石主要由变质岩和花岗岩构成，岩性坚硬，节理发育，经球状风化后形成了裸露的峭壁悬崖和浑圆厚实的巨石，突立于眼前，震撼人心。还有那富于变化的泰山烟云，使人感到静中有动，气势磅礴。苍松翠柏、悬崖怪石、云海烟雾都衬应着魏巍岱岳。

泰山具有丰富的自然美，如果我们把风景自然美的形象特征概括为雄、奇、险、秀、幽、奥、旷的话，那么泰山除了从总体上和宏观上具有雄伟的特征外，还在雄中蕴含着奇、险、秀、幽、奥、旷等美的形象。如斗母宫东溪内的"三潭叠瀑"，可谓"雄中藏秀"；"舍身崖"、"百丈崖"可谓"寓险于雄";"仙人桥"、"扇子崖","造化钟神秀",堪称奇观;登泰山南天门则可领略"天门一长啸,万里清风来"及"旷然小宇宙"的豪迈景象;而岱阴后石坞却是探幽寻奥的"天仙洞府"。

泰山在几千年的开发建设过程中,形成了中国名山风景的典型代表,是即以富有美感的典型的自然景观为基础,又渗透着人文景观美的地域空间综合体。根据中国传统的山水观,把富有美学价值的自然景观同悠久的民族文化有机地结合起来,从而形成了价值更高、内容更为丰富的泰山风景景观。人文景观的布局与创作,是根据自然景观,尤其是地形特点和封禅、游览、观赏活动的需要而设计的。其主体是拔地通天的自然景观,主题是封天禅地的思想内容,布局形式重点是从祭地的社首山(原在泰安火车站东南侧,后因凿石而毁)到封天的玉皇顶,在约 10 公里的登山盘道两侧,把整座泰山作为完整的自然空间,进行了巨大的整体构思。

泰山以南坡最为壮观,因有一条大断层使泰山隆起,汶河下降,对比强烈。因此,封禅祭祀活动最终选定了从南坡沿中溪而上的路线,在这条约 10 公里长的景观带上大体分为三段空间。一是以泰安城区为中心的人间;二是以城西南过奈何桥至蒿里山(在泰安火车站东南侧)为"阴曹地府";三是自城北岱宗坊开始,沿长达 6000 余级的"天梯"直至岱顶的"天府"。

泰安城是因古帝王封禅祭祀、百姓朝山进香和游览观光发展而成。岱庙是泰安城中轴线上的主体,这条中轴线从泰安城南门起,延伸到岱宗坊,然后与登山盘道相接而通向"天庭",使山与城不仅在功能上,而且在建筑空间序列上形成一体。其序列按登山祭祀活动的程序次第展开,贯穿着一种由"人境"至"仙境"的过渡阶段。从地形上看,是由缓坡、斜坡直到陡坡,人们由低到高,步步升高,最后宛若登上天府;从建筑规模上看,是由严整到自由,因自然环境而异;从意境上看,是由人间帝王宫殿上达苍穹,渐入仙境;从色调上看,红墙黄瓦则始终与苍松翠柏形成对比。再通过三里一旗杆,五里一牌坊和漫长的盘道连接,形成一条极为壮观的封禅祭祀序列。

泰山古建筑最突出的特点就是对地理环境的利用,它巧妙地因自然之势,又以人工之力加强和美化自然环境。其一,在封禅祭祀活动的序列空间位置的选择上,充分利用泰山南坡由缓渐陡之势,造成登"天梯"的意境。此路沿溪而上,人在谷中行,属"封闭型"自然景观,下段是紧紧收缩,直至岱顶才开放。前奏长,对比十分强烈,对于"祭天"活动来说,造成环境感应的心理状态,若步步登天,扣人心弦,登临南天门骤然开阔,恰似升仙。因此,这样的地理环境是封禅祭祀空间序列的杰作。其二,在建筑单体或群体位置的选择与建筑结构的创作上,有跨道而建的门户建筑,有登山转折处的导向性建筑,有临溪而设的赏景建筑,有半山悬挂的宗教建筑,也有耸立于山巅的祭祀建筑等。其三,从建筑的结构、材料、装饰及以庭院空间为基本单元的群体组合上,均能适应地形环境多变的要求,该建亭的建亭,该设阁的则设阁;需开敞通透处即造型轻巧,需收缩空间处便敦实厚重,充分体现因景而设、因境而生的建筑思想。

泰山古建筑主要保存的是明清时期的风格,它的价值不仅在于建筑与绘画、雕刻、山石、林木融为一体,成为中国古老文化的例证,保存了一个巨大的封禅祭祀序列和一幅记载历史的立体画卷;而且还为我们留下了顺应自然的建筑典范,以其特有的艺术形象去协调和加强自然美,去表现和深化自然环境。由于它们的存在,才使泰山的自然景观与人文景观相映生辉,使峻极于天的泰山深入到 13 亿炎黄子孙的心坎之中,并名扬世界。

7.3 旅游饮食

7.3.1 旅游饮食文化概述

我国饮食与法国饮食、土耳其饮食并称世界三大饮食，在饮食文化的历史的历史长河中占有极其重要的地位。我国有句名言：民以食为天。自古以来饮食就是我国老百姓最重要的事情，而也正是因为华夏土地上物产丰富，美味多样，华夏人民智慧勤劳，才成就了我国饮食文化的博大精深。

我国的饮食历史可以追溯到旧石器时代。但是由于当时人们还不懂得人工取火和煮制熟食，为了充饥果腹茹毛饮血，此时的所谓饮食仅仅是为了生存的需要，不属于饮食文化的范畴。之后，又经历了燧人氏、伏羲氏、神农氏、黄帝。这一时期人们开始使用火，吃上熟食；食物种类也增加了不少，蒸盐的发明提升了食物的味道；同时，人们也开始饮用当时的饮料——酒。

周秦时期，是我国饮食文化的形成时期，人们的食物日渐丰富，日益精细，春秋战国时期，我国存在的谷物种类有稷、黍、麦、菽、麻、稻等。到了汉代，我国的食物种类更加丰富多彩，中西饮食文化的交流也日益广泛。我国从西域引进了石榴、芝麻、葡萄、胡桃、西瓜、甜瓜、菠菜、胡萝卜、茴香、芹菜、胡豆、扁豆、苜蓿、莴笋、大葱、大蒜，还引入了一些烹调方法。另外，豆腐、植物油也在这一时期相继出现。

唐朝是我国饮食文化的高峰，最具代表性的是烧尾宴。那时人们习惯于将美味佳肴称作"八珍"。大约从宋代开始，八珍具体指八种珍贵的烹饪原料。明清是唐宋饮食的继续和发展。明清时期，由于受到满蒙饮食文化的影响，饮食结构也发生了变化，满汉全席成为清代饮食文化的最高代表。

现在，中国饮食已经风靡全世界，成为世界饮食文化的主流，为我国与世界的文化交流做出了突出贡献。

旅游是一项涉及行、游、居、食、购的综合性的文化活动。在观赏自然景观、人文景观的同时，品尝美味佳肴，可以使旅游者弥补生理的消耗，迅速恢复体力，而且更加深刻感受到饮食文化带来的精神享受。特别是饮食文化旅游活动，通过旅游来体察、领悟、实践丰富多彩的饮食文化"内涵"，体会到旅游饮食的独特魅力。尤其是名扬四海的中国美食，是指以中华民族的饮食、饮食加工技艺及以饮食为基础的美学思想、饮食风俗等，历史悠久，源远流长，内容宏富，既是历代社会物质、精神文明的重要组成部分，又是检验这两种文明发展程度的"标尺"之一，已成为一种色、香、形、味、滋、器、意诸美俱全的艺术。中国美食在色彩上，冷暖相配，浓淡相宜；在气味上，香气扑鼻，清醇诱人；在造型上，变化多端，精美和谐；在滋味上，五味调和，脍炙人口；在器皿上，质地精良，形状美观；在饮食氛围上，讲究清静优雅，情趣盎然。美食早已超越了仅仅满足食欲的功利目的，而成为人们热爱生活，确证自我，追求和谐，注重过程的体现。从原料的准备，烹饪的加工，器皿的组合一直到食物的命名，上菜的顺序，进食的环境乃至咀嚼品味，兴会联想，无不体现了人们娴熟的技艺与智慧的创造，体现了人们丰富的情趣与高雅的精神追求。一场宴席的展示，可以看成是全面了解和欣赏中国文化的一个突破口。

旅游饮食作为旅游客体，其旅游文化的特点主要表现在以下方面。

（1）营造一个舒适优雅的饮食文化环境

营造旅游饮食的文化环境，大到旅游地的文化氛围，具体到每个餐馆、酒楼的特色文化装饰、布置。例如，北京是我国的首都，也是我国历史上著名的古都之一，从明成祖始，北京便成了全国政治、经济、文化的中心。几百年以来，全国各地一些主要风味菜点，荟萃于帝都北京，各民族的饮食风尚也在这里相互影响，再经过历代名厨的创造改进，以及历代美食家的点拨，逐步发展成为了现在的北京菜系（京菜）。这种得天独厚的文化条件，对北京饮食业的蓬勃发展，赋予了无与伦比的契机。"吃在中国，吃在北京"已成为国际旅游者向往的事情。

对于具体的旅游饭店的餐厅或有名的菜馆、酒楼，常常通过因地制宜或人工装饰等艺术手段，使内外环境在舒适优雅方面达到有机统一，营造一个具有特色的饮食文化环境。对于外部建筑环境，目前主要有园林式、民族式、西洋式和综合式等。园林式的酒楼、菜馆主要采用中国歇山斗拱、飞檐漏窗等古典建筑形式，并配以亭、台、长廊、假山、悬泉、花木、鱼池或修竹等物，构成曲径通幽、浑然一体、富有诗情画意的优雅境界。例如杭州西湖的"楼外楼"菜馆，采用了园林式构筑，与孤山、西湖水、苏堤构成了层次丰富的湖光山色图，在此美景下品尝美味佳肴是何等的惬意。民族式是指具有民族风格的酒楼或菜馆。如富有穆斯林建筑艺术风韵的清真菜馆，富有傣族风格的竹楼餐厅。西洋式的以线条纵横、块面平直的几何形为基本特征，以象征表现手法和宏大挺拔的空间构景，给人以亢奋之感。如北京国际饭店、南京金陵饭店等，对追求大而洋和现代豪华生活的人们，吸引力最大。综合式是一种融园林式、民族式和西洋式为一体的混合建筑形式，你中有我，我中有你，交相辉映，给人一种新奇欢悦之感。如广州东方宾馆、北京香山饭店、南京国际会议中心等。外部环境的文化性还表现在酒楼菜馆的命名上，如杭州的三大酒楼"楼外楼"、"山外山"、"天外天"的命名与杭州西湖的人间仙境的景象融为了一体。又如南京一些酒家的命名"四川酒家"、"老广东"、"上海滩"、"北京烤鸭店"，反映了这些酒店经营菜肴的特色。

内部文化环境是由诸多装饰因素融汇而成，譬如墙面上的书画、天花板上的吊灯、窗帘上的图案、地毯上的花纹、屏风上的浮雕彩绘、风格多样的家具、形态古雅的陈设、柔和的光照和悦目的色彩以及服务员的服饰搭配等。

此外，在饮食环境中增加舞台表演、音乐伴唱等动态文化环境，可以增加饮食环境文化的生动性。

（2）通过美味佳肴传递文化信息

在人类历史发展的过程中，饮食越来越成为一种文化现象。中国传统文化对中国饮食的影响是深远的，早在儒家经典著作《周礼》中，就有《天官冢宰》一章专门记载着丰富的烹饪史料；宋代的《禽经》、元末明初的《饮食须知》、明末清初的《饕餮谱》、清代的《随园食单》、《古今图书集成·食货单》等都是对烹饪文化方面研究的专著。特别是当它同人与人之间的社会感情交流，同祭祀、庆典、家人或朋友之间的聚会等结合在一起的时候，饮食就更具有了超出生理快感的审美意义。这里我们选一些佐证材料。

① 中国著名的四大菜系。中国饮食文化源远流长，有"烹饪王国"之称。长期以来由于饮食原料和主副食品的搭配都和各地区的自然环境、文化、风俗、习惯有关，形成不同风味的地方菜系。

鲁菜：鲁菜即山东菜，形成菜系的风格较早，在华北、东北、北京、天津等地广为流传。还传进宫廷，成为御膳的主体。山东菜由济南和胶东两地的地方菜发展而成，以清香、鲜嫩、味纯著称。讲究清汤和奶汤的调制，清汤色清而鲜，奶汤色白而醇。烹饪重视火候，爆、炒、烧、炸、焖、扒尤有特长。其地方名菜有糖醋黄河鲤鱼、葱烧海参等。闻名的风味菜有德州扒鸡。

川菜：川菜又称蜀菜。以成都、重庆两地菜肴为代表，主要以麻辣、鱼香、味广著称，以辣、酸、麻脍炙人口。辣椒、胡椒、花椒是调味品中的主要作料。川菜有"一菜一格"、"百菜百味"的特点。川菜常见的味型有鱼香味型、怪味型、红油味型、麻辣味型等。常见的代表菜有鱼香肉丝、宫保鸡丁、麻婆豆腐等。

粤菜：粤菜又称广东菜。由广州、潮州、东江等地方菜发展而成，是起步较晚的菜系。粤菜能注意吸取各菜之长，形成多种形式、具有自己独特风味的菜系。粤菜的特点是：选料广博、又杂又奇；讲究鲜嫩爽滑，且季节性强，夏秋之季讲清淡，冬春之季讲浓郁；使用独特风味的调料，烹制出具有独特风味的地方菜肴；烹调方法有独到之处。例如熬汤，用鸡、瘦猪肉熬成三种汤，即顶汤、上汤和二汤。顶汤用于燕窝、鱼翅、鲍鱼等名贵菜，上汤用于中高档菜肴，二汤用于一般菜肴。除熬汤外，粤菜烹调法还有"煲"、"烤"、"泡"（油泡、汤泡）等。代表菜有：三蛇龙虎会、脆皮乳猪等。

淮扬菜：淮扬菜是扬州、镇江、淮安等地方风味菜肴的总称，以清淡味雅著称于世。它的主要特点是：选料以鲜活、鲜嫩为佳，非常讲究时令；重视刀工和火工；讲究清淡入味，特别强调菜肴的本味；色泽鲜艳，清爽悦目；美观别致，生动逼真。著名的代表菜有：淮扬狮子头、糖醋鳜鱼等。闻名的风味菜有常熟叫花鸡、无锡肉骨头等。

后来由四大菜系又发展成为著名的八大菜系。增加了浙菜、闽菜、湘菜、徽菜等。

② 中国菜的意境创造。中国烹饪大师们通过一定的原材料选取、加工、组合、烹饪，也就是我们常说的技术和艺术的加工，完成一道道色、香、味、滋、器、意诸美的菜肴制作。这里面包含了厨艺大师们的思想情感、审美理念，通过中国菜的命名可以一览此意。

自然本名：上等原料，风味特别，直呼其名，更有魅力。如"银耳鸽蛋"、"蜜汁燕窝"、"天麻鱼头"及熊掌、海参、鱼翅之类。

工艺特名：以工艺制作方法归类命名。如"凤鸡"、"醉蟹"、"五香熏鱼"等。

乡土集锦：如"宣威火腿"、"长沙蒲炸"、"徽州芝麻圆"等。

时令风俗：如"腊八粥"、"中秋月饼"等。

乡土集锦和时令风俗的命名方法，包含浓厚的地方风俗、文化传统，隐含浓郁的乡土风情，能令游子思归，异客返乡。

比附联想：取其形色相近者，运用比喻联想，加以沟通，创造新的形象和意境。如"水晶脍"用猪皮胶冻制而成，故以"水晶"比之。"雪霞羹"，芙蓉花先以汤焯，再煮豆腐，红白交错，恍若雪霁之霞。想象雅致，情趣高妙。

夸张比喻：如"龙虎斗"以蛇、猫喻龙、虎。"红烧狮子头"，以肉圆比狮子头。"佛跳墙"、"神仙炖鸡"、"凤凰脑子"，皆极尽夸张之能事，引人食欲，发人神思。

谐音转借："霸王别姬"一菜，鳖、鸡音谐"别姬"，鳖又被称为霸王，谐音巧妙，又积淀着历史内容。

依形取意："玲珑牡丹"、"龙凤呈祥"、"桃花香扇"、"掌上明珠"、"门泊东吴万里船"等，或以形而得意，或立意而构形，形意俱佳，如诗如画。

人事典故：如"东坡肉"、"东坡豆腐"相传为北宋著名诗人苏东坡所创；而"征东饼"表示了人民对英雄戚继光的纪念。

在由各种菜点组合而成的宴会菜单中，更要求各菜点名称之间互相响应，根据不同宴会的性质，形成不同的意趣和意境。不妨举一例——四喜四全席。其主要菜肴如下。

四喜双拼：盐水白鸡——桂花炙骨、五香牛肉——油爆大虾、如意蛋卷——彩花皮蛋、蒜泥白肉——凉拌黄瓜。

四喜双炒：油爆肚尖——蒜爆菊红、滑炒虾仁——鱼香腰花、相思鱼卷——鸳鸯鱼片、核桃酥腰——肉茸吐司。

四全大菜：红枣海参、八宝全鸭、花酿冬菇、油焖全鸡、橘闹银耳、红烧全鱼、芙蓉蟹斗、清炖全膀。

四全花点：蝴蝶卷、喜庆烧梅、鸳鸯酥盒、莲子沙包。

双合蜜果：枣子、花生、瓜仁、百合。

同心茶食：湘莲羹、观音茶。

还有正式中餐的摆台的设计也是一种意境的创作。中餐摆台的基本要求除了方便宾客用餐，又要便于席间服务以外，还要尊重民族的风俗习惯和饮食习惯，符合各民族的礼仪，并要通过装饰台面烘托出酒席宴会的主题。例如：婚嫁酒席就应摆"喜"字席，百鸟朝凤、蝴蝶戏花等台面；如果是接待外宾就应摆设迎宾席、友谊席、和平席等。

7.3.2 中西饮食文化比较

（1）偏好与观念

① 美味与营养的偏好区别：中国人十分重视菜肴的色、香、味、形，尤其重滋味。中国"五味调和"的烹调术旨在追求美味，其加工过程中的热油炸和文火攻，都会破坏菜的营养成分；西方人对食物营养的追求远远超过了色、香、味、形，他们非常重视对食物营养成分的分析，如营养成分在烹饪过程中的保持或损失程度，烹饪是否科学卫生。

② 合与分的偏好区别：中国人做菜喜欢将多种荤素原料、作料集合烹调（如杂烩、火锅），讲究"五味调和"；西方人做菜，很少将多种荤素原料集合烹调，正菜中鱼就是鱼，即使是调味料，也是现吃现加工。概括地讲，是合与分的差别，中国人重合，西方人重分。

③ 随意与规范的偏好区别：中国人对食品加工具有随意性，各大菜系都有自己的风味与特色，就是同一个菜系的同一个菜，其所用的配菜与各种调料的匹配，也会依厨师的个人特点有所不同。就是同一个厨师做同一道菜，虽有一己之成法，也会因时因地因人而不同。在中国，烹调是一门艺术，即有强烈的趣味性和娱乐性。西方人由于饮食强调科学和营养，故烹调的过程都严格按科学规范行事。例如，牛排的味道在一个国家的东西南北毫无二致，牛排的配料也是有限的几种。再者，规范化、机械化的烹调要求调料的添加量精确到克，烹调的时间精确到秒，厨师操作好像"化学实验室"的实验员。在西方，由于烹调讲究规范，因此烹调是一种机械性的工作，比较单调乏味。

④ 观念：中国人在饮食制作上的艺术观念较浓厚，西方人在饮食制作上科学观念较为浓厚。中国人饮食取材非常广泛，可谓"无所不吃"，生态伦理观念较为淡薄；西方人在饮食取材上比较严格，具有较强的生态伦理观念。

（2）进餐氛围与形式

中国人讲究热闹、排场、不拘小节，并喜欢在一起合聚用餐，冷拼热炒摆满一桌，就餐者东吃一口西吃一口，几道菜同时下肚；大家共用餐具。西方人讲究优雅温馨、富有情趣和礼仪。并喜欢分开用餐，各自一份，各用各的餐具；各自随意添加调料，一道菜吃完后再吃第二道菜，前后两道菜绝不混吃。

（3）饮食文化审美

中国人在饮食文化上讲究意境。如饮食与环境相互映衬，饮食名称讲究形、神、意。饮食具有文化引申意义。许多事物都可以用饮食文化作为比喻和形容，并主要表现在"象征"和"禁忌"两个方面。西方人讲究几何图案变化，很少文化引申，西方人饮食文化中科学审美高于艺术审美。

7.4 旅游纪念品

7.4.1 旅游纪念品的概念、种类

（1）旅游纪念品的概念

旅游纪念品是指旅游者在旅游活动整个过程中购买的具有区域文化特征和民族特色、富有长期纪念意义的劳动产品。旅游纪念品应该具备以下条件。

① 旅游商品本身具有纪念性。旅游纪念品是精神文化产品，必须具有文化品位，如果不能反映某一国家、地区的文化，就没有生命力，没有灵魂。所以要深入挖掘当地文化，用艺术手段表现出来。

旅游商品本身的材料、形象、造型和装饰工艺，反映一定区域独有的名胜古迹、民族和地方风格或某项主题旅游特征，即带有很强的旅游目的地信息，人们见到它就知道旅游者从哪里归来，如人们一见到兵马俑复制品，就知道你从西安旅游归来，具有很强的纪念意义。

② 购买动机的纪念性。旅游者购买旅游商品的主要目的是为了自己或亲朋好友留下自己旅游的纪念，而不是为了日常使用。即使某些旅游商品，既具有纪念性，又具有实用性，旅游者的购买动机仍主要是为了满足纪念和馈赠的需要。如新加坡开发的鱼尾狮系列旅游商品，既具有纪念性又具有实用性，但有些商品的实用性在现实生活中有更好、更廉价的替代品，故鱼尾狮打火机、鱼尾狮钥匙等仍然属于纪念品范畴。

③ 长期的保存性。既然是旅游纪念品就应该能够长期保存，这要求旅游纪念品的材质经久耐用，具有一定的收藏价值。设计要广泛利用各种材料，有的材料本身就具有纪念意义。利用当地特有材料制作的东西，更容易激发游客的兴奋点。现在有人将土特产品当作旅游纪念品，其实是不对的。虽然土特产品具有旅游地文化特征，但它只有较短的保质期，如果在保质期内不使用，将降低或完全失去其使用价值，它不具备长期保存的特征。

④ 较高的文化艺术特征。旅游纪念品的核心价值是它的文化艺术价值，它使旅游纪念品具有观赏性、收藏性和馈赠性。旅游纪念品既要体现一个地方的资源特色又要体现时代特色。在艺术表现手法上，不能拒绝世界上其他的文明成果。任何传统都会随着时代的变化而变化，旅游纪念品设计应在延续传统的同时，汲取现代文明的成果。旅游商品市场要面对国际旅游市场，面对世界。只强调文化差异和鲜明特色是不够的，还要考虑到各国（地区）旅游者自身的传统和观念，寻求文化的认同。旅游商品设计既可具象也可抽象，各景点有自己的形象，抓住了形象就住了实质，抓住了心理，抓住了市场。

旅游纪念品是在旅游活动结束后还会以其外在形式所显示和烘托的趣味、情调、气氛，继续在潜移默化中影响人们的感情和思想。因此，旅游纪念品不在于数量多少，而在于有无；不在于价格高低，而在于是否有新意；不在于实用与否，而在于是否给人以惊喜。与当地居民不同，旅游者首选之物，可能因人因地因时而不同，吃的、用的、玩的、健身的、纪念的等五花八门，但都要求这些商品具有浓郁的地方特色，深厚的文化内涵，既能记录旅游经历，又方便旅游者携带，满足旅游者的纪念、欣赏、馈赠、收藏等主观精神需求。

（2）旅游纪念品的种类

旅游纪念品类别繁多，根据旅游纪念品的核心属性——地域性，将旅游纪念品分为：泛地域类旅游纪念品、表层地域类旅游纪念品、深层地域类旅游纪念品等三个类别。由于现状的复杂，各旅游纪念品之间的界限并不是非常清晰，而存在一定模糊性。

泛地域类旅游纪念品，指通过纪念品本身不能体现特定地域文化特色，以及地域之间差异的旅游纪念品，它表现为一种小地域之间的共同文化，例如中国范围内无地域差别的中华文化。因为在华夏大地，由于几千年的交流和发展，各民族、各地域在保持自身特色的同时，也形成了一种共同的文化。很多产品在长期的发展中已经成为全中华民族共同的认知符号，如中国节、文房四宝等。

表层地域类旅游纪念品，也可以称为地域意象类旅游纪念品，主要从表层的地域意象来传达地域文化。这里所说的地域意象，是一种带有地域文化特征的视觉符号。而这种视觉符号在特定的空间中通过历史以及文化的延伸，并通过游客的旅游经历和感受而被赋予了特殊的意义。地域意象可分为：文字类意象、景观类意象、民俗风情类意象、地域神话传说类意象、地域文物类意象等。在缺乏深层地域类旅游纪念品的旅游地，表层地域类是旅游纪念品开发的主要形式。

深层地域类旅游纪念品指在特定地域产生并发展起来的，具有强烈的地域独特性，并具有浓厚的历史文化内涵的纪念品。这类旅游纪念品本身就包含着浓厚的地域历史文化信息，并且在当地已有一定的历史。这类旅游纪念品大部分带有传统工艺的色彩，如无锡泥人、杭扇等。

旅游纪念品是我国旅游商品的重要组成部分，在我国旅游经济中有着突出的地位。当前一些地区不太重视旅游纪念品的开发，许多旅游区存在着旅游纪念品的地方特色和文化内涵少、包装差等问题。"游兴尽，遗憾生"是许多旅游者对当今旅游纪念品消费市场的一种评价。旅游纪念品发展的最大制约因素是人们的思想观念。不少人总觉得旅游纪念品不过是旅游业中的"小儿科"，成不了大气候，因而不少地方对旅游景点开发可谓不遗余力，对旅游纪念品开发则不屑一顾。然而现实并非如此，一些旅游发达国家和地区旅游纪念品收入可占旅游总收入的30%左右，中国香港、新加坡甚至超过50%，而中国内地旅游纪念品的收入则不超过10%，可见差距之大。开发、创造更多更好的、适应旅游者需要的、能够反映旅游区自然与文化特色的、有着较高审美价值的、制作精巧的旅游纪念品，对活跃旅游商品市场，促进旅游经济的发展，塑造各旅游区的良好形象都有着重要的意义。要做大旅游这块"蛋糕"，修景点建宾馆固然必要，可千万别小觑了旅游纪念品，那是一座潜力无穷的"金矿"。

7.4.2 旅游纪念品作为旅游客体的旅游文化特点

（1）充分突出旅游纪念品的民族与地域的审美文化特点

旅游者购买旅游纪念品，其主要目的是为了带回在这一旅游区所体验到的文化的象征或替代物，买到能够引起美好回忆的产品。因此，要突出旅游纪念品的民族、地域审美文化特点，并根据旅游市场的调查，开发出多样化的旅游纪念品。例如各类传统特色工艺品、文物复制纪念品、旅游景点缩微纪念品、历史人物纪念品等。其中搞好旅游区的旅游工艺品文化价值的开发，尤为重要。旅游工艺品有着高度的艺术性和精巧的制作工艺，是几十年，甚至百年、千年一代又一代的工艺匠师们创造积累的财富。例如我国北京的传统特有工艺品景泰蓝，传说因此制作在明景泰年间广为流行，且当时的制品以蓝釉为最出色，故名"景泰蓝"。景泰蓝制作工艺复杂、精细，用料昂贵，成本较高，主要制品有瓶、盘、罐、盒等，以陈列装饰为主。刺绣也是我国著名的传统手工艺品。我国有四大名绣最负盛誉，它们是苏绣、湘绣、粤绣、蜀绣。苏州的刺绣有四十多种针法，素以针法活泼、图案秀丽、色彩雅洁的风格见长；湘绣起源于湘南长沙近郊的民间，以国画为基础，擅绣飞鸟走兽、山水花卉；粤绣是广东地区的传统工艺品，色彩浓郁鲜艳，装饰性强；蜀绣分布在四川平原，针法严谨，针脚平齐，图案色泽光亮。此外，民间的工艺品种类也很繁多，数不胜数。又如我国的剪纸，是广大民众喜闻乐见的，广泛应用于民俗生活中。大体有窗花、门笺、墙花、顶棚花、灯花、喜花等。表现题材是大自然的一切美物、美景。还有无锡惠山泥人、潍坊的风筝、各地花灯、北方面人等均是我国民间工艺品的典型代表。这些旅游工艺品都具有明显的地域文化特征，努力挖掘其文化内涵，并通过一定的旅游活动形式让旅游者领略这些旅游工艺品的文化内涵、参观制作过程，会更增添旅游者的购买热情。例如南京市在开发特色旅游工艺品"云锦"时，努力挖掘"云锦"的历史文化，将旅游者的购买行为与游览活动结合起来，通过"南京云锦研究所"的旅游活动项目安排，使旅游者充分了解南京云锦的生产过程、产品特色、历史渊源、未来前景，使旅游者更生动地认识到"云锦"这个传统织锦工艺品的文化价值。一旦旅游纪念品被市场认可，在获得丰厚经济回报的同时，也会促使旅游工艺品更上一层楼，向"精品和标志性产品"的方向迈进。

因此，旅游纪念品越是突出民族风格和地方色彩，越是有乡土气息，就越受到旅游者的欢迎。

(2) 旅游纪念品的旅游文化特点还具备了创新性的特点

第一，从内在的文化特征来说，一方面表现在应当依据对旅游区民族与地域的传统审美文化的充分了解，发现和选择易于为旅游者所接受、所喜欢，能够给旅游者以丰富的审美情感的内容与形式，以此作为创新的基础。如中国的丝绸是外国游客喜爱购买的中国货之一，如果设计人员巧妙地把丝绸与中国画结合起来，在丝绸制品上绘上各地的著名风光，就会成为旅游者争相购买的旅游纪念品。另一方面，也应当根据当代审美文化的发展，在创新旅游纪念品中表现某些新的内容。在艺术形式上不仅在继承传统上有所发展，也可以借鉴吸收外来艺术表现形式，使之为我所用。此外，随着当代世界经济一体化的趋势，文化上的相互交流与对话日趋频繁，旅游工艺品应该作为具有很强文化信息的产品，成为介绍新文化与流行文化的"窗口"。

第二，从外在的文化特征来说，应当运用新科技、新材料、新工艺等提高旅游纪念品的科技含量与功能效用，用技术美和工艺美烘托出旅游纪念品的特有的内容与形式（功能美、质地美、造型美）。

7.5 城市风貌

7.5.1 城市风貌是现代人文景观的主要代表

城市风貌体现了一个城市的物质文明和精神文明，任何一个城市，都是在特定自然地理条件下及人文历史发展过程中逐渐形成的，它是物质文明和精神文明的聚合。城市的自然条件和文化历史不同，由此而形成的城市风貌也就不同。它们各具自己的特点和个性，形成了自己特有的城市风格。现代城市风貌主要由建筑景观、街道景观、商业景观、交通景观、文化景观、游乐景观、城市生态景观和城市社会景观等构成。现代城市风貌并非都是新建的城市风貌。

（1）建筑景观

城市建筑是现代城市中最主要的景观。有人把建筑比喻为"凝固的音乐"，此中不无道理。一个乐章是由若干音符遵循一定的乐理——诸如节奏、韵律、休止、延长、加强、减弱、滑音以及升降、半音等创作而成的。对于建筑群体布局的空间构图来说，其间确实存在着类似音乐构成的某些规律性。例如在规划中要使城市建筑组群与组群之间能留有较大的间距，以便形成一定节奏感；形成街景的建筑群，应是有虚有实，有高有低，有疏有密，有大有小，有进有退等。最能代表城市景观的是标志性建筑，标志性建筑物往往造型美观，功能先进，代表一定时期所在城市建筑科学和艺术的最高成就，也代表城市的典型风貌。

（2）街道景观

城市的街道犹如城市的走廊和橱窗，是整个城市的缩影。旅游者到了北京，不能不去长安街、王府井大街；到了上海，不能不去南京路；到了纽约，不能不去华尔街。城市街道的景观美，不单纯是外表的美，而且还有内在的美。必须高度强调综合美化，也就是不但有一个高低错落、前后有致的城市景观轮廓线，而且还要有合理的道路功能，绿化与园林，建筑小品与照明等，赋予街道一个景观美感。不同城市，不同街道，也要结合当地的具体条件，采取不同的美化方法，创造出不同风格的街道组合，如气魄宏伟的、幽静雅致的、热闹繁华的、风光秀丽的，让旅游者领略生气勃勃、趣味盎然的城市风貌。

（3）商业景观

发达的商业是现代城市的标志之一，现代都市往往是商业中心，而城市中著名的商业景观常常能成为城市的代名词，如中国上海的南京路、日本东京的银座、美国纽约的曼哈顿等等。城市商业景观主要通过商店橱窗和广告来展示。橱窗是商业文化的窗口，设计新颖的店面橱窗会使人感到一种审美愉悦感。例如照相馆橱窗里那些传神的人像摄影和旖旎的自然风光，犹如一个小型的摄影艺术展览，在此人们感受到的不只是商品的信息，更多的是艺术美的享受；橱窗模特身上的服装，常常反映了城市市民的衣着风貌和审美时尚。商业景观还由成千上万各类广告表现出来，在一个商品经济高度发达的社会，广告和人们的生活已经密不可分。在现代城市的各个角落，都有形态各异、色彩缤纷的广告点缀其中，特别是夜幕降临，各种灯光广告流光溢彩，宛如一个美不胜收的灯光世界。

（4）交通景观

城市的交通体现了一种流动之美。城市的道路四通八达，纵横交错。如果没有快速便捷的交通，城市就失去了生气。交通给城市注入了生命与活力，呈现出一种动态的城市风貌，给人以鲜明的时代感。城市的干道中各种车辆形成车流，穿梭不息，也呈现出一种秩序的美。车辆的各种各样的造型，层出不穷的色彩和形形色色的功能构成一幅五彩缤纷的流动的景象，使人感到城市的生命节奏。畅达的交通还给人以美好的感受，旅游者通过对畅达交通的体验，会得到一种轻快、舒畅的感受。

各种类型的交通工具和设施构成了重要的现代景观。高速公路、高速铁路使得人们旅途缩短，心情愉快。在北京，那层层环路，通过许多立交桥与各条干道连接，形成方便快速的交通网络。而许多造型漂亮的立交桥成为北京的著名景观，到北京的游客无不赞美它们。我国一些城市中的高架道路，如上海的内环线和南北高架路，广州的高架道路等也颇为壮观。在很多城市，地铁也是一大交通景观，如法国巴黎地铁，四通八达，十分便利；俄国莫斯科地铁车站规模宏大，富丽堂皇。我国北京、天津、上海也先后修建了地铁，尤其是上海的地铁达到了世界先进水平，富丽的站台，宽敞的车厢，全封闭的空调，都使人体验到现代化设施给人带来的方便、舒适和美感，因而上海地铁也就成为当地的一大新景观。

（5）文化景观

城市是文化的产地，有着许多文化景观。感受各种文化氛围也是旅游的重要目的。现代城市中有着众多文化设施，如博物馆、图书馆、体育场、影剧院、文化宫，有着各种文化活动。剧院中上演着最新剧目，体育场中进行着国际比赛，图书馆中陈列着丰富的图书等，这些都形成了现代城市的文化氛围。一些文化设施已经成为旅游者的好去处。如北京亚运会后，亚运会的体育场及亚运村成了北京新的旅游景观。新的上海博物馆建成后，游客接踵而来。在欧美一些国家，城市中常常有几十座乃至上百座博物馆，成为游客观光的好场所，使人沉浸在都市文化之中。城市中的文化景观还从城市人的生活方式中体现出来，如衣着和其他流行的消费和时尚。

各种文化活动也形成城市重要的文化景观。如上海的"上海之春"音乐会、哈尔滨冬季冰灯展、大连的服装节等都给现代城市营造了文化的气氛，不仅使人体会到城市的繁荣，而且感受到现代文化的情韵。特别是近年来，一些城市大力开展文化艺术普及活动，以提高人们的文明水平和审美修养，将一些文化活动移至街头、广场，让市民大众能欣赏到高雅的文化艺术。如广场文化、露天音乐会、戏曲广场等，对人们有很大的吸引力。如上海外滩的音乐会，使得高雅艺术深入人心，给人一种特殊的艺术享受，也成为上海著名的文化景观。

（6）游乐景观

游乐景观主要是各种游乐公园，它是专为游乐而建。由于占地面积巨大，一般建在城市的郊区和外围。各种游乐公园有不同的主题，通过游览可以增长知识，培养情趣，得到教益。世界上最著名的游乐公园要数美国的迪斯尼乐园。乐园中有幻想世界、未来世界、冒险世界、新开拓的边疆世界、海底施行馆、美国一条街等主题区，还有仿照动画片中的米老鼠、白雪公主和七个小矮人的情节和场景，或混杂于游客之中，使人倍增乐趣。游乐公园中有以海洋生物为主题的，有以历史故事为主题的，也有以异域风光为主题的。我国深圳的锦绣中华微缩景观，以缩小的比例布置了全国各地各种著名的景观，让人在有限的空间中领略众多的闻名于世的风景。我国无锡在太湖边建造了唐城、欧洲城和三国城，再现了我国唐代的建筑景观、欧洲的著名建筑以及我国三国时期的景观。我国还有些地方建立了少数民族村，展示少数民族的风情和技艺。游乐公园寓知识于娱乐，满足人们的求知欲和好奇心，给人带来欢乐和愉快，成为游客乐意前往的地方。

（7）城市生态景观

城市生态是国际社会十分关注的问题，它所反映的是城市生命力是否强劲，可持续发展进步的能力是否强劲。关键性的指标包括城市绿地、环境资源和大气质量。

（8）城市社会景观

城市社会景观又称为软景观，内容很多，主要有四个方面：首先是政治稳定，社会安定，经济繁荣，文化进步，带给人们安全感和放心度。其直接指标是法制程度高和犯罪率低，为社会服务的政府和公共事务办事效率高，整个社会生活呈现有序状态。其次是国际语言环境，包括国际人口和本市居民语言交流能力。一般要求国际语言普及率占全市人口的25％以上，同时城市标识实行国际标准化。再有就是国际交流的规模，包括贸易商务往来、文化体育交流、科学技术交流。最后是国际人口流动的指标。

7.5.2　城市风貌作为旅游客体的旅游文化特点

（1）城市风貌作为旅游客体是现代社会文明进步的标志

城市与旅游在工业化社会实际上是相互背离的，高速工业化，使城市环境恶化，人口膨胀，工作生活紧张、压抑，推动人们逃离城市，回归自然，于是城市的旅游功能退居工业、商业、交通等城市基本功能之后，只作为主要的旅游客源地，但随着后工业化的到来，城市综合实力的增强、环境的改善以及各种配套服务设施的完善、齐备，带来更多商务、会议、国内外交流的客人，使城市具有旅游管理、接待、集散和辐射中心的功能；同时城市能提供非城市地区所没有的娱乐、文化设施和人文景观，提供独特的旅游体验，旅游开始"城市化"，城市成了旅游目的地和客源地的统一体。城市风貌成为现代旅游的支撑点。例如，以城市风貌为基础的各类城市旅游，已成为现代国际旅游的新趋势。具体表现在：

第一，城市文化旅游。以美国城市旅游为例，特别令外国游客青睐的是美国的各种博物馆、展览馆、专业艺术中心、影视中心、迪斯尼乐园、著名学术机构及每年翻新的各类文化艺术长廊。

第二，商务旅游。商务旅游也是近几年发展最快的特色旅游项目之一。随着世界经济一体化的加快，商务旅游随着各国之间的经济往来，企业开拓市场、跨国技术合作等活动的增多而日趋兴旺。如近年来吸引外资十分活跃的东南亚以及拉美地区，举办各类国际性会议、博览会等，借商务旅游赚取了大量外汇。

第三，城市"绿色环保"旅游。如日本近年来开放了一些建在城市中的"农业工厂"，这些工厂以有机栽培方式生产各种有机农产品。游客通过参观，既可了解农产品生产全过程，还可向工厂购买农产品或索取有关资料。海底观光是近年来沿海旅游城市的新旅游项目。许多国家的造船行业为此专门开发出各种新型海底观光船，日本大岛产业公司最近研制的海底观光船采用电脑管理，有二十五间客房，游客可以通过大型强化玻璃窗饱览海底世界的奇特景观。

第四，网络旅游。随着国际因特网服务的兴起，网络旅游也开始盛行。美国、加拿大、法国、西班牙和英国等二十多个国家二百六十多家旅游公司已在因特网上拥有网页或建成"虚拟景点"，"游客"只需在网络银行建立户头，通过电脑支付一定的费用，即可观赏这些景点。这些"景点"不仅有声有色、"导游"详细，"游客"还可以通过电脑与画面中的人物交谈，并通过网络购买有特色的旅游纪念品。

（2）城市风貌作为旅游客体具有特定的鲜明文化形象

城市风貌是城市形象的重要组成部分，充分挖掘城市的历史沉淀价值和文化内涵，建立独特、鲜明、有招徕性的旅游形象，是城市旅游规划建设的一项重要工作。例如我国城市形象定位较为成功的有：北京——中国的政治、经济、文化中心，以皇家园林和古建筑为代表（故宫、长城）；上海——中国最发达的国际化金融贸易大都市；云南昆明——春城，民族风情浓郁；西安、南京——历史文化名城，多朝古都；桂林——山水甲天下；承德——避暑山庄；绍兴——水乡，鲁迅的故居；深圳——中国对外开放的窗口，城市主题公园。又如城市国家新加坡，其城市位处赤道带，气候条件有利于作物生长，终年花果不断；城市面积小，管理起来相对比较容易。而美丽、舒适、安全、和谐的环境和受人尊重正是众多旅游者外出旅游所追求的重要目标。因而新加坡创造性地将旅游形象定位在"花园城市"和"礼貌国度"上，经过努力获得了成功。现在，许多城市还引入现代旅游地（DI，destination image）设计的方法，通过对城市的理念形象（MI）设计、视觉形象（VI）设计及行为形象（BI）设计等突出城市风貌的鲜明文化形象。

思 考 题

1. 什么是旅游客体？它与旅游资源的关系是什么？

2. 请分别简述旅游景观、旅游饮食、旅游纪念品、城市风貌各自旅游文化的特点是什么?

3. 从你对人文旅游景观开发的实例所了解的情况,并结合课文中的实例。谈一谈你对人文旅游景观旅游文化性中可创造性特点的认识和理解。

4. 学习完这一章后,你对旅游客体的旅游文化特点是怎样认识的?

8 中西客体旅游文化的特点

旅游客体对旅游者的旅游活动起着强烈的吸引作用，但如果其文化内涵无法让旅游者欣赏并感兴趣，就会大大减少它的吸引力。由于中西传统文化的根本差异，尤其是在对待人与自然、人与人之间的关系上表现得迥然不同，使得中西民族的旅游客体也打上了不同的文化烙印。

8.1 中西建筑的差异

建筑，被称为"石头写成的历史"，是人类社会文化艺术和科学技术进步的缩影。不同国家和不同民族的建筑反映了特定的国家和民族不同的经济发展水平，以及各自的民族文化特色。对于中西建筑所存在着的各自不同的特点和差异，应当从民族文化背景的深层次中去寻找答案。

8.1.1 中西建筑文化观之差异

西方建筑的概念是相对于东方建筑而言的，它既由不同地区和不同国家、民族而形成，又循着各自的特色向多元化发展，不像中国建筑那样单一的一脉相承，更由于上溯渊源的希腊、罗马都在欧洲，因此西方建筑一词也包含了以欧洲建筑为中心的意思。从纪元前古老的埃及建筑，稍后的古希腊、古罗马建筑一直到公元后罗马帝国和中世纪基督教建筑，在相当长的时期内，风格的演变、形式的多样一直是西方建筑艺术的总体特征。建筑形式的变化常常随着政治状况的更改、统治者的更迭和宗教派系的归属而大起大落，因而风格的演变较精确地记录了历史的脚步，这和我国古建筑数千年来稳定的、渐进的、统一的风格是一个鲜明的对比。

中国古代建筑和古老的中华文化差不多是同步发端和发展的，有着极悠久的历史和极稳定的系统。尤其是"敬重祖宗、恪守祖制"的思想对我国传统的建筑形式和结构技术构筑了根本的营造法规，历代以来，其风格和技术都没有大的改动。当然，这种稳定是相对于西方文化而言的。从根本上讲，任何艺术都是在历史长河中发展和壮大的，绝对恒定不变的艺术是没有生命力的。因此，中国建筑艺术也同样存在着内部的变革和发展，只不过这种发展是有序的、承上启下的渐进，而不像西方建筑那样，常常表现为大起大落的剧烈变革。

回顾历史，可以明显地看出，在中西建筑文化中确实存在着截然不同的观念，总的说来，有如下几点。

(1) "人"与"神"

中国建筑一直以"人"的观念作为中心，而西方建筑则一直以"神"的观念作为中心。中国在历史上的任何时候都未曾发生过神权凌驾于一切的时代。中国人信教也信神，但又总是把神和人放在同等的地位去崇拜。即使历史上也曾出现过提高神权的宣扬，但也只不过是维护君权统治的一种借口，归根结底仍然是巩固"人权"。西方则不然，一部建筑史其实就是一部神庙和教堂的历史。如《美的历程》中所说，他们的"主要建筑多半是供养神的庙堂，如希腊神殿、伊斯兰建筑、哥特式教堂等。中国主要却是宫殿建筑，即供世上活着的君主们所居住的场所，大概从新石器时代的所谓'大房子'开始，中国的祭拜神灵即在与现实生活紧相联系的世间居住的中心，而不在脱离世俗生活的特别场所。而在儒家替代宗教之后，在观念、情感和仪式中，更进一步发展贯彻了这种神人同在的倾向。于是，不是孤立的、摆脱世俗生活、象征超越人间的出世的宗教建筑，而是入世的、与世间生活环境联在一起的宫殿宗庙建筑，成了中国建筑的代表。从而，不是高耸入云、指向神秘的上苍观念，而是平面铺开、引向现实的人间联想；不是可以使人产生某种恐惧感的异常空旷的内部空间，而是平易的、非常接近日常生活的内部空间组合；不是阴冷的石头，而是暖和的木质……不是去获得某种神秘、紧张的灵感、悔悟或激情，而是提供某种明确、实用的观念情调……它不重在强烈的刺激或认识，而重在生活情调的感染熏陶……不是像哥特式教堂那样，人们突然一下被扔进一个巨大幽闭的空间中感到渺小恐惧而祈求上帝的保护。相反，中国建筑的平面纵深空间使人慢慢游历在一个复杂多样楼台亭阁的不断进程中，感受到生活的安适和对环境的主宰……实用的、入世的、理智的、历史的因素在这里占着明显的优势"。虽然中国建筑以"人"为中心而西方建筑以"神"为中心，但却都反映了"人"是暂时的而"神"是永恒的这种价值观念。正因如此，中国建筑发展了木结构，西方发展了石结构；中国盖房只为今世，少为子孙后代的长远着想；西方建筑则多为永恒，为后代长远造福，为自己永远留名。

（2）"善"与"美"

由于建筑观念的差异，使得古代中国人和西方人在各自的建筑创造中，表现出不同的追求。中国人重伦理，比较侧重"善"的考虑；西方人重建筑的艺术性，则较多地表现出对"美"的追求。

我国古代的哲人学者常常将注意力集中在建筑的伦理价值上，也就是"善"的上面。即在建筑的审美观上，将审美价值和伦理价值结合在一起，以审美价值服从于伦理价值。建筑不仅运用形式美的法则来构造，而且从总体布局到局部结构，都用数的等差关系来加强比例、节奏和韵律等形式美，体现阶级统治的等级制度。这一传统的建筑思想，使得古代建筑艺术中对于善的考虑，要胜过对于美的追求，也多少阻碍了建筑艺术和技术的发展。

与我国相反，在西方古典的哲学美学思想中，对建筑有直接影响的是古希腊的毕达哥拉斯学派。这一学派认为万物的本源是数，"数的原则是一切事物的原则"，由这一认识来看美和艺术，就提出了"美是和谐与比例"这一命题。古希腊建筑都倾向于简单的整数比例，因而看起来都很简洁庄重，朴素大方，整体关系十分和谐。另一位古希腊哲学家亚里士多德吸收并完善了毕氏的数和比例的理论，他在《诗学》中强调指出："一个美的事物——不但它的各部分应有一定的安排，而且它的体积也应有一定的大小，因为美要依靠体积与安排。"这一段话简直可认为是完全针对建筑艺术的。建筑实际上是将不同数的体积按一定比例关系表现出来的艺术，数和比例如果只局限于形式的平面表现，并不一定能设计出理想的建筑，只有从平面到空间，也就是从立面外形式扩展到整个室内室外的体积比，才能创造出完美的建筑精品。

（3）协调和抗衡

上古时期，由于认识能力的局限，人们对自然总是充满着敬畏，但同样是敬畏与仰慕，中国人与西方人亦有不同的侧重。在中国人的敬畏中，包含着协调和适应，而西方人则包含着一种对立和抗衡的心理。建筑是古代人们所能创造的最宏大、最坚固的艺术品，因此在西方，就很自然地被用作为一种表示力量的标志，作为对抗自然力的手段。

为了表现出永恒的意念和与自然抗衡的力度，西方古典建筑每每非常强调建筑的个性，每座建筑都是一个独立、封闭的个体，常常有着巨大的体量与超然的尺度，它已远远超出了人们在内举行各种活动的需要，而纯粹是为了表现一种纪念。那些坐落于郊野或海边的建筑，往往形成一种以自然为背景的孑然孤立的空间氛围，自然山水环绕着高耸壁立的而又傲然独有的建筑，两者似乎是隔离和对立的。在造型上，西方建筑更体现出与自然相抗衡的态度。那些纯几何形式的基本造型元素，与自然界山水林泉等柔曲的轮廓线，呈现出对比和反衬的趋势。另外，因为建筑是集中表现人类力量和智慧，与世长存的纪念物，所以人们的态度极为严肃，常常不在乎建造的时间，年复一年，甚至一代一代前仆后继地去完成那些不朽的业绩。据历史记载，不少著名的西方建筑都是积数十年甚至百余年的接连施工才得以完成的。在我国传统的建筑文化之中，从未有过如西方的视房屋为永恒、不朽之纪念物的思想，当然也谈不上与自然相抗衡了。在先人眼中，建筑也如其他日用之物一般，需要不断更新，进行新陈代谢，要与自然保持和谐与协调。这主要表现在两个方面：一是满足于木结构和木装修的沿用，数千年来没有大的变革；二是古代建筑的修葺原物之风远没有重建之风盛。

（4）自然观和形象特征

中国建筑与自然协调和谐的关系，影响了建筑的布局和形象特征。与西方古典建筑强调个性，强调实体，多以凸曲线向上扩张所不同，中国传统建筑以群体取胜，注重虚实结合，以内收的凹曲线与依附大地、横向铺开的形象特征表达出与自然相适应、相协调的艺术观念。

中国古代建筑单体的规模和尺度均较小，但是它能将许许多多的单体通过一个个庭院围廊，组成庞大的建筑群体。这建筑和庭院一实一虚的巧妙组合，既体现了虚实相济的古典美学思想，也表达了建筑和自然相融合的设计意念。

我国古建筑的外部造型，也尽力在表现一种与自然协调的意念。它不像西方古建筑那样是耸立着的庞然大物，而是有虚有实，轮廓柔和多曲线，在稳重中显出一定的变化。台基、木构架、檐廊柱、屋顶、彩画等，使整个建筑造型呈现一种以虚为主，虚实对比的可亲性，与自然的关系是调和的。

房屋的设计也尽量体现与自然相通的思想。由于木结构框架系统的优点，使墙不承受任何上部结构传来的压力，就可以任意地开窗。与此相反的，西方古建筑的室内空间与外界自然是完全隔开的，似乎表现出一种意念上的对抗，西方建筑的墙上，只开有透气用的小缝。

中国建筑的适应顺从自然，还表现在对房屋基地选择和方位决定的高度重视。为此古代很早就出现了一种专门的有关学科，即风水说，它从一定意义上反映了古代中国人对建筑与自然协调和谐的执著追求。风水主要指建筑周围的风向、水流等环境条件，营建房屋或陵墓肯定要考虑这些自然因素。这也体现了"人不能离开自然"的原则。

8.1.2 中西宫殿及宗教建筑之差异

（1）宫殿

综观中西方的宫殿建筑艺术，在形象上有一个共同的特点：都十分注重渲染建筑雄伟壮丽的气势。无论东方和西方，集权政体的最高统治者都想通过建筑艺术来显示帝国的实力和威严，来象征王权的至尊和永恒。但是，由于文化传统和建筑观念的差异，两者所采取的设计方法却是很不相同的。西方皇宫强调的是建筑物的单体，即以某一主要的宫殿作为王室权力的象征，如路易十四时的凡尔赛宫；而中国宫殿强调的是群体，它必须通过一连串空间和实体的组合和交替，来烘托某一特定的主题。尽管也存在着某一中心的单体建筑，但从整体上看，它并不占压倒一切的优势，如果将故宫的太和殿单独置放在郊外的山水之中，就并不显得很宏大，有些著名的寺院大殿并不比它小多少，它的艺术感染力与两翼伸展四五百米的凡尔赛宫是不能相比的。但是，由于在它前边建造了五座门楼，以及有众多的庭院空间的铺垫，它的艺术魅力和气势就大大地加强了。

中国古代宫殿之所以强调群体气势，是因为群体的序列有助于渲染统治王朝的威严，群体的布局有利于体现宗法等级的贵贱尊卑。在整体建筑序列的艺术构思上，中国宫殿的门起着引导和带领整个主题的作用，有了门与庭院虚实的交替，整个建筑序列便现出了某种时间艺术的特性，犹如音乐作品的序曲、第一乐章、第二乐章等，一座座造型各异的门就像在时间上流动跳跃的小主题，它引导着最后中心主题的出现。而在西方宫殿艺术中，一般不存在这一丰富多变的前奏阶段。

从宫殿的平面布置方式来看，中国宫殿有着严格的主次和内外的等级。它的外朝和内寝是完全分隔开的，"宫墙之高足以别男女之礼"，这一封建礼制思想在宫殿建筑中表现最为突出，内寝是后妃所居，所以呈全封闭状态，建筑密集，安排有各种功能的房屋，俨然是一个独立的小天地。建筑的等级甚至在并列于大台基上的外朝三大殿上也能反映出来。

西方宫殿中各种用房的设置没有十分显明的等级差。像凡尔赛宫内，国王起居之处与贵族大臣们的休息办公处同处一个楼面，仅室内装修有些差别。楼中央著名的大楼梯迎接着所有的来宾，完全没有像太和殿台阶上那样，特别设有皇帝专用的丹陛。另外，由于习俗的不同，西方不存在男女有别的封建伦理，相反的，王公大臣均要携带内眷出席国王主持的宴会、舞会等各种娱乐活动，因此，宫殿建筑的公共活动大厅特别多，其室内布置较为亲切宜人，并且可与室外的花园直接相通，格调较为明亮开敞。

而就明清宫殿来看，外三朝的公共活动面积十分有限，不存在君臣同乐的可能性，最大的太和殿也只强调了宝座所在的区域，集中渲染了帝王个人的威严和至上。这和中国古代数千年来，一贯是君权至上的封建集权统治的政体有极大关系。而西方国家即便在绝对君权时期，也每每以古典艺术作为象征国力昌盛的标志。这样，古希腊、古罗马时代的相对民主思想，对国王的处世态度和生活方式多少有些影响。据西方学者介绍，路易十四时期，国王定期开放凡尔赛宫和花园，让巴黎市民参观游览，市民们只要衣冠整洁，便可购票入内，据说游人可一直走到国王卧室的外面。宫殿能如此开放，在宗法礼制思想盛行的中国古代，简直是不可想象的。

(2) 寺观

"中国人崇拜祖宗，西方人崇拜神灵"，不少文化史学者这样来评价中西传统文化中信仰上的差异，很自然地，它对建筑艺术也产生了相当的影响：崇拜祖宗导致中国建筑紧贴大地，朝着水平发展；崇拜神灵引导西方建筑直指苍穹，朝着空中发展。中国的宗教类型很多，有土生土长的道教，有印度传来的佛教，有阿拉伯传来的伊斯兰教，有欧洲传来的基督教……然而，尽管这些宗教有着各自的信仰和教义，但它们举行祈祷活动和仪式的庙堂仍然基本沿用中国传统建筑的布局方式，以及带有大屋顶的木结构房屋体系。因此，从整体上看，在中国传播的各种宗教的寺观庙宇，较少表现出各自信仰上的特殊性。它们同其他类型的古建筑一样，较多地受到由祖宗崇拜带来的宗法礼制思想的制约和影响。

宗法是以天然血缘关系为基础的，它起源于原始氏族公社的祖先崇拜。汉代许慎的《说文解字》曰："宗，尊祖，庙也"。从宗字本身来看，它首先从"宀"字，也就是与建筑相关。而"示"即是被神化了的祖先。所以"宗"的基本含义便是居坐在房屋中的变成神的祖先。这一思想观念对建筑的影响是深远的。首先，宗族观念离不开家庭赖以生活的基本因素——房子。再者，宗族的亲缘关系又要求父子、亲属生活在一起，不得分散，以免削弱宗族的力量。这一思想基础就决定了建筑的基本模式便是许多居室组合在一起的群体。西方古建筑中也有组合在一起的建筑群，但它们或者是因为技术上的原因还不能向上部空间发展，或者是为了使用和守护上的需要，并不存在中国建筑群体如此根深蒂固的意识形态上的原因。

此外，中国古代社会数千年来一直以农业为根本，土地是宗族赖以发展的基础，因此房屋也必定要立足于土地，尽管古代的木构框架技术完全可以建造很高的多层建筑，但由于这一观念上的原因，也就根本排除了建筑主体向上发展的可能。在这些宗法思想的制约下，中国古建筑就出现了典型的特殊风貌——以某一房屋为中心，向前后左右四方伸展的多组单层的建筑集合体。

东汉以后，佛教传入中国，成为流行的主要宗教。汉代末年，神仙道教也盛行起来，不久，这两大宗教成了与儒家思想互补的古代主要思想意识，然而在建筑上，它们都采用了传统的世俗形式，很少表现出特定的宗教色彩。对保留至今的各地庙宇建筑稍加分析，可以发现，它们的布局和形式一般均遵循着一条规律：山野村落的小庙采取当地的民居形式，有的本来就是百姓的住宅；城市中的大庙与官僚府邸或衙署较为相似；再高级一些的由皇帝敕建的佛寺大观，则又多少带有点宫殿的建筑风格。因此，若要从思想信仰上来分析中国古代建筑艺术的内涵，那么，祖宗崇拜和等级制度是很重要的一项，无论是小户人家的住宅还是帝王的宫室殿堂，无论是最一般的世俗建筑，还是佛道等为信仰崇拜服务的寺观，都脱离不了它所规定的基本模式。

在西方的古代世界，祖宗崇拜从未形成很强的信仰力量，似乎在很早就让位给神灵崇拜了。古代埃及、希腊和罗马的宫殿建筑群中，都建有很大的神庙。像埃及多神崇拜中，有一个具有绝对权威的主神——太阳神，他是全埃及人信仰的偶像，连法老也要借助于他的光华来巩固自己的统治，在军人和百姓中灌输自己是太阳神之子的教义，以增强皇帝的威严。从表面看来，这种崇拜似乎与我国古代称"皇帝"为"天子"有点不谋而合，但其内涵是不同的。中国称皇帝为天子，主要是因为他是全国最大的宗主；而埃及法老则是神的化身，包含着较多的神灵崇拜。

古希腊是松散的城邦国家，他们的神也格外多，堪称泛神论的发祥地，大自然的山水、森林都有自己的神灵，连诗、酒、智慧、战争等社会文化产品也有专门的神各司其职，各个城邦也有自己的保护神。因此，神庙便成了古希腊文化在建筑艺术上的主要载体，它不仅是古希腊和谐、完美、崇高的建筑风格的集中体现，而且也是古希腊，乃至整个西方最伟大、最辉煌、影响最深远的建筑。古罗马的情况也一样，他们的神灵更实际，每一个住所，每一个农场都有自己的保护神。后来，罗马人又接受了希腊的信仰，他们的神灵便与希腊诸神融而为一。因此，不管在共和国时期还是帝国时期，神庙一直是建筑的主要类型。

罗马帝国晚期，皇帝承认了基督教的合法地位，多神的信仰逐步被信奉上帝一神的新型宗教所代替，于是又掀起了兴建基督教堂的热潮。到了中世纪，随着宗教狂热愈演愈烈，各地教堂的建设一直久盛不衰，一直到文艺复兴运动之后，教堂等宗教建筑仍然独占鳌头，在西方建筑艺术中独领风骚。如果说，中国古建筑的主要特性一般体现在宫殿及宗法礼制等建筑门类上，那么，西方建筑突出建筑本体、风格多样变化和指向天空的高耸艺术造型等个性，在宗教建筑身上就发挥得最是淋漓尽致。

按历史时期划分，西方宗教建筑大致可分成三个阶段：最早是古典时期的多神教神庙；然后是进入封建社会后的基督教教堂；最后是出现资本主义萌芽（即文艺复兴）以后的，带有较多人文意味的宗教建筑。

古典时期的多神教神庙，以古埃及的卡纳克神庙、古希腊的帕特农神庙和古罗马的万神庙为代表。古埃及的神庙一般由三部分组成，前面是周围有柱廊的封闭院子，中间是大柱厅，后面是置放神像的神堂。较大的庙宇，在大门前还有一条密排着狮身人面像或圣羊像的大道。这些圣兽像除了本身的象征意义外，在空间艺术上亦起到指引方向、烘托环境、陪衬主题的作用。大道尽端，也即柱廊庭院的正前，是高大的牌楼门。它与我国常见的门楼不同，是完全实心的两片梯形厚墙夹着的一个正门，造型极其简单稳定，予人以沉重的观感，门前还常常置有一对或数对方尖碑，以其纤细的形体来反衬门的坚实雄伟。神庙建筑体现出古埃及雄伟、单纯、简洁的建筑风格，最为典型的就是底比斯卡纳克的孔斯庙。孔斯庙的规模虽然不很大，但从门外大道到庙内的崇神路线及空间效果的塑造却十分成功。从开旷的原野进入牌楼门之后，建筑序列有着明显的趋向性：柱子一进比一进矮，天花板一进比一进低，而地面却一进比一进高，光线一进比一进暗，空间一进比一进窄小，崇拜者也因此而一步比一步更感到紧张和压抑，有着很强的感染力。正如马克思所说的，压抑之感正是崇拜的起始点。因此，作为一座王权专制国家的宗教建筑，它在艺术上十分成功。

古希腊的神庙建筑从群体到单体都表现出了和谐、完美、崇高的风格。其中，雅典卫城和帕特农神庙，可称得上是希腊古建筑中最完整的美的创造，其典型的布局方式、柱式构图法则以及建筑与雕塑有机结合的手法，代表了西方古典艺术所达到的高超水平。

古希腊典型的城市均绕于一个山冈或高地构筑，在这个城市的最高处，往往冠以建筑和城墙，称作"卫城"，它是城市的军事、政治和宗教中心。雅典卫城筑于城内西南的一个陡峭的山顶上，四周用块石砌筑挡土墙而形成一个大平台，形势险要，只有西面有一条上下通道，在进入山顶要塞处设有一座巨大的山门，城台上沿着祭神路线，建有守护神雅典娜像、主体建筑帕特农神庙和伊瑞克先神庙等建筑。卫城的整体布局考虑了祭神序列和人们对建筑空间及形体的艺术感受特点，建筑因山就势，主次分明，高低错落，无论是身处其间或是从城下仰望，都可看到较为完整的艺术形象。建筑本身则考虑到了单体相互之间在柱式、大小、体量等方面的对比和变化，加上巧妙地利用了不规则不对称的地形，遂使得每一建筑都各有其一定角度的最佳透视效果，当人身处其间，从运动的角度来审视整个建筑群时，一种和谐、完美、崇高的观感就会油然而生。卫城的主体建筑帕特农神庙比例十分匀称，尽管庙宇很大，但尺度得体，风格开朗。它以长方形作为平面的主要构图，它又可分为前室、主室和后室，并绕以周围柱廊。由于檐部较薄，柱子较细，柱间有较大的空间，因而人们就是走近它时也没有沉重的压抑感，这点和埃及神庙的艺术处理是完全不同的。神庙的基座和檐部等水平线微微向上凸起，四角柱子略微加粗，所有柱子有着不容易看出的朝建筑物内部和中心的微微倾斜，柱子下粗上细，有明显的收分，柱间距离也有一定的变化。所有这些，使殿堂细部更加精细，线条看上去更挺拔，整体造型亦臻于完美。神庙的整体十分和谐，无论是建筑各部分之间，还是建筑对整个卫城而言，都达到了使人愉悦的正确比例。它具有一种庄严静穆的高尚之美，这种美的基础不是人在神面前的渺小，而是人与神共有的一种英雄气概，是人与神之间高度的和谐。

罗马人虽然是最全面接受并继承了希腊文化，但两者的差异还是不小的。就建筑而言，既继承了古希腊的建筑风格，又革新、发展了它，在建筑上使用砖砌拱券，形成自己的建筑结构特色。与梁柱结构相比，拱券可以跨越很大距离，覆盖较大的空间；而混凝土的发明，又促进了圆拱形穹隆屋顶结构的诞生。万神庙正是穹顶结构发展到光辉顶点时的作品。万神庙由一圆形的祭神大厅和一矩形的门廊组成，这一形式的组合反映了建筑师综合罗马和希腊神庙精华的匠心。门廊正面是八根柱子，檐柱内又排列了两行四根的列柱，这三列柱组成了颇有节奏的门廊空间，在最后列柱之内便是进入大圆正殿的正门。圆形正殿是神庙的精华，其直径和高度均为 43.43 米，近似一个球形。殿内壁面分为两大部分，上部覆盖了一个巨型的半球形穹隆，穹顶由下至上密排了五层作内凹线脚的方形藻井，藻井下大上小，逐排收缩，增加了整个穹面的深远感，并随弧度显出一定的节奏。穹隆下的墙面又以黄金分割比例作了二层檐部的线脚划分。底层沿周边在墙上开了七个壁龛，内置神像，增加了实墙面的变化。正殿的宗教和艺术主题正是那近似苍穹的大圆顶，它睥睨一切地君临着建筑物所限定的辽阔空间，突出了无所不包，众神之神的奉祀主题。在艺术上，它尺度恢弘，造型完整，比例和谐，十分成功地表现了建筑壮丽雄伟的崇高之美。这种美，在以柱廊围隔的希腊式神庙的室内空间中，是无法领略到的。颇有启示意味的是，这个硕大空间并非和外部世界完全隔绝，在穹顶的正中央，开有一个直径 8.9 米的圆洞，作为室内的唯一采光口。通过这个窗口，可以看到蔚蓝的天空，阳光也通过它，成束状照射到殿堂内。随着太阳方位角度的转换，光线也产生明暗、强弱和方向上的变化，底下壁龛中的神像也依次呈现出明亮和晦暗的交替，祈奉的人们犹如身在苍穹之下，与天国和众神产生神秘的感应。这种因崇拜和信仰的需要而强化的艺术效果，已与古希腊神庙建筑所表现的自由、和谐的人性大相径庭了，似乎与以后兴起的基督教建筑更为相似。万神庙尽管巨大，却没有古埃及庙宇的那种沉闷和压抑感，它是空灵的、向上的、健康的。整个设计意念的表达并不依赖扭曲和夸张，它的艺术主题是通过真实空间的单纯有力，装饰细部的适度和谐，以及结构体系的完整明晰来烘托的。凡此种种，均表明了万神庙极为宝贵的文化价值和艺术价值。

公元 313 年，基督教正式合法存在，取代了古代的多神教。在它的发展过程中，形成了不少的派别，加上它流行的地域很广，因此带来了宗教建筑的多样性。其中以拜占庭式教堂和哥特式教堂作为主流。

拜占庭式建筑是在继承古罗马建筑文化的基础上发展起来的，同时，又汲取了波斯、叙利亚、两河流域等东方文化，形成了自己的建筑风格。拜占庭式建筑在艺术处理和建造技术上，综合古代砖石拱券、希腊的柱式和罗马的穹隆大屋顶的优点，并成功地发明了用抹角拱或帆拱作为过渡，以圆形穹顶来覆盖方形空间的方法，使空间艺术塑造的手法更加多样。同时，它的整体造型中心十分突出。以体量高大的圆穹顶作为整座建筑的构图中心，围绕这一中心部件，周围又常常有序地设置一些与之相协调的小部件。在色彩运用上，既注意统一，又注意变化，使建筑内部空间和外部立面显得灿烂夺目。在拜占庭式建筑中，君士坦丁堡的圣索菲亚教堂便是其中的集大成者。

圣索菲亚教堂采用长方形平面，但屋顶则用组合的穹隆顶覆盖，从外部造型看，它是一个典型的以穹顶大厅为中心的集中式建筑。教堂的前面有一个很大的院子，正面入口有两道门廊，对着正门的另一端，有一半圆形神龛。教堂的第一个特点是有一个既复杂但又条理分明的结构系统。大厅在结构上被划分成中间一个正方形和两边两个矩形。通过建在粗大柱墩上帆拱和抹角拱的支撑，在中央方形上造了一个直径 33 米的大穹顶，其顶点距地面约 60 米。两侧的半圆穹顶稍矮，由排列成半圆形的墙和柱承力。第二个特点是它有着丰富多变的室内空间。高远的大穹顶覆盖着中间的主要空间。而这个大空间与东西两端的半穹隆以及南北侧的二层券柱柱廊又融为一体。既有主次之分，又使空间延绵无尽。第三个特点是借助建筑的色彩语言，进一步构造艺术氛围，将色彩统一于一个神圣、高贵的意境之中。

哥特式教堂的建筑风格完全脱离了古罗马的影响，而以来自东方的尖券和尖形带有细长肋骨的拱顶为主要结构系统。这一系统反映到立面上，便出现了狭长的尖拱窗、飞扶壁、花窗棂等新的构件,加上坡度很大的坡屋面和高耸的钟楼,便构成了它的基本艺术特征:空灵、纤瘦、高耸、尖峭。哥特式教堂的外观既高且直,其典型的构图是一队高耸的尖塔,中间夹着中厅的山墙,在山墙檐头的栏杆、大门洞上设置了一列布有雕像的凹龛,把整个立面联系起来,在中央的栏杆和凹龛之间是象征天堂的圆形玫瑰窗。所有的墙体上均由垂直线条统贯,一切造型部位和装饰细部都以尖拱、尖券、尖顶为合成要素,所有的拱券都是尖尖的,同时,建筑的立面越往上划分越为细巧,形体和装饰越见玲珑。这一切,都使整个教堂充满了一种超凡脱俗的动感和气势,将基督教"天国理想"表现得生动而具体。另一方面,这种特殊的结构系统也赋予了室内空间以新的魅力。拱顶上的肋骨高耸向上,它们下到垂直支承的构件上之后便集成一束,穿过并不显著的柱头装饰之后,形成束柱,一直通到地面。这一构架密密排列着,在室内造成强烈的垂直线条。它们与尖矢形的尖券一起,形成腾空而起的向上动态。加上由四周花棂窗的彩色玻璃透射入的五光十色的眩光,似乎创造了一种把信徒们引向天国的幻觉,有力地体现了超脱红尘凡世的宗教情感。

从 14 世纪开始,文艺复兴运动兴起,希腊神庙素朴的外形或罗马圆穹顶优美柔和的曲线,代替了巍峨飞耸的哥特式建筑,圆拱代替了尖券,完美的古希腊柱式又出现在建筑立面上了。在不断的创作实践中,就在文艺复兴教堂建筑的基础上,发展出一种新的建筑风格——巴洛克式建筑。

巴洛克式建筑风格的基调是富丽堂皇而又新奇欢畅,具有强烈的世俗享乐的味道。它利用透视的幻觉和增加层次来夸大距离的深远感,追求自由流畅的动态线条,常采用波浪形的曲线和曲面,椭圆或圆形的空间,凸出凹进的墙面处理,不连续的檐部和重叠的小花,华丽的装饰和强烈的色彩,其中包括大面积的壁画和姿态动感的雕塑。意大利的圣卡罗教堂就是全面体现巴洛克建筑风格特征的代表作。教堂彻底摈弃了文艺复兴及其以前建筑惯用的界限严格的集合构图,室内外几乎没有直角,线条全为曲线,线脚繁多,装饰图案复杂,并使用了大量的雕刻和壁画,五彩缤纷,富丽堂皇。与内部空间的诡谲相对应,教堂外立面也极尽曲折变换,宛如起伏的波浪。在仅有上下两层高的立面上装饰了大量的动植物雕刻、栏杆、假窗和奇形怪状的图案。在拐角立面上装饰有水池、凹龛和人物雕像,拐角处的屋顶是一座高高的方形塔楼,塔楼的每个边角也都有凹凸变化,整个造型的确如"被扭曲了的珍珠"("巴洛克"一词的原意)。

(3)陵墓

不同的地区和不同的民族,其灵魂崇拜的内容也各不相同。有的认为,人死后,灵魂就到另一个世界上生活;有的认为,要根据死者生前的善恶表现,才能决定其灵魂是升天堂还是下地狱;有的认为,灵魂在经过较长时间的独立生活之后,还要回来寻找过去的肉体,此时人就得到了复活;还有的认为,人死后尸体若能飞上天,就能加速灵魂的升天,于是便出现了让猛禽叼食肉体的天葬……这些对死后灵魂归宿的不同解释,直接决定了各地区陵墓建筑的不同风格。

中西民族对于人死后的归宿有着不同的理解,因而也导致了中西陵墓建筑布置、造型等风格上的差异。当然,作为建筑艺术的一部分,它还受到各自艺术传统的影响。一般而言,中国的古代陵墓大多是轴线明确,有一定规模的建筑群体。除了纪念性的地面建筑外,还建有结构牢固、布局复杂、层层相套的墓室。在不少典型陵墓中,地下部分的面积甚至要超过地上部分。经过千年的沧海变迁,地面上的建筑常常荡然无存,而地下的墓室却保存完好。而西方古代陵墓正好相反,极为强调永恒的意味。无论是埃及的金字塔,还是罗马的纪念碑陵,它们采用坚硬的石材建造,以某一巨大的建筑单位为中心,体积庞大,高高耸立在自然或城市的地面之上，压倒了周围的一切，成功地体现了一种与自然一比高低的永恒意念，具有非常鲜明的艺术形象。而对于置放尸体的地下墓室则一般不作为重点处理，常常是在建筑基座中辟出的一个小室，其规模和装饰与举行祭祀活动的祭堂是无法比拟的。这也从一个侧面反映了中西方对陵墓建筑的不同观念。

在我国，陵寝建筑与其他官居建筑一样，有着一条较为明确的、稳定渐进的线索。"陵"的称谓，始见于《史记·赵世家》中所载：赵肃侯十五年"起寿陵"。这时正是战国中期。自后，秦惠王又明文规定"民不得称陵"，于是"陵"就成了帝王坟墓的专称了。"寝"，原指君主及其亲族的饮食起居之所。在古代，君主的宫殿布局为"前朝后寝"，依此建制，君主的宗庙也分成了前后两部分：前者称"庙"，用以安放祖先的神位以供祭祀；后者名"寝"，用以陈列供奉祖先的衣冠及日常生活用品。到秦汉时，"寝"便被从宗庙中分离出来，建到了陵墓的顶上或边侧，作为墓主灵魂的衣食处所，但后来它又随陵寝制度的发展而扩大，终成为陵园地面建筑的主要部分。

我国古代的陵墓自周至明清，大致经历了"封土"——"方上"——"以山为陵"——"方上"——"宝城宝顶"等形式的沿革。自产生灵魂观念以后，人们开始产生筑坟的念头。大约从周代开始，出现"封土为坟"的做法。根据《周礼·春官》记载，"以爵为封丘之度"，即按照官吏级别大小以决定封土的大小，当然天子、诸侯死了以后，其陵墓封土无疑是最大的。到了秦代，"封土"进一步发展。早期帝王的陵墓，是在地宫之上用黄土层层夯筑而成，外形上是一个上小下大的锥体，因为陵墓的上部是方形平顶，犹如被截去顶部，故名"方上"。现存秦代秦始皇陵以及汉代帝王陵墓，都取方上形式，其中犹以秦始皇陵为典型。至于唐代，李世民认为平地筑起高坡太劳民伤财，同时为了防止水土流失和盗墓，即改为"以山为陵"的形式，唐乾陵即为典型例子。其后，宋代又恢复了"方上"的形式，但并不是简单的重复，其规模要比秦汉时代小得多。而到明清，则采用"宝城宝顶"的形式。在地宫上砌筑高大的砖城，于砖城内填上土，使之高出城墙成一圆顶，这一圆顶即为宝顶；城墙上设垛口和女儿墙（指高出屋面的矮墙，也指两面坡屋顶的前坡前墙上高出屋面的矮墙。从其作用上说，又称"压檐墙"），犹如一座小城，即为宝城。

由于帝王在幽冥世界也要享受在现实世界时的至高无上的荣耀，所以陵园范围极大，陵园建筑也很多。其布局一般依次有护陵监、神道和祭祀区。自帝王的陵寝制度形成之后，为保护其"安全"，相应的管理机构也建立起来。秦始皇陵有庞大的护陵机构，汉代诸陵所在地还建置了县邑，并徙民居住，称陵邑。到明清时，又专设护陵监，又称陵监，尽护陵的职责，护陵监外绕以城墙，内设衙门、市街、住宅等。在清代的东陵，还特意于护陵监外建一"新城"。神道，又称御道或甬道，系通向祭祀区和墓区的导向大道，一般成阶梯形级级向上。到唐代时，神道已有很大发展，道两侧的大型石刻如石俑、石兽等仪仗队已经形成。如陕西乾陵的神道长达 3 公里，两侧有排列整齐对仗的各种石像若干对。而至明清时，神道更长，石像更多，如明十三陵有神道 7 公里长，清东陵神道 5 公里长。设立神道及石像的用意无疑是为了显示封建帝王的权威。祭祀区供祭祀帝王用，祭祀建筑主要是"寝"。在西汉时，寝有正寝与便殿之分：正寝是墓主灵魂的日常饮食居所，设有日常生活的家具与用品，由宫人如待活人般地奉伺；便殿的主要功能便是供墓主灵魂游乐。自东汉明帝后，又确立了由现任帝王率公卿百官，向先帝神座（设于寝宫内亡灵的座位）朝拜、祭祀为主要内容的陵寝制度。这时陵寝亦因百官朝拜、祭祀所需而扩大，于是形成了寝殿（供朝拜、祭祀用）、便殿、寝宫三座相距甚近的建筑群体。到唐代，寝殿又称献殿（献祭所用），并将之与寝宫分开建造，寝宫建在山下，因而称"下宫"，约距帝陵五里之遥；献殿则建在山上（宋时，献殿又称"上宫")。到明代，取消了"下宫"的建制，但又仿皇宫朝殿的模式扩大上宫的规模，称棱恩殿，并在享殿的两侧建配殿。明成祖长陵的棱恩殿，总面积近 2000 平方米，其雄壮气势可与故宫太和殿媲美。清朝的帝陵基本上承袭明代旧制，除以隆恩殿之名替代棱恩殿殿名外，无大改动。

与其他建筑类型一样，西方古典陵墓的变革也十分剧烈，表现出各种不同的风格和形式。其中最有代表性的便是埃及的金字塔和罗马的纪念碑式陵墓。陵墓是埃及古代建筑中最早成熟的建筑，也是埃及建筑中成就最辉煌的杰作。金字塔，就是古埃及国王的陵墓。金字塔的原型是皇族和贵族的砖墓，称为"玛斯塔巴"，造型很简单，长方形的平台略有收分，内有厅堂，平台上安放着死者的墓室，上下有阶梯或斜坡甬道相连。这种玛斯塔巴陵墓后来经过发展，逐渐演化成阶梯形金字塔，再后来则进一步从阶梯形演变成了纯粹的几何形体。最著名的金字塔有胡夫、哈夫拉和孟卡拉金字塔，其中又以第四王朝法老胡夫的金字塔为最大。胡夫金字塔采用了典型的方锥形体，四条底边正向东南西北，长 232 米，斜面与地面夹角为 52°，占地面积达 5.3 公顷。整座塔除很小的墓室外，全为石砌实体，由 230 万块长 6 米、宽 2 米，重约 2.5 吨的砂石干砌而成，石材加工已达较高工艺水平，各面精细平整，以至垒砌起来，缝隙较为密合。为了永久保存法老的木乃伊，金字塔的中央辟有主墓室，室中央陈放石棺，石棺内还套有木棺，安放用香料处理过的木乃伊。墓壁上刻有用象形文字写成的亡灵书和各种展现法老生前功绩的浮雕。主墓室下，还辟有两个较小的墓室，中间为存放王后木乃伊所用，下面一个墓室已处于地下，里边存放殉葬物品。可能是为了防盗，从塔外通向主墓室的通道均作了技术性的设计处理：入口在塔北侧离地 17 米处，门内为一渐渐下降的坡道，沿此通道走到尽头便是存放物品的地下墓室，以致在相当一段时间内，人们均将它当作为陵墓的主墓室。真正通向主要墓室的通道只是一条向上升起的支道，这条通道在到达王后墓室前突然加宽成为一条大通廊，通廊至中央墓室前结束。在主墓室的入口处，装有重达 50 吨的大石闸防盗，墓室顶部又叠放了五层巨大石块严加防范。另外为了保护木乃伊，墓室内还专辟有通气孔直达外部。所有这些通道均用磨光石块砌筑，对缝严密。原先，每座金字塔旁均有法老的庙，现在，哈夫拉金字塔的庙还比较完整地保留着。庙宇的入口离塔很远，穿过曲折的门厅后必须经过一个长几百米的幽暗甬道。甬道尽头有一组轴线互相垂直，布满方形大柱的祭殿，殿后是一个小小的露天院子，人们从大厅一进入院子，眼前豁然敞亮，照面便是与真人一样大小的法老雕像，院子上方遮天蔽日的是高插云霄的金字塔顶，祭祀和膜拜法老的仪式便在此处举行。这里，古代的陵墓设计师成功地应用了高矮、明暗和畅阻的对比手法，突出了法老至尊无上的主题。埃及金字塔在反映古代埃及人对于死后归宿的宗教性观念的同时，又成功地创造了极为深隽的艺术感染力。它那雄伟、单纯、简洁、稳定和绝对几何性的造型，在广博、原始、浑朴的大漠中，表现了一种奇特的、超越自然的壮美，因而具有强烈的纪念性——庄严、崇高、神圣和永恒。

由于对神灵的崇拜，古希腊人似乎将全部建筑热情均投入到神庙中去了，没有大规模地建造陵墓。而古罗马人对死后的归宿似乎要比古希腊重视，他们接受了希腊和其他地区的文化和信仰，表现出一种豁达和兼容并蓄的气概，在陵墓建筑上，同时采纳了多种建筑方式，主要有：埋于地下的拱顶式陵墓、纪念碑式陵墓、金字塔形陵墓、神庙式陵墓以及包括东方形式在内的其他陵墓形式。在这几种形式之中，艺术价值较高、具有一定罗马文化特色的首推纪念碑式陵墓。纪念碑式陵墓建筑一般均采用体量很大的圆筒形，并以高高的方形或圆形基础为台座，远远看去，却似一座形式特殊的纪念碑。耸立在阿比亚大道旁的梅特拉（Caecilia Metella）墓是罗马共和国时期的典型纪念碑式陵墓建筑。陵墓为圆筒形平面，直径约为 28 米，底下有一个每边宽约 30 余米的台座，建筑物的高度基本与直径相等。墓正中辟有盛放石棺的小室。整个陵墓用镶砌石块的大块混凝土建造，其檐部稍为挑出，檐下楣板上雕刻有一圈连续的绶带花饰。整个造型较为简洁明快，与帝国时期装饰有大量壁柱、雕刻的宏大华丽建筑形成了一个对比。随着基督教文化的确立，在宗教思想的支配下，教徒们在人世间不太重视坟墓的建造，仅在教堂的墓地立一个十字架，作一个纪念性的标志而已，即使是皇帝和宗教上层人物死后也不建造大型陵墓。因此，在西方广大的基督教文化地区，人们已看不到古典建筑文化中那种高大、壮丽的纪念性陵墓建筑，在某种程度上，陵墓建筑的某些构思和意味，已融合到绚丽多姿的教堂中去了。

8.1.3 中西民居建筑之差异

民居就是民间的住房，是构成社会的基本元素——家庭的重要物质保证。它的服务对象是一般的民众，它只需要满足一般家庭不很复杂的使用功能，其规模和坚固性比不上公共性质的房屋。又因住宅为一家一户所有，其财力、物力毕竟有限，不允许请著名艺术家精雕细刻，其艺术价值也往往被瑰丽的大建筑所掩盖。但是，民居与生活联系得最紧密，它能直接反映出特定时代、特定地区人们的生活状况和居住习俗，有着浓郁的地区情调和乡土气息，成为建筑艺术中不可缺少的构成。

（1）讲究实用和顺应环境

最早的住宅出现在原始社会晚期的新石器时代，它们实际上是满足遮风避雨等基本安全需要的窝棚。无论东方还是西方，只要用人工的方法分隔出一块属于自己家庭的空间，即用泥土或芦苇等筑起四周墙身，加盖一个屋顶，便成了住房。由于它们功能单一，建造简陋，也就没有很大的文化差异。以后，随着生产的发展和生活内容的增加，随着文化特色的形成，中西方的居住建筑也渐渐具有了各自特有的风格。然而，尽管世界各地的住宅风格极为丰富多样，但满足家庭日常生活起居和安全私密性的功能需要，以及因地制宜、就地取材的建造原则，却被各地住宅营造者广泛接受。从这一点上来看，中西古代住宅较之以上所述的各类大建筑，就有着较多的共性，这便是讲究实用、顺应环境。

古埃及的民居建筑在这一点上已达到一定的水平。从安全保卫和满足隐私性考虑，住宅临街一面不开窗，仅有一个很窄的门洞。入门穿过过道便是一个庭院，院四周有柱廊，房间的门窗均开向柱廊，庭院实际上是家庭的活动中心，主人居住的房间较大，内有柱子，房间朝北开窗、夏天比较凉爽，这一主房同庭院均位于住宅的主轴线上。这种对外封闭，对内开敞的院落式布局比较符合古代人们的心理和生活习惯，基本上成为住宅设计的一种通用形式。

古希腊住宅也以带内院的封闭式为多，大多由两个串联的庭院组成，有着较明显的主轴线。朝街的墙面上不设窗，也没有装饰，只在门口修几棵壁柱，后来发展为小型的门廊。内部的居室和辅助用房均围着一个院子，卧室几乎是随意布置的，没有明显的特征。

（2）城市多层公寓的诞生

西方民居建筑发展到古罗马时期，有了一个较大的飞跃，城市中除了富裕阶层的庭院式住宅之外，还出现了满足一般平民生活需要的多层公寓式住宅。另外，由于城市规模的不断增大，社会财富积累的加剧，在城郊还出现了供富人们休息和消遣用的别墅式住宅。当时的罗马贵人们为了躲避城市生活的尘嚣和拥挤，常在美丽的海湾营建私人别墅。同时，随着人们使用要求的不断提高，农村住宅也开始进行规范的设计，这些被人称为田园住宅的建筑除了日常生活之外，还兼作酿酒作坊、家畜饲养场等，即带有某些经济建筑的色彩。

多层公寓式住宅是罗马人为解决城市人口骤增，住房紧缺而创造的好办法，它是现代城市形形色色公寓式住宅的"老祖宗",影响极为深远。府邸式住宅占地面积大,装饰华丽,只有少数富人才住得起,为解决占城市人口绝大多数的一般公民的居住,共和国时期便开始出现承租式集中公寓这一住宅形式。到帝国时期,它们已经充斥了罗马等大城市,四五层高的砖砌大楼改变了古城的面貌。住宅公寓使用比较普遍的砖和混凝土建造,因为没有通风采光的内院,所以各层对外均开有较大的窗;底层设有集中上下的楼梯,一般均开有商店和作坊;为了承受上部的压力,门窗大多以砖拱砌筑过梁,发挥了罗马砖拱技术的优势。多层公寓式住宅是人类为解决自身居住问题而做出的巨大创造,在建筑艺术史上写下了极其重要的一页。它的问世,与欧洲古代社会较为开放的思想观念,与重视商业手工业的经济结构和相对民主的政治体制是分不开的。自此以后,层层向上的楼式住宅渐渐代替了内向封闭的院落式单层住宅,成为西方居住建筑的主流。

中世纪,西方世界处于战争、分裂的混乱状况中,经济大大衰退,再也没有出现过古罗马那样大建标准化住宅的热潮。相反的,随着欧洲各民族国家的形成,各地人民因气候、地理条件的不同和生活习惯的差异,就地取材、因宜设计,逐渐形成了各具特色的地方风格。如北方寒冷地区以火墙取暖,于是便出现了以壁炉和火墙为核心的民居。

(3)门堂之制

与西方住宅相比,中国古代民居建筑的风格较为统一。几千年来,礼制思想自始至终都在控制着中国人的社会行为和生活方式,自然也左右着民居建筑的建造。它要求建筑能充分表现出尊卑、长幼、男女、内外的区别。以门堂之制为特征的合院式住宅是能满足这一要求的最佳形式,因而成为汉民族传统民居建筑的主要形式。

据近年来商代民居建筑的考古发掘,建筑史家认为,远在我国奴隶社会初期,依照南北轴线排列的院落式住宅已经萌芽,而到周朝初期,已形成了四合院布置的住宅形式。春秋时期,士大夫们的住房更完善了,中轴线上设有门和堂,堂有东西二阶,供主人和来宾上下,堂左右为厢,堂后有室,为休息之处。这种布局方式,明显体现了当时社会极为重视的"礼制"思想,即内外、上下、宾主必须次序分明,先后有别。从此,"门"和"堂"分立的制度便成了中国建筑很主要的特色,在使用上,这种"分立"可使门和堂之间凭借着墙垣或辅助建筑构成一个个庭院,将封闭的露天空间变成为厅堂等室内空间的有机延伸,方便生活起居。周代以后,门堂之制作为礼的一项重要内容被纳入到儒家学说中,对整个封建社会的建筑艺术产生了不可低估的影响,这也是对称有序的合院式住宅在我国沿用数千年的主要原因。自汉之后,一直延续到近代,这种四合院式的住宅形式更加完善、规范,始终是城市士大夫、商人和农村地主家府邸的正统形式,占据着绝对的主导地位。

在合院式民居中,北京四合院最具代表性,能较全面地反映出汉民族传统建筑的特点和成就。在四合院内,家庭的私密空间可分为三个层次:各家庭的成员的睡房,是私密性最强的空间;厅堂和内院,是家庭主要成员共享的私密空间;由院墙和建筑围合起来的院落,是具有私人领地意义的私密空间。在传统合院民居中,睡房不仅要满足使用者的生活要求,它还代表了使用者在家庭的身份和地位,具有上下、尊卑、内外、主客之分等礼制的内容。

从平面形式看,中国古代门堂分立的四合院似乎和西方围柱式庭院住宅甚为相似,但实际上它们的设计意念却有着很大差异。西方住宅的庭院主要为解决通风、采光等实际问题而设,因而院子周围密密匝匝排着许多房间,包括餐厅、游戏室,甚至手工作坊等。庭院之间的联系是通过狭窄的穿廊实现的,空间之间的联系仅仅为功能需要所建立,不存在视觉上的空间过渡。而中国住宅主要是依据门和堂的分立来构思的,庭院之间必须有正规的门堂过渡空间,它反映出中国古代社会中礼制思想渗透并影响到家庭生活的特点。在西方住宅中,房间尺寸依功能不同而有所不同，如睡房、书房、客厅、正厅、餐厅等面积都与它的实际需要相符合。而在北京四合院中，很少考虑特殊功能用房的尺寸问题，建筑大小的主要依据是宅院主人的身份和房间主人的身份，它反映出汉民族传统观念中，理念生活优于实际生活的特点。不少早期四合院在门和堂之间只用墙垣围闭，以后房间不够用时，才在东西围墙增建两厢，这也从一个侧面表明中国住宅的院子并不完全是为了实用。

另外，西方住宅为了充分利用庭院空间，常常围绕院子增建层楼，以增加使用面积。这种做法在前后、宾主有序的中国住宅中是行不通的。中国的大型民居建筑群基本保持了四合院的基本特色，由多重院落依次排列组成。大型宅第除前后有数进院落外，常常还在左右扩展，由数路宅院合拼而成，并伴有公共活动空间。如山西太谷曹家院，在一个封闭的围合空间内，存在着两种活动空间：公共活动空间和居住活动空间。通过一个丁字巷道将公共部分和居住部分分隔开来。居住部分由三个独立的系统空间组成，每个独立的系统空间由前后两院及相应的过渡空间构成。两院之间以办红白喜事的官厅为界，再次形成内外两个空间层次。住房虽多，但仍然严格遵循"门堂之制"，前后有序地排列在每一条中轴线上。就住宅所要表现的尊卑关系、上下关系、内外关系、主仆关系而言，曹家院唯一明显的变化是由于宅院大了，公共活动空间部分地独立出来及并列地增加了几栋相同的宅院建筑。这与西方为了求得最大的使用面积，向上发展为行列式的多层公寓之做法，是完全相悖的。一为伦理，一为实用。

8.2 园林艺术的差异

世界各国由于其历史文化的各自特点，有各种各样的园林，但如果从宏观上看，因其整体形象、风景内涵及其审美情趣的不同，可以将世界上众多的园林分为两大类：一类是以中国古典园林为代表的东方自然式园林，另一类是以法国古典园林为代表的西方几何规则式园林。中西园林的这种差异主要来源于东西方不同的文化传统和民族审美心理习惯的影响。

8.2.1 对立与和谐

中西园林就现象看，其差异十分明显。西方古典园林所显示的是人工美，不仅布局规整、有序，而且花草树木也修剪得方方正正，呈现出一种几何图案美，从现象看，西方造园主要是立足于用人工方法改变其自然状态。中国古典园林所呈现的则是另一种状态，山环水抱，曲折蜿蜒，既不要求轴线对称，也没有任何规则可循，不仅花草树木任其自然生长，而且人工建筑也尽量顺应自然而参差错落，力求与自然相融合，做到"虽由人作，宛自天开"。中西园林之所以呈现出如此截然不同的风貌，这主要归因于不同的自然观。中国人对自然的态度，直接联系着中国传统哲学、美学思想的基本精神——"天人合一"。中国传统文化的三大主流儒家、道家和佛家都主张顺应自然，人与自然建立一种和谐统一的亲密关系。特别是以老庄为代表的道家思想认为"自然为万物之本"、"天地有大美而不言"，进而主张"道法自然"，向往一种原始自然状态的生活。这些思想很自然地反映到园林艺术中来，中国古典园林从一开始就以和谐、亲近的态度对待自然。在造园过程中，讲究对自然物的模仿和创造，力图再现自然界中各种事物的自然气韵。取法自然而又高于自然，这是中国古典园林的一个显著特点。

西方人以认识论作为处理人与自然关系的总纲。在西方的哲学思想中，人与自然就较多地处于对立的关系上。西方的哲学家认为自然美只是美的一种素材或源泉，其本身是有缺陷的，非经人工改造，便达不到完美的境界。黑格尔给美下过这样的定义："美是理念的感性显现"。因此，驾驭自然、改造自然、表现人工的创造，成为西方古典园林的特点。在造园过程中，突出人对自然景物的改造和加工，以此来强化人工雕琢的艺术美，自然美只具有次要的意义。直到 18 世纪下半期随着启蒙主义思想的确立，特别是卢梭等人的"回归自然"的主张，西方才开始重视自然美的审美价值，在中国园林的影响下，出现了布局随意和自然的英国风景园林。但总的看来，这种风景型园林还不能摆脱西方传统文化的影响，与中国追求诗情画意的自然山水园林有很大的差异。

8.2.2　形式美与意境美

由于对自然美所持的态度不同，反映在园林艺术的追求上便各有侧重。西方古典园林虽不乏诗意，但刻意追求的却是形式美；中国古典园林也注重形式，但倾心追求的却是意境美。

西方人把美划分为自然美和艺术美两个层次，并认为自然美有缺陷。为了克服这种缺陷而达到完美的境界，就必须凭借某种理念去提升自然美，从而才能达到艺术美的高度。这就意味着必须改变自然状态的原来面貌，而把它纳入到某种符合规律的模式中去，这种模式就是形式美。受到西方哲学和美学传统的这种影响，西方古典园林偏重于符合"数和比例"观念的形式美的表现，更重视人的理性，寓理于景，将诗情画意都予以理性化，表现出浓厚的理性色彩。

中国古典园林注重于"景"和"情"，寓情于景，强调情景交融、物我同一，将理性融化于情感之中，寻求一种诗情画意的环境氛围——即意境。这显然不同于西方园林所刻意追求的形式美，这种差异主要出于中国古典园林的文化背景。中国古代的造园家往往就是诗人、画家，他们不仅将文人的气质、志趣反映在园林里，而且把诗情、画意融入园林之中。而诗和画都十分注重于意境的追求，致使中国园林从一开始就带有丰富浓厚的自然情感。意境要靠"悟"才能获得，而"悟"却需要景的触发才能启动，这就是所谓的"景无情不发，情无景不生"。中国古典园林在长期的发展中形成了自己独特的方法：以有形表现无形，以物质表现精神，以有限表现无限，以实境表现虚境，小中见大，大中见小，最大限度地引发人们的共鸣和联想，使有限的具体形象和想象中的无限丰富形象结合起来，使再现真实景致与它所暗示、象征的虚境融为一体，这些构成了中国园林艺术意境表达的基本特征。而至于造园中所运用的手法更是丰富多样，抑景、对景、借景、隔景、漏景以及对匾额、楹联等的运用都极具匠心。

8.2.3　几何规则与自然天性

西方古典园林遵循形式美的法则，刻意于追求几何图案美，园林中充满了直线、折线、曲线、方形、圆形、三角形等基本线条和形状的对比。所有景物，诸如花草树木、道路广场、凉亭花架的形式色彩、线条块面都十分周详地考虑了比例、均衡、对称、整齐、节奏、反复，以及多样统一等几何美的有关法则。在几何美法则的指导下，园林各组成要素都不能游离于整体之外，而必须以某种确定的形状和大小镶嵌在某个确定的部位，显现出一定的规律。这种几何式的园林，以突出园林空间布局而缩短时间流程，构图规整匀称，不仅使得造园者有章法可循，而且也使得观赏者能够在瞬间尽量领略整个景区的风采。

中国古典园林所倾心追求的是诗画一般的意境，直接表露的几何美在中国园林中是很少见到的。由于要表现出园林的自然，它的素材、原型、源泉、灵感等便只能到自然中去发掘。越是符合于自然天性的东西就越包含着丰富的意蕴。这种取材于自然形态的景观不会像几何图案那样受到各方面的限定，而是带有很大程度的随意性和可变性。在造园中将人工美与自然美巧妙地结合起来。有许多景观有意识地藏而不露，以期使人在不经意中突然闯入眼帘。"曲径通幽处，禅房花木深"，"山重水复疑无路，柳暗花明又一村"，"峰回路转，有亭翼然"，这种自然式的园林，将空间布局转化为时间流程，构图复杂多变，通过时间的延伸来展示各个景区，呈现出一种曲折含蓄的自然美。

8.2.4 建筑与山水

西方艺术家认为，建筑形象是自然界中所没有的，它那巨大的体积集中表现了人的智慧和力量。因此在造园中，重视建筑甚于山水，园林在总体规划上以建筑为主体，而山水是陪衬物，其他花草树木、水体雕塑等景物要经过修整以服从于建筑主题。于是建筑轴线便成为园景设计的主要依据，所有道路、花坛、水池、喷泉等均有轴线引导，整齐划一，均衡对称，园林实际上成为建筑艺术的一种扩张和延伸。

中国古典园林重视山水，以山水为景区主体，建筑除了某些重要主要厅堂外，其他形式和位置则根据造景的需要来定，受到山水的制约，所谓"宫室务严整，园林务萧散"。规整的建筑一旦进入园林，也就舍弃了原来的创作原则，而变得多样轻巧，布局灵活随意，在园林中起到的作用不是对景色的主宰和规定，而是对景色的点缀和辅助。园林在整体上呈现出一种"山水画"式的布局，辽阔疏朗与紧凑迂回相结合，构成主次分明、疏密相间的景观画面。在具体的造园中，采取了分景、隔景、借景等手法，辅之以曲径、曲廊、小桥等，组成景中有景、园中有园、曲折幽深的景观序列，步移景异，含蓄而韵味无穷。

8.3 饮食文化的差异

吃，是人类最基本又是最主要的一种生存活动方式。饮食文化，是人类文化史上最普通又是最重要的一章。一个民族传统文化的形成，与该民族的物质生产、生活方式等多种因素分不开。中国传统文化的形成也不例外，它也是建立在一定的经济基础之上的，即物质文化的发展水平上的，而由农业产出的饮食正是物质文化的重要内容和人民生活的主要方面。恩格斯在评价马克思的杰出贡献时指出："正如达尔文发现生物机界的发展规律一样，马克思发现了人类历史的发展规律，即发现了直到最近还被思想体系的积淀所遮盖的一个简单事实：人们首先必须吃、喝、住、穿，然后才能从事政治、科学、艺术、宗教等等。"从这个意义上说，人类的一切精神文化，都是由食、住、衣这种物质文化所决定的。我国历史的进程也充分证实：人类文明，源于饮食。因为人类要生存，要改造自然，就必然从食物中摄取营养，在此基础上才能创造文化，发展文化。而文化的发展反过来又影响了饮食，尤其是中国传统文化中"和"的概念对中国饮食文化产生了深远的影响。

8.3.1 饮食结构

我国地域辽阔，地理环境多样，气候条件丰富。从内陆到海洋，从高山到盆地，从热带到寒带，生长着各种各样不同生态环境下的动植物，品种繁多，堪称世界之最，这些为我国的饮食提供了坚实的物质基础。而且先民们在漫长的生活实践中又选育、创造了丰富多样的食物资源，使得我国的食物来源异常广博。谷类食物是人类的主食，尤其是汉民族作为一个农业民族，几千年来一直以谷物作为主食，这种传统的饮食结构，影响着数千年汉民族人民的饮食生活。早在先秦时期，人们就产生了主、副食概念。人们把赖以充饥的、为人体提供大部分养料的、用谷物制成的熟食当作主食，《黄帝内经》中就有"五谷为养"之说。与此对应，《黄帝内经》又说，"五果为助、五畜为益、五菜为充"，明确地把果、肉、菜列为辅助食品。以果、肉、菜为主料、以五味调和制成的或熟或生的食品即为菜肴。农业民族以五谷为主食，不吃乳酪，不喝乳品；而西方游牧民族则以肉类和乳酪作为主食，形成东西方民族迥然不同的饮食结构以及由此而形成的饮食文化。

我国是世界上农业起源最早的地区之一。早在七千多年前，人们就逐渐脱离了以狩猎、采集为主要生活方式的阶段，进入以种植和养殖为基本生活方式的农业社会。早在新石器时代，就已形成了以黄河流域为代表的北方粟作农业和以长江流域为代表的南方稻作农业。秦汉以后，就基本形成了北方以小麦为主，南方以稻谷为主的饮食构成局面。汉代，我国的粮食作物已包含了粟、稻、黍、麦（大麦、小麦）、高粱、豆（大豆、小豆）、麻籽等诸多品种。到了明朝中叶，从外国引进了玉米、红薯和马铃薯等作物，而本国土产的一些薯类作物如山药、芋等一直没有占到重要位置。在传统的称谓里，人们常常将稻、黍、麦、稷、菽、麻（或豆）这六类作物中的五类称为"五谷"。因此，我国古代的饮食文化是以"五谷"为最基本、最原始的食物来源。

果类在我国有着悠久的培育历史。早在先秦时期，中原地区就有栽培桃、李、梅、杏、梨、枣、柿、山楂、樱桃等水果，南方各地则盛产柑橘、枇杷、荔枝、龙眼、椰子等果品。其中，桃、李、杏、栗、枣被列为"五果"。自汉以后直至明清，我国从国外陆续引进了葡萄、石榴、菠萝、核桃、花生、草莓等水果。现在所食用的苹果也是在 19 世纪从欧洲引进的品种，它取代了我国原产绵苹果的地位。水果也是饮食构成中不可缺少的一部分，许多被纳入了菜系之中。

肉类也是我国饮食文化中的主要原料之一。我国饲养家畜家禽的历史可以上溯到新石器时代，养鱼的历史也可追溯到商代。鸡、犬、牛、羊、猪被列为"五畜"。在诸多的家畜中，猪的培育占有重要地位。长期的培育，使得我国的猪种具有耐粗饲、易肥、早熟、肉质好、繁殖力强等优点，西方许多国家从我国引进而改良本国的猪种。例如古罗马就曾因引入我国的华南猪种，培育出了罗马猪；18 世纪初，英国也引进了华南猪培育出了大约克夏猪。至于其他禽类也是品种繁多，不仅有卵用、肉用、兼用之别，而且还分成了仔、老、公、母、阉等不同类型。

蔬菜与饮食亦是密切相关。早在三代之时，可作为蔬菜的植物就将近 30 种。到了秦汉，被认为是最重要的蔬菜有葵、藿、薤、葱、韭等"五菜"，以及其他萝卜、蔓菁等根菜。自魏至宋，我国又培育成功了白菜、茭白、豇豆等蔬菜品种，而且还从国外引进了菠菜、黄瓜、茄子、扁豆、刀豆和莴苣等蔬菜。元明清时，又陆续引进了胡萝卜、西红柿、菜豆和辣椒等蔬菜。这些大大丰富了我国的饮食构成。

调味品是我国饮食构成中不可或缺的一个重要组成部分，它是形成菜肴丰富滋味的重要因素之一。《周礼》等书中已有了酸、苦、辛、咸、甘"五味"的记载。古代的酸味主要取自梅子，它所含的果酸不仅可以帮助消除动物的腥、臭异味，而且可以软化肉中纤维，帮助消化。汉代以后，人们又发明了以粮食发酵来制造醋。苦味来源于酒，《周礼》一书指出，古代用米酒做调料，可以去腥、解毒，增加菜肴的香味。辛辣调味品最早使用的是姜、葱、蒜、香菜等一类鲜作料，及至清代才开始使用辣椒。咸味主要来源于盐，早在新石器时代，人们就已经开始用海水煮盐了。此外，人们还酿造出了豉、酱油、豆麦酱等调味品来取咸味。甘味最早源自蜜和饴，到了春秋战国时期，人们开始用甘蔗汁制作甜味调味品，唐以后开始有了较纯的白砂糖和冰糖。除了这五味以外，食用油和香料也是烹饪中不可少的。我国古代最早用于烹饪的油是动物油，又称"膏脂"，而植物油的食用最早是三国时期学会榨取的麻油，此后，菜油、豆油、花生油等也成为常用的食用油。我国的香料也十分丰富，茴香、甘草、陈皮、桂皮、花椒、茱萸等香料被人们广泛采用，增添了菜肴的香味。我国的饮食非常注重对调味品的运用，利用调味品对原料的渗透、扩散以及相互作用，加以调和滋味，达到祛除异味、突出本味、增加滋味、丰富口味、五味调和的效果，形成我国饮食的一大特色。而西方的调味品主要有色拉油、沙司、盐、辣椒、胡椒、咖喱、芥末酱以及一些香辛药料植物等，烹饪中大多采用先加热后调和的做法，在吃的时候由用餐者自行调味。其特色与我国迥异。

我国的饮食文化在南宋时期趋于成熟。宋室南渡使得北宋时期的京菜（河南菜）与六朝以来发展的江浙菜交融汇合，各地大量难民与皇家贵族的集中又进一步促使高、中、低档饮食都有了广大的市场。汉民族缺少世界许多民族都有的宗教饮食禁忌，天上地下水生陆长的各种生物几乎无所不食，这样一种"天人合一"的饮食观，提供了无比丰富的食物种类；加之各地域各阶层、东西南北、上下尊卑的饮食"亚文化"的综合，形成了令人眼花缭乱的饮食构成。《武林旧事》记载的一次盛宴便列举菜肴200多道，其中有以猪、羊、鹅、鸭、鱼、虾、鸽和蜗牛等物经煎、烤、炸、煮等诸多工艺做成的41道菜，42道果品和蜜饯，20道蔬菜，9道粥品，29道各类干鱼，17种饮料，19种糕点，59种点心。

8.3.2 烹饪艺术

在烹饪艺术方面，如果说西方的烹饪代表科学方法的高峰，那么，中国的烹饪则代表了艺术精神的极致。

中国传统文化植根的土壤是农业经济，农业生产要求人民居住稳定，生产过程不间断，由此产生了安土重迁的观念。这就使得中国传统文化在诸多方面崇尚中庸，少走极端，主张调和。贯穿于中国饮食文化中，我国的烹饪艺术，就十分注重整体效果，丰富和谐，既讲究五味调和，又追求色、香、味、形、艺的有机统一，带有中国文化的调和色彩。

中国的饮食讲究五味调和，而五味之说则来源于中国传统文化中的五行学说。一方面，原始的五行学说将自然现象和人的活动归结为金、木、水、火、土五种物质要素，把饮食归于土的范畴，因为饮食中的基本成分是谷类食物，是土地所生，所以属土。另一方面，五行学说又认为这五种物质元素并非孤立存在，而是以一定的方式相互联系。在饮食上认为，金、木、水、火、土在口味上的属性分别是辛、酸、咸、苦、甘，合称"五味"，五味受五行统辖。烹饪者要使五味调和，必须掌握好"调"的技能，以达到"和"的标准。我国饮食还讲究不同的季节，选择不同的原料，偏重不同的味道，这也是"和"（详见5.1.7中叙述）。

我国的饮食还追求色、香、味、形、艺的有机统一。在色的配制上，以辅助的色彩来衬托、突出、点缀和适应主料，形成菜肴色彩的均匀柔和、主次分明、浓淡相宜、相映成趣、和谐悦目。在口味的配合上，强调香气，突出主味，并辅佐调料，使之增香增味。在形的配制上，有块、条、段、丁、粒、片、丝、米、茸、泥等，并注重造型艺术，运用点缀、对镶、套叠、围边、嵌酿等手法，将瓜果蔬菜加工成各种动植物及几何图案，融雕刻和菜肴于一体，形成和谐美观的造型。艺则是对饮食烹饪评价的最高标准，不仅要达到色、香、味形的有机统一，还要注重质和量的配合以及菜肴的命名。在质的配制上，重视原料的性质特点，使得清、淡、刚、柔和谐配合相得益彰。在量的配制上，则以辅料烘托陪衬，突出主料。菜肴的命名则十分讲究名称的美、雅、吉、尚，以其丰富的想象、新奇的寓意、高雅的情趣和深远的意境给人以艺术的美感。

西方的饮食多从理性角度考虑，注重营养和卫生的合理搭配，对味道之美反而是不大讲究的。各种调料都分得清清楚楚，很少有原料之间、主料和辅料之间，以及调料和主辅料之间的多种配合，呈现出味道单一，营养价值一目了然，缺少艺术氛围的特点，反映了东西方两种截然不同的饮食观念的质性差异。当然，随着现代科学的发展，东西方不同的饮食观念也正在互相渗透，互相取长补短，以完善本民族的饮食文化。

8.3.3 饮食方式

中国人对待饮食，已超越了将之视为果腹手段的境界，而更习惯于将之视为联络情感的纽带。在饮食方式上，多喜欢采用"共食"的方式。中国宴席是一种和欢的活动，中国人所以讲究和气一团，这里有津液交流、共享一席的关系。虽然从卫生的角度来看不太妥当，但它符合我们民族的心理，便于集体的情感交流，因而至今难于改革，反映了中国传统文化中"和"对民族心理的影响。饮食毕竟是民族心理的一种折射，在这个因素的主导下，卫生也就退居其次了。例如中国古代朝堂祭祀的宴飨，农村百姓的"乡饮酒礼"，中国民间的喜庆节日，无不是在推行饮食合欢的活动，以大宴宾朋来表示，其食物又讲究花样繁多及和谐。可见，通过饮食来促进上下、左右关系，敦睦感情，消除隔阂，已成为中国协调人与人之间关系的重要手段，而目的还是在于一个"和"字。

与中国的饮食方式不同，西方多采用"分食"的方式，流行自助餐。这种饮食方式，卫生是一个原因，但更重要的还是为了社交的需要，这种方式便于个人之间的情感交流，表现了西方对个性的要求。因此，从饮食方式中反映出了不同文化的熏陶下所形成的不同的国民性格。在饮食文化方面，中国饮食文化代表集体分享主义，西方饮食文化则代表了个人的独享主义。

8.4 绘画、雕塑的差异

8.4.1 中西绘画艺术差异

绘画艺术作为一种文化现象，首先必然受制于本土文化的熏陶和影响。中西绘画的差异，其根本主要在于不同的哲学思想基础和文化氛围。西方哲学是重智主义，强调如何以我的主观征服客观，物我对立。而中国古代的儒、佛、道三家哲学在物我圆融观念上则是相通的，受其影响，中国绘画不像西方那样偏重于写实和理性，而是偏重在写意和想象的空间。

(1) 美学思想

中国传统绘画可以说是一种哲学化的艺术，绘画中的许多概念，如道、气、心、物、神、意、韵、静、实、虚、风、骨、理、质等，都属于中国传统哲学的范畴。西方绘画则受到赫拉克利特、苏格拉底、柏拉图、亚里士多德、但丁、黑格尔等人哲学思想的深刻影响。西方绘画以人为主要的描绘对象，追求造型的准确、质感、光感、再现，它得益于自然科学，如光学、透视学、人体解剖学、色彩学等科学研究。相对而言，西方传统绘画更多的是一种科学的艺术，中西传统绘画美学思想的根本差异就在于此。

在儒、佛、道三家哲学中，儒家思想对中国绘画的影响具体表现为：追求和谐的美，主张不偏不倚，中和为美，强调含蓄；反对华而不实，主张名正言顺；主张真善美的结合；认为"心正则笔正"。佛家对中国绘画的影响主要是禅宗思想改变了人们的审美趣味，崇尚意境，认为"逸品"高于"神品"。所谓"逸品"就是"笔简形具"、"意境空灵"、"以素色为体"。中国画论认为，景越藏意境越大，景越露意境越小；把"虚、白、空、灵"看成是绘画追求的目标。道家思想对中国绘画的深远影响，则更多地表现在对山水画的影响上。画家们在自然中追求天然之美，在艺术中追求以小见大、以少胜多，追求雅淡空灵的境界；渴望原始面目，在自然中注入人的情感。中国绘画重自然，反对雕琢；主张"清水出芙蓉，天然去雕饰"；重写意、轻模仿；重情感、轻理性；重视山水画，轻视人物画，这些都与道家思想有关。正因为如此，从五代开始，到宋元明清，山水画在中国画中逐渐取得主导地位，出现了不少山水画大师，可是人物画却相形见绌。中国山水画比西方风景画早一千多年，而中国人物画很难与西方人物画相比，无论画面效果，还是艺术感染力都大大逊色于西方，这与道家格外重视自然的思想有关。总之，儒家、佛家（禅宗）、道家这三大思想相互渗透、相互影响，并存于画家的修养和创作之中，对中国绘画产生了深远的影响。

（2）渊源与发展

中国的绘画源自商周的钟、鼎、尊等青铜器，这些青铜器凝重、浑穆、典雅，形成中国人特有的审美理想。另外，汉代画像石、画像砖，以及壁画也是中国绘画的渊源。青铜器及汉代艺术中的花纹、生动活泼的造型、流动的线条、虚灵的节奏、自由的空间，逐渐形成中国画的特点。此外，书法也成为中国绘画的骨干，运笔的轻重、疾涩、虚实、强弱、转折顿挫、节奏韵律，各种点线皴法牢笼百态，超入灵虚妙境，而融诗情于画境，成为中国画的又一特色。

西方绘画的渊源则在于希腊艺术。"文艺复兴"形式上就是要恢复和振兴被中世纪宗教所压抑和摧残了的古希腊、古罗马的艺术。文艺复兴时期的艺术家坚持古希腊、古罗马的审美标准，进一步追求"真"和"美"。所谓"真"，就是模仿自然，刻意写实；所谓"美"，就是"和谐的形式"，而"和谐的形式"又以希腊的建筑为最高典范。总而言之，"模仿自然"和"和谐的形式"便成了西方绘画的中心问题，是西方绘画艺术的渊源所在。

由于渊源的不同，中西绘画的"境界层次"表现出根本的不同：中国画虚灵，西洋画写实；中国画是物我相融，西洋画是物我对立；中国画以书法为骨干，以诗情为灵魂，诗、书、画融为一个整体，西方绘画以建筑空间为间架，追求逼真的可视空间，以雕塑人体为对象，建筑、雕刻、油画同属于一个境界层。中国画发展到宋元以后，遗形似而尚骨气，追求"妙在似与不似之间"，薄彩色以重笔法；而西洋油画则形似逼真，造型准确，形式和谐优美，色彩艳丽微妙，这也是中西绘画在发展趋势上的又一不同。

（3）材料、形式和技巧

在工具材料上，中国画使用的是宣纸和毛笔。宣纸分为生宣和熟宣。生宣薄而软，吸水性能强，熟宣虽较厚实，但也不宜反复擦染，更不像油画那样，用亚麻布当画布，结实粗糙，可以反复刮擦勾点。中国画用毛笔，毛笔圆头毫长，画起画来，可直可弯，可粗可细，可轻可重，可刚可柔。另外，中国画用色，颜色有限，不若油画颜色丰富多样，很难画出特别丰富、细腻、微妙的色彩关系。中国画用水调色，水墨淋漓，但很难画出油画那种厚重感、质地感；而油画颜料黏稠，可以画得很厚重，富有浮雕感。中国画的点、线、皴、泼等技法在西洋油画中都可以做到，唯独宣纸特有的吸水性能和浸染的天然效果，是西画难以望其项背的。正因为如此，中国画追求水色淋漓，天然自然的情趣，给人以爽快、果断、巧夺天工的感觉，而油画在这方面则有局限性；相反的，油画可以追求厚重、微妙、细腻、丰富的色彩效果和肌理效果，这又是国画难以达到的。

中国绘画以墨色为主，有"墨分五彩"之说。这主要指墨的干湿浓淡与明暗层次，实际上是集中运用了色彩的明度关系，但色彩的色相、色性、色调、纯度等，并没有得到充分的开发和应用。中国画的色彩观念是一种主观的色彩，例如把绿色的竹子画成墨色或红色。而西方的色彩则是以客观的色彩为准则，不仅注意色彩的明暗深浅，还非常讲究色相、色性、色调、纯度、对比、强度、饱和度等因素。另外，中国画不讲究光源，只有明暗虚实，没有挖掘光影的内涵与美感，而西方油画不仅注重形，更注重色彩关系，特别是印象派，把光和色的表现推到了极致，面对同一景物，可以画出不同光线、不同时间、不同色调的画面，这又是中国画难以做到的。

在绘画中，中国画是"散点透视"，没有固定的视点，可以远近、上下、左右取点，对于长幅、横幅布局，都能自如安排，而且画家画某处山，却可以不局限在某处山，可以"搜妙创真"，重新组合，画出心中之山，这是国画的长处，也是西方油画的不足。

中国画的构图多为条幅，其次是手卷、中堂、册页、扇页等，构图追求"高远"、"深远"、"平远"；而西方油画主要是长方形和正方形构图，而且规定了"国际标准尺寸"，比较而言，不如中国画自由。

从创作手法上讲，西画可以随意刮除、覆盖、修改，一幅画可以画几年甚至几十年，可以反复修改，既可以表现水色淋漓、清新透明，也可以表现斑驳厚重的效果。而中国画画坏了，无法重画，最多只能"挖补"，不能反复修改，更无法覆盖，即使名家也不例外。中国画的这些特点，决定了中国画家必须"胸有成竹"、"一气呵成"，更多地追求神韵、意境、灵性，而无法追求斑驳厚重的浮雕感。

中国画的体系与西画相比，相对稳定，分为山水、人物、花鸟三大类，而山水画是中国画的主流和核心。西方油画的体系虽然也较稳定，但各种风格、流派的演变幅度更大一些，其中人物画始终是主流，这与西方重视人的主体作用有关。

8.4.2 中西雕塑艺术的差异

中国古代雕塑与西方古代雕塑同样有着漫长的历史。它们最大的共同之处在于：一部古代雕塑史很大程度上也是一部宗教和礼仪的发展史。宗教雕塑和陵墓雕塑是古代雕塑的两大组成部分。在中国，由于王朝制度的稳定延续，陵墓雕塑也始终在持续地发展和延续，故相对而言盛于西方。而中国的宗教雕塑主要是佛教造像。西方的雕塑则由埃及、希腊、罗马的神性主题雕塑构成（其中以古希腊雕塑为代表），这种神性主题与现实的人有着更直接的关系。因此，西方雕塑多为写实的。而中国的雕塑多为佛像（以及道教、儒家偶像）和陪葬明器，故其形式更为夸张，并多置于地下或洞窟、寺庙这些远离人世之处，很少像西方雕塑那样常常置于露天公共场所之中。

（1）材料、题材

在雕塑材料的使用上，中国雕塑较之西方尤为丰富，如木、土、石、玉、铜等，其中以木和土居多。从仰韶文化的人像陶塑到长沙汉墓中的彩绘木俑，从秦始皇兵马俑到唐代木刻迦叶像，从敦煌彩塑菩萨像到明清的小品雕刻，无不体现出中国人对木和土的依赖感和亲切感。西方由于工商文明的发展而较早地摆脱了人对自然的依附性，在材料的选择上也较早地摈弃了木和土，基本上以石作为主要材料。古罗马帝国第一任皇帝奥古斯都曾宣称要把砖头的罗马变成大理石的都城，导致了石刻雕塑风行一时，此后西方雕塑家一直对石质材料怀有特殊的热情。

在表现内容题材方面，建立在"守土敬天"观念之上的中国人始终保持着与自然生态系统的和谐关系，而西方则在征服自然过程中突出了人的意志。所以，中国雕塑的题材内容相当宽泛，从木俑、陶俑到佛教造像，从花鸟虫鱼到山水景致，构成了一个极其丰富生动的雕塑世界。而西方雕塑的表现题材内容则基本上以人体为主，每个时代的雕塑家几乎都共同关注人体和精神的统一，而不强调面部表情和内心世界的刻画。如古希腊雕塑就是通过人物整体，在单纯和静穆中显示出一种理想的美，即使神庙建筑中的多立克柱式和爱奥尼柱式，也分别模仿男性人体和女性人体而表现出健壮和修长两种风格。

（2）手法

中国的雕塑艺术与绘画艺术紧密地结合在一起，明显地具有绘画的两个特点：一是平面性。能够四面观赏本是雕塑的特点，而中国陵墓和宗教雕塑都是让观众从一定的方向和视点去看的，这样，雕塑注意的都是让人看的那一面，而看不见的一面就少费工力。二是彩绘。中国雕塑的程式化往往忽略细部，平面性减弱了雕塑的特质，而彩绘却可以帮助中国雕塑起到雕塑以外的功能。因此中国彩塑中的很多细部不是雕出和塑出来的，而是绘出来的。

西方雕塑则是通过材质本身起伏凹凸来显示对象的特质，不施彩绘使得雕塑必须显出自己的特点。而且西方的雕塑与其他门类艺术之间有着严格的界限和各自独立的表现方法。从古希腊时代直到近代以前，西方雕塑作品很少有设色者（仅在 18 世纪法国"洛可可"风格产生时，方才出现一些敷彩的建筑装饰雕像），雕塑家们尽量排除从色彩的优越性中择取绘画的辅助方法，那种净素妍雅、强调光影感的大理石雕塑则长期占据主导地位。

线造型是雕塑的媒介，但线条在中西雕塑作品中却表现出不同的风格。中国雕塑非常注重线条的表现力，发挥着重要的辅助功效。雕塑家通过富有弹性而又丰富多变的线条，或表现不同的年龄，如年轻稚气的阿难、饱经沧桑的迦叶；或表现不同的身份，如高贵端庄的菩萨、短胖袒呈的俳优；或表现不同的体型，如窈窕婉约的晋祠侍女、肥体丰颊的唐代陶俑；或表现不同的个性，如悠然自得的大肚弥勒、怒目圆睁的金刚力士；或表现不同的质感，如轻柔飘举的衣袂、厚重硬直的铠甲等。这些流动的、富有生命暗示和表现力量的线条，既体现了各自的时代风格，又具有种种不同的功效，如行云流水，刚柔相济，状物抒情，充分显示了中国雕塑中线条的灵活性和自由美。而线条在西方雕塑中仅仅是服务于造型，尤其对圆雕而言，线的因素更是不见其痕。雕塑家追求的是团块和体积，关注的是三维空间的立体效果，线条只是充当了表现这种效果所界定的轮廓线。米开朗琪罗说过，一个好的雕刻作品即使从山上滚下去也不应有一处被跌损。在他的雕塑中只选取彼此相反的两个方面，以使"姿态显得狂暴，同时又受到束缚"。古希腊雕塑家菲狄亚斯为表现人生的理性和平衡，选取了彼此相反的四个面以使雕像稳定优美。在这里，团块造型中面的转折被赋予了不同的精神意义，同时也反映了西方雕塑家传统的审美观念，即"一切立体图形中最美的是球形"。

（3）直观与科学

中国的雕塑艺术并没有得到解剖科学的支持。古代中国医学也没有发展起比较充分或有效的解剖学知识。中国医学甚至认为"粗守形，上守神"。因此，它就不可能为雕塑艺术提供这一方面的知识。在这种情况下，古代中国雕塑家对形体的把握就只能凭借感觉直观。然而，对于形体的把握仅仅靠感觉直观是不够的，因为当雕塑着衣或静态形体时，感觉直观尚能或多或少遮掩其把握能力的不足，但当雕刻裸体或动态形象时，这种能力上的不足便会暴露无遗，这既包括构成比例这类整体上的缺陷，也包括骨骼与肌肉这类细节上的问题。

西方雕塑艺术则获得了科学的支持。毕达哥拉斯学派提出，美在于抽象的数理关系，为此雕刻家波里克来妥斯围绕身体各个部分之间的对称和比例问题专著《法则》一书，并以人体为 1：7 的比例标准雕刻出《持矛者》。亚里士多德则认为"秩序、匀称与明确"是形式美的规律。古希腊十分注重表现人体结构，激励着艺术家去探索骨骼和肌肉的解剖学，去构成一个令人信服的人体形象。文艺复兴时期的西方艺术家更是注重艺术与科学的结合，对于人体结构和解剖知识的把握更加自觉。他们不仅创立了透视学和解剖学，而且许多雕刻家还亲自动手从事人体解剖试验，换言之，雕塑本身与科学的关系更加直接。

（4）形与神

形即形体，神即精神，包括情感、意志等内容。在雕塑艺术中，古希腊人选择了前者，而中国的雕塑家则主要选择了后者。西方雕塑十分注重人体的造型美，着重从人物的肌肉、骨骼、筋腱的解剖关系上，表现美与力、性格与思想。中国的雕塑，通过对面部的刻画，表现人物的性格和思想。

在人体雕塑方面，古希腊雕塑家们熟练掌握了人体结构的艺术表现技巧，以单纯、精确、合理、和谐为创作原则，塑造了许多体形健美、形象逼真的雕像。以《掷铁饼者》与《米洛的维纳斯》这两尊雕像为例，它们分别代表了西方雕塑中"力"和"美"这两大主题。《掷铁饼者》这尊雕像生动地表现出运动员在掷出铁饼前一刹那间紧张而优美的姿态。运动员右手紧握铁饼，在确定方向后，他把全身重心落在右脚，左脚挪开，但脚趾反贴着地面，右脚青筋突起，脚趾像利爪一样紧抓着地，表现了全部力量的收缩，膝盖弯曲成一个钝角，借助这样弯曲姿势，造成了一种向上运动的感觉。表现了运动员聚集全身力量，正准备一跃而起，把铁饼猛掷出去的情景。那扭转的头部和身体处在扭动而又和谐的姿态中，每条筋肉都充满着青春活力，显示出全力以赴的运动特点。《米洛的维纳斯》可谓是希腊雕塑艺术的高峰和集大成者。由于断臂，观众只能从维纳斯身体轻微的扭动来欣赏美态，"轻微扭动"来自雕塑家对人体的完美理解和炉火纯青的表现。人像的腿、臀、腹、腰、胸、肩、颈七个部位都有方向各异的S形轻微扭动。每个S形都包含压缩、舒张、提拉、扭动的变形，饱含肌肤的弹性和张力。但这些局部的相加并不能代表美的全部，从总体效果来看，有一种气韵生动地贯穿于雕像的每一个局部，但效果却是整体的，表现出一种只可意会，不可言传的高雅完美的气质。

中国的雕塑主要集中在面部的精神刻画中，宋代的观音造像是典型的中国化的雕塑品。以美国波士顿博物馆馆藏的《自在观音像》为例，它基本上已消除了西域的风格，塑像的姿态无拘无束，就像六朝画像砖中的竹林七贤那样坐着，而她的全部精神都集中在面部的表情上：这张柔和平静的脸，看得出在沉思着超世的佛理，那常人所无的微笑透露出非凡的智慧，毫无拘束，毫无挂碍，得大智慧，看破色空。这尊雕像就似一部心经，而它的全部超凡的精神都在面部表现出来，而不是像古希腊的雕塑那样在肉身的肢体结构上表现出来。

除了人像外，在动物雕塑方面，东西方的风格也是大不一样。就希腊帕特农神庙的浮雕马和中国唐昭陵的浮雕马作一比较，就可见其大略。帕特农的浮雕马给我们的第一个印象，是模仿得真确，那肉的质感几乎与真的一样，对比之下，"昭陵六骏"可真是粗糙得很。帕特农的马，动态是逼真的，四蹄的动作基本正确，而"昭陵六骏"的四蹄却是前后撒开，如作劈叉大跳，与实际形态不符。但是，拿帕特农神庙的浮雕马与唐昭陵的浮雕马相比较，后者的美学价值在于不确实的动作中表现马的真正性格。昭陵六骏的眼神是帕特农神庙中见不到的，正如它身上也见不到帕特农骏马的皮肉质感一样。总而言之，中国雕塑忽视了肉体，专注于精神的表现；希腊雕塑则力求通过对形体的刻画，将精神在肉体中展现。

（5）个性与整体

中西民族传统文化观念的差异，决定了西方雕塑和中国雕塑的又一个明显的差别是：前者以整体的统一为主，以再现、模仿、写实取胜；后者则以弘扬个性精神为本，以表现、抒情、写意见长。

在西方雕塑艺术的长廊中，个体的塑像的数量远远大于群雕。没有背景和其他烘托，更利于集中地反映个性特征，虽然在园林和喷泉装饰上出现一些群雕形式，但整体上仍是以雕像个体单位的动态姿势为主，首先是充分满足个性达到整体的协调，而不是以个体的重复强调统一，几乎所有的作品都深深地打着追求个性的印记。雕像不是凭借自然景物的烘托，而是凭借光线和阴影的变幻来展示形体的空间实在性。

中国雕塑始终没有脱离建筑整体而独立出来，这更强化了整个中国艺术本有的特征，即整体的服从性，要求以个体的单调重复来突出主题，不太关注个体的完美、逼真，而重在整体的空间组织，突出强调情景交融，虚实相生，显示整体的宏伟气势，创造出一种强烈的视觉冲击力。雕塑往往不是以孤立的实体出现的，而是尽可能采用"借景"、"虚实"等种种方式，以求与自然景象合为一体。那些石窟造像多是通过背景热烈激昂的雕绘故事的陪衬和烘托，而显得更加宁静和睿智，从而弥补了独立的圆雕在表现空间容量方面的局限性，构成了一个空间形式包含时间节奏和动感的艺术世界。秦始皇兵马俑塑像八千余件，排山倒海，气势如虹；石窟佛教造像，布局紧凑，秩序井然；寺庙五百罗汉，情态各异，动静生辉。唐代的帝王陵墓所确立的"以山为陵"的体制，使陵墓、陵前雕刻与自然起伏的山势巧妙结合，将西方那种瞬间直观把握的空间感受在这里变成了长久漫游的时间历程。这一切以其强烈的视觉冲击力使观赏者在飞动摇曳、似真似幻的艺术境界中获得力的启示，美的熏陶。

思 考 题

1. 西方建筑文化观与中国建筑文化观相比，存在哪些显著差异？
2. 中西建筑在宫殿、寺观和陵墓等建筑形式方面存在哪些不同？
3. 中国民居建筑中最显著的特色是什么，它具有哪些特性？
4. 中西园林艺术的差异表现在哪些方面？
5. 中国饮食文化在烹饪艺术方面强调什么？
6. 在欣赏中西绘画、雕塑等艺术时，应抓住哪些主要特征？

9 旅游介体与旅游文化

9.1 旅游介体

旅游介体在旅游活动开展过程中起着重要作用，它与旅游主体、旅游客体三者之间相互依存、相互制约、紧密结合，共同构成了现代旅游业这一复杂的综合体。

9.1.1 旅游介体的概念

旅游介体，又称旅游中介体、旅游媒体，是旅游主体和旅游客体之间的连接体。它是以旅游者为对象，为其旅游活动创造便利并提供其所需商品和服务的综合性产业。旅游介体把旅游主体和旅游客体联系在一起，是旅游主体克服旅游障碍，实现旅游活动的重要保证，也是旅游客体游览价值得以展现的媒体。从狭义上讲，旅游介体就是旅游企业，包括"食、住、行、游、购、娱"六大旅游要素，其中旅行社、旅游饭店、旅游交通是旅游介体的三大基本要素。从广义上讲，旅游介体，除了旅行社、旅游饭店和旅游交通外，还包括旅游商店、旅游工艺品企业、政府旅游管理机构、旅游协会、培训机构、学校等。他们都为旅游者创造便利、提供服务，尽力满足其旅游活动的各项需求。

9.1.2 旅游介体的形成

（1）世界旅游介体的产生与发展

旅游介体的产生与发展，是与旅游经济的发展相联系的，是旅游发展和旅游主体需求的产物。旅游介体的产生与发展，又有力地推动了旅游的发展。

作为旅游介体的三大支柱，旅行社、旅游饭店、旅游交通中，旅行社是龙头，在旅游活动中扮演着重要角色，有着举足轻重的作用。18 世纪 40 年代英国人托马斯·库克创办了世界上第一个旅行社。他的创造在于利用旅游资源，并将其转化为旅游商品。1841 年 7 月 5 日，他包租了一列普通的旅客列车，组织游客从莱斯特前往拉夫巴勒参加禁酒大会。活动中每人收费 1 先令，免费提供带火腿肉的午餐和小吃，还有一个唱赞美歌的乐队跟随。库克自始至终随团陪同照顾，分发导游资料，宣传沿途风光。这就将与旅游有关的食、住、行、游、购、娱活动有机地结合为一个整体，也在旅游客体和旅游主体之间架起了桥梁。作为旅游介体的旅行社的出现，使旅游不再只是个人的消费活动，而是向商品化的方向发展。旅行社也因此成为一个独立的经济部门，从而推动了旅游的社会化，促进了旅游业的迅速发展。

在托马斯·库克之后，旅行社适应了人们不断增长的旅行需求，在世界各地迅速发展和普及起来，为人们的旅游提供了极大的方便，进一步促进了世界旅游业的发展。尤其是第二次世界大战以后，对话代替了对抗，尽管局部地区战乱不断，但整个世界和平安宁成为主流，这就为世界旅游业的迅速发展提供了条件。1950 年国际旅游仅 0.25 亿人次，1960 年跃为 0.73 亿人次，而到 1994 年上升到 5.28 亿人次，44 年中增长了 20 倍。旅游收入从 1950 年的 21 亿美元到 1994 年的 3210 亿美元，增长了 152 倍，远远高于同期世界经济的平均增长速度。与世界旅游业发展相伴随的是世界旅行社业的迅速发展，至今，全球有旅行社

70000 多家，而且组成了庞大的世界性的服务网络。

（2）我国旅游介体的产生与发展

虽然我国历史悠久，旅游资源丰富，个人旅游活动频繁，但旅游作为一项产业经营，还相当年轻。我国近代旅游业起步较晚。20 世纪初期，外国旅游公司纷纷涌入，英国通济隆旅游公司、美国运通旅游公司开始在上海等地设立旅游代办机构，总揽中国旅游业务。1923年 8 月上海商业储蓄银行总经理陈光甫先生在该银行下创设旅游部。1927 年 6 月，旅游部已初具规模，终于从该银行独立出来，成立了中国旅行社。一时间以该旅行社为楷模，出现了既有类似的旅游组织，如铁路游历经理处、公路旅游服务社、浙江名胜导游团等，又有社会团体成立的旅游组织，如中国汽车旅行社、国际旅游协会、友声旅行团、精武体育会旅行部、萍踪旅行团、现代旅行社等。这批以营利为目的的中国旅行社承担了近代中国旅游活动的组织工作，填补了中国旅游业的空白。

新中国成立后，旅游业迅速发展。1949 年政府在厦门接管旧"华侨服务社"，创立了新中国第一家华侨服务社。1954 年 4 月 15 日成立了中国国际旅行社总社，1974 年成立了中国旅行社，1980 年 6 月成立了中国青年旅行社。自此，国旅、中旅、青旅三大全国性旅行社承担了绝大部分海外来华旅游者的招徕和接待工作以及国内游客的旅游业务。改革开放以来，尤其是 1984 年以后，中国旅游业快速发展。进入 20 世纪 90 年代，各种旅行社犹如雨后春笋般不断涌现。截至 2007 年底，我国共有国际旅行社 1838 家，国内旅行社 17882 家，总计共有旅行社 19720 家。

1964 年，中国旅行游览事业管理局成立（1984 年改为中华人民共和国国家旅游局），全国各省市也相继设立了旅游局，旅游管理进入有序状态，形成了旅游事业的管理网络。1983年，中国正式加入了世界旅游组织，1991 年加入太平洋亚洲旅游协会。1998 年中国国际旅游收入居世界第 7 位，占世界总额的 2.83％。2008 年，我国旅游业外汇收入 400 亿美元，国内收入 8700 亿元。

新中国的旅游业只用了 20 年的时间，就走完了欧美国家一个多世纪所走的路程。尽管我国的旅游业是初生的、有待成熟的产业，但有目共睹，20 年来中国旅游业的发展速度远远高于世界旅游业的平均发展速度，也高于中国国民经济的发展速度，创造了世界旅游发展史上的奇迹，成为横空出世的朝阳产业。中国旅游业的春天来到了！

9.2 旅游介体硬件系统的文化特征——以我国为例

9.2.1 历时性

（1）经济的制约

新中国的旅游业从无到有、从小到大，充分说明了国民经济对旅游业的决定性影响。旅游介体硬件系统，即旅行社、旅游饭店、旅游交通的设施条件，无不受到经济的制约。在新中国成立后的很长一段时间里，"旅游"这个词对广大百姓来说似乎很陌生也很遥远。交通不便，住宿简陋，是当时出门人的最深感受。改革开放以来，随着我国国民经济的迅速发展，专门为旅游服务的飞机、旅游列车、豪华客轮、豪华客车已不足为奇，星级宾馆星罗棋布。旅游业不仅有了旅行社、旅游饭店、旅游交通、旅游餐饮、旅游商品、旅游娱乐、旅游教育、旅游出版等多种行业和部门，而且出现了在景区景点建设规划中或直接投资、或以股份参与的，借鉴内外经验组建的旅游集团，如南京金陵饭店、上海锦江饭店、广州白天鹅宾馆等。它们的经营已不局限于一省一市，而是跨地区地进行强强联合，集团成员之间优势互补，不仅使内部设施档次提高，而且有企业文化个性，内聚力很大。如几年前四川成都饭店游乐部、灌县都江堰旅游公司、阿坝州旅游公司等五个单位牵头与省内四十多家旅游服务单位联手，形成松散型旅游协作网络，并成立了成都旅游协作网理事会，制定出以"统一招牌，统一旅游线路，统一价格和供应标准"为主要内容的协作网章程，使个体优势变成整体优势。又如天府旅行社和广元市旅游服务公司共同开发"三国蜀道"旅游路线，资金和技术的联合，使两地业务迅速扩大。

（2）体制的制约

多年来，在计划经济条件下我国旅游业一直走的是事业化发展道路，如"国旅"、"中旅"、"青旅"和国家旅游局一直是"政社合一"的关系，造成了对主管单位的依赖，同时也受到了不适当的行政干预，不能做到自主经营和自负盈亏。摊子大，包袱重，旅游企业小、散、弱、差，重复建设严重，追求小而全。直到 1997 年，这种状况才有所改变。现在中央旅游部门所属企业已基本做到"政企脱钩"，地方政府所属企业也将在两三年内实现这一目标。从改革发展较快的地区看，由于体制改革，旅游企业加速了集团化、规模化和经营多元化的步伐。如黄山、陕西在风景文物景区经营改革上勇敢地跨出了历史性的一步；北京建国饭店成为首家中外合资企业；全国初起的股票市场上出现了 28 家上市公司组成的旅游板块。旅游企业通过股份制改造，剥离不良资产，选择优良资产，踏上了经营升级的新征程。中国旅游企业正在深层次的改革和激烈的内外竞争中重组、拼搏和发展。

（3）发展中的完善和创新

从微观上分析，每个旅游企业内部的历史就是不断发展、不断创新、不断完善的过程。这个过程也反映了硬件系统的文化差异。如北京饭店主楼始建于 1917 年，其他附楼建于1954 年和 1974 年。1999 年扩建改造时，不仅保持了每一栋楼不同历史时期的建筑精华，而且增加了与之相应的时代风貌，形成了各自的文化个性，得到了有识之士的赞誉，"百年老店，风姿绰约"。又如金陵饭店，在当时国内引进外资兴建的大型酒店中，它是唯一由中国人自己管理的饭店。他们采取了"先仿后创"的方针，在硬件建设上首先是逐步形成比较完整的与国际水准保持同步发展的设施，进而努力开创自己的鲜明特色，被国内外同行称为"金陵模式"。

硬件系统的历时性差异还反映在企业营运后招徕顾客的手段上。旅游要求"太阳每天都是新的"。只有花样经常翻新，不断有新面孔出现，才能以新、奇、巧、趣迎接四海宾朋。

9.2.2 共时性

（1）民族性

我国有 56 个民族，每个民族都有独特的文化。它们是历史发展的产物，又栖身于历史的创造和传承中，其教育作用、娱乐作用都是独特的旅游资源。由于 56 个民族分布在全国各地，"百里不同风，千里不同俗"，因此这些地区的旅游介体所经营的旅游项目的共时性差异十分明显。多年来，经各地旅游业不断挖掘、丰富、改造、发扬，原本是少数民族自娱自乐性的风俗民情转化为了别具特色的旅游产品。比如云南白族婚礼参与游就借助了白族的节日三月街、绕三灵、耍海会、春节等。因为这些节日，当地白族及附近的汉、彝、纳西、藏、傈僳、回族人民纷纷参加，街上人山人海，既有各种农具、骡马、日用品、山货、药材、毛皮交易，又有特色工艺品、大理石制品、刺绣、草帽买卖，还举行传统的赛马等文体活动，是集盛大的物资交流和文娱体育活动于一体的大会；腊月和次年三月正是白族人家嫁娶的佳期，婚礼热烈、隆重、饶有风趣，持续三天。第一天"踩绷"，第二天"正喜"，第三天"回门"，双方亲友邻居热心参与，男方女方张灯结彩。唱贺词、扭秧歌、吹唢呐、敬美酒、吃喜糖、逗新娘，花样迭出，令人叫绝。

（2）地域性

我国幅员辽阔，不同的地区带有浓重的地域文化特点。比如山东旅游局将水泊梁山由来已久的民间习俗转化为旅游产品。一是斗羊，每逢集日、庙会、农闲，农民相约集合，常有几十乃至上百只雄羊参赛，互斗、轮斗，争斗不息，甚是热闹。二是斗鸡，每逢农历三月，举行盛大的斗鸡比赛，在直径 7 米的圆形场地，两鸡相遇，怒目对峙，伸啄强攻，腾空扑打，闪转腾挪，场面十分精彩。三是斗鹌鹑，鹌鹑冲出笼子，有陆地和空中两种斗法，翅扑爪挠，蹦蹦跳跃，上下翻飞，甚是有趣。由于梁山泊借《水浒》而出名，梁山好汉又以杀富济贫，仗义豪侠著称，这种不怕邪恶、敢于较量的性格正与山东的地域文化相吻合，所以"梁山脚下观'子斗'"的项目深受游客的欢迎。

（3）特色性

我国的自然人文景观星罗棋布，特色突出。凡是注意特色开发的，必然取得良好效果。以无锡旅游业为例，历史上无锡的建制小，名气甚微，人文资源不多，但他们在特色性上做文章，以"太湖美，美就美在太湖水"为宣传口号，在产品内容、产品形象上精心设计，开发出水上旅游、民俗旅游、宗教旅游、专业旅游、影视城旅游五大类型的近 50 个旅游项目，如游太湖、横渡太湖、中秋太湖赏月、品尝太湖船菜、湖边疗养、气功、针灸、按摩、湖上竞技等。每一项目的推出，都有很多的配套产品，比如横渡太湖，由于游程长，单程需 6 个小时，虽然湖光山色、风景优美，但时间过长，游客必嫌单调，于是他们在船上设有配套的太湖风光风情介绍、厨师与客人共做点心、套惠山泥人、变魔术、船上捕鱼等项目，使客人始终情绪饱满，游兴益然。正是由于无锡注重特色，其年接待国际旅游人数逾 20 万人次，国内旅游人数逾 1200 万人次，因此享有"特色生辉，跻身天堂"之誉。

（4）丰富性

旅游业是不能以不变应万变的，形式多样，内容丰富，"年年有新项目，岁岁有新变化"，才能形成优势，长盛不衰。纵观全国的旅游饭店、旅游景点，为了适应游客"娱"的要求，开发出了各种各样的"吧"，令人眼花缭乱，"泡吧"已成为旅游的重要项目。

如上海徐家汇的布吧，老式的木纺车、粗线车陈设其中，并有少数民族小姐担任现场指导，游客可以上机织布，亲手染布。

又如北京丽都饭店的运动吧，内挂著名球队的队旗、队服、全队合影、球星签名卡、球星场上图片、球类纪念品，高清晰度的大屏幕彩电，整日播放着体育迷们百看不厌的精彩运动场面集锦、历史回顾片以及各家电视台的体育频道。令人兴奋的音乐、热烈的气氛、共同的话题，加上投篮、飞镖、台球等可参与的活动，使游客踊跃而至，乐此不疲。

还有茶吧、水吧、网吧、书吧、戏吧、陶吧、楼吧等，丰富的趣味性、休闲性，填补了旅游间隙的空虚和无聊，无疑是新观念、新思维。

9.3 旅游介体软件系统的文化特征

9.3.1 旅游管理

（1）旅游管理的含义

旅游管理包括宏观的和微观的管理。宏观管理指的是对全国或一个地区旅游活动的管理，目的是理顺与旅游相关的各方面的关系，促进旅游业健康有序地发展。其核心是以经济手段、法律手段、行政手段组成宏观调控体系，其特征是以间接控制为主，其中，经济手段是根本，行政手段只是借助性的。微观管理是指对一个饭店、一个旅行社、一个车队的管理，目的是以科学的管理调动全体职工的积极性，提高企业的经济效益和服务质量。

（2）国外旅游管理的基本模式和发展趋势

第二次世界大战后，为适应国际旅游业的迅速发展，许多国家和地区先后设置了中央旅游行政管理结构。从 20 世纪 70 年代以来，没有设置中央旅游行政机构的国家纷纷设置了机构，已经设置机构的国家进一步完善了中央旅游行政机构的内部和外部设置。可以说强化行政机构在中央政府中的地位和作用已成为近 30 年来的世界性趋势。

这一趋势包含以下两个方面的内容。一是提高旅游行政机构在政府中的地位。前苏联在 1965 年成立国家旅游事业总局；罗马尼亚 1960 年在外贸部下建立旅游总局，1970 年建立了单独的旅游部；马来西亚 1972 年成立了旅游发展公司，隶属于贸工部，1987 年成立了文化旅游部。其他在 1970 年以后提高旅游行政机构地位的国家还有法国、阿尔及利亚、科特迪瓦、土耳其、新加坡、芬兰等。二是建立和健全旅游协调机构。由于旅游业的综合性，所以旅游业的管理除了完善内部机制之外，还必须与相关的政府机构实现真正的协调和配合，于是各国中央政府中的旅游协调机构应运而生。多数国家都在政府中设有旅游协调机构，形式各异，但管理职能有以下共同点。①成员的广泛性。凡与旅游业直接关联的政府部门，在该协调机构中无一不有。②机构的权威性。该机构主要从事协调，有职有权，多由总理或副总理亲自负责，如突尼斯、泰国、马来西亚，机构成员有相关的部长、副部长、主管局长。机构一旦形成决议，多作为政府意旨交由各部贯彻执行。③旅游部门的主导性。旅游行政部门代表在协调机构中大都处于唱主角的地位。

（3）我国旅游行政管理的体制改革

我国旅游行政管理体制存在的问题是明显的。

首先是思想观念问题。在计划经济的体制下，我国的旅游业，特别是国际旅游业，需要执行和体现我国的对外政策、经济政策和统战政策，因而成为一种政治性较强的行业。当然利用国际旅游业进行对外交往是必要的，但是不能用政治性较强这一特点去掩盖和混淆旅游业是经济产业这一根本性质，必须按经济规律对旅游业进行宏观和微观的管理。

其次，体制矛盾突出。地方保护、行业保护造成了相关部门之间相互扯皮，一是效益好的地区、景区，园林、文物、宗教部门、旅游部门各霸一摊，争着建饭店、宾馆，造成了规模过大、档次偏高、严重失控，形成不了统一的管理和领导，对外招徕和推销缺乏统一的协调组织，外联权过于分散，发挥不出应有的效益。二是无章可循，无法可依；有章不循，有法不依。三是某些地区过去不运用经济杠杆，而是靠行政干预；现在又只讲经济杠杆，放弃必要的行政干预。需要真正树立科学管理的意识，增强商品经济的观念，运用行政的、经济的、法律的手段解决这些问题。总体上说，体制改革要有利于进一步调动中央和地方的积极性，理顺地方和行业之间的条条块块的关系，在充分保证地方责、权、利的同时，加强宏观管理，做到"管而不死，施而不乱"。要有利于搞活旅游经营单位，有利于发展旅游生产力、提高旅游业经济效益，解决上层建筑与经济基础不相适应的矛盾。可喜的是，最近几年我国的旅游管理部门重视旅游体制改革，所有制结构得到调整，出现了国有、合资、合营、个体企业多种经济形式并存，相互竞争的态势；相当部分的旅游企业已成为独立经营、自主核算的商品经营者，政企分开的进程加速；旅游管理的调控方式得到改变，行政干预正逐步向利用经济和立法手段管理过渡；少数地区已建立面向全行业的管理机构。

（4）我国旅游企业的体制改革

旅游体制改革落实到具体旅游企业就是要使其成为相对独立的商品经营者，具有自我积累、自我改造和自我发展的能力。

以苏州青旅为例，当初靠"半个电话，一张桌子"创业，如今已成为拥有 50 余辆豪华大巴，4000 平方米的写字楼，4000 万元的固定资产的全国百强旅行社。1998 年旅游营业收入 3030 万元，接待外宾 63998 人，连续两年获企业资信等级 AA 级。早在 1993 年，他们就实行了"内部法人制"，即将"中层副职聘任权、奖金福利发放权、人员进出调动权"全部下放给部门经理，一跃而进"百强"。1994 年，他们又进行了财务管理体制改革，即将应收应付的财务责任落实给部门正经理，将发展业务与财务收账紧密结合在一起，经济效益十分明显。1996 年他们进行第一次股份合作制的改革，章程规定注册资本是 200 万元，团市委出资 130 万元，青旅职工出资 70 万元，凡从事国际旅游业的职工，相关部门干部必须入股，45 个股东，每股 2000 元，每人至少 1 股，最高 18 股。1997 年又进行了真正意义上的股份合作制的改制，注册资本 325 万元，员工个人股 195 万元，团市委 130 万元，每股 10000 元，总经理 12 股，副总经理、董事 10 股，中级职员 8 股，普通职工至少 6 股。对青旅原有资产进行清产核资，净资产验证，资产剥离。改制后高级职员由任命制改为聘任制，职工能进能出，实行奖罚分明的激励机制，企业费用节省，投资决策科学，服务质量提高。1999 年 10 月 18 日，苏州青旅正式通过 ISO 9001 认证，成为江苏省首家通过认证的旅行社，在改革中达到了资源、人才、效益的最优化。

国际上许多旅游集团，尤其是饭店集团，通过跨国经营、统一促销、联网预订等措施，进行国际竞争，扩大客源市场占有率。我国旅游企业体制改革的战略目标应重视集团建设。这种集团的建立，一是有效地打破行政"壁垒"；二是通过一些有经营管理经验，服务质量优良的旅游企业为核心组建集团，实行统一的标准化管理，在全行业管理中起到帮助促进、指导监督、控制惩处的作用；三是保证国家整体经济利益，改变各地、各家、各人一盘散沙，为一己利益奋斗，坑他人、损国家、肥外商、饱私囊的状况。以 1999 年 6 月 30 日成立的西安旅游集团为例，他们注册资本 1.3 亿元人民币，由西安旅游股份有限公司的固有资本，西安海外旅游总公司的国家出资额，西安市中国旅行社，周至县楼观台——太白山旅游开发总公司，长安县翠华山旅游公司组建，经营领域涉及旅行社、宾馆、餐饮、娱乐、旅游资源的开发、建设、经营，管理，旅游纪念品的研制、生产、经营、进出口。以投资、融资、贸易、旅游服务、技术合作等多种形式广泛发展国内外两个市场，在西安发展旅游主导产业的进程中发挥了主力军的作用。

9.3.2 旅游服务

（1）服务性

旅游介体属第三产业，服务性是旅游介体的工作特性，属于非生产性劳动，是一种通过提供一定的服务活动创造特殊使用价值的劳动。旅游介体的从业人员，如管理者、导游员，他们的工作是一种高智能、高技能的服务，是一种综合性的高级服务。这种服务应遵循人际关系的平等和角色的不平等的原则。如收取相应的费用，提供令游人满意的服务；既以主人身份热情地接待宾朋，又作为游客的代表和各接待协作方交涉，维护游客的权利，同时还要为旅游者提供周到满意的服务。早在一百多年前，托马斯·库克创办世界上第一家商业性旅行社时就明确提出其服务宗旨是"为一切旅游者服务"。言简意明，因而成为旅游业遵循的纲领。

（2）规范性

1991 年 5 月国家旅游局发布《旅游行业对客人服务的基本标准》，中国旅游业有了自己的服务准绳。正如引言中所说："为了提高旅游服务质量，保护旅游者的合法权益，满足旅游者的合理要求，贯彻'宾客至上，质量第一'的宗旨，特制定本'标准'。"标准明确提出对客人服务的基本标准包括旅行社、旅游涉外饭店、旅游涉外汽车、旅游涉外餐馆、参观游览点对客人服务的基本标准，其共性的基本原则是"宾客至上"的原则，维护游客合法权益的原则，规范化服务与个性化服务相结合的原则。1996 年 11 月 28 日，国家旅游局发布《旅行社管理条例实施细则》，1997 年 7 月 3 日发布《旅行社国内旅游服务质量要求》的行业标准，连同 1988 年 8 月国家旅游局发布的《中华人民共和国评定旅游（涉外）饭店星级的规定》，1994 年发布的《关于加强旅游团餐饮质量管理的意见》等法规，形成了一整套保证旅游业质量的系列法令法规，使旅游服务走上了规范化、法制化的轨道。

（3）个性化

旅游介体一方面应按照国家行业标准提供各项服务，另一方面还要根据游客集群消费习惯有针对性地做好个性化服务。比如欧美人追求阳光和享受，一般出游时间至少两星期，度假旅游、田园乡村旅游、山岳旅游是其主要方式；而日本人海外旅游的特色是"廉价、近距离、短时间"，一般日程是 6～7 天，喜欢走马观花而不喜欢单调的度假，而新婚旅行、体育爱好者和青年学生旅行又占大半。所以近几年来我国根据欧美旅游者的特点，在海南岛和福建厦门开发度假区，其服务形式类似于美国夏威夷和日本冲绳，解决交通和综合服务设施，控制工业发展，提高服务质量。而对于日本青年学生旅游潜力大的特点，以华东为主要区域，建一些青年旅舍、低档饭店，尤其是开辟散客旅游项目，开发具有丰富文化内涵和浓郁地方特色和民族特色的旅游产品，增加自娱性、互动式的项目，提供知识面广、文化素质高的导游人员，以满足其求新、求异、求趣、求乐的要求。

（4）重宣传

相比国外，我们的旅游宣传十分乏力。花费在吸引一个外国游客身上的宣传费，英国平均为 1 美元，新加坡为 2.2 美元，日本为 8.1 美元，我国仅 0.25 美元左右，许多外国人由于不了解我国旅游产品性能而不敢贸然来华。注重旅游宣传，是旅游服务的一项重要组成部分，也是旅游介体的文化特征之一。比如 1999 年 12 月 11 日，张家界组织了匈牙利、俄罗斯、美国、哈萨克斯坦、捷克、立陶宛、法国等国飞行员参加穿越张家界天门洞的竞赛，盛况空前，大获成功，奇山秀水顷刻间世界知名，特殊的宣传方式使张家界旅游火爆起来。

9.4 旅游文化与品牌战略——以我国为例

9.4.1 旅游品牌战略

现代社会是一个商品品牌无处不在的社会，旅游既然是一项能带给人们更高层次精神享受的商品，当然应该有自己的品牌。旅游介体作为一个产业更应该具有品牌战略意识。

我国的星级饭店、国家级旅游风景区、国家旅游度假区、一类旅行社等等都是一种品牌，是国家旅游行业管理部门依据相应的条件对旅游行业进行的等级评定，是国家授予旅游业的品牌。

随着市场竞争的日趋激烈，仅靠政府的行政恩赐是远远不够的，更多的则需要旅游业自身具有勇创品牌的意识，创造名牌产品、名牌企业，进而发挥品牌效应。这一意识已被很多有识之士所接受，并努力付诸实施。以浙江省为例，1996 年 6 月，提出了为发挥旅游资源的区域优势，加强市场开拓和产品开发，使旅游业尽快成为浙江省的支柱产业，把浙江建成具有国际影响和国内竞争优势的旅游经济大省。注重整体效应、品牌效应和政策效应，确立大旅游的发展思路，立足资源开发，高起点规划。近几年浙江形成了以杭州为中心，东西南北辐射的全省旅游网络，并开发出金秋国际旅游节、钱江观潮节、浙东水乡佛国游、绍兴生态游、天目山森林游等一大批具有浙江特色的节庆活动和项目，成为浙江旅游走向世界的名牌产品。我国的旅游企业唯有迅速进入到旅游产品的品牌经营阶段，才能在经济效益和社会效益上再上一个台阶。

9.4.2 提升文化内涵，提高品牌档次，形成品牌特色

1999 年 5 月"北京旅游品牌设计研讨会"在北京召开，相关研究机构、大型旅游企业参加了大会，就中国旅游企业的品牌建设问题广泛发表意见。大家一致认为，旅游品牌的竞争说到底就是知识的竞争，是高素质旅游策划、经营的竞争。那种粗放型的出卖旅游资源，靠降价这种原始方法开展的竞争，不能发挥产品高价值作用，难以实现旅游业的可持续发展。实际上旅游品牌开创、发展的过程，就是不断对企业文化形成、发展、改造、创新的过程。比如北京饭店是一家百年老店，它之所以成为品牌就是因为在百年沧桑中经历了风风雨雨。它的丰富的历史背景、独特的地理位置、不同时期的文化精华，都曾在国际旅游的大舞台上有过举足轻重的地位。它的每次改造，在继承和创新关系上处理恰当，突显了各个历史时期的特色，四座外观风格迥异却又浑然一体的建筑群，反映了我国饭店业几个时期的更迭，不愧为中国饭店业发展史的活化石，被誉为"神州第一店"。

当然企业硬件的文化特色改变不易，因为它是要以雄厚的资金、技术为后盾的。但品牌可以有多个层次、多个侧面的内容。以北京凯莱大酒店为例，它们利用原有的场地设备，走挖潜改造之路，独树一帜地在店内建起了运动城餐厅，营造出一种青春动感的环境气息，只要一进入餐厅，情绪立即被调动起来，跑道餐厅、灌篮餐厅、篮球吧、游艺室大比拼，美味的运动餐、电视播放的 ESPN 体育节目、抬头可见的明星巨照、真人大小的名将雕塑都在刺激你的胃口，引诱你心甘情愿地消费。美式大餐、亚洲美馔佳肴、百余种鸡尾酒、冠以"运动味"的食品——"法兰西世界杯"、"芝加哥公牛"等无不体现了文化时尚。可见品牌的树立就是建立起一个适应旅游业发展的人文环境和完整的文化系统。

9.4.3 展示整体形象，促进合作发展，加强联系沟通，树立中国旅游业的大品牌

2000 年 4 月在大连举行的"2000 年中国旅游风景区度假区博览会"，首次将中国优秀旅游城市、参创城市及其他城市和地区的旅游风景区、度假区、国家森林公园、大型主题公园、旅行社、旅游饭店、旅游车船公司、旅游纪念品和酒店用品生产企业汇于一体。一是通过展示业绩，增进了解，宣传我国旅游业的整体形象，使业内人士和社会公众更深刻全面地了解中国旅游业的品牌；二是促进合作，推动发展，通过对旅游资源和产品的集中展示，促进旅游六大要素相关企业之间的了解和广泛合作；三是加强旅游管理部门与旅游企业的联系与沟通，促进旅游业质量的全面提高。这是中国旅游业追踪国际旅游业的重要举措。

思 考 题

1. 什么是旅游介体？
2. 简述旅游介体硬件系统的历时性特征和共时性特征。
3. 简述旅游介体软件系统管理方面的特征和服务方面的特征。
4. 怎样树立旅游介体的品牌战略意识？

10 中国旅游介体的文化特征

10.1 旅行社

10.1.1 概述

新中国成立以后，我国旅行社发展很快，尤其是 20 世纪 80 年代末期，从以政治接待为主的行政机构转变为以营利为目的的企业，至今已形成近 2 万家旅行社组成的全国性服务网络。1988 年 6 月国家旅游局发布《旅行社管理暂行条例施行办法》，从此我国旅行社走上了依法管理、规范运作的轨道。1996 年颁布的《旅行社管理条例》进一步明确，"旅行社是指以营利为目的，从事旅游业务的企业。"

我国现行的旅行社基本业务为：①产品设计、宣传与销售业务；②接待业务；③会计业务。其职能有：①生产职能；②销售职能；③组织协调职能；④分配职能；⑤提供信息的职能。基本业务是具体职能的体现，是在旅游者从产生旅游动机到旅游结束的全过程中，提供给旅游者相应的服务。其运作过程是旅行社通过市场调研及时了解旅游者的旅游动机，从而有针对性地设计旅游产品；而在向旅游者搜集旅游信息时，则应适时开展旅游促销活动，提供优质的咨询服务，使旅游者方便地获得旅行社产品信息，以质优价实的旅游产品引发旅游者的购买欲；旅行社在销售产品后，向相关部门购买各种旅游服务，落实各个旅游环节；当旅游者到来时进行周到细致的接待服务，解决旅游者旅游过程中的所有问题，使游客慕名而来，满意而归。

10.1.2 迎接加入世界贸易组织后的挑战

中国加入世界贸易组织（WTO），旅行社行业受到冲击不可避免。我们采取的对策是逐渐放开，先期仅是"打开门"，而不是"敞开门"，但这是采取的"政策限制"，而非自身优势，是被动阻挡而非平等竞争，是短期行为而非长久之计。根本的办法只能是未雨绸缪，尽快提高自身的管理水平和竞争实力，尽快缩小差距。只有这样才能立于不败之地。

面对入世后的形势，有识之士指出，旅行社是中介机构，"数字化生存"是同业内部竞争的重要手段。目前美国互联网用户已近 6000 万，1997 年 11 月调查显示，1380 万美国人在互联网帮助下安排旅行，630 万人通过互联网接受预订。作为旅游者，鼓励和刺激他们利用互联网制订旅游计划和预订旅游设施的动力在于第一手资料，更多的选择、更方便的购买方式、更低廉的旅游费用。旅游产品供应商也利用互联网降低营销成本，包括省去机票代理商的服务费，及时直接地了解供求双方信息，网络订房系统，国际性连锁酒店。我国目前的信用消费、网上购物远未普及，通信费用较高，因此经营国内旅游和中国公民出境旅游业务的旅行社似无近忧。但是外国航空公司和外资旅游饭店的跨国化，一体化经营，使我国旅游入境市场实际已处于开放性状态，全球一体化的数字经济会严重挤压经营入境业务旅行社的生存空间。如何在新形势下求得生存和发展确实是旅行社面临的新的考验。

10.1.3 致力生产特色产品

首先，必须满足旅游者变换生活环境、调节生活节奏的需求，这是因为现代化的工作生活实际上是重复着同一内容和同样的节奏，带来心理上的单调感和枯燥感，造成心理压力和心理疲惫。旅行社就是要设计一种全新的环境条件，改变游客的生活内容，使其神经松弛，精力和体力恢复，使身心节律得到调节。我国从 20 世纪 90 年代以来，每年推出一个新的宣传主题，山水游、文物古迹游、民俗风情游、度假休闲游、华夏城乡游，结束了"爬了几座山，看了几个庙"、"白天看庙，晚上睡觉"状况，从静态观赏发展到直接参与。比如在生态旅游中"水上游乐"成为旅游热点。我国是世界上海岸线最长的国家之一，北至大连，南至海南，几乎凡有自然港湾的地方和著名的海滨旅游城市都开辟了水上游乐活动，而内陆的广阔的江河湖泊、上万个水库，也正在发展水上游乐活动。目前国内已建和在建的旅游度假区200 多处几乎都是临水的，大型饭店中有 300 多家也是靠近水域的。而经济发达地区的水上游乐项目已很上档次，如上海格兰特国际游艇俱乐部、大连国际游艇俱乐部，它们都借鉴了新加坡、马来西亚等国水上游乐项目发展的经验，因而设施先进，管理到位。北京石景山的游乐园扩充了"水上世界"，有大型水滑梯、人造海浪池、变形游泳池、儿童嬉水池、儿童水滑梯、家庭乘筏式滑道等项目。及时开辟这样的项目，能让游客体会到刺激惊险的乐趣和欢乐惬意的满足。

其次，必须满足旅游者探索求知的需要。了解自身以外的事物，尤其是新奇的事物是人类的天性。奇妙的自然风光、动物植物永远具有吸引力。不同的文化习俗，有异于所居地区的政治、经济、文化生活、风土民情、民族习惯等都是旅游者希望探求的。

不少旅行社很注意开发不同生活方式旅游资源。一些看似平常的文化习俗经高明的旅游线路设计者的包装，就呈现出五彩缤纷的文化内容。比如"中华名城游"，选的都是大城市，而又特地将都市文化性格作为内容，北京胡同游、上海外滩游、广州珠江游、天津文庙游、深圳特区游、武汉三镇游、成都山城游，可以说一方水土养一方人，一个城市造就一种都市风格。

多样化发展已成为今后旅游业发展的趋势，在原有的仿古旅游、游船旅游、康复旅游、专业旅游、业务旅游、会议旅游、乡村旅游、奖励旅游的基础上，探险旅游、文化旅游、生态旅游、主题公园旅游等新的旅游形式将成为热点。

再次，必须研究心理学。因为旅游心理学家把人们的旅游动机分为健康动机、文化动机、交际动机、地位和声望动机。其中身心健康动机是旅游的主要目的，尤其是欧美人，他们历来崇尚轻松、愉快、休闲、疗养型活动。如寒山寺新年撞钟、太湖中秋赏月、西双版纳泼水节、哈尔滨冰灯、潍坊风筝节、泉州元宵灯台、湖南龙舟竞渡、学太极拳、学中国烹饪、疗养、钓鱼、自行车、滑雪、狩猎以及学中国的京剧、杂技、歌舞等，这些活动有参与性，但活动量不大，有趣而且易学易懂。

最后，必须满足旅游者社会交往的动机。就是人们为探亲访友，进行文化、宗教、科技交流，参加婚嫁、祝寿而进行的旅游。比如日本 JTB 的报告显示，日本人赴海外度蜜月占新婚夫妇总数的 97.6％。我国旅行社为此以"价格便宜些，距离近些，时间短些"为报价原则开辟了相关旅游线路，推出 4～6 天的旅程、档次控制在 40 万～60 万日元之间的蜜月旅行。所以我国已逐渐成为日本人度蜜月的新选择。

旅游者社会交往的动机是需要引导的，旅行社必须善于抓住契机，相机推出旅游线路招徕游客。1999 年 9 月韩国政府郑重确定"韩中旅游友好月"，通川江经贸有限责任公司与韩国观光公社联合北京 11 家旅行社共同推出"'99 世纪庆典"活动，吸引 999 对新婚夫妇到韩国举行大型婚庆仪式。我国旅行社和韩国观光公社共同安排游览项目、喜庆活动，营造吉庆祥和的氛围。由于日期是 1999 年 9 月，是千年轮回独一无二的佳期，又是韩国气候最宜人的季节，9 月 9 日 9 时 999 对新人在汉城（2005 年改名为首尔）奥体中心举行盛大的婚礼。韩国政府要员及各大集团首脑亲临主持庆典并赠送纪念礼品，晚会则是在有东方迪斯尼乐园之称的爱宝乐园加勒比海湾举行，礼炮、大型的户外派对、一流的美酒晚宴、超值的礼品、幸运抽奖活动，把庆典推向高潮。此后新婚夫妇还游览了济州、汉城、龙仁、扬平，参观了济州岛内名胜：龙头岩、火山口、神秘之路、青瓦台总统府、景福官等。

10.1.4　努力塑造企业形象

现在不少旅行社都提出，要生存发展必须打造自己的品牌，如宁波五一旅行社提出"最佳旅行社要树最佳形象"。依托旅行社对游客的一片真诚，依托自己优质服务的实力和游客至上、恪守信誉的职业道德树立企业形象。他们不仅有先进的管理制度，而且有严格的考核措施，实行团队档案化，操作规范化，服务质量监督和投诉处理程序化，把企业的文化素质优势转化为品牌优势。但是从普遍情况看，一些旅行社，对于旅游产业的政策信息、统计信息、管理信息、教育培训信息、中长期市场经营信息都不同程度地存在着收集困难、加工粗放、披露不足、应用缺位、管理非专业化的状况，在项目确定、产品开发、市场宣传促销方面都是令人忧虑的。对知识经济的了解和追踪，尤其对旅游人才的发现、培养、重视与使用，是中国旅游界一个十分迫切的问题。只有加大对旅游业的智力投入和对旅游人才的科学使用，才能使旅行社在竞争中得到长远的发展和迅速的腾飞。

10.1.5　提高导游人员素质

（1）概述

导游是旅行社的重要成员。导游在旅游接待工作中起着协调、沟通的重要作用，导游业务是旅游接待工作的中心环节。

导游是与旅游活动同时产生的。历史上封建时代帝王巡幸时的陪臣、侍从，外国使臣来访时的"译官"，学子、文人漫游时的书童、老仆，以及接待他们的僧侣、樵夫、马夫、店小二，这些角色都是导游的雏形。1845 年英国人托马斯·库克创办了世界上第一家旅行社，首次组织了由导游带队的旅游团，其特点是，导游负责全程食、住、行、游、购、娱的安排，沿途讲解，活动有日程表，收取服务费。于是商业性导游正式诞生。1927 年陈光甫先生开办了"中国旅行社"，从此中国有了第一批导游。

1999 年 5 月中华人民共和国国务院发布了《导游人员管理条例》，旨在规范导游活动，保障旅游者和导游人员的合法权益，促进旅游业的健康发展。

导游服务的性质虽因时代、国家、社会制度、意识形态、民族文化不同而有所不同，但各国在长期旅游实践中也提炼出导游的共同属性，即①社会性，面对八方宾朋，是一种社会职业；②文化性，传播本民族的传统文化和现代文明，同时又吸收各国各民族优秀文化；③服务性，以复杂的、高智能、高技能的服务，满足游客的要求；④经济性，直接创收，扩大客源、促销商品、促进经济交流；⑤涉外性，是无冕的民间大使，增进各国（地区）人民的友谊。

旅游接待过程即是实现旅游产品消费的过程。尽管旅游消费过程是指向游客提供食、住、行、游、购、娱的服务，都是非旅行社的旅游部门分别运作的，但将这些服务串联起来，有序运作，使产品和相关服务的销售得以实现，取得利润，同时也使游客在旅游过程中的种种需要得以满足，这一切完全有赖于导游的安排。

（2）借鉴旅游发达国家的先进经验

旅游业是 21 世纪的朝阳产业。1992 年 6 月联合国召开的环境与发展大会，研究 21 世纪 "可持续发展世纪" 的特征，指出人们追求人与自然、人与环境、人与世界和谐共处将是时代主流。世界旅游业在实现 "和谐共处" 这个目标的行动中越来越发挥着举足轻重的作用。21 世纪的导游必将走向导游手段的高科技化、导游内容的高知识化、导游方法的多样化。一些旅游业发达国家早有准备，他们早已看准亚太地区，尤其是中国的旅游资源市场和旅游客源市场。我们只有清醒认识、冷静分析面对的竞争对手，才能以 "他山之石" 提高我们的导游服务的档次和水平。

旅游业发达国家和地区十分注重导游培训工作。以英国为例，它的导游在国际旅游界享有较高的声誉，他们很重视导游培养，三十多年前专职导游培训就上了轨道。伦敦的 "伦敦会议观光局"、"英国导游协会伦敦分会" 每年联合举办一期导游培训班，前者负责组织工作，后者安排培训过程，教师一般由资深的导游担任。招生报名在 6～10 月份，伦敦地区每年大约有 250 名报考者。但报名不等于有资格参加培训，首先要通过入学考试，然后由招生小组根据个人简历和初试成绩，挑选出 85 名候选人复试（面试），面试重点是考察报考者的形象和性格是否适合于做导游工作，录取 40～60 名，年龄虽然无限制，但被录取者多在 21～35 岁。这种宁缺毋滥的招生原则保证了导游的基本素质。他们采取的培训方法，一般是 10 月开始到次年 4 月结束，利用星期三晚及星期六全天学习，基本是业余的，培训方法灵活，无固定教室，无固定教师，无固定教材，仅有具体的指导老师。开学时发一份日程表，详细安排授课时间、地点、内容、执教老师、实习项目。培训内容十分广泛，包括：①历史知识，因历史背景知识是最基本的，也是导游的基本功，包括英国断代史、宗教史、伦敦城变迁、历史名人传等；②历史遗址与名胜，这是旅游者的目的地，也是导游的舞台，课程有 "伦敦塔"、"威斯敏斯特大教堂"、"大英博物馆" 等伦敦城内游览地，也有温莎堡、牛津、剑桥、格林威治等伦敦周围的名胜；③文化知识，如英国的音乐、绘画、建筑艺术、王室与贵族等；④导游技术知识；⑤实地导游训练。培训以后进行严格的考核，期中一次，期末全面考试，分为口试、笔试、实地导游考核。口试安排在 1 月份。笔试分 4 张考卷，第一卷是常识，第二卷是旅游和导游的实践，第三卷是 "伦敦周围一日游"，第四卷是作文。实地导游考核分 4 次，第一次是一整天的汽车游览考核，第二～四次分别是威斯敏斯特大教堂、伦敦塔、大英博物馆的半日游考核。考核由伦敦旅游与会议局、英国旅游代理人协会、英国导游协会和英国接待外来旅游经营商协会的代表组成，不仅要阅卷评分，还要对考生分门别类写出评语。这其中语言技巧、麦克风技巧、时间安排、带团艺术以及导游的连贯性、选择性、趣味性、准确性都在考核之列。

不仅是英国，许多国家都十分注重导游培训，而且有法律对他们的行为进行约束与保障。如法国对从事翻译导游的专业人员制定了具体的法律规定。法令将导游分成三类：①在全国范围长期从事导游的全国翻译导游；②在一个省或市镇长期从事导游的地方翻译导游；③季节性从事导游的助理翻译导游。不同资格必须有不同的相应的学历，并经考试合格后方能录用。其中对全国翻译导游要求最高，要持有高级旅游专业证书、艺术考古学士证书、卢浮宫艺术学校毕业证书，懂两门外语，已从事 5 年翻译导游工作，并通过规定考试。所有考试条件均由负责旅游事务的部长决定。导游必须遵纪守法，若犯严重过失或有违法行为，发证机关有权吊销其执照。

高素质的导游具有很高的文化层次和导游技能，他们的讲解是一种艺术，并形成自己的风格。比如我国一外交官以其亲身经历列举了埃及开罗的三个导游。一是有外交家风度的阿里。他毕业于开罗大学文学系，取得了博士学位，精通英、法、德文和古埃及象形文字，通晓世界政治、经济形势。在参观大金字塔时，他详尽介绍了金字塔的历史、结构、建筑风格以后，指着一家饭店说："1943年，中、美、英三国首脑在这里举行开罗会议，发表了'开罗宣言'，宣布把日本侵占的中国领土归还中国，坚持要求日本无条件投降，预示着世界人民反法西斯战争的胜利。"他是"寓政治于导游之中"。二是善讲故事的克里斯。她30多岁，声音甜美，语言生动，善用悬念，让旅游者紧紧跟着她的讲解去观察思考。比如在卢克索卡纳克神庙旁，面对尼罗河的古码头遗迹，她向客人讲述尼罗河娶妻的故事。当时人们因感谢尼罗河的恩赐又惧怕它的泛滥，于是每年定下时日，在古码头附近将选取来的美女投入河中，以博得尼罗河的喜欢。她说："这个做法已延续了几千年，直到现在仍保留这一习俗。"说到这里，她停了一下，笑着看着游客不解的神情接着说："不过，现在投入河中的美女是塑料做的了。"当中国游客向她介绍"河伯娶妇"的故事后，她很兴奋地说："我喜欢中国这个故事，西门豹先生比我聪明，在今后的导游中，我一定将这个故事加入到我的导游词中。"三是见解深刻的马斯赖。他原是阿斯旺首席古迹视察官，很有地位，退休后当了3年导游。他虽是退休官员，但一举一动严格按照导游程序和规程行事，根据场合不同，或表情严肃、态度认真，或表情欢快、语言幽默，如同一位表演艺术家。他说："导游是祖国的一面镜子，是祖国的代表，来访者是通过导游来了解我的祖国的，我感到自己的责任。所以我要求自己的言行都能给客人留下好印象。"

（3）提高自身的综合素质，提高导游服务的文化内涵

国家旅游局根据旅游业的情况提出了导游的素质——良好的思想品德、渊博的知识、较强的独立工作能力和创新精神。为了提高导游业务水平，必须加强导游人员自身的修养，这包括情操修养、道德修养、学风修养、文化修养。但是现实情况是不尽如人意的，有的导游词汇贫乏、怪腔怪调、言语不畅、言不达意。有的死记硬背，"百病一方，一视同仁"，枯燥干巴的语言，呆板的数字，自己讲得无精打采，听者更是昏昏欲睡。有的则一知半解，以虚代实，夸夸其谈，胡乱杜撰，张冠李戴。这一切严重影响了我国导游服务水平的提高，不利于我国旅游业的发展。而要从根本上解决这些问题，必须从加强旅游教育入手。而且旅游教育的内容不能太窄，应注重文化素质的培养，应拓宽知识面，如同旅游业相关的城建、园林、文物、交通等，这样才利于旅游业的发展。

我国现在大多数旅行社为提高导游的文化素质和导游服务技能，多采取速成的行业培训，比较规范的旅行社则采取多渠道的培训。如西安国旅依靠自身力量，建成导游培训中心。他们一是依托高等教育采取岗前培训，比如从社会上招聘大专水平的青年，送西安外国语学院旅游专业培训，培养外语导游，或一次抽调8名法语导游、1名英语导游到上海、北京等地的名牌大学进行意大利语和西班牙语改科学习；二是在旅行社内不断进行全员培训，凡在分社工作3年以上的导游骨干，针对他们口译多、笔译少，说得多、读得少、文物与生活词汇多、其他知识词汇掌握少的具体特点，请西安外语学院教授讲授英美概况、阅读理解、英美报刊文摘、写作技巧、当代英美时事讲座、日本文学、日本文化史等课程；三是对于工作一两年的导游，开办混合基础班，由分社领导、部门领导进行职业道德教育、基础知识教育，开设外交政策、外事纪律、旅游概论、导游概论、导游知识、接待程序、财务结算、旅行社管理等课程，采取讲授、讨论、示范导游、现场导游讲解分析等灵活多样的方式，从知识、技能多方面提高导游素质；四是对于旺季招聘、借用的兼职导游，举办导游证考试培训班，合格者聘用上岗。这种多渠道培训方法，适合中国旅游业的现状，切实可行。

当然作为导游人员更应注重自我修养、自我完善，形成自己的风格特点。比如西安国旅的孟宽让导游，1978年从西安外国语学院毕业后，从事专职法语导游。他已接待近千个旅

游团，一年接待量在 70 批左右。他在最初从事导游工作的十年中，克服条件差、资料缺的困难，利用休息时间，提着录音机，到各游览点把其他陪同人的导游词录下音，整理出一套几万字的法语讲解材料。1983 年全国旅游系统翻译职称法语考试，他的分数名列全国第一。他的法语流利漂亮，知识丰富，导游讲解恰到好处，点到人心，更可贵的是他勤奋、智慧、谦虚。法国著名导游专家约翰·高恩先生高度评价说："我在中国接触过成百上千名翻译导游人员，孟宽让是最好的。"实际上资深导游是各旅行社的"抢手货"和"招牌产品"，随着旅游业的深层次发展以及旅游形式和内容的不断丰富，具有一定专业知识水平的新型导游，正受到各旅游企业和导游本身的广泛重视。1999 年，广东旅游培训中心连续开办"森林生态导游"、"海洋生态导游"培训班，许多资深导游踊跃参加。从广东看全国，导游的整体素质的提高将在旅游业竞争中越来越显示出实力。因为导游的"高知识"服务不仅可以诱发需求，引导需求，而且可以创造需求。导游通过讲解、演示、剖析旅游商品，可使旅游者直接了解产品的特征、性能、用途，消除游客的疑虑，让游客开阔眼界，产生新的消费意识，培育自己的消费群。可以说 21 世纪旅行社以导游品牌服务创造消费群体必将成为激活企业的新思路。

10.2 旅游饭店

10.2.1 概述

从世界范围看，19 世纪中叶前，外出旅行者大多是与商务有关的国内旅行，车马、帆船为主要的交通工具，城镇中的客栈、旅店是食宿的接待设施。19 世纪中叶到 20 世纪中叶，因业务外出、专项旅游度假的人数不断增多，铁路、轮船成为交通客运的主要手段，以"饭店"、"宾馆"为称谓的食宿接待设施开始在住宿业中占据主要地位。第二次世界大战后，随着科学技术和社会经济的发展，汽车成为客运的主要交通工具，飞机则为远程旅行的主要工具，推动了旅游市场的扩大和需求层次的提高。这以后，随着大众旅游市场的逐步形成，旅游饭店在数量和质量上迅速向高层次发展。而随着市场竞争的加剧，旅游饭店不再仅仅是提供商业性食宿接待服务的场所，其功能的扩展和服务项目的增多使之日益成为旅游者及当地社会的重要社交中心，其建造、经营管理和服务已成为文化成分很浓的专业化活动。因而旅游饭店可以说是旅游业中最具有代表性的中坚力量。它与人们传统意识中的食宿接待设施不同，是现代化、专业化、高标准化的商业性接待企业。

目前世界流行的旅游饭店的划分和标定方式以星级表示，由一星至五星，分为 5 个等级。一星设备简单，二星设备一般，三星设备齐全，四星设备豪华，五星是最高等级。达到五星级的饭店为数不多。有专家认为，目前全世界真正称得起五星级的旅游饭店不超过 20 家。我国旅游饭店星级评定始于 1988 年《中华人民共和国旅游（涉外）饭店星级标准》的颁布，据此对旅游饭店的建筑装潢、设备、设施条件和维修保养状况、管理水平以及服务质量的高低、服务项目的多寡等方面进行全面考核，综合评定后按一星、二星、三星、四星、五星划定等级。改革开放以来，我国的旅游饭店业发展迅速，表现在设施、设备不断现代化，管理水平、服务质量开始向国际标准看齐，从业人员素质大大提高。

我国加入 WTO 后，旅游饭店业受到巨大的冲击。首先是结构冲击，外资涌入，独资、合资企业增多，直接对国有饭店构成攻势；其次是客源冲击，跨国公司利用品牌、网络优势，寡占客源；再次是人才冲击，借其高薪的利益机制广揽人才。面对冲击，我们的出路只有一条，这就是欢迎竞争，适应竞争，提高自身素质，尽快与国际接轨。

国内的一些旅游饭店早在几年前就已在自己的小范围内从设施、管理、服务三方面改革入手，做好了应对的准备。其共同点就是从文化入手，把象征人们特有的价值观念、审美情趣、行为导向的文化内涵融入饭店中，使饭店成为文化的载体，以此满足旅游者的心理需求、价值认同与社会识别等人文需要，从而从情感上触动旅游者。这种文化策略实在是有识之举。

10.2.2 完备、独特的设施

瑞士饭店管理协会规定，旅游饭店必须是"拥有完备的接待、住宿及饮食设施的企业"。用文化创意对设施进行开发，提高设施内含的文化因素，可以使游客产生丰富的联想。我国有五千年文明史，悠久的文化积淀对饭店的文化设计来说是取之不尽的宝库。实际上我国早期的饭店是很注重文化品位的。"全聚德"，意在德行操守在此相聚相融，似乎与烤鸭无关。"东来顺"，颇有紫气东来、万事如意之意，也并非涮羊肉的专利。这些富有文化内涵的品牌，使游客不仅能品尝到美味佳肴，更能体会到中华京派文化特有的韵味。再如北京的"中国会"。这是由香港著名企业家邓永锵先生经营，由世界知名的半岛集团管理的饭店。经营者对古建筑群进行修缮，形成4座主要院落和一些小庭院，四周由亭台走廊环绕连接，最高仅为三层楼阁，院内植古树名木、芳草佳卉，外观具有明式官邸的气派。内部安放古色古香的家具和艺术品，其高档豪华客房完全仿明末清初的式样设计，并巧妙地配上了现代化设施，如电视、激光唱机、大理石洗浴设备等。餐饮服务既有精选的中国美食，如粤菜、川菜、淮扬菜，也有西餐供应，吸烟室可享用上好古巴雪茄。海外游客来此，无不感受到"古老中国"的氛围，同时也享受到现代舒适的服务。

10.2.3 先进、科学的管理

最近的30多年来，世界饭店业发展迅速，总的发展趋势是少数大公司不断扩大它们的市场份额，形成饭店连锁集团，如假日饭店公司、希尔顿饭店公司、凯悦饭店公司、香港半岛集团等，总是以世界最先进的方式管理，从被动适应市场需求走向主动创造市场需求。其重要手段就是让文化资产在现代经济发展中发挥更大的作用，在市场运行过程中以创造附加值形式使饭店的财富实现快速增长。南京金陵饭店和广州白天鹅宾馆是最早的由中国人自己管理的大型旅游饭店。它们大胆引进国外饭店的管理经验，又结合我国的实际情况，逐渐探索出一套有特色的管理体系。他们充分发挥文化资产的作用，在市场竞争中出奇制胜、左右逢源。金陵饭店位于南京闹市区的新街口，行人路过，无不仰望高楼的雄姿，于是他们策划"登璇宫看古都"活动，每天定时向社会开放，任何人仅花几元钱，就可买票登堂入室，乘高速电梯到楼顶的璇宫餐厅眺望古都南京风貌，所到之处，都有服务人员彬彬有礼的服务。在经营主业的同时他们还在临街的一面开设理发、洗衣、照相、百货、糕点、自选商场、美食街大排档等辅业。他们与省旅游局合作，利用香港至南京、名古屋至南京直达航线开辟旅游专线，与纽约世界贸易中心形成贸易专线。当年日本《朝日新闻》在金陵饭店开业时曾发表文章，颇为忧心忡忡地说："金陵饭店将是中国四个现代化在旅游业中成败的试金石。"实践证明外国人的担心是多余的。

广州白天鹅宾馆在实践中形成了一套概括为层次化、制度化、标准化、严格化、科学化、合理化、正常化的管理体系，因而以个性化的管理堪与世界先进管理媲美。比如层次化，早在十年前，他们就建立了董事会领导下的总经理负责制，总经理领导下的部门经理负责制和主管制。比如正常化，即使国家元首级的客人来住宾馆，也不兴师动众，一切严谨有序，可谓处变不惊。所以世界超一流饭店组织名誉主席、前任总裁沃持·施奈德来饭店考察后，连连称赞"太漂亮了"，给饭店打了满分一百分，之后白天鹅宾馆被接纳为世界超一流饭店组织成员。

10.2.4 真诚、周到的服务

市场经济发展到今天，非价格竞争又已成为商战的重点，服务竞争是非价格竞争的主流，而文化服务是其中的高招。文化服务就是把文化因素融入企业公关服务当中，让旅游者在享受精神文化性服务的同时，产生消费兴趣。

饭店服务内容相当广泛，住店的方便程度、舒适程度、服务态度，工作、生活、购物、娱乐的便利程度等。这里的关键是周到，中国有"有朋自远方来，不亦乐乎"的古训，"宾至如归"到处可见，但真正做到对游客关怀备至、体贴入微却是十分不易的。北京饭店在长期工作中始终保持优质服务。他们做到了三个基本保证：设备现代化、管理现代化、思想教育经常化。同时他们注重三个基本环节：①不断完善规章制度体系，分为三类，一类是保证设施良好运转的，如设备维修制度；一类为保证舒适的，如客房卫生清洁制度、餐厅卫生制度、各种操作规程和岗位责任制；一类是保证服务态度的，如服务规程、服务用语。其中每项都规范化、标准化，如服务的"五个要求"和"五声"，即微笑服务、敬语服务、站立服务、主动服务、灵活服务；客人来店有迎声，见到宾客有问候声，服务不周有歉意声，客人协助有谢声，客人离店有告别声。②严格培训职工，提高职工素质。实践证明，光有主观愿望是不够的，要从点点滴滴做起，培养员工的服务意识、服务水平。③建立严格的检查监督系统。不搞"下不为例"，而是建立"事后追究责任制"，增加管理人员的责任心；设专职检查组和专职检查员，每天巡回检查；实行各部自查和总经理月查；建立电脑管理系统，有客房管理、户籍管理、账务管理、销售点管理、总经理监督、洗衣管理、电话计费、问讯、餐厅收费9个方面122项管理功能，随时掌握饭店的服务情况，以高科技提高服务质量。

10.3 旅游交通

10.3.1 概述

旅游交通是指旅游者在旅游过程中的交通需求，是对传统交通在旅游领域中的拓展和延伸，是依托运输设施为旅游者提供有目的的空间位移服务。这种特殊服务商品的生产、交换和消费，是由旅游交通企业组织实施的。

旅游交通，是旅游者完成旅游活动的先决条件，是旅游的"三大要素"之一。它在旅游客源地与目的地之间以及旅游目的地内各旅游活动场所、景点之间，从事旅游者及其行李的专项运输活动，它影响着旅游者的旅游决策。安全、便利的交通有助于旅游资源价值的实现。交通状况的优劣，成为一个国家或地区旅游业发展的重要标志之一。旅游交通在交通运输客运中的比重随着旅游业的发展越来越大。

10.3.2 各具特色的旅游交通工具

中国旅游交通工具可分为主流和非主流两大类，它们的文化特征也有较大的差异。

（1）主流交通工具的文化特性

旅游主流交通是由铁路、公路、水运和航空等四大现代交通方式有机结合构成。旅游者经常使用的交通工具主要有火车、汽车、飞机和轮船。

火车，至今仍是中国旅游交通的"铁老大"，运输能力大、费用低、受自然条件影响小、安全性高，但较耗时，灵活性比汽车差，建设投资大、周期长。作为旅游主流交通工具之一的火车，有着丰富的文化特征。至 2005 年，中国铁路五次提速，运行时速已超过每小时160 公里，如北京至上海朝发夕至。同时旅客列车在软硬件上大大提高，新型直达特快全部采用"航空化"标准，软卧车厢和餐车内增设了等离子电视，并为每位乘客配备了耳机、遥控器，让旅客感受到"陆地航班"的快捷、舒适。至各旅游区的旅游列车，如南京到杭州双层列车，取名"西子"号，服务细腻，一下子让人感到西湖的秀丽，确实颇具特色。更有一些列车，直接将内部装潢成大草原蒙古包的内部式样，供应草原居民的饮食，让游客在未到达旅游目的地之前就能够先体会到那里的生活气息，称为极富特色的"草原专列"。2003 年开通的上海磁悬浮列车则有着不同寻常的意义，它是世界上首次修建的磁悬浮商业运营线。这条磁悬浮列车线路是新世纪上海集城市交通、观光、旅游等于一体的交通建设重点项目。它比轻轨铁路工程更经济、更安全地达到较高速度，且对沿线的环境影响小、无噪声，对环境保护也比其他公共交通工具有着更为明显的优势，是一种高安全性的运输工具。在经过了一场热闹非凡的冠名权拍卖之后，磁悬浮列车更是吸引了众多游客慕名前来乘坐，而终点站浦东国际机场也就顺势成为列车乘客下车后的观光地，磁悬浮列车的开通连带使浦东国际机场的客流量大大增加，为机场的发展带来了新的生机。

汽车，在中国的旅游交通中，发展速度最快，具有灵活性大、速度快、可进入性强、投资回收快等优点，但运输量小、环境污染大、占地多（停车场）、安全性较差。随着近代高速公路的迅速形成，私家车数量的飙升，对火车及飞机都构成了相对的竞争。而私家车队更引领着中国内地休闲与旅游的新潮。中国旅游交通的汽车文化中，两大旅游集团的车队享有盛名。首汽集团国宾车队的司机，车上不抽烟，衬衫天天换，"外事接待的礼仪"、"服务心理学"、"服务英语"是每位司机的必修课。他们做到基本英语会话应对自如，服务客人体贴入微，技术熟练过硬，"起步不闯，转弯不晃，刹车不点头，行车一条龙，停车一条线"。他们视安全为本，载客熄火一次，踩一次急刹车就算是一次事故，始终坚持这样的高质量、高标准服务特色。无独有偶，上海锦江汽车服务公司，是沪上车型品种最全、车辆档次最高的车队，司机每人都备 5 件衬衫和 5 条不同的领带，每天换洗，更是技术娴熟，英语流利，反应机敏，服务热诚，饮誉国内外。

飞机，快速省时、较舒适，但费用高、受气候影响大，较适合远程旅游。地球空间由于民航的飞速发展，而显得狭小，东西文化在"地球村"里变得很近，以致近距离碰撞。民航运输成为远程国际旅游的主要方式。国际民航的降价竞争，给旅游者带来实惠，也促进中国旅游文化得以更多的交流。国内旅游乘飞机发展也较快，然而在各种交通工具中飞机票价仍属昂贵，加上乘飞机要往返机场，附加时间长，问津者当属少数。在我国服务业中，空乘服务人员的服务质量一般是最高的，东方航空等在空中食品供应上也颇有中国特色；但综合服务水平与国际民航还有一定差距，机场设施不完善、飞行不准时等问题还常有发生。

轮船，费用低，但速度慢、线路长、经营成本高，作为远距离旅游交通工具，使用者越来越少，适合年老者和有充裕时间的旅游者享用。但是，中国水上旅游的潜力巨大，旅游船舶在根本上不可替代，这是由于亲水舒适而且十分惬意，更是因为游漓江山水、观三峡运河等景观都是非船莫属。就是在目前，游船总体很不景气的状况下，我国还是有着一些水上旅游的成功的范例。如苏州至杭州的大运河夜航，桂林至阳朔的漓江游览和西湖的泛舟网络等，长江三峡旅游出现了多艘豪华游船竞争的局面，提出了如何提高客运能力和服务质量的问题。中国目前在近岸型和河湖型游船的发展还是具有比较现实的较广阔的空间，此两类游船的文化特色也较鲜明深厚。

（2）非主流交通工具的文化内涵

除了上述飞机、火车、汽车、游船等在旅游区外中普遍使用的交通工具，在旅游交通中还有些特殊的交通工具，虽然他们仅作为辅助交通工具，在一些特殊地区有限制地使用，但这些非主流交通工具功能各异，往往都具有娱乐性和享受性，不少已经属于当地传统生产工具，反映着当地的民风民俗，它们的运载作用大多让给了旅游享乐，有着较明显的文化特征。

大连的有轨电车，阿里山的小火车，野生动物园中防护观光车和水上摩托快艇都属于特殊的机械旅游交通工具；帆船、漂流皮艇、滑雪板等则是凭借风力、水力或坡度行进的自然力旅游交通工具，它们通常与原始传统生活、生产关联，反映着一定的历史文化与现代时尚，常常是旅游者追新猎奇、体育健身的选择。

人们似乎更感兴趣的是畜力旅游交通工具，骑上骆驼、大象或牛、马、驴、骡是一种经历；坐在马车或狗拉雪橇上，也使人由都市生活回归自然，又是一种感受。"小小竹排江中流"，羊皮筏过黄河，能满足人们好奇和追求刺激的愿望。滑竿助你爬山，轿子感觉历史，租辆自行车可以近距离深入旅游地，接触民情民俗，坐上人力车、三轮车，又是一种体验。北京的三轮车胡同游已经成为京城旅游中的拳头产品。在满街汽车、经济高度发达的大都市，人力旅游交通工具显得格外别致。

10.3.3 科学经营管理，完善旅游交通服务

旅游交通作为旅游通道的物质主体，是连接旅游目的地和旅游客源地的重要纽带，是旅客往返旅游目的地的途径，是完成旅游的必不可少的重要环节。旅游交通影响和制约着旅游业的发展。表现在：①旅游交通对旅游者目的地选择的影响。交通的便利与否直接影响旅游者对旅游目的地的选择和旅游日程的安排，道路质量的好坏更关系到游客的旅游经历和心情，极大地影响旅游者整个旅行的质量和满意度。②旅游交通对旅游资源开发的影响。由于旅游资源依赖旅游者光顾而产生效益，没有安全便捷的交通，就不可能有规模化和长期发展的旅游经济，所以旅游交通在很大程度上控制着旅游资源吸引力的大小，决定着旅游资源开发效果的好坏。旅游资源潜力的开发，必须依赖快捷便利的交通做后盾。③旅游交通对旅游产业的影响。旅游是由交通条件、交通路线来决定的，区域旅游交通和其他基础设施将对整个区域旅游产业的发展产生重大影响。所以，加强旅游交通建设，规范旅游交通管理是很有必要的。

首先，遵循市场导向原则，科学规划旅游交通。旅游交通规划应遵循市场导向原则，创造便于游览、舒适、快捷、安全的旅游交通条件，以及"旅速游缓，旅短游长，旅中有游，游旅结合"的旅游交通环境。为适应城市经济社会的发展和城市建设的需要，旅游交通还要遵循适当超前的原则，科学合理地规划。旅游交通规划包括对外交通系统和区内交通系统两部分。对外交通形成铁路、公路、水运、航空相结合，具有足够容量和应变能力，高效率、多功能、立体化的综合交通运输体系；区内交通主要游览路线能够便利通达各景点，保证使大多数旅游者能充分领略旅游地的精华部分。若在景区修建索道，对其选线要进行反复考察，避开主要观赏景点，力争对景区的影响降到最低限度。加强综合交通规划，加快高速公路和主干线及出入口建设；加快铁路规划建设，扩大铁路客运站容量；挖潜改造水运交通，积极发展海港；积极发展航空运输，提高运力，切实注意保护好机场的周围环境，增辟国内和国际新航线，增加航班。

其次，加强各部门之间的合作，提高经营管理效益。发展旅游交通业，从旅游交通规划、建设到运输管理，涉及许多部门和机构，如规划局、交通局、公交公司、航空公司、水

运公司、铁路、公路和交警大队等。只有相关单位的支持和配合，才能促进旅游交通业健康、持续的发展。在各级政府的统一领导下，理顺各交通部门之间的关系，改变规划、交通、公交、航空、水运、铁路和交警等各部门条块分割的现状，成立统一的协调机构。要加强旅游交通的管理，逐步实现现代化的科学管理，依靠科技手段提高路上监控能力和管理效率，创造良好的旅游交通环境，科学安排旅游线路，合理调度，增加对旅游交通的需求量。

再次，完善基础设施建设，优化旅游交通服务。高水平的旅游交通，需要高质量、高投入的基础设施建设。旅游交通的发展应充分利用我国的政策优势，利用各种投资融资渠道，加大投入，改善旅游交通的现存问题，摆脱其对旅游业发展的瓶颈效应。如九寨沟景区原来交通设施十分落后，在 2003 年建成了高等级公路和黄龙机场后，使交通状况得到了有效的改善，相应提高了九寨沟景区的吸引力。桂林、黄果树、庐山等风景胜地久盛不衰，也都与发达的交通密切相关。此外，在旅游交通建设时应注意体现其旅游功能，并为提高旅游交通的系统化、信息化管理水平进行相应的设施配备。目前很多高速公路、铁路沿线旅游城市已经开始注意在路面两侧进行景观设计，这是实现旅游交通的旅游功能的一种方式，既愉悦了游客，又能为旅游企业、旅游城市做宣传。在完善旅游交通基础设施的同时，还应注重软件设施的改进。旅游交通的服务对象是游客，必须适应游客多方面的需要，把"方便、快捷、安全、舒适"作为旅游交通的服务宗旨，不断改善经营，提高服务质量。因此，旅游交通部门应以游客为核心，以便利为原则，以舒适为目标，达到安全、可靠、便捷、有特色，通过引进中高档的旅游车辆更新交通工具，加强运输管理，为游客提供安全、舒适、优质的服务。

最后，学习国外游客运输的先进方式，促进客运业的合理运作。国外企业在游客运输方面有很多先进方式，旅游交通部门应主动加紧引进国外先进机制。这方面的主力仍然是铁路运输，铁路系统应该有竞争意识。随着客源的增加，及旅游汽车、旅游船运的飞速发展，铁路系统应该充分利用自己的价格低廉、安全性高、运输量大的优势展开竞争。同时，优化客运产品结构，加大卧铺比重；强化客运营销，为游客提供切实的方便；城际旅游列车实行公交化管理，开设周末度假列车；进行计算机联网售票，缓解游客购票难的问题；增开旅游专列，在双休日、节日和寒暑假等旅游客流增加的时期，根据客流方向，临时组织增开旅游列车。对旅游汽车公司和船运公司而言，除了加强市内和城际之间的交通客运外，应增加长途客运的比例，营造必要的舒适度，充分利用汽车和船舶游览较之火车游览方便，可观性强的优势，加强营销吸引游客，更为重要的是引进国外先进的机制，为旅游交通的发展注入新的活力。如全球最大的出租车公司赫兹在世界上 150 多个国家，拥有 7000 多个租车网点。2002 年成为首家在中国开展业务的国际租车公司，已在北京、上海和广州市内和机场开设了租车网点。通过特许经销商中汽安华国际贸易公司，赫兹在中国现已拥有一支全系列的车队，包括众多品牌的国产、进口车辆。目前赫兹在北京设立了全国免费电话预订中心系统，客户还可通过旅行社租赁赫兹的车辆或上网预订。异地还车服务也正在酝酿中。在国外，在抵达机场时就能够开上租用的车辆是一种普遍的做法，这一趋势在中国将迅速展开，使乘坐国际航班的国内、国外旅客在着陆以后能够迅速抵达目的地。

10.4 旅游局

10.4.1 概述

国家旅游局是国务院分管全国旅游行业的直属机构。1999 年 3 月国务院办公厅在《国家旅游局职能配置、内设机构和人员编制方案》中进一步明确其主要职责为：制定旅游业发展的战略目标和方针政策，编制发展旅游事业的中长期规划和年度计划并组织实施，进行综合平衡和宏观调控；研究推进旅游业体制改革，协同有关部门培育和完善旅游市场；制定旅游业各项行政法规；负责全国旅游资源的普查、规划并协调资源开发利用和保护工作，对国家旅游度假区和其他重点旅游建设项目实施宏观指导和检查；负责国内旅游的宏观管理；指导行业的精神文明建设等。

各省、市、自治区旅游局正是按照国家旅游局的精神，走"大旅游、大市场、大产业"的可持续发展之路，作出符合国家旅游发展大方向的产业方针要求，开拓、培育、利用本地旅游文化资源优势，并与区域旅游业发展相衔接，确保国家的宏观方略在本地区实现，形成本地区旅游优势和拳头产品。

国家和省级旅游局是宏观行业管理机构，城市和地区旅游局则是直接开展行业管理的主要实体。随着机构改革的深入，行业管理的政策导向、管理权力将逐渐向城市倾斜，政企脱钩将进入实质性阶段。

10.4.2 整体推出国际旅游市场新产品

从1992年起，在地方旅游局经过十多年的培育、开拓以后，国家旅游局适时地推出了专项旅游线路，并以国家级专项旅游新产品的形式正式列入国际旅游产品市场，供海外旅行商推销和旅游者选择。它们分别为：①长城之旅；②黄河之旅；③长江三峡游；④奇山异水游；⑤丝绸之路游；⑥西南少数民族风情游；⑦冰雪风光游；⑧青少年修学旅行；⑨新婚蜜月旅行；⑩保健旅游；⑪烹饪王国游；⑫江南水乡游；⑬佛教四大名山朝圣游。经过合项归类，并考虑到专题性和多样性结合，知识性和趣味性结合，固态旅游资源和动态旅游资源结合，观赏性和参与性结合，在1994年中国文物古迹游推出了14条专线，并确定了"中国著名古迹景点"：六大古都——北京、西安、南京、洛阳、开封、杭州；五大名窟——敦煌莫高窟、云冈石窟、龙门石窟、麦积山石窟、大足石刻；十大名刹——雍和宫、独乐寺、显通寺、普济寺、化成寺、白马寺、报国寺、大昭寺、拉卜楞寺、塔尔寺；十大名陵——十三陵、成吉思汗陵、清福陵、明孝陵、孔林、马王堆汉墓、黄帝陵、秦始皇陵、西夏王陵、阿巴和加麻扎；八大圣庙——孔庙（北京）、鲜州关帝庙、孔庙（山东）、孟庙、武侯祠、张桓侯庙、文成公主庙、夫子庙。

近年来我国政府在国际旅游博览会上，几乎每年都有针对国际旅游市场的新线路产品推出，如2008年，四川省旅游部门就在中国国际旅游博览会上有针对性地设计推出了对欧美客人颇具吸引力的大熊猫之旅、乡土中国之旅、东方佛教文化之旅和康巴藏族风情之旅等4条主题旅游线路，涉及成都、雅安、乐山、自贡、资阳、甘孜等市（州）的文殊坊、锦里、碧峰峡、蜂桶寨、乐山大佛、峨眉山、恐龙博物馆、盐业博物馆、大足石刻、安岳石刻、海螺沟、塔公草原、美人谷等多个四川知名景区（点）。

2009年中国国家旅游局又推出了12条具有国际影响力和竞争力的"国家旅游线路"，包括："丝绸之路"、"香格里拉"、"长江三峡"、"青藏铁路"、"万里长城"、"京杭大运河"、"红军长征"、"松花江-鸭绿江"、"黄河文明"、"长江中下游"、"京西沪桂广"、"滨海度假"。国家旅游线路遴选一般应当符合"典型性强、知名度大、交通通达、跨越多省"等条件。原则为体现旅游线路特征，必须具有品牌化的航线、交通、河流、海岸等线路作支撑。

10.4.3 宏观调控和旅游文化开拓

从1992年至今国家旅游局协同国家文物局、中国民航局每年都确定旅游主题：1992年中国友好观光年，1993年中国山水风光游，1994年中国文物古迹游，1995年中国民俗风情游，1996 年中国度假休闲游，1997 年中国旅游年，1998 年中国华夏城乡游，1999 年中国生态旅游年，2000 年神州世纪游，2001 年体育健身游，2002 年民间艺术游，2003 年中国烹饪王国游，2004 年百姓生活游，2005 年红色旅游，2006 年乡村旅游，2007 年和谐城乡游，2008 年奥运旅游。这种主题旅游，其作用是：

① 有明确的促销主题，全景式地展示我国丰富的旅游资源，并形成特色系列。连续不断地开展促销攻势，全面、深层次地开发国际旅游市场，丰富的旅游新产品，在国内、国外产生积极的认同效果，有着很大的吸引力。

② 完善、提高我国文化观光、商务与度假相结合的不同类型产品，以适应国际旅游市场不同层次的需要。

③ 将固态人文旅游资源和动态人文旅游资源和劳务人文旅游资源紧密结合起来，创造"保护与开发并举，历史与未来同在"的无穷魅力。

④ 使旅游业得到社会各界的理解和支持，改善了发展国际旅游和国内旅游的大环境，并以此带动其他行业的发展。

10.4.4 直接参与策划大型专题旅游节

1999 年 4 月 30 日，中国'99 昆明世界园艺博览会在昆明隆重开幕，国家主席江泽民出席开幕式并宣布世博会开幕。95 个国家和国际组织参加了本次盛会。这次盛会意义重大，效益明显。首先，这是我国首次举办大规模等级的世界博览会，不仅极大地提高了云南的国际知名度，而且为 4100 万云南人民创造了百年难遇的商机。世博会期间近 800 万海内外游客去滇，激活了云南的旅游业。其次，促进了云南的旅游资源建设，昆明城发生了天翻地覆的变化。"污名"已久的滇池水质改善，所有景点如翠湖、西山、圆通寺修缮一新，城市街道、商店都进行了整治。尤其是建造的新景点昆明世博园无愧于世界一流景区。世博园分五大室内展馆（国际馆、中国馆、科技馆、人与自然馆、大温室）、六大专题展馆（树木园、药草园、盆景园、竹园、茶园、蔬菜瓜果园），室外展区还有 34 个国家极富异域风情的建筑和我国各省市自治区兴建的风格迥异的 30 余个庭园。自然界最古老、最珍贵、最重、最轻、最长、最硬、生长最快、最毒的各种植物都在这里安家落户。世博会留下的这些宝贵资源将成为云南得天独厚的旅游硬件。再次，宣传了云南，全方位地展示了高原风光的精华，其中包括昆明——石林——阿庐古洞——丘北普者黑——罗平鲁布革为主的滇东南旅游线的喀斯特岩溶地貌；昆明——楚雄——保山德宏为主的滇西旅游线的地热温泉土林奇观；昆明——思茅——西双版纳为主的滇西南旅游线的热带雨林；昆明——大理——丽江——迪庆为主的滇西北雪山、峡谷、纳西古乐、香格里拉风情；以及云南多姿多彩的少数民族民俗风情画卷。最后，这一盛会应时而生，与保护环境、保护生态、合理开发和利用旅游资源，实施可持续发展战略的当今世界发展主流相吻合，又与"返璞归真，回归自然"——中国'99 生态环境旅游年的主题活动珠联璧合，交相辉映。

10.4.5 加强行业管理，提高旅游业的文明素质

旅游业开发潜力大，前景广阔，又具有跨行业、跨地区的特点，综合性强，加之我国旅游业比较年轻，所以旅游市场秩序紊乱，旅游服务质量下降，对外随意削价竞争，旅行社经营不规范，商业信誉下降。非旅游行业也进行旅游经营，相关行业和旅游企业分属不同部门和不同层次，行业保护、地方保护，使旅游行业管理难度大，直接影响旅游业的可持续发展。特有的国情、特有的行业，使国家旅游局和地方各级旅游行政部门成为旅游工作的行业管理部门，通过制定行业法规，规范综合类、设施类、服务类的工作，采取评比、检查方式，激浊扬清，使旅游管理规范化、科学化，提高旅游服务水平，纠正行业不正之风，加强

旅游业的精神文明建设。从 1998 年开始，国家旅游局汇同中央文明办、建设部开展创建文明风景旅游区的活动，以推动风景旅游区的文明创建活动。1998 年首批推出峨眉山、黄山等 10 个文明风景旅游区示范点。1999 年又评出石林、武夷山等 10 个文明风景旅游区示范点。这一活动的意义在于，中国旅游行业是重要的窗口行业，各类风景旅游区不仅是中国人观察当地两个文明建设的窗口，也是海内外人士了解中国的一个重要窗口。国家旅游局正是根据中央要求，把精神文明建设作为推进行业管理的一面旗帜，将"两个文明一齐抓，硬件水平和软件水平一齐上"作为指导各类旅游景区工作的一条基本方针。这一活动效果明显，因为 20 个示范点都是在本省广泛开展"创优"活动过程中，经综合考核严格把关产生的，都创造了良好的经济效益和社会效益，形成了一套全面治理旅游景区秩序，实行规范服务的科学管理体系，自觉接受社会各界监督。创建文明风景区的经验和做法值得全国风景区学习和借鉴，并以此来提高整个旅游业的文明建设、文明经营、文明服务、文明管理的水平。

思 考 题

1. 旅行社为什么必须致力生产特色产品？
2. 如何提高导游服务的文化内涵？
3. 如何提高旅游饭店的文化档次？
4. 国家旅游局和省市地方旅游局的职责是什么？

11 旅游产业与旅游文化

经过 23 年（从 1986 年，国务院决定将旅游业纳入国民经济与社会发展计划，正式确定其国民经济地位算起）的奋斗，中国旅游已经完成了由外事接待型向旅游产业化的转变。我国旅游业凭借丰富的资源、广阔的市场、较强的创汇创收能力和国际市场竞争优势，以及在促进对外开放，带动相关产业发展，增加就业，扩大内需，促进区域间经济和社会协调发展等方面的积极作用，已成为我国国民经济中发展最快、最具活力的新兴产业。2000 年，我国旅游业总收入达 4519 亿元人民币，相当于当年国内生产总值的 5.05％。我国的旅游外汇收入已占国家服务贸易创汇额的半数以上，与外贸出口创汇相比，达到了 6.51％。

国内旅游业的快速发展，刺激了相关各业的发展，扩大了国内需求，增强了经济活力，促进了地方经济结构的调整，在缩小东部地区和中西部地区的差别方面正在显示出积极的作用。依托旅游资源而开展的旅游扶贫工程，已使 400 万老少边穷地区人民脱贫致富。此外，旅游业在改善和优化投资环境，促进环境保护，弘扬民族文化，提升国民素质等方面也发挥了重要的作用。旅游业已成为国民经济新的增长点和许多地区的支柱产业。

2000 年全国旅游工作会议成为中国由世界旅游资源大国迈向亚洲旅游大国的一个标志。

11.1 旅游业的发展需要重新认识旅游文化

在旅游产业化之前，旅游文化充其量只是以文化遗产的形式存在着；旅游产业化之后，旅游文化的存在形式变得复杂了许多。在旅游产业化之前，旅游文化一般包括两方面的内容：一是至今仍旧在影响着人们的言论和行动的鲜活文化，二是尘封在古代文献中的遗产文化。旅游产业化之后，旅游文化的存在形式应包括以下三个方面：

① 旅游文化是旅游供给的主要组成部分。此即我们常说的旅游吸引物。

② 旅游文化又是刺激旅游需求的主要拉动因素。因为旅游动机的产生，从本质上讲就是人类对寻求文化差异的渴望。

③ 在旅游产业化之前，旅游主体直接和旅游客体打交道；在旅游产业化之后旅游主体和旅游客体打交道，绝大多数情况下要凭借旅游介体。旅游需求和旅游供给两大方面都与旅游文化不可分割，旅游介体又怎能例外？旅游介体作为沟通主、客两方面的中介和桥梁，它理应十分熟悉旅游主体的需求心理和旅游客体的供给内涵。

就旅游吸引物角度言之，在旅游没有产业化之前，人们对旅游资源的认识局限性很大，比如，20 世纪 50 年代后期中国拆城墙成风。当时大多数人都没有意识到城墙的历史文化价值和旅游观光价值。又比如，我们中国向来有一种不好的传统，这就是喜欢按成王败寇的逻辑行事。喜欢以一时的价值标准衡量千古历史人物。按这种思维行事，历史上有争议的人物遗迹往往多会遭到毁坏。而从旅游产业的角度看问题，没有什么历史人物的遗迹不能为旅游业服务。因为作为旅游吸引物，它的首要的一点便是要有吸引力，旅游者愿意看。旅游也是教育，但它是一种自觉自愿的选择，而不能用硬性要求的方式。那样往往欲速则不达。而且教育的方式多种多样，不一定板着面孔教训才是教育，也不一定只让游客接触正面英雄人物才算教育。有时一个反面人物的教育意义也许比正面人物的教育意义差不到哪去。

旅游产业化后，许多原来认为是落后和累赘的东西现在都变成宝贝了。比如许多古镇、古村落，贫穷落后，发展传统经济步履艰难，当地上级领导往往视为负担；现在发展旅游产业，这些往日的包袱如今变成香饽饽了。过去，没有旅游资源的地区，往往不敢理直气壮地搞旅游，自 1989 年深圳锦绣中华一炮打响，人们的观念迅即改变，原来在旅游资源贫乏但交通、区位等优势明显的地区，照样可以搞旅游，手段是搞人造旅游景观。于是有了人造景观这种旅游文化。整个 20 世纪 90 年代关于微缩景观、人造景观、模拟景观、主题公园等问题的探讨，尽管在概念的厘定上比较乱，但都可归之于这一类。

就旅游供给角度言之，旅游产业化之前，旅游产品的生产和销售，基本都是坐店等客，有什么卖什么。而旅游产业化之后，由于旅游者有多种选择的可能，旅游产品的供给就要研究旅游者了。即什么样的旅游供给受旅游者欢迎；什么样的旅游产品不能受到旅游者的青睐。这就是市场。旅游供给的内容，主要包括旅游功能供给和旅游审美供给两大部分。旅游功能供给主要指旅游者要完成由甲地向乙地位置移动过程中所需要凭借的基础设施，以及旅游者在做短暂停留时所需要提供的食宿环境。所谓审美供给主要指的旅游景点和导游服务等。也有些东西介乎两者之间，如旅游宾馆、旅游美食、旅游目的地良好的社会环境。审美供给属于旅游文化的范畴自不待言，即使界乎旅游功能供给和旅游审美供给之间的食宿环境，也打上了很深的旅游文化烙印。

要想知道什么样的旅游产品消费者乐意购买，旅游经营者就得研究人，学会认识人，了解各种各样的人的行为、人的思想状态、人的生存方式。而这些东西恰恰就是旅游文化的应有内涵。

随着旅游行业竞争的加剧，起步阶段坐店等客的时代一去不复返了。为了占有理想的市场份额，经营者必须在细分市场上下工夫，"以求在一定价格范围内，争取最佳效益情况下更好地销售产品，并使顾客满意"（让·雅克·施瓦茨著《旅游市场研究》）。而要想在细分市场上做好文章，只有深入研究有关目标市场的文化背景，居民的价值观，消费倾向，才能设计出适销对路的旅游产品，采取必要的销售战略和服务战略，才能争取和笼络住顾客。

细分市场是一个市场学的概念，它指的是选择顾客；同时可以说，细分市场也是一个文化学概念，因为它实际上就是研究区域文化的差异性，并有针对性地推出旅游产品和更新旅游产品。

从旅游文化角度看，市场细分至少应包括以下四个层次的内容：①经济地理差异，包括人口的地理分布、城市规模；②文化地理差异，包括语言习俗、历史传统、价值观体系；③社会经济差异，包括年龄、性别、收入、职业、兴趣爱好；④消费倾向差异，包括需求、动机、价值标准、购买行为等。

就旅游服务角度言之，旅游的产业化促使服务成为文化，从而受到前所未有的重视。旅游产业化以来，随着国际、国内旅游者的空间流动的加速，旅游服务的重要性从来没有像现在这样被重视和被强调。越来越多的有识之士认为，企业的生命和活力既有赖于技术进步，又有赖于服务质量。因此，服务文化的建设已成为众多的旅游企业求生存、求发展的关键所在。

就旅游从业人员而言，旅游文化的内涵应该是：①尊重所有的消费者，包括尊重他们本人和他们的背景文化；②热情得体地为所有消费者提供规范服务，包括超质服务；③学习和介绍本国文化给外国友人，也接受和借鉴外国旅游者所带来的文化，促成中外文化的交流，学习和研究外国文化，从而为提供优质服务准备条件。

对旅游企业而言，旅游文化的内涵应该是公司文化的建设。它包括以下两个方面：①加强一般意义上的服务文化建设，即从事旅游服务，必须精通本行业的行规，它是维持一个企业存在的最基本的要求；②加强公司文化的建设。

公司文化的建设说到底就是要为这个企业找到最独特的个性文化，并加强、完善和建设它们（曹世朝，《文化战略》，上海文化出版社，2001年版）。公司文化一般包括：

① 企业文化分析。即通过调查分析，鉴别出企业文化的特质及其系统性，完整地显示企业的文化个性，指出所欲造就的企业文化特质与企业所从事的行业特性是否吻合。然后调节企业文化，使之与行业要求的走势相一致。

② 企业文化的比较和定位。即确定该企业在本地、全国甚至世界上的大致位势，明确本企业员工的价值观及行事方式和旅游行业的特殊性要求的和谐程度。

③ 文化战略的选择。有了前面的基础，企业领导就应将企业文化由现状引向理想境界。文化战略有传承、系统化、整合、变革四种。关键要对企业的具体情况诊断准确，从而有的放矢地进行选择。如果是企业文化现状与理想境界存在着的差距是质的差距，那就要选择整合和变革的战略；如果只是量的差异，那就可选择传承和系统化的战略。

④ 企业文化设计。即将前面所述文化观念、企业规则等进行系统地描述，最后以高度提炼的口号和符号表达出来。

11.2 旅游文化研究只有在为旅游产业化服务过程中才会生机无限

旅游有两大属性，一曰经济属性，二曰文化属性。经济属性决定了旅游是一种经济产业；文化属性决定了旅游又是一种文化事业。而这两大属性从本质上讲又是不可分割的。在旅游没有产业化之前，旅游文化研究只能是案头剧本，很难显示出活色生香的魅力。回顾我国的旅游文化研究，在1989年以前，主要只限于对山水文学的研究，或曰主要是风景名胜审美研究。1989年以前，主要是概念定义研究，以及文化传统研究。1990年以后，旅游文化研究才开始和旅游产业化的脚步合拍。20世纪80年代，国人谈旅游资源，多数人的认识只限于名山大川。1989年由国家旅游局和中国科学院地理所联合编制的《中国旅游资源普查规范》出台，成了中国人旅游资源认识思想解放的一个标志。整个九十年代，旅游开发热潮席卷全国，旅游资源的分类评价研究得到了前所未有的普及。十年的旅游开发实践，也大大加强了国人对旅游文化重要性的认识。

1989年，中国旅游历史上发生了一件大事，这就是深圳华侨城"锦绣中华"的开业成功。在此事出现之前，国人的思想尚停留在唯资源论的水准上；"锦绣中华"成功以后，国人开始明白搞旅游，即使没有旅游资源，只要具备好的交通优势和区位优势，完全可以无中生有地加以创造。如果说此前的旅游文化，主要限于大自然的馈赠和老祖宗留下的遗产，那么，此后的旅游文化，就开始有我们的时代特色了。我们这一代也开始创造新的旅游文化了。尽管此后十年间，全国各地人造景观泛滥成灾，浪费了大量的人力与物力，但那只是国人不熟悉市场盲目照抄照搬的结果，与深圳模式的开创性贡献是两回事。因此说"锦绣中华"的成功解放了人们的思想，推动了旅游文化研究也不为过分。

11.2.1 世界遗产名录申报工作

第二次世界大战结束后，世界上越来越多的有识之士意识到，战争、自然灾害、环境灾难、贫困等威胁着世界各地许多优秀的自然文化遗产的安全，有鉴于此，1972 年 10 月至 11 月，联合国教科文组织在巴黎举行的第 17 届会议上通过了著名的《保护世界文化和自然遗产公约》。与此同时，成立了隶属于联合国教科文组织的世界遗产委员会，其主要职能是：严格审定欲加入世界遗产组织的各国文化自然遗产；将审定合格者列入世界遗产名录；利用世界遗产委员会的专项保护基金，对列入世界遗产名录的著名文化自然遗产的有计划保护进行资金补贴。

1985 年 11 月 22 日，我国第六届全国人民代表大会常务委员会第十三次会议批准了《世界遗产公约》，使我国成为该公约的第 89 个缔约国。1991 年 10 月，在世界第八届《世界遗产公约》缔约国大会上，我国当选为世界遗产委员会成员，并在 1992 年和 1993 年第 16、17 两届世界遗产委员会上当选为该委员会副主席。1994 年 12 月的第 18 届世界遗产委员会议上，我国又被选为报告员，从而连续三年进入世界遗产委员会主席团。1999 年 10 月，在世界第 21 届《世界遗产公约》缔约国大会上，我国又当选为世界遗产委员会成员，在世界遗产事业中发挥着重要的作用。

截至 2008 年，我国已经列入世界遗产名录的自然和文化遗产共计 39 项。其中文化遗产 29 项。按列入时间先后顺序，它们依次是：

北京故宫（1987 年），陕西秦始皇陵及兵马俑（1987 年），甘肃敦煌莫高窟（1987 年），山东泰山（1987 年），周口店北京人遗址（1987 年），长城（1987 年），安徽黄山（1990 年），四川黄龙国家级名胜区（1992 年），四川九寨沟国家级名胜区（1992 年），湖南武陵源国家级名胜区（1992 年），湖北武当山古建筑群（1994 年），西藏布达拉宫（大昭寺、罗布林卡)(1994 年，2000 年，2001 年)，承德避暑山庄及周围寺庙（1994 年），孔庙、孔府及孔林（1994 年），庐山风景名胜区（1996 年），四川峨眉山-乐山风景名胜区（1996 年），山西平遥古城（1997 年），苏州古典园林（1997 年，2000 年），云南丽江古城（1997 年），北京颐和园（1998 年），北京天坛（1998 年），重庆大足石刻（1999 年），福建武夷山（1999 年），皖南古村落：西递、宏村（2000 年），明清皇家陵寝（2000 年，2003 年，2004 年），河南龙门石窟（2000 年），四川青城山和都江堰（2000 年），山西云冈石窟（2001 年），云南"三江并流"自然景观（2003 年），沈阳故宫（2004 年），吉林高句丽王城、王陵及贵族墓葬（2004 年），澳门历史城区（2005 年），四川大熊猫栖息地（2006 年），安阳殷墟（2006 年），开平碉楼与古村落（2007 年），中国南方喀斯特（2007 年），福建土楼（2008 年），江西三清山国家公园（2008 年）。

和我国历史长河的丰富积淀相比，这些被遴选出来的进入世界遗产名录的遗产，可谓凤毛麟角。为了对子孙负责，我们应该走科学发展之路，保护好更多的文化遗产。不应把目光仅仅盯在上述保存度相对完好符合世界遗产公约标准的一类遗产上，而置其他遗产于不顾。科学地保护和开发那些为数众多的对中国历史有意义的遗产，也是我们这个时代旅游文化建设的重要任务。

11.2.2 旅游规划编制热对旅游文化的推动作用

这种推动作用主要表现在以下几个方面：

① 旅游规划的编制促进了对文化类旅游资源的重视。在我国，大多数省市县的旅游作为产业还刚刚起步，除少数旅游城市外，多数省、市、县还是第一次编制旅游规划。因此，编制旅游规划时，课题组都会重视对旅游资源进行盘点。目前我国的通行做法是，课题组在调查研究旅游资源时，委托方一般都有对口的本地旅游部门的工作人员陪同。因此，编制一个旅游规划，陪同的人也就等于接受了一次系统的培训。

② 旅游规划的编制提高了地方干部的旅游文化素养。由于旅游业的示范效应，旅游业

可观的经济效益自然会引起地方干部的重视。而通过实地考察、文献调查，课题组和当地旅游部门的领导、前来评审旅游规划的省市领导以及外地专家学者，大家在不断的磨合过程中，自然会由重视经济效益进而加强对旅游文化的认识。因为他们明白一个简单的道理，旅游文化开发好了就会变成旅游经济效益。特别是专家们在各类会议上反复抨击的一些糟蹋旅游文化的现象，会给当地领导留下深刻的印象，不自觉地提升了旅游文化素质。

11.2.3 可持续发展观作为国策有利于旅游文化的开发利用

20世纪90年代，环境与发展问题日益突出，已成为人类共同面临的重大挑战。我国政府对此予以高度重视。1992年联合国召开了关于环境与发展问题的首脑会议后，我国政府立即做出反应，在所有国家中率先制定了国家级的实施可持续发展战略的纲领——《中国21世纪议程》。不久，又将实施可持续发展战略作为我国的基本国策之一，写进了《中华人民共和国国民经济和社会发展"九五"计划和2010年远景目标纲要》。

可持续发展在指导旅游资源开发利用中主要强调以下四点：

① 全球观。每个国家和地区的旅游资源，既是本国的旅游资源，同时也是世界旅游资源的一个组成部分，是全人类的共同财富，是人类文明进步的标志。可持续发展是全球发展的总方向、总目标。为此要求世界各国共同行动，在尊重各国历史文化的同时，肩负起共同保护人类文化资源的责任。联合国每年将具有世界意义的自然和文化遗产列入《世界遗产名录》正是这一点的具体体现。

② 持续性。旅游业的发展对不可再生性资源的消耗是绝对的，为了让全球人类和后世子孙共同享用这些资源，对自然资源和文化资源的开发利用乃至旅游业的发展速度和发展规模，都要有所控制。要自觉改变人类数百年来已经养成的以牺牲生态环境和文化遗产为代价的发展观。这是可持续发展理论与其他发展理论的最根本区别。

③ 资源观。自然遗产和文化遗产都是不可复制的，一旦毁坏万劫不复，而旅游业的发展对自然资源和文化遗产又十分倚重，因此绝不能采取掠夺式的、杀鸡取卵式的开发。应该有序地科学合理地开发利用，在保护和协调的前提下，既延长资源的寿命，又使资源发挥出最大的价值。

④ 公平性。旅游资源，尤其是自然山水和文化遗产是大自然和前人留下的财富，应该在保证当代人平等享受的同时，做到代际间的公平分配与发展，反对为满足自身需要而剥夺后人公平开发利用的权利。

显而易见，以上人类社会在20世纪末达成的共识，对积极保护旅游文化遗产，合理开发旅游文化资源，建设健康积极的旅游文化，都有着巨大的推动作用。

11.2.4 外国专家编制中国旅游规划对中国旅游文化的促进作用

通过对外国专家所编制的四川、山东和云南三省旅游发展总体规划的研究，以及对我国近年来所编制的各种层次的旅游规划的反思，我们认为，中国旅游规划已经取得了十分显著的成绩，但是，要想更上一层楼，最重要的是向外国专家学习其先进的规划理念。我国近十年的旅游规划，概括起来说，可以称之为经济导向型旅游规划，它的价值在于拉动旅游消费，它的问题在于破坏旅游资源。而外国专家编制的旅游规划，概括起来说，可以称之为生态导向型规划。这种旅游规划的优点是将可持续发展理念贯穿于规划的全过程。对比国内外规划，我们想通过以下八个方面的比较，来看中外规划专家的注意重点之不同：

① 外国专家在设计旅游供给时，多能注意结合市场需求统筹考虑，而国内有些规划往往把重心放在资源开发和接待设施的营造上，与市场需求每有脱节之感，造成不必要的建设性生态环境破坏。

② 外国专家在旅游资源评价方面，习惯于对资源作动态的评价，即对已经开发的旅游

资源和潜在的市场需求评价比较看重，与国内同行习惯于对旅游资源做静态评价形成鲜明的对比。动态评价的特点是对已经造成的开发性错误作出客观评价，这对于落实可持续发展观极有价值。

③ 在市场研究方面，国内同行在国际市场分析方面，有必要向外国专家学习。因为我们的国际市场分析大多比较虚、弱。如果国际市场分析盲目，旅游供给就可能同样盲目，供大于求将不可避免，这也有违可持续发展观。

④ 在旅游项目驱动方式的选择上，国内专家往往选择项目驱动方式，而外国专家则选择市场驱动方式。项目驱动的潜在危险是一旦和市场脱节，项目投资的风险就无法规避。国内众多的主题公园遭市场冷落，其源盖出于此。

⑤ 在旅游文化和旅游经济关系的处理上，国内规划的重心常在旅游经济上，而外国专家则每每重视旅游文化真实性的保护。

⑥ 在发展目标的拟订上，国内专家往往因甲方所在城市已将旅游业定位为支柱产业，故不得不把发展目标定位在经济指标的实现上；国外专家也追求经济效益，但却将其纳入可持续发展的框架之中。这种以保障生态环境和文化传承为前提的发展思路，值得我们学习。

⑦ 在人力资源开发方面，外国专家在重视旅游从业人员的培训的同时，还特别看重旅游目的地市民的旅游唤醒意识教育。这种注重旅游目的地人民的文化素质整体提升开发的思路，值得我们学习。

⑧ 在规划的可操作性方面，外国专家重视全过程操作和整体推进的规划风格，对于纠正国内部分地区只重视规划的启动项目的可操作性的弊端，可谓对症良药。

思 考 题

1. 旅游产业化前、后旅游文化的表现形式有何不同？
2. 应该从哪些方面认识产业化后的旅游文化？
3. 我们将旅游供给分别为功能供给和审美供给，你同意这种分类吗？为什么？
4. 旅游企业在建设公司文化时应注意哪些方面的问题？

12 旅游文化建设展望

12.1 中国旅游业的历史回顾

在我国，虽然旅游历史悠久，旅游文献丰富，但真正由国家决策，把旅游当作一门产业来看待，才只有 23 年（1986～2009 年）的历史，和欧美等旅游业发达的国家相比，我们在这方面的经验还十分有限。造成这种落后的局面，自然是有历史的原因。如果中国在康熙、乾隆的时代就开始对外开放，把商品经济引入中国的社会生活，让西方世界的重商意识来冲击一下我国的轻商意识，让中国人民从封闭自足的狭小天地中早点解放出来，我们国家决不会放着举世无双的旅游资源不开发，而只知道开荒种地，以粮为纲，用几千年一贯的农业来维持数亿人口的生计。随着西方列强的侵略和掠夺，我们的国家在一个世纪前便被迫开放门户。20 世纪 20～30 年代，在中国终于出现了以营利为目的的中国旅行社。但在战争年代，发展旅游业的计划束之高阁。1949 年新中国成立，按理说在统一安定的中国发展旅游业的基础是具备了的，但新中国成立伊始，百废待兴，加上 20 世纪 50 年代的抗美援朝战争、三年自然灾害等一系列的现实问题，一时间自然也无暇顾及旅游业。60 年代初，国务院曾制订了发展旅游业的规划，随后又赶上援越战争和史无前例的文化大革命。新中国成立 30 年，我们国家基本上封闭了 30 年。中国国际旅行社只不过是国家外事部门和统战机关的一个常设机构而已，它们的职能是及时贯彻国家政府的外事方针和统战政策，营利的观念在那些年月里尚未进入人们的头脑。直到 1978 年党和国家终于作出了"对外开放，对内搞活"的决策，发展旅游也因之而被提上日程。然而我们的旅游业起步太晚，较之英、法、美等旅游业发达的国家，已经落后了近一个世纪！

12.2 中国旅游业的发展道路：既要现代化又要中国化

在我国，旅游业的现代化具有主、客观两方面的可能性。我们国家是一个有着数千年文明的东方古国，在世界人民心目中，她仍享有相当的地位。丰富的自然景观和灿烂的古代文化，作为旅游资源，对各国旅游者还是很有吸引力的。1979 年对外开放以来，每年外国来华旅游者的数字都有较大幅度的增长，这本身就是有力的证明。特别是在我们的接待条件和服务水平还未达到国际标准的前提下，那么多旅游者不远万里而来，表明他们对中国这块土地和生息在其上的人民充满着了解的渴望。另外，我们还享有一个和平安定的国际环境和发展商品经济、提倡竞争机制的开放搞活的国内环境。这两方面，都是中国旅游业现代化的重要前提。

现代化是有标准的。在旅游资源开发、风景区建设、接待条件、服务水平、能源、通信等方面都必须达到国际标准。只有做到了这一步，我们才能在国际旅游市场上和其他国家争夺客源。

旅游事业的现代化，在发展道路、管理模式诸方面必须有所借鉴。纵观近年介绍到我国的英国、美国、法国、意大利、葡萄牙、瑞士、日本等国研究旅游业的专著及其他信息资料，我们发现，这些学术著作和统计数字，实际上已给我们描绘了一条条相当清晰的发展旅游业的轨迹。在这条条轨迹上有成功的尝试，也有失败的记录。应当认真地钻研此类书籍，了解其他国家所走过的道路，借鉴他们的成功经验，吸取他们失败的教训。这对于我们国家旅游业的发展，无疑也是必补的一课。希望这一工作不要局限在学者圈子里。更希望决策部门在重视旅游经济效益的同时，一定要超前地考虑这方面的问题。也希望广大的旅游从业人员加以重视和学习。

限于我国生产力的发展水平，在目前一段时间内，我们的旅游业要达到国际先进水平，是困难的。但这些问题随着国人观念的更新和科学技术的进步，自然不难解决。最难的是旅游从业人员本身的现代化和整个中国国民精神面貌的现代化。人的现代化是我国旅游业现代化必不可少的要素，它并不像某些人所认为的那样，只是旅游业现代化过程结束后的副产品，而是旅游业现代化赖以成功的先决条件。从这个意义上讲，没有人的现代化，中国旅游业的现代化就只能是一句空话。

为什么一定要人的现代化呢？我们全盘借鉴西方旅游大国的管理经验，来它一个全盘西化，不是可以加快中国旅游业现代化的进程吗？也许有读者会提出这样的问题，当然，这也可能不失为一条旅游现代化的路子。但遗憾的是，如此发展，将会失去中国的特色和个性。智利知识界领袖萨拉扎·班迪博士在回顾发展中国家追求现代化的坎坷道路时，说过这样一句含义深刻的话："落后和不发达不仅仅是一堆能勾勒出社会经济图画的统计指数，也是一种心理状态。"一些发展中国家为了富民强国，从发达国家引进卓有成效的科学技术和经济管理方式，甚至近乎全盘模仿了发达国家的政治经济和文化教育制度，但常常出现另一种结果：想象中的尽善尽美的蓝图被歪曲了，不是走向失败，就是扭曲流产。美国现代化问题专家阿历克斯·英格尔斯在用四年时间调查六个发展中国家近 6000 多人的基础上，得出结论是："无论哪个国家，只有它的人民从心理、态度和行为上，都能与各种现代化形式的经济发展同步前进、互相配合，这个国家的现代化才真正能够得到实现。"罗马俱乐部总裁奥雷利奥·佩西博士也曾指出："今后经济变革比科学革新更重要，而文化和观念的变革又比经济变革更重要。"要使人的观念现代化，就必须弄清楚传统的观念。为了和传统观念中不利于现代化的因素决裂，就必须弄清楚孕育传统观念的历史土壤。要找出妨碍旅游业现代化的观念及其土壤，引起国人的重视，从而剖析传统旅游文化的若干特征，力争将精华和糟粕区别开来，其目的无非是为了使中国旅游业能够形成中国作风和中国气派。没有中国作风和中国气派的旅游文化是丧失个性的文化，而不能达到现代化水平的旅游文化，又是必然被淘汰的文化！

在前面我们讨论过的若干旅游文化传统中，像重视资源保护、注意保存史料的传统，像"读万卷书，行万里路"的将读书和旅游结合进行的传统，像探险旅游传统，像重视游览艺术的传统，重文、重人的传统，崇尚真实性的传统，崇尚自然的传统，以及饮食文化追求调和境界等传统，虽然同样是产生在小生产土壤之中的旅游文化，它们却因其自身价值可为我们建设当代旅游文化所用，甚至已经成为了我们正在建设的当代旅游文化的组成部分。如崇尚真实的优良传统，对于遏制现代旅游文化建设中的造假现象以及忽视保存景点内涵原汁原味的重要性时，不失为一剂对症良药。其他有些传统亦可在一定范围内为发展当代旅游业所用，如尚古传统之见于仿古旅游，附会传统可用于丰富景观内容等。

12.3 中国旅游文化之建设

旅游文化一般要受到来自两个方面的影响。从纵的方面看，古代的旅游文化作为传统，会通过各种载体使人们的头脑受其影响而不自知；从横的方面看，今天的旅游文化建设必然还会受到外来旅游文化冲击。尽管有的民族旅游文化传统根深蒂固，文化隔离机制甚为强健，但不同空间的旅游文化的互相影响和渗透，总是或迟或早地发生着。一方面要借鉴世界各旅游大国旅游文化建设的经验，了解各旅游大国如何使传统的旅游文化与现代化建设相一致。另一方面，我们必须花大气力清理中国古代的旅游文化遗产，站在建设现代旅游文化、推动和繁荣当代中国旅游业的高度，对其进行冷静的分析，区别何者为精华，何者为糟粕。继承那些可以用来建设当代中国旅游文化大厦的"构件"；对于那些有碍当代旅游文化建设的传统观念，则要坚决地与之决裂。这两个任务是互相联系，缺一不可的。

12.3.1 传统旅游文化的特点

（1）传统的旅游文化就是植根在计划经济的基础之上的

中国古代的经济，在鸦片战争以前，主要是封建的自给自足的自然经济（也称产品经济）。鸦片战争以来，中国经济虽然注入了某些商品经济的成分，但由于近百年来你争我夺、割据纷纷的政局，使资本主义在中国失去了发展的机会，商品经济也是步履艰难。1949年新中国成立后，由于指导思想的重大失误，在广大的农村，虽然生产恢复很快，粮食总产量在不断增加，生产工具也有一定的改进。但从根本上讲，就全国大多数地区而言，整个生产方式仍无根本变化。牛耕人种，分散劳动，单一经营，自给自足，仍是中国农村经济的主要特征。在城市，我们模仿前苏联的做法，建立了以国家计划为主的经济体制。这种体制由国家包揽一切，没有竞争机制，缺乏应有的活力。只要这种经济基础不从根本上改变，旅游文化就不可能彻底的脱胎换骨。例如近年来在全国各地很多市县编制旅游规划过程中，经常会遇到的一个问题是，在旅游项目的安排上，规划编制者往往根据实际情况确定项目，但下面各区县乡镇则个个希望都能安排上，万一没有安排上，情绪意见一大堆。出现这种情况，实际上就是计划经济时代养成的不患寡而患不均的心态作怪。

（2）传统的旅游文化是面向过去的、守旧的旅游文化

从价值观念看，中国古人梦寐以求的精神状态是超越时空，和古圣先贤共鸣。汉代史学家司马迁到曲阜旅游参观孔子故居时那种"低回久之，不能去云"的无限倾倒的神情，唐代诗人孟浩然登上襄阳岘山读羊公碑而涕泪交流的形象，宋代遗民邓牧的"生身千载之下，游心千载之上。登箕山而怀洗耳之风，过首阳而悲饿死之节"的理性论述，都可说明这一点。过去的旅游方式，也往往被一成不变地一代又一代地继承下来，延续下去。如中国古代的帝王巡狩，这种政治色彩很浓的旅游方式，不是从上古时代的无怀氏一直到清代的康熙、乾隆代代相传、而从无根本的改进么？这决不等于说巡狩这种旅游活动有什么不好，而是说历代的当事者在这问题上很少想到改变。我们在比较中、西旅游史时固然可以骄傲地宣称：我们早在周穆王的时代（公元前1000年）就有了队伍庞大、距离遥远、艰苦卓绝的探险旅游了。我们也可以夸耀：早在魏晋时期，我们的先哲已懂得欣赏山水自然美了；我们早在唐代便有"失其本居而寄他方"这样极其聪明的旅游定义。然而我们必须承认，在我国旅游历史上，像欧洲旅游史上那样以罗马时期、英国女王伊丽莎白一世时期和产业革命时期为代表的划时代变化的事情毕竟太少。我们的国民总是习惯于沉浸在对往昔旅游史上的先驱们旅游行为的

留恋和模仿之中。

（3）传统的旅游文化是自我欣赏的文化

中国旅游文化传统中有一个很突出的特点，这就是当事人创造旅游文化只求娱心适意，并不求别人的理解和认同。他们认为旅游之乐正与吃饭穿衣一样是自己维持身体健康的需要，只要自己在游览中自得其乐，别人理解与否无关我事。持这种主张的人包括孔子、曾点、谢灵运、白居易、苏轼、苏辙乃至元明时期的许许多多著名的旅行家和不太著名的旅行家。这种游览我们曾以"心游"二字名之。毫无疑问，当旅游行为发生时，也就是旅游主体和客体发生关系之时，主体在和客体的交流中得到审美的愉悦，这是十分自然的心理现象，也是旅游行为的最根本动机之所在。在封闭的古代，旅游者只求封闭自己的身心，不想把自己的感受译介给别的旅游者，从信息论的角度言之，这种心理无形中就堵塞了旅游信息畅通的渠道。而这对于发展以扩大交流，增加营利为目的的旅游业，其不利影响不言自明。我国古代积累下来那么多旅游名著，直到 20 世纪才陆续被外国学者介绍了几部过去，大量的堆积如山的记载着历代旅游者独特感受的旅游著作，其中有不少旅游审美、景点规划的经验仍然具有鲜活的生命力。可是它们仍躺在各种丛书、类书和别集中睡大觉。这种现象正常吗？这种现象本身难道不也是不求外人认同的心理表现吗？从发展当代旅游业的高度出发，我们的翻译家有责任把一些记载着重要旅游信息、描述了前人独特的旅游感受、至今仍然拥有生命活力的名著介绍给外国读者，向他们多输出一些有关的信息，一来可以增强对中国旅游文化特色的认识，二来也可以激发他们旅游中国的兴趣。由于宣传不够，除了少数深谙中国文化精髓的外国人，普通的国外游客确实很难理解。

（4）传统的旅游文化重义轻利，是一种建立在产品经济基础上的文化

中国古代捐资修复旅游点的人很多，富翁多，地方官也多，甚至有和尚、道士倾毕生精力四处化缘来修建一座寺庙或道观的，也有人发现城镇周围的地下溶洞奇观而捐资修造一些游览设施的，然而这一切行为的动机只有一条：积德和留名。从没有人想到利用风景名胜来赚钱营利。即使是远游探险，中国人也只不过关心弘扬国威，或访道问学，一言以蔽之，对精神满足的追求远远超过对物质欲望的满足。从战国时期商鞅变法开始，由"重耕战，奖军功"发展来的重农抑商意识便作为政策代代相传，这就是"以农为本，以商为末"。战国时期的韩非子干脆把商人划入危害社会的五种蛀虫之列（《韩非子·五蠹》）！与这种轻商观念相联系，在国人的心目中便形成了重义轻利的价值观念。由于千百年来的抑商政策的实施，商人虽然富有，但社会地位低微，使中国旅游史上的商人旅行家未能出现像中世纪阿拉伯那样的辉煌。这和欧洲公元前和中世纪旅游活动中的积极分子大多是由商人充当形成一个十分鲜明的对照。实际上，并不是中国古代没有出现自己的商人旅行家，而是因为官方的轻商贱商意识使文人不屑于为他们作传，或者是他们自身自惭形秽，以为难登大雅之堂。不然，何以史料如此缺乏呢？我们近年来开发旅游资源，不少载体都是明清商人留下的民居。如皖南古民居群的主人，许多都是常年在外的商人发家后归来创造的奇迹，但是又有哪一位商人留下过经商旅行记呢？与重义轻利的价值观相联系，传统的旅游文化是一种与世无争的文化。在古代中国，隐逸者"不事王侯，高尚其事"的人生价值观十分吃香。在历代官修史书中，在稗官野史中，隐逸于山林之中或隐居于闹市的与世无争的人永远为人民大众所艳羡，然而那毕竟是农业社会的文化。在现代社会里，优胜劣汰，适者生存。与世无争者，其生存空间必遭他人攘夺，唯奋起竞争者才能有立足之地。

（5）传统旅游文化是一种封闭型的文化

古代的旅游文化是在近乎封闭的环境中形成的。植根在农业社会封闭环境中的旅游文

化，必然打上小生产经济形态的烙印。其表现主要有以下几点：

① 视出门为畏途。农业社会生产力低下，多数的普通人没有旅游的条件，故视出门为畏途。俗谚云："在家千日好，出门一时难"，"一生不出门，是个大福人"。就是这种历史情景的写照。

② 不远游的旅游观。与自然经济基础相适应，儒家提出了"父母在，不远游，游必有方"的近游理论，道家提出了"物物皆游，物物皆观"、"乐因乎心，不因乎境"的心游理论。在交通不发达、旅游者安全无保障的古代，儒、道两家的旅游思想，都不失为明智之见，然而它毕竟是历史的陈迹。在发展市场经济的今天，这两种影响中国几千年的旅游观念，必将发生根本的变化。近游和心游的旅游观束缚人们的手脚，限制人们的视野，鼓励人们用精神的自我平衡来取代远游和冒险。这种旅游观的危害性在于，它自觉不自觉地淡化人们对外部世界了解的渴望，而这又是自我封闭、懒于竞争的温床。我们预测，近游和心游的旅游观必将逐步让位于远游和探险猎奇的旅游观，因为后者更能适应商品经济的发展。当然，近游作为一种旅游形式，在我们国家还有它存在的条件，因为我们的人民，大多数还不富裕，不具备远游的物质条件。取代云云，是从宏观趋势而说的。

③ 不顾历史真实，真假名胜并存。在中国，同一个历史名人，往往被分属几个不同的省、县。某古战场本来只有一个，结果闹出几个并存的局面；河南南阳和湖北襄阳就并存着诸葛亮的两处故居；在李自成的墓地问题上出现了通山、通城两地争夺不休的闹剧；三国赤壁大战古战场亦有争议。这种现象的出现，推本求源，仍然是封闭、信息不通、自以为是的客观条件造成的。

④ 景观评价存在着不讲科学性的毛病。古人旅游范围有限，评价景观时每每容易犯以偏概全的错误，这是时代局限，如很多地方都可见到的"第一山"、"第一村"、"第一泉"、"第一园"就是例子。即使旅游业已经相当发展的今天，我们有些地方领导和文化人，评价自己家乡或管理范围内的山水资源，也常常犯类似错误。这种拔高自己熟悉地区的景点级别的做法，在农耕时代还可以理解，在信息化时代的今天，不利于当代旅游文化的建设。

（6）传统的旅游文化是专制的一元的旅游文化

由于中国是一个封建制度延续历史最长的国家，因而其旅游文化的封建专制色彩也格外突出。

专制的一元的旅游文化的表现之一，是扼杀创造力和个性，提倡因循与模仿。康熙在营造承德避暑山庄时，题写了三十六景。其孙乾隆也题写三十六景，不敢稍为逾越。宋宁宗给宋迪的潇湘八景配了诗，于是天下八景泛滥成灾，以至许多州、县甚至普通乡镇都有"八景"。在中国古代像这样的旅游文化现象甚多。对名人的崇拜也是其表现之一，前面"重人传统"已有所论列。不管景点的旅游价值如何，只要是帝王或大臣或其他名流去过的地方，那里的山水便会身价百倍。在整个封建时期，旅游文化都表现出一种模式，一个腔调的特征。以文、武二圣的纪念性建筑为例，全国各地的孔庙和关庙在形式上大同小异，在祭祀、管理方式上亦区别不大。看了曲阜的孔庙，其他地方的孔庙可以不看，因为个性成分太少，而共性成分太多。这种遗风至今犹存，哪儿搞一座仿古建筑，其他地区跟着仿效，而绝未想到另搞一套。旅游要产业化，要现代化，这种缺乏创造力的求同思维定式不改变肯定是不行的。

专制的一元的旅游文化的表现之二，是等级制度。在中国古代，旅游这种文化活动同其他文化活动一样，也被赋予了贵贱尊卑的特性，最初，旅行者深入深山老林、急流险滩，由于对大自然的恐惧，他们便以各种不同的祭祀方式来敬奉想象中的神祇。后来随着宗法制社会的完善，社会生活中的等级差别也进入了旅游文化。如《周礼》规定，只有天子才能祭祀全国性的名山大川，诸侯则只能祭祀境内的名山大川，界限森严，逾越不得。古代的中国人在对待旅游资源的看法上，也表现出很强的等级色彩。如中国有很多名山，他们在这众多的名山中挑出五岳，而在五岳之中又非独尊东岳泰山不可。在接待规格上，等级界限更是明显。一个风景区，在接待皇帝、大臣和文人墨客乃至普通旅游者等人员时，其礼节，其饭菜标准，住房安排，都有区别。这可从一个民间故事中看出。传说某名士到一寺庙旅游，开始，名士进入方丈室，方丈见来人其貌不扬，爱理不理，对来人说："坐。"立谈数句，见谈吐不俗，便曰："请坐。"再深谈，见其谈吐风流，不是凡俗之辈，乃从椅子上站起来，对来人说："请上坐。"这个故事是典型的。它生动地反映了在专制集权制的中国，旅游接待人员的奴性服务心理。因为在古代中国，真正能到全国各地旅游的，非贵族莫属。服务人员岂敢怠慢。正如韩愈在《送李愿归盘谷序》中所形容的："武夫前呵，从者塞途，供给之人，各执其物，夹道而疾驰。喜有赏，怒有刑。"因为他们手握生杀予夺之权，服务员的一条命还不值一根草芥。为了生活，这些服务人员不得不"争妍而取怜"，尽量争取服务对象的欢心。除开帝王这个层次，地方长官出差旅行，也很少不大摆其老爷架子，服务人员稍有不到，骂声便起，甚至拳脚交加，轻则受伤，重则丧命。因此世故的服务员便只有低首下心，忍气吞声，以免节外生枝。但是，当来客是和自己身份差不多的平民时，他们便冷冷淡淡。他们的灵魂是被专制集权制度的代理者扭曲了的。时至今天，在旅游服务行业中依然存在着"见官怕三分"、"欺软怕硬"、"衣帽取人"等恶劣作风。要繁荣中国旅游文化，这种奴性、等级、因循守旧等旧的文化心理必须打破，要敢于独出心裁，标新立异。

（7）传统的旅游文化是贵族的、少数人的文化

如果我们对中国有史以来的旅游历史作一纵向追溯，我们就会看到这样一幅图景：周、秦、汉时期，能够到全国各地旅游的帝王和少数大臣以及部分富商，他们轮蹄所至，前呼后拥，热闹非凡，这是十足的贵族旅游。到了唐宋，由于科举取士，这一时期旅游者成分有较大的变化，这主要表现为大量的中小地主阶层的年轻学子也参加到旅游行列中来。但除了读书人，普通工匠、农夫旅游者极为罕见。明清两代乃至民国时期，也基本上是这种格局。与明代不同的是，清末出国远游的人多起来。与清代不同，民国时期旅游队伍的平民化趋向有所加强，且域外旅游较清代更有发展，但旅游还是集中在少数人的群体中，是一种"贵族"的休闲活动。

12.3.2 当代旅游文化的发展趋势

（1）当代的旅游文化应该是一种建立在市场经济基础上的文化

国内、国际环境的巨变，社会主义市场经济体制的建立，把人们从计划体制下解放出来，带来了大众性商业旅游的蓬勃发展。计划体制时代的休闲旅游旨在恢复，以利再生产，仍是观物修身的体现，而改革开放后的休闲旅游则旨在骋怀放情，以利身心之愉。改革开放后，中国旅游进入发展期。旅游活动在全国经济中所占的比重不断增加，经济的因素也越来越多地介入其中。这就要求我们必须恰当地处理好旅游文化和经济的关系，使二者形成水与乳的关系，才能带动整个旅游业向有益的方向发展。

（2）当代的旅游文化应是面向未来的、创新的旅游文化

若论未来意识，中国古时的旅游家充其量就是希望借助山水名胜，使自己千古流芳，而很少有人对未来中国的旅游业是什么样子进行预测研究。当然，这种现象之所以出现，与中国地理环境的封闭性，孔子学说的侧重纵向继承的影响是不能分开的。当代的旅游文化应该面向未来，改弦更辙，适应日新月异的国际文化环境。今天的世界由于交通、通信工具的现

代化，国与国之间老死不相往来的时代已经结束了。我们要运用先进的文化对传统的人文旅游资源进行挖掘，不断进行创新，保证它的可持续发展。

（3）当代的旅游文化应是全球化的文化

中国旅游文化中的饮食文化、园林文化已为世界文明国家所认同，如遍布世界各地的中餐馆以及现已被美国等国家人民模仿过去的园林假山。而我们其他方面的旅游文化，如旅游楹联、诗词却因文化背景的不同，也因译介工作的落后而仍少为外人所知。在不久前召开的"旅游诗词、楹联创作研讨会"上，我们曾经呼吁旅游界人士在招揽业务的旅游广告和导游手册中，加进这方面内容的译介。因为信息从一端输向另一端是需要中介的，你不把屈原赋作中的精华用外文译出，外国游客到秭归、汨罗一游，只能知道有一个古代诗人叫屈原，因为受当局排挤，遭流放，最后投江自杀，人们为了纪念他，每年五月五日吃粽子、划龙舟，这些浮浅的知识。屈原之为屈原，他的伟大人格又怎能传递到外国游客心中呢？又比如：屈子祠门上的对联："屈平词赋悬日月，楚王台榭空山丘"这联诗本身就是对中国旅游文化重文传统的概括。若能从深层文化心理上分析，外国游客不是所得更多吗？又如中国人的休闲文化极有特色，且极有内涵，作为一种生活方式，很能医治工业社会和信息社会人类的种种精神疾患。我们要积极地把这些旅游文化推广出去，使之成为全球性的旅游文化。全球人民应共同担负保护人类旅游文化的责任，以可持续发展的战略进行旅游文化的开发利用和保护。

（4）当代的旅游文化应该义、利并重

现在我们要发展市场经济，就得按等价交换的价值规律办事。既不能像古代中国人那样只求名而不求利，或者借用时髦语言，叫做只讲社会效益不讲经济效益，也不能像欧洲殖民统治者的探险家那样两眼只盯着一个利字，只讲经济效益而不讲社会效益。因为旅游是世界各国人民增进了解、促进和平的重要纽带。毫无疑问，健康的、向上的面向未来的旅游文化，必须考虑到为促进世界和平的大同社会早日到来这样的历史责任。时下外国游客对我国部分宾馆、饭店的服务水平不满意，概括起来，无外乎两方面的原因：一是高额收费低质服务，只讲经济效益，不重社会效益；二是不少地方的接待单位未能在旅游接待过程中体现出本地文化的特色，外国游客对这种缺少中国传统的接待感到遗憾。这后一方面尤以文化层次较高的外国游客为甚。试想，在各旅游国都在挖空心思争夺客源的今天，我国旅游业要进入强者之林，如果对国际市场不调查不研究，抑或以守株待兔的心理坐等客源，那行吗？因此，现代的旅游文化又必须是有竞争意识和竞争能力的文化。

（5）当代的旅游文化应该是民主的多元的旅游文化

旅游文化的建设，应该提倡各地区百花齐放，而不应再重复几千年来一贯制的强求一律。我们今天的旅游文化，应充分体现对人的尊重，对种族和文化的尊重。相信随着商品经济的发展，旅游服务文化的建设也必然带来产业观念和机制上的革命。同时，每个国家和地区的旅游文化都是世界文化资源的不可缺少的组成部分，是全人类的共同财富和人类文明进步的标志。我们应该以多元化、多层次、多角度、多结构的方法看待各地的旅游文化，发现和发掘各地文化的特性，寻找各民族文化独特的言说方式，转化成独特的旅游文化，才能使旅游业健康持续地发展。

（6）今天的旅游文化应该是大众的民族的文化

随着我国改革开放的巨大成功，国民经济持续、快速、健康发展，人民生活水平与质量显著提高，近年来旅游业迅速走向快车道，进入了一般人的社会生活领域，旅游文化也进入了新的发展时期，成为一种大众文化。旅游经济要国际化，要与世界接轨，但旅游文化一定要保持和发扬本土的特色。"民族的就是世界的，也是最好的。"这里讲的"民族的"就是指本土文化。许多中国大酒店设备先进，服务一流，但国外游客却抱怨说："我好像不是在中国！"这说明，外国游客到中国，是想探寻五千年的东方文明，而不是照搬的西方文明。东方古国在大多数西方游客心里仍然是神秘的，充满好奇的。如何发扬这些本名族的文化，使我们的旅游服务、旅游设施以及各种旅游产品具有长久不衰的吸引力，将是 21 世纪所有旅游工作者的共同课题。

中国旅游文化历史不为不悠久，中国古代旅游文化的层次也不为不高，然而却不是人民大众的旅游文化。这种局面是自给自足的小农经济和封闭型的文化氛围所造成。23 年来，由于对外开放和对内搞活国策的实施，一方面外国来华旅游者逐年上升，另一方，国内旅游也以空前速度发展着，应该说，这是中国旅游史上值得大书特书的一个时期。但冷静一想，我们在指导思想上以前对大众旅游给予了应有的重视吗？没有多少。诚然，想方设法吸引外国人来中国旅游，这对于经济的发展，引进现代科学技术的现代观念，无疑是重要的。但我们同时也不应忽视另一方面。我国有 13 亿人口，其中占人口百分之八十的农民是一支潜力很大的旅游队伍，他们在温饱问题得到解决后，旅游愿望便会日渐强烈。我们的旅游文化建设怎么能忽略他们呢？须知鼓励他们旅游，对于开阔他们的视野，增强他们社会大生产的观念，进而提高全民族的文化素养，培养现代意识，都是很必要、很重要的工作。

总之，对外，创造一种能与世界各国竞争的旅游文化，对内，创造一种为广大人民大众喜闻乐见的、符合民族心理和传统的民族的大众的旅游文化，是我们当前旅游文化建设的并行不悖的两大任务。

思 考 题

1. 21 世纪旅游文化与传统旅游文化的本质区别有哪些？
2. 谈谈你对 21 世纪的中国旅游文化建构的想法。
3. 社会主义初级阶段的旅游文化在学习外国的同时应如何保持本国特色？

参 考 文 献

[1]　喻学才著．中国旅游文化传统．南京：东南大学出版社，1995．

[2]　王大悟，魏小安主编．旅游经济学．上海：上海人民出版社，1998．

[3]　王恩涌等编著．文化地理学．南京：江苏教育出版社，1995．

[4]　沈祖祥主编．旅游与中国文化．北京：旅游教育出版社，1994．

[5]　丁文魁主编．风景名胜研究．上海：同济大学出版社，1988．

[6]　李宗桂著．中国文化概论．广州：中山大学出版社，1988．

[7]　（美）罗伯特·麦金托什，夏希肯特·格波特著．旅游学．蒲红译．上海：上海人民出版社，1985．

[8]　申葆嘉主编．旅游学原理．上海：学林出版社，1999．

[9]　杨时进，沈受君主编．旅游学．北京：中国旅游出版社，1996．

[10]　李天元，王连义．旅游学概论．天津：南开大学出版社，1999．

[11]　国际旅游局人事劳动教育司．导游业务．北京：旅游教育出版社，2005．

[12]　马波．现代旅游文化学．青岛：青岛出版社，1998．

[13]　朱希祥．中西旅游文化审美比较．上海：华东师大出版社，1998．

[14]　乔修业．旅游美学．天津：南开大学出版社，1993．

[15]　卢善庆．门类艺术探美．厦门：厦门大学出版社，1989．

[16]　潘宝明．中国旅游文化．北京：中国旅游出版社，2001．

[17]　杜江．旅行社管理．天津：南开大学出版社，1998．

[18]　楼庆西．中国古代建筑．北京：商务印书馆，1997．

[19]　傅东升．旅行社业务实用指南．北京：中国旅游出版社，1994．

[20]　金元浦．美学与艺术鉴赏．北京：首都师范大学出版社，1999．

[21]　张延风．西方文化艺术巡礼．北京：中国青年出版社，1998．

[22]　刘天华．中西建筑艺术比较．沈阳：辽宁教育出版社，1995．

[23]　丁笃本著．世界之发现——人类五千年探险旅游的历史．长沙：湖南师范大学出版社，1997．

[24]　杨伯俊．论语译注．北京：中华书局，1980．

[25]　童寯．江南园林志．北京：中国建筑工业出版社，1996．

[26]　鲍世行，顾孟潮主编．钱学森论城市学与山水城市．北京：中国建筑工业出版社，1996．

[27]　顾炎武著．历代宅京记．北京：中华书局，1984．

[28]　陈传席著．中国山水画史．南京：江苏美术出版社，1996．

[29]　《世界文化与自然遗产》编委会．世界文化与自然遗产．南京：江苏省出版总社，江苏少年儿童出版社，东京：日本小学馆，1999．

[30]　汪国瑜．建筑——人类生息的环境艺术．北京：北京大学出版社，1996．

[31]　曹诗图著．旅游文化与审美．武汉：武汉大学出版社，2006．

[32]　卢善庆主编．门类艺术探美．厦门：厦门大学出版社，1989．

附录1 中国古代旅游文化名著概观

山川之美，古来共谈。祖国的大好河山从古至今，一直吸引着许许多多文人墨客。他们仰观于天，俯察于地，思接千载，视通万里。在游山玩水之余，留下了大量的旅游文化著作。为中华民族积淀了丰厚的文化遗产。

20世纪，我国古代的旅游名著中，先后有《法显传》、《大唐西域记》、《真腊风土记》等译介到国外，对印度史的建设和柬埔寨吴哥窟的开发，起到了重要的桥梁作用。受到国际学术界的一致好评。当代的旅游名著有陈从周教授的《说园》，译介到日本及欧美等国，对外国友人认识中国园林艺术产生了积极的推动作用。

我们希望有更多的人来发掘、译介中华民族文化宝库中的旅游名著类文化遗产，使中华文化为世界人民服务。

附1.1 先秦旅游文化名著

(1)《禹贡》

《禹贡》的作者，自汉代以来，学术界一直认为是大禹，即认为这部书是大禹治水成功后的学术总结。

《禹贡》实际上只是一篇文章，收在上古文献《尚书》中。它是一篇有重要历史意义、科学价值和文化价值的远古名著，它的历史意义主要体现在：作者用大一统的思想为指导，将全国国土划分为以王都为中心的五个同心圆的圈层，并按距离王畿的远近，分别给予"甸服"（500里❶）、"候服"（500～1000里）、"绥服"（1000～1500里）、"要服"（1500～2000里）、"荒服"（2000～2500里）的名称，并对各"服"所应缴纳的"赋"、"贡"作出明确规定。又将全国国土分为九州（即冀州、兖州、青州、徐州、扬州、荆州、豫州、梁州、雍州），并确定各州土地等级及"赋"的等级和"贡"的种类。

这种大一统的思想对于结束分裂，对于后世中华民族的凝聚力和封建社会超稳定结构的形成都产生了深刻的影响。

《禹贡》的科学价值主要表现在作者已经懂得按自然地理特征来进行地理分区，如雍州，禹贡对该区的土壤特征的描述是"厥土为黄壤"。雍州范围相当于青藏高原以东、秦岭以北，黄河以西。那里的土壤确实是黄土。九州划分在地理上的界线也是根据自然界限来的，例如徐州和扬州就是以淮河为界线。

此外，《禹贡》中关于黄河部分为历代治黄专家所珍视。

《禹贡》的文化价值主要表现在：①九州的区划模式为后世开创了全国性地理志的范式，如《水经》、《水经注》。②《禹贡》对九州植物、动物和土特产的介绍，开了后世经济地理的先河。

历代以来，学术界都非常重视这本书。司马迁在实地考察全国山川后对《禹贡》的评价："故言九州山川，《尚书》近之矣。至《禹本纪》、《山海经》所有怪物余不敢言也。"（《史记·大宛列传》）

研究《禹贡》最著名的学术著作，宋代有程大昌《禹贡论》等著作，清代有苏州籍学者胡渭的《禹贡锥指》，现代有苏州籍学者顾颉刚《古史辩》等。

(2)《山海经》

《山海经》相传亦为大禹及其治水随员伯益所作。但这部书和《禹贡》体例有别。《山海经》以自然的

---

❶ 1里＝0.5公里，后文同。

山脉系统为纲，以有关植物、动物、矿产、祭祀内容、神话传说为目。该书自汉至唐宋，一直被视为古地理著作。而元代人所修《宋史》将《山海经》归入巫术、风水一类书中，明清亦无大改变。

《山海经》是一本记录了从原始社会到秦汉时期先民们旅行经验的古书。它不是某个人在某个朝代所独立完成，它的成书经历了从原始社会的口头流传到后世旅行家们的加工改造、不断丰富的漫长的过程。

《山海经》全书由山经、海经、大荒经三大部分组成。其记述的层次为：山——海——大荒。这个层次安排真实地反映了我们祖先认识外部世界的历程。中华民族是一个以内陆为生存空间的民族，因此，记述的对象首先是山，且其篇幅最大的也是山经，海经次之，大荒经更次之。"大荒"指的是海外诸国。在《山海经》中，旧时代的学者多认为大荒经的历史价值最差，认为它很可能是远古旅行家们的幻想或道听途说的产物。当代学者已经用事实证明大荒经的真实性是不用怀疑的。

《山海经》的行文有三条规律：①以山为经，以水为纬；②前面刚说过某山，下面叙述另一山之前，先用"又多少里"等字样，点出两山的距离；③每叙述若干山后，必统计其山之总数与里程，以及山神的形状，祭祀的方式，祭品的名称、数量。以这种形式来结束该部分的叙述。

远古时期由于交通落后，地广人稀。人们对于出游往往十分审慎。出游之前，先要占卜，看是否吉利。其次还要尽可能搞清楚路程的远近，山川的形势；有无危害旅行的地貌、气象、动植物因素。这种倾向在早期的旅游指南一类古书中表现得异常突出。如《山海经》每每在叙述某山某水的方位、特产之后，又介绍某种吃人的野兽。这样做的目的是为了使"民入川泽山林，不逢不若。""不若"就是指不利于旅行的各种因素，如魑魅魍魉、毒蛇猛兽等。自然，先民们在旅行过程中，也学会了不少征服自然的办法。如先民们发现，某些动物人吃了可以御毒，某种植物马吃了走得更快等。上古时代又是一个崇尚巫术的时代，因此关于各种山川祭祀的祭品、仪式的介绍，在《山海经》中也占有相当大的篇幅。

晋代研究《山海经》最著名的学者是葛朴，他的著作叫《山海经注》；清代研究《山海经》的大家是郝懿行，有《山海经笺疏》；当代学者以袁珂为代表，著作有《山海经校注》、《山海经新探》等。

(3) 《穆天子传》

《穆天子传》的作者是周穆王的左史戎夫，原以蝌蚪文写在竹简上，保存在周王朝的国家书库中，周衰，入晋；晋亡，入魏。魏安厘王以之陪葬入地538年后为盗墓人不准所发。

周穆王是秦始皇之前唯一的一个留有旅行记录的大旅行家。穆王姓姬名满（公元前1001～前947年），酷爱远游，他以造父为御车手，驾着八骏，周游天下，发誓使天下各处都留下他的车辙马迹。

晋朝太康二年（公元281年），在河南汲县魏安厘王的墓葬中出土了一批竹简。这批竹简长二尺四寸❶，用墨书写，一简40字。这些竹简都是用素丝编连的。这批竹简就是周朝的书籍。出土竹简的消息报到晋武帝司马炎那里，他便委派了大学者荀勖负责校勘整理。《穆天子传》就是那次出土文物中的重大收获之一。

《穆天子传》是一部什么性质的书呢？这部古书是我国西周时期的史官对穆王的旅行活动所做的一份忠实记录。迄今为止，它是我国已经发现的成书时间最早、体例最完整的帝王旅行记。

穆王是西周第五代统治者，史书上说他在位55年，而《穆天子传》所载仅穆王十二年至十六年四年间事。全书共六卷，由两大部分组成：第一部分（1～4卷）是该书的主体部分，记载了穆王从十二年十月征漳水到十四年十月回到洛阳的史事。这两年时间穆王的主要活动是出国访问。书中详细记载了穆王访问西王母国的往返经历。第二部分（5～6卷）从十四年秋徐偃王侵犯洛阳，朝廷告急，穆王回国到盛姬的葬礼。这部分主要记述穆王回国后的活动。

周穆王是一个对了解外部世界有着强烈兴趣的古代帝王。十二年十月，他率领七萃之士和六师之人，以及随行的运输粮草、礼品的队伍，浩浩荡荡，从洛阳出发，绕道井陉，北征犬戎，由此至黄河源头星宿海，此后途经积石山、于阗、葱岭直到西王母国。周穆王见西王母时手执白圭圆璧，并奉上高级丝绸四百匹，受到了西王母的隆重接待。周穆王在宾馆（瑶池）中举行了答谢宴会，宴会上，西王母深情地唱了一首歌，歌词是："白云在天，山陵自出。道里悠远，山川间之。将子无死，尚能复来。"穆王答唱道："予归

---

❶ 1尺=$\frac{1}{3}$米；1尺=10寸，后文同。

东土，和治诸夏。万民平均，吾顾见汝。比及三年，将复而野。"歌词表达了两国君主友好往来的诚挚愿望。西王母国在哪里呢？据清人丁谦考证，西王母国就是古代的巴比伦，西王母就是该国的国君。

在《穆天子传》中，作者严格遵守秉笔直书的原则，对穆王的远征队伍，作了相当详细的记载。如对随行人丁的总数、马名、车夫名、御车手和主要随员的姓名，赏赐的礼品，接受的赠品，这些东西的名称、数量，由谁发放，由谁接受；在哪里休息了几天，因何种原因休息，乃至引渡稻种，移植树木，也无不一一加以记载。

作为帝王的旅行，自然和一般人的旅行不同。他们旅行队伍的庞大，恐怕在世界旅游史上也是空前的。穆王的旅行队伍究竟有多少人呢？按传中所记载的数字，仅随行百官和军人一项，已逾两万。运输人夫逾万，骡马亦不下万头。这个数字，在世界旅游史上，也只有后于穆王约四百年的亚历山大大帝的远征队可以媲美。穆王还是中国最早的娱乐旅游的实践者。在他的旅行活动中，除了外交和军事活动，他还把游山、观水、狩猎、钓鱼、听音乐、看舞蹈、植树和参加宗教活动结合起来穿插进行。

周穆王后，秦皇、汉武以及清代的康熙、乾隆等历代帝王的旅游活动也都被史官实录下来，保存在《史记》、《汉书》、《清实录》等正史之中。

由于《穆天子传》在出土时有严重的脱简错简等问题，许多地名暂时还难以确定，因此关于该书的结论真可谓众说纷纭，莫衷一是。

研究周穆王的专著，国内有20世纪初丁谦的《穆天子传地理考证》、顾实的《穆天子西征讲疏》、张星烺《中西交通史料》、台湾魏崇光《中西语文原本天下观》；国外有日本小川琢治《穆天子传地名考》。20世纪50年代，法、英、德国均有学者在其著作中提及研究《穆天子传》。

附 1.2 两汉旅游文化名著——《史记》

《史记》是历史学名著，也是文学名著，鲁迅说它是"史家之绝唱，无韵之离骚"，就是从上述两个方面赞叹这部汉代奇书。实际上，《史记》也是旅游文化名著。为什么这样说呢？因为司马迁的《史记》不是一般的史学著作，它是作者"读万卷书"与"行万里路"的产物。

司马迁出生于史官世家，20岁前跟随其父司马谈研习历史，从董仲舒、孔安国等儒学大师学《公羊春秋》和《古文尚书》。从其父那里接受道家学说，并粗识诸子百家思想。20岁时，司马迁为了协助其父撰写《春秋》以来的数百年历史，为了"网罗天下放失旧闻"，也为了对他从朝廷藏书库里面所接触的古、近代名人有更亲切真实的感性体验，在其父的支持下，开始了漫游江淮等地的旅游考察活动。《史记·太史公自序》对这次漫游路线交代得比较清楚：

"二十而南游江淮，上会稽，探禹穴，窥九疑，浮于沅、湘，北涉汶、泗，讲业齐鲁之邦，观孔子之遗风，乡射邹、峄，厄困鄱、薛、彭城，过梁、楚以归。"

由于实地考察，司马迁不仅获得了大量从档案材料上无法看到的生动史料，而且对秦国并吞六国，秦、楚之间，楚、汉之间错综复杂的军事形势也了如指掌。清代大学问家顾炎武实地考察了历代军事形势遗踪后，十分感慨地写道："秦楚之际，兵所出入之途，曲折变化，唯太史公序之如指掌。以山川郡国不易明，故曰东曰西曰南曰北，一言之下，而形势了然……盖自古史书兵事地形之详，未有过此者，太史公胸中固有一天下大势，非后代书生所能及也。"（《日知录》）

世传孟尝君"好客自喜"，司马迁为了弄清楚传闻的真实与否，乃亲赴孟尝君的封地薛进行调查。调查中司马迁发现：

"其俗间里率多暴桀子弟，与邹鲁殊。问其故，曰：'孟尝君招致天下任侠、奸人入薛中盖六万余家矣。'"

他到鲁地后，对他早已心仪的孔子的身世学术等方面进行了实地调查。他说："余读孔氏书，想见其为人。适鲁，观仲尼庙堂车服礼器，诸生以时习礼其家，余低回留之，不能去云。"（《史记·孔子世家》）

其他如《魏公子列传》中对所谓"夷门"的考证，《淮阴侯列传》中对韩信故乡的访问等。还有《高祖本纪》中对高祖早年好酒色、耍无赖行径的描绘，项羽看秦始皇巡狩的车马时"彼可取而代之"的英雄言语，韩信的受恩漂母和受胯下之辱以及择高地葬母的细节，陈胜佣耕休息时"燕雀安知鸿鹄之志哉"的谈话等。这些绘声绘色的描绘，这些千载之下仍令人读之不厌的名篇佳作，无一不得力于他的"行万里路"的旅游考察。

《史记》在体例设计上包罗甚广，除了本纪、世家、列传部分包含了大量名胜古迹的历史信息外，司马迁还在书中安排了《河渠书》、《封禅书》、《货殖列传》、《大宛列传》等内容。《河渠书》是司马迁实地考察黄河、淮河、长江、泗水等天然江河及水利工程后的总结性作品。例如该书中关于开凿龙首渠的记载，成为后世研究坎儿井起源和传播的重要史料。后世治理黄河、长江、淮河的人都得读《河渠书》。《封禅书》则记载了汉武帝以前历代帝王封禅泰山的史料，为研究泰山文化和帝王旅游不可不读之书。《货殖列传》对全国各地的区域经济、地方物产和民俗风情有全面的记载。对后世读者认识汉以前的区域发展水平和各区域经济地理极有帮助。《大宛列传》开中国正史研究边疆历史地理之先河，这一部分保存了军事探险旅行家张骞出使西域的大量地理新发现的信息，是研究我国西域历史地理和丝绸之路历史地理重要的史料书。

附 1.3 魏晋南北朝旅游文化名著

(1)《兰亭集·序》

文人雅聚，分韵赋诗，最后公推一人作序。这是中国历史上文化人的一种消遣方式。在全国各地风景名胜区，都不难看到这类文物古迹。因为有文人的地方，都会有这种传统存在。

这种传统肇始于东晋永和九年暮春三月，以书圣王羲之为代表的一批文人在会稽（今浙江绍兴）兰亭所举行的一次"修禊"活动。

这次"修禊"活动给中国文化作了两大贡献，一是开创了一种文人休闲的模式，二是留下了一篇散文杰作和书法杰作。

(2)《华阳国志》

由西晋蜀郡江原（今成都市崇庆县）常璩撰写。著者生卒年代不可考。《华阳国志》记载公元4世纪中叶以前今四川、云南、贵州三省以及甘肃、陕西和湖北的部分地区的地理和历史。《华阳国志》所记范围，为《禹贡》的梁州，故因《禹贡》"华阳黑水为梁州"而以"华阳"为名。

《华阳国志》一书共十二卷，包括三部分内容，第一部分一至四卷，记述三州（梁、益、宁）共四个地区（巴、汉中、蜀、南中），包括33个郡和交趾地区（今越南）的地理志，记述各郡的建置沿革和政区变化、历史典故、民风习俗、山川、物产，以及郡内所属的县和县内的大姓等内容；第二部分五至九卷，以编年体的形式记述公孙述、刘焉刘璋父子、蜀汉、成汉四个割据政权以及西晋统一时期的历史；第三部分十至十二卷，记述该地区历史上的名人，为人物志。

上述的三部分内容，即地理、历史、人物以及该书的撰写体例由地理志、编年史和人物志三部分所组成，是《华阳国志》的特点。后来的方志，虽然大多只是包括述地和记人两部分内容，但有的地方志也记载历史大事记。因此，从撰写内容和撰写体例来说，《华阳国志》对后来的方志有一定的影响。

该书除记载的某些物产，对于研究气候变化很有价值外，还记载了四川许多地区的盐井，如关于汉安县（包括今内江、威远等地区）因盐井很多而富甲一方："山水特美好，宜蚕桑；有盐井、鱼池以百数，家家有焉，一郡丰沃。"

该书还记载了许多水利工程，特别是关于李冰开凿都江堰水利工程及其产生的巨大效益有很好的描述："冰乃雍江作坰，穿郫江、检江，别支流双过郡下（指成都），以行船舟。岷山多梓、柏、大竹，颓随水流，坐致材木，功省用饶；又灌三郡，开稻田，于是蜀沃野千里……水旱从人，不知饥馑。时无荒年，天下谓之天府也。"

该书还记载了许多河流和桥梁，如记载成都附近的五条河流（五津）和成都周围的桥梁。记载了一些很有地理意义的民俗。

总之,《华阳国志》是研究西南地区西晋以前旅游文化的重要文献。

(3)《水经注》

北魏时代的郦道元也是将"读万卷书"与"行万里路"相结合并且获得辉煌成功的一个典型。郦道元好学深思,喜读奇书。永平年间(公元508～512年)郦氏任鲁阳太守期间,就曾上书朝廷,主张对天下山川形势作实地考察。宣武延昌四年(515年),郦氏在东荆州刺史任上因故罢官,从此以十年的岁月,为汉代桑钦的《水经》作注,据《水经注·自序》,知郦氏替《水经》作注,是因为考虑到此前"大禹记山海,周而不备;《地理志》其所录简而不周,《尚书》、《本纪》与《职方》、《逸周书》俱略,都赋所述裁不宣意,《水经》虽粗缀津绪,又缺旁通,罕能备其宣导"。因为《山海经》、《禹贡》、《史记·河渠书》、《汉书·地理志》、《水经》等著作记水,或"周而不备",或"简而不周",总之,不尽如人意。为了撰写一部全面、系统、准确的水道著作,郦氏博览了当时所能见到的几乎全部的山经地志,引用书籍多达四百余种。为了纠正《水经》的谬误,作者或"默室求深",钻研典籍;或"闭舟问远,"实地考察。"脉其支流之吐纳,诊其沿路之所缠,访渎搜渠,缉而缀之,经有谬误者,考以附正。"

由于他艰苦卓绝的努力,使《水经注》成为千古不朽的名著。在世界范围内产生了深远的影响。

《水经注》所记水道较之《水经》多出近十倍。该书的行文规律是:①首先明确水道,水道的介绍构成了全书的基本骨架;②介绍与水道有关联的州郡城郭的沿革;③旁征博引与之有联系的野史杂书;④考证桑钦《水经》原文的正误;⑤记载各地土特产和奇禽异兽;⑥描写水道流经地区的风景名胜。他对风景名胜的描绘往往夹杂在叙述中进行。此种写作路数亦为后世"名胜记"之类的旅游书籍所效法。可以说,后世的旅游指南类书籍的体例,在《水经注》中已初具规模。像司马迁为通史所开创的格局百世不易一样,郦氏《水经注》体例的创造衣被后人,亦影响深远,其结论常为后人所援引。南宋李壁路过黄州赤壁,想到不少人因为苏轼的《念奴娇·赤壁怀古》而以为黄州赤壁即三国赤壁,其诗中有"今人误信黄州是,犹赖《水经》能正误"(见龚柴《湖北考略》)。可见《水经注》的权威性和影响力。

从旅游文化角度看《水经注》以下几个方面特别值得重视:

① 简洁传神的写景文字。《水经注》受到历代文人的喜爱,这是一个重要原因。像中学课本中所选"三峡"片断一类的写景文字,全书中俯拾即是。

② 大量的名胜古迹被记载下来。如关于三国魏时的征北将军刘靖主持开凿车箱渠,"自蓟西北迳昌平,东尽渔阳潞县,凡所润含,四五百里,所灌田万有余顷"。《水经注》中还记载了许多城市情况。如关于作为三国魏的五都之一的邺城的记载:"其城东西七里,南北五里,饰表以砖,百步一楼,凡诸宫殿门台隅雉,皆加观榭……当其全盛之时,去邺六七十里,远望苕亭,巍若仙居。"再如关于北魏前期都城平城(今大同)的平面布局,包括殿宇街道乃至城外的建筑,都有详细记载。这些记载,是其他文献中罕见的,对于研究城市历史地理极有价值。

《水经注》还记载了大量的亭台楼阁、寺观庙宇、园林坟墓等文化古迹信息。其中仅记载的"台"就有160多个,如铜雀台等。该书关于台的记载,对于研究我国古代建筑遗迹及其相关的文化内涵,有很重要的价值。

典故和传说,是民族文化的重要组成部分。《水经注》中记载了大量典故和传说。其中有关于三皇五帝的传说,对于研究上古时期的历史很有价值。

《水经注》对科学和文化的另一重要贡献是记载和保存了大量古代文献和史料。郦道元在撰注《水经注》一书过程中,征引了大量古代文献。据陈桥驿教授统计,该书共引征了470多种文献。其中绝大部分没有流传下来。正是由于《水经注》征引其中的内容,今天才能对这些早已不存在的古代著作的内容有一些了解。《水经注》还引录了大量金石资料,共有357种,为后世进行金石学研究保存了宝贵史料。

《水经注》中记载了大量的地名。据陈桥驿教授的统计,该书记载的地名达两万个左右。这些地名中,郦道元对大约2400个地名的渊源进行解释,包括山名河名、湖沼池泉名、城镇乡邑名、关塞津渡和道路桥梁名、寺观陵墓等名称的渊源由来。《水经注》中还对许多地名的变化沿革情况进行了注释。在郦道元以前,中华民族的历史已经历了数千年。在这数千年中,由于朝代的更换,政治的变迁,战争和民族迁移乃至自然环境的变化等诸多原因,许多地名发生了变更。郦道元不仅指出许多地名变化,还阐述了其变化的原因。例如:黄河,在汉代以前称"河",汉代始用"黄河"一名,唐代以后,普遍使用"黄河"一名,黄河名称的变化，反映了黄河含沙量的变化。总之，《水经注》中记载的丰富的地名内容，对于研究历史自然地理、历史人文地理和对于文化研究，都有极重要的价值。

研究《水经注》的学者，清代最著名的是杨守敬，当代最著名的是陈桥驿。杨守敬主要是从地理方面研究，所绘《水经注图》最能代表其水平；陈桥驿则是系统研究《水经注》之第一人，代表作有《郦学新论》等。

(4)《洛阳伽蓝记》

北魏迁都洛阳后，佛教得到了空前的繁荣。"王侯贵臣，弃象马如脱屣，庶士豪家，舍资财若遗迹。"于是出现了"金刹与灵台比高，广殿共阿房等壮"的局面，到了永熙年间，北魏政权日渐衰朽，迁都邺城后，各寺僧尼大量流亡。与之相适应，佛教建筑也凋敝不堪。作者杨炫之亲历了这一由盛而衰的历史场面，出于一种担心自己所熟悉的佛教文化失传的责任心，和深沉的故国之情，作者重游了故都的寺庙遗迹，写下了这部有名的洛阳寺庙旅行记。

这本书是以洛阳一地为游览对象，以佛教寺庙的介绍为经，以与这些寺庙有联系的政治经济、军事、文化事件和人物介绍和描述为纬。全书共分五卷：城内、城东、城南、城西、城北。每卷各记寺庙数座，最多的为十三寺，最少的三寺，共四十四寺。这四十四寺只不过是洛阳城内外全部佛教建筑的一小部分。作者之所以只重点描写这四十四寺，是因为这些地方关系到北魏社会的诸多方面。作者创作的本意也不仅仅着眼于纪游，他要通过一些重点寺庙的介绍，将时代风云贯串其中，以期从更大范围和更深层次上为历史做记录。

《洛阳伽蓝记》除了记述的范围大、层次多这个特点外，重视历史地理的考证，也是它的特点之一。如建春门外的阳渠石桥的修建年代，作者通过实地调查，批驳了刘澄之的《山川古今记》和戴延之《西征记》的看法。此书的另一特点是志怪倾向很突出。在本书中，诸如人死而复生、佛像流泪、野狐媚人、猪乞饶命、替鬼传书的记载，比比皆是。虽然是游记，但总有一种读干宝《搜神记》的感觉，这个特点是以前的《穆天子传》和《法显传》中所不曾有过的。本书还保留了历史著作的写法。中国历史典籍很重视征引旧典原文。在本书中，常常有大段大段的历史文献的引证。这些引证从行文的规律上看，又一点也不显得枯燥，因为往往是游至某处因景触发的。且处处写景，也嫌单调，这本书的妙处就在于多样性的统一，能给读者提供多方面的信息。

作者常常在游记中为某有关人物撰一小传，或比较详细地介绍某一与之有关的历史事件。这类描写看似杂乱，实则有规律可循。如卷三景明寺条用了三分之一的篇幅替邢子才立传，原因就是景明寺碑是邢子才写的。看碑更想知道写碑的人，作者是懂得游览者和读者的这种心理的。

作者的行文规律可大致概括于下：大凡寺庙本身没有多少风景可写，就写在这里出现过的灵异故事；如既无风景，又无灵异者，就写创寺人生平故事；如风景、灵异、创寺人生平皆无足书者，则或写该寺毁于战火时的情景，或写帝王将相的礼拜活动、佛教节日的庆祝盛况。

(5)《法显传》

法显（公元342~423年），生于山西平阳县（今山西省临汾县西南），卒于湖北荆州新寺，享年81岁。他是我国佛教史上的一位重要人物，同时，他也是我国旅游史上一位杰出的旅行家。东晋隆安三年（公元399年），法显立志改变中国佛教经典残缺不全的局面，便与同学慧景、道整、慧应、慧嵬一起，从长安出发，通过河西走廊，度过今天新疆境内的大沙漠，翻越葱岭，取道今印度河流域而入恒河流域，即由今天的巴基斯坦进入阿富汗，又返回巴基斯坦，然后东入印度，并曾穿行尼泊尔南部而达恒河下游的佛教中心地带，在摩羯提国首都巴连弗邑留居三年，搜集抄写佛教经典，向当地僧人学习梵语、梵书，随后渡海到狮子国（今斯里兰卡），又住二年，继续访求佛教经典，然后航海东归。中途因大风漂至苏门答腊，随行同学和其他僧众或留或亡，他的大半旅程"举目无旧"、"顾影唯己"。是"欲令戒律流通汉地"的坚定信念支撑着他，以垂暮之年历尽艰险，于公元412年到达北青州长文郡界牢山（今青岛崂山）登陆，完成了他历时十五年的西行求法的旅行生涯。

义熙十年，法显将自己的旅行经历写出，由于这本旅行记是法显记述自己的亲身经历，所以后世学者便称之为《法显传》。当然，这本书在历史上曾有过好几个别名，如《佛游天竺记》、《释法显行传》、《佛国记》等。

《法显传》和《穆天子传》一样，保持了我国古代旅行记所特有的崇尚真实的传统。全书时、地、事记载清楚真实，极少得之传闻的材料虽然写进书中，却另外加以说明。其征信传疑的创作态度一同正史。这种态度使本书具有很高的学术价值。

《法显传》是我国第一部由僧人自己写成的探险求法旅行记录。全书始于隆安三年，终于义熙十年，首尾完足，同行僧众基本上都有交代，它所记述的旅行范围，除中国本土外，还包括南亚、中亚和东南亚地区。这些地区的地理气象、交通、宗教、物产乃至经济制度等，书中几乎没有不涉及的。其中特别是对佛教文化的记述至为详尽，至为生动。

《法显传》也是我国历史上珍贵的旅游文学名著，它叙事简洁而有法度，文笔朴实而又生动。作者虽为佛教信徒，而笔端常带感情。读其书如坐春风，如饮醇酒。

20 世纪中，联合国教科文组织已将《法显传》译成二十余种文字出版。

附 1.4 隋唐宋旅游文化名著

(1)《水饰》

《水饰》，隋炀帝时巧匠杜宝撰。具体内容参见本书第 3 章（3.5.1）。

(2)《大唐西域记》

《大唐西域记》是记述唐代高僧玄奘去印度取经的旅行记。是他和弟子辨机合著的著作。玄奘（公元 600～664 年）。河南偃师人，俗姓陈。于贞观元年（公元 627 年）从长安出发，18 年后，才回到祖国，他把一生最精华的时光奉献给了以求法取经为中心的宗教旅游事业。

玄奘去印度的路线是由河西走廊的安西地区经今天的新疆哈密、吐鲁番、焉耆，然后经塔里木盆地北部的库车、阿克苏，然后向西北穿越天山冰达坂，经中亚的哈萨克斯坦、乌兹别克斯坦，又经阿富汗、巴基斯坦，到达北印度。这是一段充满艰险的旅程。随后，玄奘巡礼佛迹，渡恒河，游给孤独园，访问迦毗罗卫国；到鹿野苑，礼菩提树，登灵鹫山；还抵达当年印度佛教最高学府那烂陀寺，参加佛经演讲比赛等。回国时所走的路线是：经巴基斯坦、阿富汗，然后经帕米尔高原，经今天我国的塔什库尔干、喀什，沿塔里木盆地南侧，经和阗、罗布泊南侧，再经由敦煌和河西走廊回到长安。和法显的陆去海还不同，他是陆去陆还。

《大唐西域记》一书是在唐太宗的要求下写的。玄奘回到长安，即受到唐太宗的接见。唐太宗对玄奘所经历诸国的地理情况很感兴趣。他向玄奘了解和询问的也主要是有关这方面的环境、城市范围、居民、物产等内容。

该书关于塔里木盆地诸"国"的记载，是古代有关这一地区最详细的记述。由于玄奘去印度时的路线是经塔里木盆地的北侧，而他回来的路线经由塔里木盆地的南侧，他对塔里木盆地的南北两侧都有较详细的记述，是我国历史上唯一一个经过塔里木盆地南北两侧而又对南北两侧的诸绿洲有较详细记述的旅行记。他所记述的塔里木盆地南北两侧绿洲，各有特点。对于研究历史上这一地区的自然地理和人文地理都极有价值。

《大唐西域记》有关中亚地区记载的内容也都很丰富，对于了解这些地区的历史、地理很有价值。如关于中亚著名内陆湖泊伊塞克湖的记载："山行四百余里，至大清池，或名热海，又谓咸海。周千余里，东西广，南北狭，四面负山，众流交凑，色带青黑，味兼咸苦，洪涛浩瀚。"记载了唐时伊塞克湖有好几个名称，有大清池、热海、咸海诸名。称其为大清池，是因为该湖中悬浮的泥沙很少，湖水透明度高；称其为热海，是因为该湖水是咸水，矿化度较高，湖水冰点较低，一般的水都结冰了，湖水还未结冰。这里海拔较高，又处西风带，经常大风，故风浪较大，"洪涛浩瀚"。这些记载是有关伊塞克湖的最早的记载，是有关该湖的宝贵史料，成为中外科学家研究伊塞克湖的重要历史记录。

该书关于古代印度地区的记述，对古代印度的历史与地理的研究很有价值，现已受到学术界的高度重视。古代印度人对自己的历史记载较少。而《大唐西域记》则成为研究印度古代的历史、地理的不可多得的宝贵的史籍。今天所用的"印度"一词，最早是由玄奘所定下来的。在玄奘以前，有关印度地区的称谓，很不统一，玄奘有感于称谓不统一的麻烦，提出用"印度"一词："详夫天竺之称，异义纠纷，旧云身毒，或曰贤豆，今从正音，宜云印度。印度之人，随地称国，殊方异俗，遥举总名，语其所美，谓之印度……印度种姓，族类群分，而婆罗门特为清贵，从其雅称。"由玄奘所定的这一称谓，为后人所接受，一直沿用到今天。记载玄奘去印度取经求法旅行的还有一部著作，这就是玄奘的另两个弟子所著的《大慈恩寺三藏法师传》。该书对《大唐西域记》一书有较多的补充，是一部对研究中国的新疆以及中亚和印度地区历史地理价值很高的旅行记，是《大唐西域记》的姊妹篇。

在中国文化史上，人们每谈起佛教徒的探险旅游，总喜欢将法显和唐代的玄奘相提并论，然则若从两人旅行的各方面情况对比，法显与玄奘的情况颇为不同。①玄奘是 27 岁踏上西行求法征途的，而法显则是 60 岁时才从长安出发去天竺取经。一个是青年僧人，一个已垂垂老矣。②法显是"创辟荒途"，玄奘则是"中开王路"。一个是前无古人的开拓者，一个是前有古人的继承者。③法显陆去海还，既历雪山沙漠之苦，又受惊涛骇浪之吓。玄奘则是陆去陆还，未历大海波涛颠簸之苦。④两人旅行的物质条件不同。虽然法显也得到过张掖王段业、敦煌太守李暠的馈赠，但数目一定不大，否则法显从敦煌旅行到今新疆焉耆县境时决不至于又派同行智严、慧简、慧嵬返回高昌讨路费。玄奘比法显运气好，他虽然从长安出发时也不过是个普通的行脚僧。但当高昌王曲文泰与他结为兄弟后，情况便大不一样了。高昌王专门给了四个小和尚在路上侍候玄奘，又为玄奘准备了 20 年的行资，光驮东西的马就有 30 匹，随身护卫 25 人，又修书 24 封关照沿途各国方便玄奘西行，信中要求各国派人马护送玄奘出境。而法显始终是以普通行脚僧身份活动，其艰难可以想见。⑤玄奘归国后受到国家重视，在译经活动中得到大量人力物力的支援，而法显则否。我们比较中国旅游史上的这两位宗教探险旅行家，绝无扬此抑彼的意思。玄奘法师遍历五印度，前后旅行十七年，在印度讲过大乘佛法，做过无遮大会，而且曾主持当时印度最高学府那烂陀寺的讲席。他的事迹广泛留传于中国和印度，对佛教在中国的传播产生了极大的影响。同时虽然装备条件好些，那些恶劣的地理、气候条件他也都亲自经历过来，这也不是一件易事。

(3)《梦溪笔谈》

北宋沈括（公元 1031～1095 年）撰。沈括在自然科学史上有许多伟大的发现。英国科学史家李约瑟甚至誉他为"中国科学史中最卓越的人物。"实际上，他的科技史名著《梦溪笔谈》中的绝大多数发现，都是作者旅行考察时触发感悟的结晶，因此将之归于旅游文化名著之列也是恰当的。

他在出使辽国的途中，留心观察沿途的太行山。他观察到太行山的山崖上有螺壳和蚌壳，还观察到山崖上有海卵石。他揭示了地理环境是在变化着，揭示了河流的侵蚀作用和沉积作用使陆地不断地形成，海在不断地后退。他在《梦溪笔谈》中作了非常科学的论述："予奉使河北，遵太行而北。山崖之间，往往衔螺蚌壳及石子如卵者，横亘石壁如带。此乃昔之海滨。今东距海已千里。所谓大陆者，皆浊泥所湮耳。尧殛鲧于羽山，旧说在东海中，今乃在平陆。凡大河、漳水、滹沱、涿水、桑干之类，悉是浊流。今关、陕以西，水行地中，不减百余尺，其泥岁东流，皆为大陆之土，此理必然。"文中的关和陕是指潼关和陕西。他指出，潼关和陕西以西的河流，由于侵蚀作用，已深深地切入地面以下不少于一百多尺，黄河每年携带大量的泥沙向东流去，皆是从大陆上侵蚀下来的泥土。

沈括还利用去浙江地区调查了解农业水利的公务出差之机，到雁荡山游览旅行。雁荡山的奇特地形引起他的极大兴趣。他用流水侵蚀作用来解释雁荡山的形成。他写道："温州雁荡山，天下奇秀……予观雁荡诸峰，皆峭拔险怪，上耸千尺。穹崖巨谷不类他山，皆包在诸谷中。自岭外望之，都无所见；至谷中，则森然干霄。原其理，当是为谷中大水冲激，沙土尽去，唯巨石岿然挺立耳。如大、小龙湫，水帘，初月谷之类，皆是水凿之穴。自下望之，则高岩峭壁；从上观之，适与地平。以至诸峰之顶，亦低于山顶之地面。世间沟壑中水凿之处，皆有植土龛岩亦此类耳。"他还把雁荡山的成因与陕北黄土高原黄土冲沟的成因相类比，认为这两种地形的成因完全一样，只不过一个是石山，一个是土山。他指出："今成皋、陕西大涧中，立土动及百尺，迥然耸立，亦雁荡具体而微者。但此土彼石耳。"

广泛的旅行，使沈括还观察到各地物候的差异，并对此作出了科学的解释。他写道："缘土气有早晚，天时有愆伏。如平地三月花者，深山中须四月花。白乐天《游大林寺》诗云：'人间四月芳菲尽，山寺桃花始盛开'，盖常理也。此地势高下不同也。"这里，沈括明确指出，同一种植物的物候期，随高度而变化：

地势越高的山地，物候期越晚；同一种植物的物候期还随纬度而变化；纬度越高，物候期越晚。他认为，这是各地的地气不同的缘故。他所谓的地气，实际上就是随着地区和地势的不同而导致气候的差异。同时，他还认识到，物候期的早晚，还可以通过人为的途径进行调整和改变，他指出可以通过施肥的多少以及种植的早晚来调整或改变。

沈括也曾到海滨地带去旅行过。每天的潮涨潮落，海水的一进一退，展示出大自然的无穷奥秘。自然界的壮观景象不仅仅使他为之感慨，更多的是引起他的思考。比如探讨潮汐现象的原因，他通过观察，终于揭开这一自然奥秘。他把潮汐现象归之于月球，驳斥了把潮汐现象归之于太阳的错误说法。他指出："卢肇论海潮，以为'日出没而成'。此极无理。若因日出没，当每日有常，安得复有早晚？予常考其行节，每至月正临子、午，则潮汐生。候之万万无差。"

（4）《长安志》

《长安志》北宋宋敏求（公元 1018～1079 年）撰。

《长安志》是作者对古都长安城市的兴衰变迁精心研究的结晶。他对长安城的兴起、发展及历代承袭关系的研究，对西周、秦、汉和唐代都城建筑与环境关系的研究，在中国古代城市历史地理著作中最为突出。虽然到宋敏求的时代，西周时期的京城丰和镐早已荡然无存，但经他精心研究，论证了西周的都城丰和镐分别位于今天西安市西部沣河两岸，论证丰京位于西岸，镐京位于东岸，二者相距 25 里。20 世纪后半期在这里相继发现西周时期的车马坑和板瓦，证明宋敏求的结论是正确的，同时也为今天确定西周都城丰和镐的具体位置提供了依据。他还论证了西周的丰京和镐京兴起为都城，是与流经这里的沣水有密切关系的。关于秦都咸阳，如果说《三辅黄图》关于它的记述侧重于建筑，那么，宋敏求的《长安志》则把秦都咸阳的建筑与地理环境联系起来加以考察。至于唐代长安城与所在地区地理环境的关系，也作了精辟的阐述。他把城市的兴起和发展与地理环境联系起来的思想，正是当代城市历史、地理研究的基本出发点。

唐代长安是古都西安历史上最辉煌的时期。城市的规模、建筑的宏伟辉煌在历史上是空前绝后的。今天有关唐代长安城的城市平面布局和结构、对唐代宫城和皇城以及各重要宫殿的知识，有关唐代长安以及宫城、皇城和宫殿的复原，都主要依据《长安志》。

《长安志》的记载展示了唐代长安外郭城的整齐的布局。外郭城为东西略长，南北稍窄的长方形，每面各有三个城门，城内被南北 14 条街，东西 11 条街分为棋盘格式的整齐的 109 个坊，城内东西两侧各有一个市。该书还记载了每个坊的名称，坊内的布局和建筑，包括坊内的私宅、寺院等，记载了两市的结构和主要行业。《长安志》记载了唐代长安城中的宫城与皇城的布局和结构。宫城位于长安城的北部，是皇帝与皇室居住、皇帝临朝和处理朝政之处。宫城内的每一座宫殿的方位、名称和主要大殿的功能等，该书都予以记述。展示了唐代皇宫建筑的恢弘气势，是今天复原唐代皇宫的主要依据。皇城是唐朝中央政府的各部门所在地，位于宫城之南。《长安志》记载了皇城南北七街，东西五街，还记载了各政府机关所在位置。该书不仅展示了长安城的全貌和各个功能区的布局与结构，也展示了城市的气势和风貌。

《长安志》不仅是一部卓越的城市历史、地理著作，而且也是一部不可多得的唐代文化著作。该书有关唐代长安城以及周围 25 县的记述，为研究唐代文化，提供了丰富的内容。中外文化界对于长安城，这个中国封建社会鼎盛时期的著名都城的关注，也使得《长安志》显示出更高的研究价值。

（5）《东京梦华录》

《东京梦华录》作者为北宋末年人，姓名与生平不可考。作者在《自序》中讲到北宋灭亡，他向南逃到江淮地区，晚年，回想原来北宋时期东京汴梁的繁华，颇觉怅然，故著书予以记述，谓之梦华录。

全书共十卷。头三卷记述东京城的外城、旧京城、河道、皇宫以及重要的商业街市、酒楼、药铺、集市贸易、早市交易、城市防火等内容。卷四至卷五记载民俗，包括关于士农工商的着装、婚娶、生子等习俗。卷六至卷十记载岁时，即一年中各个时令节日人们的活动。全书展示了北宋京城汴梁的立体画面。在卷一记载开封外城方圆四十余里，护城壕宽十余丈，两侧栽植杨树和柳树，及外城的各城门；记载外城之内有一个旧京城，旧京城方圆约二十里，以及旧城的各个城门；记载穿越城内的四条河流、各河上的桥梁等；记载皇宫的各个宫门和皇宫内的宫殿分布。卷二记载御街的宽阔、功能的变化和绿化之美："自宣德楼一直南去，约阔二百余步，两边乃御廊。旧许市人买卖于其间，自政和间，官司禁止。各安立黑漆杈子，路心又安朱漆杈子。量行中心御道不得人马行往。行人皆在廊下朱杈子之外。杈子里有砖石瓮砌。御沟水两道。宣和间尽植莲荷，近岸植桃李梨杏，杂花相间。春夏之间，望之如绣。"记载宣德楼前诸街、朱雀门外街巷、东角楼街巷、潘楼东街巷的官署寺观店铺酒楼，记述在东角楼街巷的一条从事金银彩帛交易的巷子——界身巷："并是金银彩帛交易之所，屋宇雄壮，门面广阔，望之森然。每一交易，动即千万，骇人闻见。"又记载东面的潘楼街每天五更便开始进行交易，而且交易的物品不同时刻也有所不同："其下每日自五更市合，买卖衣物、书画、珍玩、犀玉。至平明，羊头、肚、肺、赤白腰子……鹑、兔、鸠、鸽野味，螃蟹、蛤蜊之类……"记载州桥夜市出售各种野味家畜家禽的肉、各种果品，名目繁多，"谓之杂嚼，直至三更"。

总之，《东京梦华录》一书，记载了有关北宋时期开封城的城市布局、城市建筑、城市水利、城市商业、城市文化生活的诸多方面的丰富内容。如果说《清明上河图》是以画的形式直观地表现出北宋都城开封的城市生活，那么，《东京梦华录》则是以文字形式展现了开封城的多维图像，是研究北宋开封城市地理和城市生活的重要文献。

《东京梦华录》还是一部文学水平很高的著作。如该书在自序中对北宋都城东京在经历较长时期的和平环境后城市的繁荣景象的描写就极为精彩："举目则青楼画阁，绣户珠帘。雕车竞驻于天街，宝马争驰于御路。金翠耀目，罗绮飘香。新声巧笑于柳陌花衢；按管调弦于茶坊酒肆。八方争凑，万国咸通。集四海之珍奇皆归市易，会寰区之异味悉在庖厨。花光满路，何限春游；箫鼓喧空，几家夜宴。技巧则惊人耳目。"因此，该书还是一部具有较高文学欣赏价值的名著。

附 1.5　元代旅游文化名著

(1)《长春真人西游记》

李志常著。李系道教全真派创始人、道号长春真人的丘处机之弟子。长春真人所创之教为一代天骄成吉思汗所推重，成吉思汗在 1219 年西征中亚时召丘处机随行。其时丘已 73 岁，便携弟子李志常等 18 人谒见成吉思汗，《长春真人西游记》就是这次长途跋涉的记录，系李志常撰著。

丘处机一行的旅行路线是：经过蒙古草原，翻过阿尔泰山，经天山北侧别失八里，再沿天山北侧，经赛里木湖，伊犁河谷地，到中亚。

《长春真人西游记》中有关天山北麓、赛里木湖与伊犁河谷地的记述，有许多很有价值的内容。例如关于位于今乌鲁木齐东面吉木萨尔（元代重镇别失八里，《长春真人西游记》称为"鳖思马"）的部分说到，当地人告诉他们，这里为唐代北庭都护府。这一记载表明，从唐代到元代，别失八里一直是天山北麓的重镇，虽经唐代以后频繁的动乱，但这里的地位没有变化，而且这里一直为汉族和少数民族共居，并和睦相处。另外，这里的僧、道、儒也是和睦相处。

关于赛里木湖的记述："宿阴山北。诘早南行，长坂七八十。抵暮乃宿。天甚寒，且无水。晨起，西南行，约二十里，忽有池，方圆几二百里。雪峰环之，倒影池中。师名之曰天池。沿池正南下，右峰峦峭拔，松桦阴森，高逾百尺。自巅及麓，何啻万株。众流入峡，奔腾汹涌，曲折弯环，可六七十里。二太子扈从西征，始凿石理道，刊木为四十八桥，桥可并车。薄暮宿峡中。翌日，方出……水草盈秀，天气似春，稍有桑枣。次及一程，九月二十七日，至阿里马城……宿于西果园。土人呼果为阿里马。盖多果实，以是名其城。其地出帛，目曰秃鹿麻，盖俗所谓种羊毛织成者……其毛类中国柳花，鲜洁细软，可为线、为绳、为帛、为绵。农者亦决渠灌田。土人惟以瓶取水，戴而归。及见中原汲器，喜曰：'桃花石诸事皆巧。'桃花石谓汉人也。"

文中所记述的从准噶尔盆地到赛里木湖经长坂七八十里，真实地描述了从准噶尔盆地到赛里木湖要经过几十公里的漫长斜坡。文中关于从赛里木湖盆地到伊犁河谷地所经过的果子沟的植被的描述，可与耶律楚材的《西游录》记述相互印证，对于研究这里的植被的变化很有价值。文中关于"二太子扈从西征，始凿石理道"的记载，说的是成吉思汗的次子察合台在此开路架桥一事。这一记载表明这次开路架桥，是这里第一次大规模筑路架桥。关于阿里马城名来历的记述，可和耶律楚材的记述相互印证。文中关于"秃鹿麻"的记载，描述了此物类中国柳花，鲜洁细软，此"秃鹿麻"即棉花。这一记载表明，当时在伊犁河谷地已广泛种植棉花，同时也表明当时在中原地区还没有种植棉花，故用"柳花"来类比。关于"桃花石谓汉人也"的记载，是历史文献中第一次见到对中世纪时期中亚地区广泛使用的"桃花石"一词作出注释，即该词是用来称呼汉人，是由《长春真人西游记》的注释而得以明了的。

更重要的是，《长春真人西游记》记述了所到沿途各地的明确而具体的时间，具有很重要的意义。其中记载过赛里木湖到伊犁河谷地为九月二十七日，这一具体时间很重要，因丘处机还有诗描写经过赛里木湖，对这里的地理景观和天气有很好的描写："我来时当八九月，半山上已皆为雪。山前草木暖如春，山后衣衫冷如铁。"我国著名学者，现代气候学和地理学的奠基人竺可桢教授在 20 世纪 50 代恰好在九月下旬经过赛里木湖，见到赛里木湖周围山地上没有积雪，和《长春真人西游记》的记载相比较，得出结论认为，元代初期的气候比现在要冷。《长春真人西游记》记载内容的科学价值，由此可见一斑。

再如关于撒马尔罕（《长春真人西游记》称为邪米思干）："秋夏常无雨。国人疏二河入城，分绕巷陌，比屋得用……壬午之春正月，芭榄始华，类小桃。俟秋，采其实食之，味如胡桃。二月二日，春分，杏华已落。司天台判李公辈请师游郭西……是日天气晴霁，花木鲜明，随处有台池楼阁，间以蔬圃……郭西，园林相接百余里，虽中原莫能过，但寂无鸟声耳。"这一段文字，明确记载了时间是在春分，杏花便落下，这对于研究物候和气候的变化，都很有意义。此段记载还表明，撒马尔罕的街巷和居民，渠道纵横，城周围果园连片，其面积之广大，中原地区也不能与之相比。这些记载对研究撒马尔罕的经济和园林的发展变化都很有价值。

耶律楚材的《西游录》有向达的校注本。对《长春真人西游记》一书进行研究和注释的人很多，主要有丁谦、王国维和张星烺等。最近的是中国旅游出版社 1988 年 1 月出版的《成吉思汗封赏长春真人之谜》一书，侯仁之、于希贤审校，纪流注译。

(2)《真腊风土记》

《真腊风土记》为元人周达观所作。作者生平不详。该书是作者在元代成宗元贞年间，随使团出访真腊国回国后所作。已知作者于元贞二年自温州乘船出发，往返历时三年，其中在真腊国停留半年多。

真腊，为今天柬埔寨。由于作者在那里停留较长时间，对该国的各方面都有较多的了解，《真腊风土记》一书记述的内容很丰富，可以说是我国最早一部关于海外单独一个国家的地理志。

该书之所以可以称为国家地理志，是由于它记述了真腊国的自然地理和人文地理的诸多方面的内容，包括属郡、城郭宫室、山川、耕种、蚕桑、草木、菜蔬、飞鸟、走兽、贸易、宗教、语言、野人、流寓等。这些是认识一个国家的重要地理内容。

该书记载了真腊国的疆域范围，对研究该国的兴衰历史很有意义。尤应称道的是，该书对真腊国国都的记述。当时真腊国的都城在吴哥。柬埔寨国家的都城后来迁移，吴哥被废弃。今天的吴哥古城，历经数百年的潮湿而炎热的热带气候的风化侵蚀，已发生巨大变化，变为一片林木丛生的废墟。正是《真腊风土记》一书的记载，为吴哥古城的昔日辉煌，留下了宝贵记录。该书对吴哥古城的范围，城市的布局，皇宫建筑的辉煌壮观等，都有较详细的记载。这些记载对于再现吴哥古城的辉煌时期的面貌，极为珍贵。

有关山川、植物和动物等自然环境要素也是该书记载的重要内容。其中记载真腊国有面积广大、开阔的草原和竹坡；有绵亘数百里的古树修藤，即热带雨林；记载该国的野生动物有犀、象、野牛、山马、鳄鱼"大者如船，有四脚，绝类龙"，记载该国的鸟类有孔雀、翡翠、鹦鹉。这些记载对于研究热带地区植物地理与动物地理都是很有价值的。

对于真腊国的各种独特的人文风貌，更是作者所深感兴趣的。如该书记载这里的气候一年中干季和雨季对人类生活的影响，每当雨季时，滨水而居的人家，便迁移到山后，而在旱季又迁回来；记载这里农业生产的特点，记载这里水稻"不种常生"，记载该国的"野人"有两种。这些记载是研究古代柬埔寨社会和经济生活的重要史料。

该书作者更着眼于中国与真腊国之间的贸易，记载在该国很受欢迎的中国货物的种类。该书还记载中国人向真腊国移民的情况，"唐人之为水手者，利其国中不着衣裳，且米粮易求、妇女易得、屋宅易办、器用易足、买卖易为，往往皆逃逸于彼"。这是有关中国人向东南亚地区移民的最早的具体记载，是研究中国移民史的宝贵史料。

《真腊风土记》一书的另一重要价值是记载自温州港到真腊沿途所去的地方，记载各段路所航行的罗盘针位。这是我国最早记载海上航行根据指南针的针位来确定方向，对于研究我航海史很有价值，表明我国早在此以前就已有了作为海上航行指南的"针经"。

该书现在有校注版本，为中华书局 1981 年出版的《真腊风土记校注》，夏乃校注。

(3)《岛夷志略》

著者汪大渊，江西南昌市青云谱人，生平不详。作者喜欢旅行，以司马迁为榜样，游历了国内的许多地方，更对海外旅行有极大兴趣，随船两度出海远航，远达非洲东岸。《岛夷志略》是记述作者亲自所见。该书记述地区之广泛，记述内容丰富，以及内容的可靠性，都超过以前所有的海外地理著作。《岛夷志略》记述地域范围极广，东自今菲律宾群岛的马鲁古群岛，西到非洲的东海岸，收录的国名和地名达二百二十余个，而且所记述的内容，大部分都是作者亲自在海外目睹耳闻得来的，可靠性更高。

《岛夷志略》一书记述的海外国家和地区的内容涉及的方面很广泛，包括山川地势、河湖水体、海湾海港、气候土壤、农业与作物、交通与贸易、民风习俗、宗教与文化、婚嫁喜丧、居舍建筑、饮食服饰等诸多方面，描绘出了有关国家或地区的自然地理和人文地理的基本情况。此外，有关海上航道、贸易的货物类别、华人在海外侨居的情况，该书中也都有所记载。

该书记载的丰富内容受到后人的高度评价，被后来的许多地理著作所引用。因此，该书对于扩大中国人的地理视野，增进对海外的了解，曾经起过巨大作用。该书为后来的海外地理著作提供很多借鉴和启发。如明代三部重要海外地理著作《瀛涯胜览》、《星槎胜览》和《西洋番国志》的撰写，都或多或少地受到该书的影响。当然，该书所记载的内容，对研究所记载的国家和地区的历史，也有着极宝贵的价值。

该书现有的校释版本，是中华书局 1981 年出版的《岛夷志略校释》（汪大渊原著，苏继庼校释）。

附 1.6 明代旅游文化名著

(1)《帝京景物略》

《帝京景物略》刊印于明末崇祯八年（公元 1635 年），为刘侗、于弈正合著。是一本关于北京城旅游文化的专书。该书将北京城及西郊分为城北内外、城东内外、城南内外、城西内外、西山上下诸部分，分别记述各部分的寺观和名胜，是有关明代北京地区的寺观与名胜的总汇之作，是研究明代北京城市文化的极有价值的著作。

《帝京景物略》所记载的胜迹中，除了寺观，还有具有历史意义的胜迹。如该书关于利玛窦坟的记载，其中记载了利玛窦坟的位置和坟墓的形制，还记载很多利玛窦在中国的活动情况，极有史料价值。

该书还记载了大量与环境有关的史实。如记载积水潭（水关）水面宽阔达三四里，盛产莲、菱菱、蒲苇，其周围有诸多梵刹、别墅、亭阁；记载崇文门外泡子河及其周围的诸多园林；记载京城西北海淀的诸多湖泊，记载位于海淀地区的李园和位于今北京大学校园内的勺园的秀丽景色，评"李园壮丽，米园曲折。米园不俗，李园不酸"。这些记载，对于研究北京的自然环境的变化和园林的发展演变，都极有价值。

《帝京景物略》关于场面和景色的描写，非常详细和生动，具有很高的文学水平。如关于灯市，记述其位置和举行灯市的时间，记述灯市位于东华门以东，长二里，灯市自正月初八开始，至十三而盛，至十七结束；还解释灯市的含义，是因这里自晨至夕为市，自夕至晨则为灯；特别对有灯市之日的热闹情景有精彩的描写，很是生动："市之日，省直之商旅，夷蛮闽貊之珍异，三代八朝之古董，五等四民之服用物，皆集。衢三行，市四列，所称九市开场，货随队分，人不得顾，车不能旋，阗城溢郭，旁流百廛也⋯⋯"这些记载，对了解明代北京城的商业活动和商业区的分布，有很重要的价值。该书在每一名胜古迹条下，还汇集了诸多有关的诗文，使其具有很高的文学欣赏价值。

该书文风受竟陵派钟惺、谭元春影响较深，文字洗练，风味隽永。

(2)《瀛涯胜览》、《星槎胜览》和《西洋番国志》

明代在中国航海历史上的一个伟大创举是"郑和下西洋"的七次远航。郑和的远航在中国海外地理知识的增长和海外地理著作的撰写上，起了巨大的推动作用。明代的三部重要海外地理著作《瀛涯胜览》、

《星槎胜览》和《西洋番国志》的撰写，就直接与郑和的远航有关。这三部著作的作者分别为马欢、费信和巩珍。他们都是郑和航海船队的随行人员。

三部著作都是作者的亲自所见所闻，记载的体例和内容也大致相同。都是以所经过的国家和地区分篇，然后记述各国各地区的疆域、地形、气候、土壤、物产、珍禽异兽、城镇、商业、贸易、民族、法律、宗教等自然地理和人文地理的诸多方面的内容。但三部著作所记述的国家和地区不完全相同，记述的内容详略程度也各有所不同。因此，三部著作可以互相补充。三部著作是研究明代东南亚和印度洋沿岸国家地区地理、历史的宝贵文献。

三部著作除了记述东南亚和印度洋沿岸数十个国家和地区的自然和人文地理外，还记述了中国与这些国家和地区的外交来往和贸易关系、郑和船队航海辨别航向的方法、郑和航海的船队的组织以及中国人向东南亚地区移民的情况。所有这些，对于研究我国航海史以及向海外移民的历史，都是极为宝贵的史料。

三部著作都已有校注版本：《瀛涯胜览校注》（马欢原著，冯承钧校注，中华书局，1955 年版）；《星槎胜览校注》（费信原著，冯承钧校注，中华书局，1954 年版）；《西洋番国志》（巩珍原著，向达校注，中华书局，1961 年版）。

(3)《徐霞客游记》

徐霞客（公元 1587～1641 年），为明朝末年江苏江阴马镇人。他一生不求功名，把人生的绝大部分时间献给地理考察和旅行探险，把游览祖国名山大川和探索大自然奥秘作为自己的追求和人生的乐趣。徐霞客和他的游记被称为奇人奇书。他从 22 岁开始，直到 54 岁去世时为止，足迹遍及半个中国，包括今江苏、山东、河北、山西、陕西、河南、安徽、江西、浙江、福建、广东、广西、湖北、湖南、贵州、云南十六个省、自治区和北京、天津、上海三个直辖市，晚年到达云南省西部的横断山地区。除了峨眉山未去过，主要的名山，包括东岳泰山、北岳恒山、西岳华山、南岳衡山、中岳嵩山，佛教名山五台山和普陀山，道教名山武当山，以及庐山、黄山、天台山、九华山、武夷山、罗浮山、九嶷山、鸡足山等，他都去过。

《徐霞客游记》包括两部分。第一部分为名山游记，共有 17 篇，为他 48 岁以前的作品。这一部分只占游记的少部分，游记的大部分是他在 51 岁以后的西南地区的广西、贵州和云南旅行的日记。这一部分为该书的主要部分，也是科学价值最大的部分。

游记的第一部分，即名山游记部分，侧重于记述对各大名山的游览和对景物的描写，文字精练优美，很有郦道元《水经注》和唐宋散文家们写景散文的风格，是具有很高欣赏价值的游记文学。

游记第二部分的内容更突出了对地理现象的研究和对大自然奥秘的探索。主要包括对岩溶地貌的考察；对山川源流的考察；对火山温泉的考察；对植物和动物的考察和对西南边陲防务和民族关系的考察。

西南地区的广西、贵州、云南以及湖南分布着面积广大的石灰岩，并形成各种独特的地形形态，被称为岩溶地貌或喀斯特地貌。对西南地区石灰岩地形的考察和研究，是游记中的最精彩部分。我国西南地区的石灰岩地形，是世界上面积最大、类型最多、最为壮观的石灰岩地形。对这一地区的石灰岩地形，前人虽也有记述，如宋代的范成大在《桂海虞衡志》中对广西的石灰岩洞穴的形状和分布有所记述，但也只是西南石灰岩地区的一部分。徐霞客的足迹不仅遍及我国石灰岩主要分布的广西、贵州、云南以及湖南，而且对这一广大石灰岩地区岩溶地形进行科学的、全面的考察和探索并留下精彩的考察记录。

在我国西南石灰岩地区，分布着众多的溶洞，成为这一地区石灰岩岩溶地貌形态的重要类型。徐霞客考察了二百多个溶洞，对其中的一百多个还进行了较深入的考察。他对这些洞穴的位置、高度、长度和宽度，以及地下河和地下湖的深度，地下湖的面积等，都进行了解测量。尽管他的测量方法很原始，但是他要用数量指标来表示客观的地理现象，这是进步的科学的观念。他的这些测量数据对今天的研究仍有一定的价值。他对某些复杂溶洞记述相当准确。例如徐霞客为了弄清楚桂林七星岩这座著名溶洞的情况，对洞穴进行反复考察，并对整个七星岩山体进行了考察，查清了七星岩溶洞的所有十五个洞口的位置。我国当代地理研究者在 1950 年用现代的测量方法对七星岩进行了测量，结果证实徐霞客对十五个洞口位置的记述，相当准确。

徐霞客还对岩溶地貌的成因作了探讨和科学的解释。他指出溶洞是水的溶蚀作用、流水机械侵蚀作用和岩石崩塌作用形成的。如他在《粤西游日记二》中，指出广西浔州府桂平县郁江南面的陷落洞穴的成因是由于地下暗流所形成的地下洞穴塌陷所形成的："从其西渐升而南，进穴逾多，皆平地下陷，或长如峡，或圆如井……盖其地中二三丈之下，皆伏流潜通，其上皆石骨嘘接，偶骨裂土迸，则石出而穴陷焉。"再如他指出广西三里城（今上林县东北）佛子岭南岩底下溶洞是由地下激流冲击侵蚀而成："北入洞，只容一人，渐入渐黑，而光滑如琢磨者。其入颇深，即北洞泄水之道也。盖水大时，北洞中满，水从下反溢而出北，激涌势壮，故洞与洞皆若磨砺以成云。"

他还归纳出各个地区岩溶地貌形态上的差异。他指出广西几个地区石峰密集程度的差异：桂林至阳朔是"石峰林立"的峰丛地貌，而柳州西北的柳江两侧，则是土山与石峰相间："（柳江）两岸山土石间出，土山迤逦间，忽石峰数十，挺立成对，峭削森罗，或隐或现。所异于阳朔、桂林者，彼则四顾皆石峰，无一土山相杂；此则如锥处囊中，犹觉有脱颖之异耳。"而贵县郁江两岸，石山则更少，只是星星点点地散布在地面上。关于云南石灰岩地区地形的特点，他指出主要是土山，而石峰则很少，环绕洼地的很多："皆土峰缭绕，间有缀石，亦十不一二，故环洼为多。"至于贵州的石灰岩地区地貌，他指出是介于云南和广西之间，"独以逼耸见奇"，实际上，他这是对岩溶地貌进行形态分类和分区。

总之，他对岩溶地貌进行测量研究，进行成因研究和进行形态分类和分区研究，在方法论上是属于现代科学的研究范畴。因此，徐霞客关于岩溶地貌的研究，被认为是开创了现代地理学的研究。

徐霞客在西南地区考察取得的第二个成果是纠正了前人关于长江源的错误认识。自从《禹贡》中有"岷山导江"一语，即把岷江作为长江的源流，此后，人们就一直沿袭着这一错误说法，把《禹贡》的说法看作是不可怀疑的经典。徐霞客通过自己在西南地区的考察，提出金沙江应当是长江的源头："故推江源者，必当以金沙为首"。徐霞客纠正《禹贡》关于岷江是长江源，提出金沙江应是长江源的正确见解。在中国地理学发展历史上，具有重要意义。此外，徐霞客还对其他若干河流的源流进行考察。

云南西部的腾冲县（明代为腾越州）分布着许多火山和温泉。徐霞客来此，对这里的火山和温泉进行了详细考察。徐霞客记载了腾冲火山群中最典型的一座火山——打鹰山火山在明朝末年发生的一次喷发。这一记载，对于了解和研究腾冲火山群的活动历史非常重要。徐霞客还记载了腾冲以及云南其他地区的诸多温泉的情况，对于研究这些温泉的活动和变化规律，很有价值。

徐霞客在游记中对所游历过的地区的植被天气的情况记载得很详细。特别是对在西南地区的考察，沿途的有关植被和天气，记载得尤为详细，对于研究历史上植被和气候的变化，很有价值。其中，徐霞客记载了在贵州和云南的沿途考察中有连续很长时期的降雨，与现代同一季节的降雨天数相比，他所记载的降雨天数大大超过现代的同一季节的降雨天数。这一记载，对于研究那时的气候很有价值。

徐霞客在旅行考察中，为了要弄清楚一个问题，或者为了要亲眼目睹一个自然奇观，不畏艰险，攀峭壁，登悬崖，越蹊径。在《徐霞客游记》中，记载他爬壁、登悬崖、临深渊之处，不胜枚举。

徐霞客所进行的科学探险和考察，在中国地理学发展历史上，占有重要地位。我国当代著名历史地理学家侯仁之指出，徐霞客所从事的事业，在中国地理学发展道路上，开辟了"考察自然，探索自然规律的新方向"。

徐霞客研究在 20 世纪成为热点。20 世纪初，有丁文江等人研究；20 世纪末更出现了江阴市级、江苏省级和国家级三种层次的徐霞客研究会。20 世纪 80 年代前研究主要限于科学层面，20 世纪 80 年代以后，徐学研究开始走向系统研究新阶段。

(4)《东西洋考》

明代的另一部海外地理著作是张燮的《东西洋考》。作者生卒年不详，明代末年人，家居福建漳州地区滨海的龙溪县（今龙海县）。张燮一生不为官，好旅游，足迹遍及东南沿海地区。明代中后期，位于漳州城东南九龙江入海处的月港，成为福建地区对外贸易的重要港口，对于地方经济的繁荣具有重要意义。《东西洋考》是张燮应漳州府地方官之请而撰写的。

该书主要内容是记述东南亚的三十多个国家和地区的自然地理和人文地理的诸多方面的内容。该书以国别立传，记述各国的历史沿革、山川地势、海湾岛屿、港口要塞、江河水系、气候土壤、都城与城镇、农业与作物和物产、各国贸易的传统和习惯、各国贸易所应注意的事项，以及记述各国的居舍饮食、服饰装束、风俗习惯、婚丧嫁娶、节日喜庆、文化娱乐、宗教信仰等丰富内容。虽然该书作者没有亲自出海远航。但作者通过对熟悉远洋航行的"舟师"和商贾进行了大量的调查，收集了许多宝贵的资料，因此，该书受到后人的重视。后来的不少著作，都引用该书中的材料。甚至，今天研究东南亚地区的历史地理，仍以该书为主要参考书籍，把该书称为 17 世纪我国有关东南亚地区历史地理的重要著作。

作者把东南亚国家和地区分为"东洋列国"和"西洋列国"，此即该书"东西洋"一名的由来。所谓东洋列国和西洋列国，是指由漳州的月港向东南亚航行，分为两条航线，西洋列国是指沿中国大陆和中印半岛航行所经过的国家和地区；东洋列国指沿菲律宾群岛和巽他群岛沿岸航行所经过的国家和地区。作者将东南亚地区按两条航线划分为东西洋，反映了明代时期，我国对东南亚地区陆地和海洋的地域空间分布的认识。

《东西洋考》一书还记载了海船的形制、船员的组织等方面的情况，为研究我国航海史记录了宝贵的史料。该书还总结了舟师们长期航海所积累的预测各种海上气象变化的经验和知识，归纳出对天、云、风、日、雾、电、海、潮八类自然现象进行预测的征兆，反映了当时对于海洋的科学认识已达到很高的水平。作者还对旧有的航海"针经"进行了系统的总结。"针经"是记载远洋航行各段航路的指南针的针位，是远洋航海的舟师们确定船只航行方向的依据。在《东西洋考》一书问世以前，航行于东南亚地区的航海"舟师"们所用的针经，多参差不相连，支离破碎，不成系统。作者将这些不成系统的针经，按东西两条航线加以系统化，是对我国航海史的一大贡献。

作者在书中还记述了海外贸易对漳州地区经济繁荣的重要意义以及漳州的月港对外贸易的情况，记述了明代的海禁政策对海外贸易的影响，记述了日本的以及西班牙与荷兰的海盗船对中国商船的抢劫杀掳造成中国海外贸易的萎缩。这些记载对研究明代经济史和国际关系史，也是极为宝贵的史料。

该书现有标点校勘本《东西洋考》，为谢方点校，中华书局，1981 年版。

(5)《蜀中名胜记》

明代曹学佺（公元 1571～1645 年）著，福建侯官（今闽侯）人，万历二十三年进士。曾在四川、广西任地方官，敢于为民做主，官声甚好。1644 年清兵攻下汀州，毁家报国的他见明王朝亡国已成定局，便从容自缢于书房之中，留下"生前一管笔，死后一条绳"的绝命词。

曹学佺在四川任职时间较久，加之他性喜著述，故关于四川的著作《蜀中风土记》、《蜀中诗话》等多达 11 种，《蜀中名胜记》在万历四十六年曾出过单行本。后来，曹学佺将前述 11 种有关四川的著作整合成《蜀中广记》一百零八卷，《四库全书》将该书收在史部地理类杂记部。不过，真正流传广，为好游之士所普遍欣赏的还是《蜀中名胜记》。

《蜀中名胜记》是一本介绍全蜀 125 州县风景名胜的旅游文化著作。作者在介绍某州某县风景名胜时，其叙述习惯是：首先简括的介绍当地的历史沿革，然后介绍其山水形势；随后介绍当地古迹，历代碑刻；最后择要介绍历代旅游者游览当地所留下的旅游诗文，记述有关当地的掌故和传说。

附 1.7 清代旅游文化名著

(1)《西海纪游草》

1847 年春，林鍼"受外国花旗聘，舌耕海外"，在美国工作了一年，1849 年回国，《西海纪游草》便是他此行的记录。书中的《西海纪游诗》（下简称《诗》）和《西海纪游自序》（下简称《序》）都记载了颇为辛苦的出洋经过和初到美国纽约的见闻，并能够联系思想（如"浑天仪"等）和对不好现象加以涂抹（如"四毒冲天，人有奸淫邪盗"）。书中的《诗》、《序》和《救回被诱潮人记》，都叙述了他旅美期间为救被英人诱骗到纽约的华人而被英人设计构陷，幸有美国友人相助，得以雪诬。书中的附记和序跋、提诗都赞扬了林的孝义，并恭维他的壮游、欣赏他的艳遇，大都不出一般封建士大夫的水平和思想。

(2)《乘槎笔记·诗二种》

斌椿是第一批由清政府派遣赴西方"游历"的代表之一。其旅程包括法、英、荷、俄、比等十一个欧洲国家，游历时间不到四个月，书中欧洲见闻不到两万字，但毕竟还是记载了亲历欧洲所看到的诸如煤气灯、火轮升降机、火车等物质技术文明和所发生的文化交流，同时也在很大程度上反映了作为封建士大夫的传统观念，如把瑞典王太后比作王母娘娘，未免可笑。

(3)《初使泰西记》

此书记述作者志刚随使节团于 1868~1870 年间历访美、英、法、普、俄及其他一些欧洲国家的经过。主要包括：①以门户开放主义代替炮舰政策的八款续约；②蒲使与英国外部大臣多次交涉的情景；③志刚接任使事后与俄谈判及当时他对西方社会政治的观感。

(4)《航海述奇·欧美环游记》

张德彝是同文馆出来的学生，同文馆的两重性不可避免地会使张带有思想认识上的矛盾性，这确实妨碍了其在走向世界中接受新思想的洗礼，但却并不妨碍其对新事物进行观察和记录。闭关自守到实行开放是不可抗拒的历史必然。《航海述奇》主要内容：①一些近代工艺技术的"新发明"，如煤气灯、电梯、火车等；②中国人最早看到的"古埃及王陵"、"巴黎大剧院"、"伦敦报馆"以及饮料（咖啡、巧克力等）、早餐、城中道路等生活细节，具有文化史和民俗学价值；③欧洲人，包括普通人民和国王、王后都对中国人表现了殷勤和友善，但由于当时中国是一个受侵略的国家，张等在旅游中也曾遇到过不愉快或挑衅，张等都表现出了应有的"教养"和"骨气"。《欧美环游记》也保存了许多中外交往的珍贵史料：①包括语言、文字，甚至包括技巧运动、游泳、儿童游戏在内的文化交流；②关于国家关系和友好往来；③关于外国的珍贵史料，如目睹林肯遇刺等；④关于"泰西"（清代泛指西方国家）的"奇器"和"技艺"。

(5)《西学东渐记》

本书前五章叙述作者容闳赴美国前的早期教育，以及到美国后的继续学习，第六章从其归国后开始，包括和太平军的接触，组织幼童留学美国，参加维新运动至最终以失败而告终。从 1847 年到 1909 年写书，容闳的努力始终围绕一个中心，即"西学东渐"——要使西方现代文明传播于中国，使中国变为西方国家那样的现代化国家。可惜的是，这样一个有才有识又自始至终有着一颗滚烫的爱国心的人，却不得不"远托异国"，直至埋骨天涯，这是容闳个人的不幸，也是中国的不幸。

(6)《游美洲日记》

作者祁兆熙 1874 年护送第三批幼童出洋。《游美洲日记》逐日记载了往返经过情形，十分详细具体，包括幼童的生活起居、学习、言行举止以及沿途的所见所闻。在 1872~1881 年中国幼童留美这件事中，祁兆熙只是一位不太重要的当事人，但《游美洲日记》却给研究这段史事的人增添了一份有价值的资料。

(7)《随使法国记》

这是张德彝目击 1871 年巴黎公社事件后写成的"三述奇"——《随使法国记》。对西方史，特别是法国史的研究极具价值。本书内容包括普法交兵、法国投降、巴黎起义、凡尔赛军队攻占巴黎等重大历史场面。张此行的原委是为了"天津教案"去向法国政府"表示可惜之意"，张是作为一个随从翻译，此书关于使事叙述不多，但从不多的文字中仍可看出张还是写《航海述奇·欧美环游记》的那个张德彝，他有开通的一面，也有保守的一面，常常会为一些小事而跟外国人抬杠，可能以此见其对大清的忠心吧。

(8)《苏格兰游学指南》

作者林汝耀等，光绪年间留学苏格兰格拉斯哥大学。本书内容包括苏格兰大学简言、学期、考试、科目、实习调查、游学费用及在苏旅行等情况的介绍，实为一"游学指南"。

(9)《日本日记》

作者罗森 1854 年自香港随美国柏利舰队到琉球及日本，在此之前，日本和中国一样，基本上是一个封闭的国家，但在美国的炮口下屈服了，近代史上日本的"鸦片战争"，就这样未放一枪地结束了。罗森及其《日本日记》即这次历史事件的见证人，此外，本书中对日本的历史文化很少记述，而于物产、贸易、市容却很注意。

(10)《甲午以前日本游记五种》

本书乃从甲午以前的何如璋等游记中，选择了有代表性的五种加以研究。

何如璋《使东述略》：是罗森以后关于日本的第一篇正式报告。书中比较注意介绍日本的基本情况，如关于长崎及附近地方的地理、历史、风俗、国政各方面的基本情况，都涉及了，反映了从明治维新到何如璋"使东"不到十年间日本发生的巨大变化，其观察和记载都比较客观，有助于澄清一部分事实真相。

张斯桂《使东诗录》：张为何的副使，其文写的并不好，更糟糕的是，其有时竟站在守旧的立场，对维新事物大加指责。本文的价值就在于，他保存了几个旧式士人"出大洋"时内心活动的"镜头"及一些写风俗名物的诗。

李筱圃《日本记游》：李到日本比何、张晚三年，这期间，日本又有了很大进步。尽管李看到的地方不少，其文笔也不错，但由于他是反对维新的，他对维新所带来的新事物和新气象很少注意，更矢口不予赞美。但即使如此，其《日本记游》却无法完全隐瞒维新在日本所带来的进步。另外有些记述日本文化风俗的地方，如在东京猿若町观剧，颇有意思。

傅云龙《游历日本图经·徐记》：分为《前编上》、《前编下》和《后编》三卷；前编记首至日本游历情形，后编记游美后返回日本继续活动的情形。本书调查掌握了日本"明治维新"二十年来在现代化方面取得巨大成就的大量资料，但关于经验教训的总结较少。

黄庆澄《东游日记》：此距罗森之到日本已经整整四十年，日本学西方已经成为一个东亚强国。本书记载了日本的变化及此间部分"游历外洋"的人，并提出了一些等于是"振臂高呼"的意见，但却寄希望于"中国当轴诸公"，结果自然是没能被其听到，更不用说采纳了。

(11)《扶桑游记》

作者王韬是 19 世纪 70 年代的著名政论家，是中国最早提倡学习西方，变法图强的先进分子之一。《扶桑游记》记载了其日本之游，其中有文化交流，也有其颓废生活的记载。但其政治观点依然是进步的。

(12)《日本杂事诗（广注）》

黄遵宪著。专咏日本的国政、民情、风俗、物产，用的是文学体裁，用意是想达到让中国人了解日本特别是日本明治维新这样一个政治目的；从某种意义上来说，它又是一部"明治维新史"。

(13)《伦敦与巴黎日记》

郭嵩焘于 1876～1879 年间任"出使英国钦差大臣"（后兼使法国），是常驻西方国家的第一个中国外交官。他在封建统治阶级中充当的是反对派的角色，以至在讥笑怒骂中度过了一生，但却从未向环境屈服，这种"孤独的先行者的精神"是非常可贵的。郭嵩焘精通传统文化，熟悉封建政治，了解"洋务"内情。这些因素使他能将中西方进行很好的比较，在逐步认识资本主义优越性的同时，逐步看清封建主义的落后性；也使《伦敦与巴黎日记》对于研究近代文化思想具有非常大的价值。钟叔河对其的总结如下：

① 郭嵩焘考察了以"巴力门"（parliament，议会）和"买阿尔"（mayor，民选市长）为特征的西方民主政治的现状和历史，接触了以阿达格·斯密斯（Adam Smith，亚当·史密斯）为代表的资产阶级经济理论，了解了英国发展资本主义经济的实际情况，认识到"非民主之国，则势有所不行"，对"中国秦汉以来二千余年适得其反"的封建专制主义提出了批评。

② 郭嵩焘从欧洲看到了教育在物质文明和精神文明中的关键作用，言"泰西"学校"一皆致之实用，不为虚文"，比中国专门崇尚"时文小楷"（八股文）的办法要优越得多，从而力主开办学校，多遣留学，像日本那样大规模向西方学习。

③ 作为杰出中国传统学人的郭嵩焘，第一个从中国到欧洲系统考察了西方的文化历史，并且第一个对中西哲学思想和政治伦理观念进行了比较的研究。因为他从旧垒中来，对封建的东西十分熟悉，如今又比较深入了解了西方的东西，拿了新的观念来批判旧的观念，自然比较中肯。

④ 郭嵩焘强烈地反对当时封建士大夫"竭力以天朝尽善尽美的幻想来欺骗自己"，反对把外国看作"夷狄"的顽固排外思想。他主张开放，主张向西方学习，在这方面被误解受打击而无悔。

⑤ 郭嵩焘对西洋事物进行实际考察以后，对当时"洋务派"所办"洋务"的虚伪性、落后性有了更深刻的认识。进一步提出了更尖锐的批评。

(14)《出使英法俄国日记》

曾纪泽著。郭嵩焘于 1878 年被撤回后，接任的便是曾纪泽（曾国藩的儿子）。在赴俄改订条约等外交事件中，尽力酌情据理，与洋人"不讲理"的帝国主义政策作斗争，在国内外产生了较好的影响。在清外交史上，曾纪泽可算是没有给中国带来更多的失败和屈辱的少有的代表。在《出使英法俄国日记》中记述了出使英法俄八年的各类事情：包括外交谈判、研究西学以及日常生活中所见、所闻、所做。只可惜曾纪泽写日记不像郭嵩焘，他极少表白自己，也不大谈论公事。曾纪泽的思想在本阶级知识分子中居于绝对少数的地位，自然不能免于被孤立和打击，这也是所有像曾纪泽这样的人的悲哀啊！

(15)《漫游随录》

作者王韬是 19 世纪 70 年代的著名政论家，他于 1867 年、1879 年先后两次出游欧洲和日本，《漫游随录》即是他出游欧洲的实录。主要内容为：①从民里乡间到墨海书馆，当近代西方文化传入中国的介绍人；②因上书太平军而逃亡香港，又进一步接触现代西洋文化；③在欧洲接触和研究西洋文化，了解并承认其先进性，主张向西方学习。

(16)《环游地球新录》

李圭著。本书写的是 1876 年去美国游历的经过，普通美国人民的友谊给其留下深刻印象，但李圭也看到了资本主义国家对中国的威胁。本书主要内容：①博览会上的中国馆展品被推为第一（丝、茶、瓷器、绸货等）；②留美小学生在美国的学习情况；③在车船、旅馆和日常接触交谈中，美国人民的"真挚情意"；④关于当时美国城市、交通、工业和社会的记述；⑤美国女权运动，对其表示赞赏。

(17)《西洋杂志》

黎庶昌著。《西洋杂志》（以及附录的《西洋游记》、《书简与地志》），是黎庶昌于光绪三年（1877 年）随郭嵩焘出使英法，接着又转任驻德国和西班牙使馆参赞这段时期关于欧洲的记述。本书既反映了英、法、德、西等国的政俗民风，又介绍了许多外国的地理知识，为"一卷西洋风俗图"。黎是文人、外交官、地理学者的结合体，虽然其书政治性不强，但于平实的叙述中发人深省。他看到了资本主义机器生产的优越性；由于生产发展、财富增加，在市政建设、教育文化、科学技术等方面所取得的进步；欧洲国家的议会民主；欧洲早期的社会革命运动……

(18)《欧游杂录》

作者徐建寅 1879 年被派往欧洲考察兵工制造，订造铁甲兵船，为中国技术专家出国考察之始。《欧游杂录》记述的就是徐被派往德国订购铁甲兵船，同时考察兵工、机械、化学工厂的情形。如书中将徐在欧洲各地"游历"的工厂和其他科技单位的名称及参观考察的主要内容都一一记载下来了

(19)《英轺私记》

著者刘锡鸿为郭嵩焘出使英国的副使，题目为"出使英国的私人日记"之意。刘是倾向于保守的，守旧派正是看中了他的"坚定立场"，将其作为副使，以对郭嵩焘起牵制作用。因此，刘在前往英国时，就在思想上做好了对一切"用夷变夏"的尝试都给予迎头痛击的准备，而且还准备"用夏变夷"，克尽一个大清臣子的职责，这些在书中都有记录。但本书也不完全是一份反面材料，还是显示出了其观察事物和思考问题的能力，如英国给其留下的印象是：①繁华；②英国人讲文明，重文化；③普通英国人民对中国多半是友好的，而英国国家当时所有求于中国者也只在通商。书中保存了刘锡鸿和马格里、博郎、井上馨等外国人思想交锋的记录，也就是"旧的顽固的封建主义的思想武器"打败仗的记录。正是由于这些交锋，使刘锡鸿在事实面前打开了眼界，并对一些自己的"误"和"偏执"作出痛苦的承认。

(20)《随使英俄记》

张德彝著。此即其"四述奇"。写书时仍遵循其一贯的风格，很少涉及政治外交方面的情况，而主要是记录国外的日常生活。详细周到，颇具文化史的价值。在琐事和杂记见闻中，在其笔下仍可看出沙皇俄国的黑暗腐朽和统治不稳，以及对外扩张的贪婪、横暴和狡猾。

(21)《出使英法义比四国日记》

薛福成著。《出使英法义比四国日记》记录了一位洋务派学人向维新派人物转变的痕迹：①薛福成在出国之前，其"筹洋"、"变法"等主张都带有很大的局限性，在出洋后这些情况得到了改变，在书中记录了其在异国看到的议院、学堂、监狱、医院、道路等新形象及由此带来的新感受；②有很多篇幅是摘抄交涉案卷，辑录地理资料，具有研究价值；③对西洋富强本原的认识逐步加深，提出"以工商为先"的思想和"利归富商"的主张；④观察和思考西洋的各项政治制度，提出"君民共主"的政治制度。

(22)《李鸿章历聘欧美记》

美国人林乐知（Yong John Allen）著，蔡尔康译。本书成书于戊戌年，林乐知等都是西方的传教士，他们在中国提倡西学、赞助维新，即将中国"改造"成能够使西方人士"感到满意"的国家。全书包括聘

俄记、聘德记、聘法记、聘英记、聘美记及附录，反复宣传中国要向西方"开放"，一再表扬像李鸿章这样同西方"亲善"的人物，如林乐知对李鸿章的不被重用深致不满。本书收集了大量关于李鸿章"历聘欧美"的报道和评论，颇有历史价值。但在对待帝俄暴政和"联俄"政策的态度上，全书也保持了与黄遵宪等维新派相似的观点，对李鸿章的"亲豺虎"行为不以为然。

(23)《出使九国日记》

戴鸿慈著。光绪三十一年（公元 1905 年），清廷为了"预备立宪"，派出以载泽和戴鸿慈为首的"五大臣"出洋"考察政治"，两人各带一路。

戴鸿慈的《出使九国日记》，在例言中说明只作为考察报告及进呈各书的补充，"随时记录，间及琐细"。他于考察政治之外，对于财政经济、文化教育等方面也比较注意，如在日本参观横滨正金银行，在美国参观美孚煤油公司等。甚至对于风景、演出等也舍得花一点笔墨，显示了翰林公的本色。书中颇多关心国家命运的慷慨之词，但其所关心的国家仅仅是"大清皇太后、皇上"的国家。

(24)《考察政治日记》

载泽著。载泽即为"五大臣"中的另一路。《考察政治日记》的内容，和《出使九国日记》颇不相同，主要是记录外国官员、学者讲解宪法及国家制度、政府工作等方面的情况。所有讲演、口译和笔受的都是随员，载泽无非是一个挂名的作者。这些记录，就其重要性来说，确实是近世中国人考察和研究外国政治到了一定程度的标志，不能因其保存在一个满洲贵族的日记里而任其湮没。

(25)《欧洲十一国游记二种》

康有为著。康有为为戊戌变法运动思想上的领袖，戊戌政变后流亡海外进行政治活动。1904 年游往欧洲，有《欧洲十一国游记》，实际上只完成《意大利游记》和《法兰西游记》二种。《意大利游记》中其运用他过去间接得到的和现在直接得到的历史、地理知识，纵论外国尤其是中国的政俗；既继续宣传中国必须有选择地学习西方，在各方面实行变法，同时又着意宣传革命不如立宪的观点，推销他的保皇主张。此已是康有为走上歧途的作品。《法兰西游记》全书四个部分：①法兰西游记；②法国之形势；③法国创新沿革；④法国大革命记。实际上只有第一部分是游记；第二部分是法国概况；第三部分是法国小史；第四部分则是借叙述法国大革命，竭力宣传"只可行立宪不可行革命"的理论，是康有为大开历史倒车的一次鲜明的表态。

(26)《新大陆游记及其他》

梁启超著。梁启超宣传了资产阶级民主对于封建专制的巨大优越性，却又害怕革命的暴烈行动，顾虑共和政体不适用于中国。他是一个从思想到行动都充满矛盾的人。《新大陆游记及其他》正好反映了其思想上的深刻矛盾，精华与糟粕俱在，钟叔河先生为其做了以下的总结。

精华：①宣传了资本主义制度对于封建专制制度的巨大优越性，宣传了美国革命独立后短短一百多年中的突飞猛进，这就等于用事实继续宣传了在中国实行变革的必要性。②继续介绍了中产阶级的一些主义和理论，以及资本主义经济、政治、社会各方面的情况，对当时闭目塞听的国人继续起了启蒙作用。③从一定的角度揭露了资本主义社会和资产阶级国家的弊病。

糟粕：①作者在批判资产阶级民主共和制的弊病时，没有首先肯定资产阶级民主共和总的来说要比君主制进步得多这个前提。②作者总是牵强附会地攻击暴力革命，吹嘘英国式的"和平过渡"。③本书以很大篇幅叙述美国的华人社会，作为史料，弥足珍贵。但在批评自己同胞的缺点时，却颠倒是非因果，不把主因归之于封建统治、帝国主义，而一味谴责群众"愚昧落后"。

(27)《癸卯旅行记·归潜记》

钱单士厘著。这是我们现在所知道的第一部女子出国旅行记。其重要内容有：①介绍日本的长处，如其认为"日本学习西方'专务实用'"，"东国（日本）人能守妇德，又益以学，是以可贵"；②记述了沙俄帝国主义的侵略暴行及沙俄本身落后黑暗的现实，也反映其对满清朝廷的不满；③介绍希腊罗马的文艺和学术。总之，在所有的叙述中，她都保持着一个启蒙者的良心和激情，很少谈政治却具有政治意义。

（喻学才、黄丹）

附录2　旅游文化研究二十年

改革开放以来，随着我国旅游产业由计划经济向市场经济的发展，旅游文化的研究在这二十年中也呈现出自己的时代特色。回顾这段时间国内学术界关于旅游文化的研究，对于我们进一步弘扬中国旅游文化传统，借鉴发达国家旅游文化建设的经验，在和国际惯例接轨的过程中建设有中国特色的社会主义旅游文化，是完全必要的。

一、20世纪80年代的旅游文化研究

我国学者在20世纪80年代的旅游文化研究，概括起来说，主要是做了概念界定、必要性分析、研究框架设计和旅游文化传统挖掘工作。

1. 关于"旅游文化"的定义界说

这一时期，不少学者在论著或论文中，都试图对旅游文化加以界说，窦石认为，旅游文化是一个金字塔结构的文化体系，其"主体应当是那些鲜明地反映了旅游经济和旅游活动的特殊需要部分"。除主体外，旅游文化还有广泛的部分，它表现在一般社会文化素养的普遍提高及其与旅游活动和旅游服务体系相交错的瞬间。杨时进在其由中国旅游出版社1987年出版的专著《旅游述略》中对这一见解作了进一步完善。魏小安认为，旅游文化是通过旅游这一特殊的生活方式，满足旅游者求新、求知、求乐、求美的欲望，由此形成的综合性现代文化现象。此外，晏亚仙指出："旅游文化，是根据发展旅游事业的规划和旅游基地的建设，以自然景观（名山、名水、名城、名景）和文化设施为依托，以包括历史文化、革命文化和社会主义精神文明为内容，以文学、艺术、游乐、展览和科研等多种活动形式为手段，为国内外广大旅游者服务的一种特定的综合性事业。"陈辽主张："旅游文化是人类过去和现在所创造的与旅游有关的物质财富和精神财富的总和。"他认为旅游文化包括广义和狭义两方面内容。喻学才在《中国旅游文化传统》第一章中写道："所谓旅游文化，它指旅游主体和旅游客体之间各种关系的总和。旅游文化具有以下三个特征：①地域性；②新奇性；③继承性。"

2. 关于开展旅游文化研究的必要性分析

1985年，上海旅游学会率先开展了旅游文化的研讨活动，代表们指出：从旅游业的特殊性来看，旅游经济结构的综合性、时间和空间的延伸性、形体景观的趣味性和活动内容的启示性，及其满足五洲四海游客文化需求多样化的客观规律性，迫使旅游业必须有适合自身发展需要的文化形成。1987年9月，由湖北省青年旅游研究会组织召开的首届中国旅游学术讨论会也进行了这方面的研讨活动。代表们普遍认为：发展旅游事业不接受旅游文化的指导是不可思议的。由于旅游从业人员缺乏对旅游文化特性的了解。因此在旅游服务中出现了许多完全可以避免的失误。加强旅游文化研究，无疑是对现有旅游资源进行深层开发的前提。同年10月，在佛教圣地九华山召开的首届中国山水旅游文学讨论会上，与会代表也讨论了这个问题。专家们认为：文化界有义务研究国内旅游文化和域外旅游文化，为旅游从业人员提供精神食粮。

3. 关于旅游文化分支学科的研究

旅游文化作为一种独立的学科体系，尚未成形，但因其涉及面十分广泛，所以它的许多分支已引人注目。

（1）旅游文化史

林永匡，王熹的《中国旅游文化史的研究》提出旅游文化的作用在于增加社会安定、和谐，陶冶人们的心性和情操；促进经济文化交流等。作者认为旅游文化活动的心态与价值观念是旅游文化活动的核心，也是研究中国旅游文化史的首要课题。

（2）旅游文学

这门学科是从传统的山水诗文研究发展而来，已举行了四届旅游文学研讨会，就已发表的论文来看，多数集中在对旅游文学的定义、历史发展分期、起源及发达原因、作家作品的研究等方面。

① 关于定义。有广义、狭义两种界定。赵家莹指出，广义的旅游文学指与旅游有关的一切文学作品，而狭义的单指那些"记游"的作品。江文波指出：目前关于旅游文学的概念应当放宽，"应以宽容和开放的态度，摘除苛求的锁链"。显而易见，大多数学者认为它不等于山水文学，而是一个宽泛的概念，包括文学的各种形式。

② 关于分期。大致有两种归纳方式。一种以赵家莹为代表，以旅游文学本身的发生发展分为萌发、发展、成熟几个时期；另一种，以隗芾为代表，他的《关于旅游文学的开发与利用》将旅游文学的历史发展置于整个社会历史的发展中，分为两汉军事旅游时期，隋统一前的动乱旅游期，唐宋的兴旺期，南宋至明以前的反思旅游期，明清的科举、商业旅游时期。

③ 起源和发达的原因。对于起源的研究，均已突破了山水诗的源头为曹操《观沧海》的观点，将旅游文学的上限推至远古时代，从《诗经》、《楚辞》以及神话中找到痕迹。而对于旅游文学发达的原因，王力平的《传统思维方式与山水艺术——我国山水艺术发达原因探源》，从"我们民族的传统思维方式"、"现实主义的基本精神"、"内向的民族气质"等角度进行探讨。而臧维熙的《古代山水文学发达的原因》则从中国山水所独具的自然特色、贯穿始终的爱国主义精神、崇尚自然的民族古老的传统意识、令人窒息的封建制度等角度加以追溯。

（3）旅游民俗学

何学威的《旅游民俗学——极富魅力的应用科学》，详细论述了关于建立旅游民俗学、开发旅游民俗等方面的问题。莫高的《杭州民俗研究与旅游》，研讨了杭州的民俗与旅游的关系。他从历代皇帝的巡游、文人学者的游记文献和民间的岁时节令以及宗教信仰、祈神拜佛活动中发掘、丰富了杭州的民俗旅游内容。

（4）旅游美学

王遵近、沈松勤的《风景美欣赏——旅游美学》一书，全面探讨了旅游美学中的风景美。该书讨论了风景美的特点，以及与建筑、文学的关系，并从审美的角度研究风景美对旅游主体心灵产生的效应。此外，金学智的《中国园林美学》一书，则从旅游景观中的园林入手，详细地阐述了园林的美学问题。

4. 关于中国旅游文化传统的挖掘

研究旅游文化，不能把视野停留在中国。但要建设有中国特色的旅游业，却不可不对中国旅游文化传统进行整理和总结。喻学才《关于建设中国旅游学的构想》率先提出应该重视中国三千年旅游文化遗产。1987 年 9 月，在武汉举行的首届旅游学学术讨论会上，与会代表对具有中国特色的旅游文化传统进行了认真的研讨（研讨由喻学才提交的论著《中国旅游文化的优良传统》[上编]引发展开）：①多数代表同意中国旅游文化是不断由贵族文化走向大众文化的观点。也有少数代表认定中国传统的旅游文化完全是贵族文化。②中国旅游文化的哲学基础是唯物主义。③一派意见认为，中国古代旅游既有近游传统，也有远游传统。另一派意见则认为，探险旅游在中国不足以形成传统，它的生存土壤不能和地中海沿岸国家相比。④中国古代从司马迁到顾炎武，治学与旅游相结合，一直是广大读书人相沿不改的传统。⑤绝大多数代表同意崇尚真实性是我国旅游文化的一大特色。⑥中国传统的旅游哲学十分强调变化，旅游主、客体无时无刻不处在运动变化之中。⑦中国传统的旅游文化对人的因素十分看重。⑧中国传统旅游文化对旅游客体的审美观不太强调客观尺度，而比较重视主观感觉。"乐因乎心，不因乎境"。⑨中国先民对于旅游资源保护和建设均强调自然本色而反对人为雕琢。⑩自觉地保存旅游史料，是中国旅游文化的一个优良传统。⑪"山川景物，因文章而传。"这是中国旅游文化的一个历史悠久、影响深远的传统。⑫传统的中国旅游文化还十分注意把发展旅游和实施仁政结合进行。⑬中国古代旅游文化具有特别重视游览艺术的传统。

5. 关于当代中国旅游文化的描述

关于当代中国旅游文化应具有的特征，晏亚仙认为，当代中国的旅游文化应突出体现社会主义方向和民族风格、地方特色，必须以服务人民为宗旨，以社会效益为最高准则，以建设高度的社会主义精神文明为目的。喻学才的《中国旅游文化及其改造之我见》指出：中国当代旅游文化应该是与商品经济相适应的旅游文化；是在日益开放的国际环境中形成和发展的文化；是多元的民主的旅游文化；是多民族的大众的文化。杨时进的《旅游文化及其在未来旅游业中的地位》则对未来旅游文化新潮作了预测，未来参加旅游行列的人们将会对旅游的价值观念提出新的尺度，追求文化的倾向，很可能不仅尚古，而且求新，未来的旅游文化应进行自我变革，以适应时代潮流发展的需要。

二、20世纪90年代前期的旅游文化研究

20世纪90年代，伴随着我国旅游事业的蓬勃发展，旅游文化的研究方兴未艾，研究的角度越来越广，研究的层次越来越丰富。我国学者的旅游文化研究开始出现新的特点。特点之一，对20世纪80年代中国旅游业规划的反思，最集中体现在对国家"八五"旅游规划重旅游经济轻旅游文化的战略偏差提出批评。特点之二，学者们对90年代中国旅游文化发展的蓝图进行了勾画，对90年代中国旅游文化的走势进行了预测。特点之三，对模拟景观给予了空前的注视。特点之四，对域外旅游文化和国内地域旅游文化给予了重视。特点之五，在对旅游文化的特征认识上，这一阶段对旅游文化的美学特征特别关注。

1. 关于旅游文化概念的研究

20世纪90年代对旅游文化定义和特征加以研究的文章不多，比较有新意的有邓祝仁的《谈旅游文化及其特征》。他认为除了应包括主、媒、客三个方面文化外，旅游文化还应包括人们对旅游的研究成果，如旅游心理学、旅游社会学、旅游哲学、旅游美学等。除此之外，他对旅游文化这个系统工程中的四大要素即主、客、媒、研的互相制约的关系亦作过较深刻的剖析。

北京旅游协会曾于1990年6月和8月先后两次组织召开以旅游文化为中心议题的学术座谈会，座谈会纪要载于《旅游学刊》1991年第1期。在座谈会的基础上，同年10月又与另外两个单位联合召开了"首届中国旅游文化学术研讨会"，该会以"旅游文化概念"为重点展开讨论，会议论文已汇集成《旅游文化论文集》（1991年由中国旅游出版社出版）。冯乃康的"会议纪要"将研讨会上对旅游文化的定义，概括为三种表述方式：①旅游文化是人类过去和现在所创造的与旅游有关的物质财富和精神财富总和；②旅游文化是旅游主体、旅游客体和旅游媒体相互作用所产生的物质和精神成果；③旅游文化是以一般文化的内在价值因素为依据，以旅游诸要素为依托，作用于旅游生活过程中的一种特殊文化形态。

在旅游文化的特征方面，"求美性"、"国际性"和"经济性"是新提法，为20世纪80年代所罕见。有意思的是，90年代学术界对旅游文化进行定义时，特别强调旅游文化的审美价值。这方面的代表是姚家齐的《黄山旅游文化的美学意义》。他充分肯定只有具备较高审美价值的文化才可以形成为旅游文化，他注意到了旅游文化是一种比原文化更具审美价值的文化。

关于旅游文化研究的目的，上海杨时进在《谈旅游文化研究对象和目的》中讲到：即"在于正确地把握'古为今用'、'洋为中用'的方针，秉着批判地继承和吸收的原则"，"着重深入研究旅游文化活动在本国条件下的特殊运动形式"。杨建新认为"旅游文化建设在旅游业的发展中占有极其重要的地位"，"物化于这景点中的精神、文化因素"、"导游引人入胜的解说"、"现场丰富、生动的宣传和说明物"等旅游文化建设不容忽视。

2. 对20世纪80年代中国旅游业的反思

20世纪90年代初，不少专家学者在国家"八五"规划出台前纷纷发表意见，其中有不少意见是关于旅游文化的。80年代，旅游经济研究始终占主导地位，其他门类影响甚微，其中自然也包括"旅游文化"。"前几年较多地从经济角度研究旅游业的发展"。"没有充分注意文化在发展旅游业中的作用"是1990年10月在北京回龙观饭店召开的"首届中国旅游文化学术研讨会"上与会代表的共识。从研究方法的角度看，早有学者（林洪贷）指出："仅对旅游业作经济上的定性和表述是远远不够的，经济分析无法衡量旅游业在社会方面、心理方面，特别是文化方面的影响，也无法阐明这些影响对于旅游经济的反作用。因此，需要以经济分析为基础，逐步采用经济分析与文化分析相联系的多学科研究方法"。在战略方针制定方面，于英士认为，"七五"以前我国旅游业发展以经济为生长点是历史发展的必然，90年代我国旅游业应在高起点上发展，它的生长点是文化，调整的任务就是要逐步使经济型的旅游业转化成文化型的经济事业。

这些意见，已经粗线条地描画出了20世纪80年代的缺憾和90年代的努力方向。1994年8月在南戴河召开的第二届旅游文化学术研讨会上，与会代表针对90年代国内旅游高潮涌起、模拟景观成为投资热点而文化准备普遍不足的情况，发出"我国旅游业已到了非要重视旅游文化的研究与运用不可的关键时刻了"。代表们建议："政府有关部门应有专门机构进行旅游文化的研究"。所有规划项目、计划都应由政府有关部门统一管理起来，"不应只顾赚钱，不要文化"。

3. 对 20 世纪 90 年代旅游文化蓝图的勾画

对于 20 世纪最后十年中国旅游业的走向问题，众多的学者专家都给予了关心。其中一个值得注意的事实是：关心旅游文化在旅游业各个环节中的地位者日多。

在 1990 年 10 月的北京回龙观会议上，与会专家为 20 世纪 90 年代文化研究勾画了一幅蓝图，大家认为应从旅游主体、旅游客体和旅游媒体三方面下工夫。具体说，"主体方面要研究旅游者所追求的是什么。对于旅游者的追求，哪些是我们要去适应的，哪些是我们不能迁就的"；"旅游客体方面，要研究我们的文化中，有哪些东西是可以和应该向旅游者展示的；要按照什么样的标准去选择和创新"；"旅游媒体方面，主要应研究如何提高旅游企业和从业人员的文化素质"。北大陈传康在题为《旅游文化的二元结构》的发言中认为旅游业一方面以天然风光和传统文化为主，另一方面旅游业又是一种现代产业，这种二元现象普遍存在，由此他认为管理人员应具备传统文化知识和现代观念。郑本法则从社会学的角度论证了旅游文化的一个显著特点，即本土文化与异质文化的结合、熟悉与新奇的结合。这些看法对于廓清旅游从业人员忽视对主要客源市场文化特征的分析和把握，山人献芹式的自以为是的热思考倾向，无疑有一定的指导作用。

20 世纪 90 年代中国旅游文化将出现哪些新趋势？喻学才在《九十年代中国旅游文化发展态势预测》一文中勾勒了十一种趋势：从多头领导到集中领导；从中国化到全球化；从单维到多维；从低层次到高层次；从重视共性到重视个性；从热线热点到温线温点；可能会在部分地区开辟汽车旅游；经常性、多层次的旅游人才培训将成为 20 世纪 90 年代的一大热点；景区规划开发将由盲目走向理智，由资源导向型走向市场导向型；我国旅游界必然不允许不健康的性旅游合法存在；20 世纪 90 年代旅游从业人员的服务意识将空前高涨；由于种种原因，国家较以前更重国内旅游。几年来的实践证明，这些预测还是能经受时间检验的。

4. 对旅游文化学科地位的研究

随着旅游文化研究热的出现，进入 20 世纪 90 年代后还出现了专门讨论"旅游文化学"的学科地位的论文。

1991 年《上海大学学报》第 4 期上刊发了唐友波、徐洁、郭青生、高蒙河的《旅游文化学发凡》。该文虽然主要从文化学的角度来讨论旅游，但他们已经意识到旅游文化是一种"从本质的高度对旅游进行综合研究，进行宏观的规律性的研究"的学科。据北京刘坦生《文化——旅游的灵魂——第二届旅游文化学术研讨会侧记》披露，1994 年 8 月在南戴河会上，代表们也曾对旅游文化学科的建立问题进行了讨论。1995 年《旅游科学》第 2 期刊发了东南大学毛桃青的《旅游文化应有自己的学科地位》一文。该文明确提出建立"旅游文化"学科的必要性。作者认为无论是对旅游业健康发展，还是从学科分类的角度上都应设立旅游文化学科。较之 20 世纪 80 年代，这是一个进步。它标志着高等旅游教育已经敏锐地感觉到了旅游业对旅游文化的呼声，也从学科建设角度显示了旅游文化在旅游学中的重要地位。

5. 对中国旅游文化传统的研究

和 20 世纪 80 年代的旅游文化研究不同，90 年代国家旅游局负责人明确肯定以孔子为代表的传统文化。如曾任国家旅游局局长的何光暐在"95 中国曲阜国际孔子文化节"开幕式上的发言是一大标志，说明国家已开始重视传统文化在旅游业中的地位。

随着国内旅游的蓬勃兴起和中西旅游文化的交流，认识中国旅游文化传统的任务被提上日程，对旅游文化传统的研究，大体上是从以下几大方面展开的：

一是宏观研究。如喻学才的《儒家思想与中国旅游文化传统》研究了儒家的近游理论、远游思想以及儒家义利观、尚古意识、"与民偕乐"观对中国旅游文化的影响等，这对于从较高层面认识中国旅游资源、旅游价值观、旅游史料等传统旅游文化特色具有一定的启发意义。又如喻学才的《中国旅游文化的附会传统研究》对附会的内涵、附会的类型、附会产生的原因，附会的旅游经济价值等逐一进行了探讨。再如广西社科院丘振声的《魏源的"游山学"说》一文高度评价了清代著名学者魏源所作的《游山吟八首》及其旅游实践。

二是微观研究。诸如许宗元《论茶文化在旅游文化中的地位》、《发掘利用竹文化，发展九华旅游业》和《蜀南竹海"竹文化"旅游发展探讨》，这些文章显示了旅游文化需要专题性的文化信息。如果说这些研究多半出自实用的话，那么，喻学才、毛桃青的《毛泽东与中国旅游文化》和《毛泽东——中国历史上内涵最丰富的旅行家》二文则多半在于审美。两位作者从中国旅游史纵向比较的角度，认为毛泽东这位旅行家几乎一身兼有历史上所有帝王旅行家之旅游内涵的积极因素，其文化色彩最称丰富神奇，其艺术气质最称风流潇洒。

6. 对区域旅游文化特色之研究

进入 20 世纪 90 年代以来，旅游文化研究也开始出现类似的重视区域特色的研究趋势，其标志是张忆萍的《开创"海派"旅游文化》。作者立论的基础是海派文化的三大特征，即开风气之先、灵活善变、包容多样。在此基础上他提出了充分展示集食、住、行、游、买、娱及其有地方特点、高水平服务方式之大成的海派文化。同类型的研究还有喻学才的《关于南京旅游文化发展战略的思考》和《关于海南旅游文化建设的战略思考》等文。南京篇作为古都旅游文化建设的尝试，有一定的代表性，对于南京文化发展战略的决策不无参考价值。海南篇在区域旅游文化研究中范围比南京篇大，它涵盖海南全省，可视为作者探讨地域旅游文化开发战略的另一种个案研究。

20 世纪 90 年代区域旅游文化研究除了表现在名城开发和省、市、县范围的旅游开发上外，还有一种和 20 世纪 80 年代不同的地方，即对名山大川旅游文化的研究成为热点。据笔者见闻所及，从 1990 年至今，仅在中国人民大学报刊复印资料《旅游经济》上就先后读到了《泰山旅游文化发掘初议》、《黄山旅游文化的美学意义》、曹晋《发展南岳旅游文化的思考》、李国强《庐山旅游文化的内涵和特征》、利秉升《初探黄山旅游文化》、《峨嵋山的自然美和人文意蕴》、刘金林《湖南九嶷山舜文化旅游资源的开发》、郑国铨《庐山审美文化谈》、《道教名山的文化鉴赏》、《佛教名山的文化鉴赏》等专文。虽说这类文章没有太多理论色彩，所介绍的也仅仅是公认的陈说，但却有引导审美的作用，并且这类文章大都是全息式的评价，且偏重于审美评价，这和 20 世纪 80 年代旅游资源开发的文章之刻板形成鲜明对照，故为一般读者所阅读。

7. 对域外旅游文化的研究

在近七年的旅游文化研究中，我们还得感谢一些专家学者对国外重视旅游文化做法的介绍。这些文章虽非专题论文，但就其对旅游经营者和研究者的影响而言，其作用不容低估。如游天《新兴产业奏鸣曲》就曾介绍了世界大多数历史文化名城先后实行"文化经济"新战略的有关情况，如详细介绍了意大利实施文化经济新战略的有关内容。这种信息对于制订城市发展战略无疑会有影响。寒水在《发展旅游，争创外汇——印尼制定旅游度假区发展总体规划》一文中写道，为了在 20 世纪末达到年接待量 900 万游客之目标，印度尼西亚拟在群岛各地，本着尽量不给本国旅游文化和环境带来负效应以及合理分布、均衡受益的原则，建设旅游度假区。这些"他山之玉"对于我们开发历史名城旅游资源和开发旅游度假区显然有着借鉴的价值。近年来如火如荼的旅游文化节活动的涌现，从一定意义上讲，也可以说是对"充分利用历史文化和现实文化蕴藏的巨大经济潜能，达到保护文化、宣传自己、经济受益一箭三雕的目的"的国际潮流的一种积极呼应，是对发挥旅游文化在经济发展中的作用的一种尝试。

三、20 世纪 90 年代后期的旅游文化的研究

20 世纪 90 年代后期，学术界开始重视旅游与经济、社会、宗教等方面的关系研究，开始出现为旅游文化呼吁学科地位的研究文章。开始出现对旅游开发过程中假冒伪劣的旅游文化进行批评的文章。开始出现从企业文化建设角度、旅游接待地的地域形象塑造、市场营销角度来重视旅游文化的新现象，这说明旅游文化的应用性特征得到了学术界的重视。

1. 概念界定

由于文化的定义至今仍存在严重分歧，导致学者们对旅游文化的认识和表达也存在很大差异，综观这些论述，基本上都是从定义和特征的角度进行研究。

（1）旅游文化的定义

贾祥春提出：旅游文化是一种全新的文化形态，是环绕旅游活动有机形成的物质文明和精神文明的总和。王德刚给旅游文化下过这样的定义：旅游文化是以旅游活动为核心而形成的文化现象和文化关系的总和。刘卫英、王立认为旅游文化的定义为：人类创造的有关旅游不同形态特质所构成的复合体。谢春山提出旅游文化是：传统文化和旅游科学相结合而产生的一种全新的文化形态。

（2）旅游文化的特征

旅游文化作为文化的类型之一，具有一般文化形态的共同属性，但作为文化的一种特殊类型，其又有着自己的特殊性质，这种共性与个性，即构成了旅游文化的特征。王立、刘卫英将旅游文化的特征概括为

综合性、民族性、大众性、地域性、直观性、传承性、自娱自教性和季节性八个特征。晏性枝概括为系统性、人文性、开放性、交流性、文化性、经济性、综合性、相关性、服务性、创汇性十大特征。贾祥春认为旅游文化作为一种独立的文化形态，具有继承性、创造性、服务性及空间、时间差异性。

2. 旅游文化的地位、作用

很多学者都指出了旅游文化的重要地位和作用，概括起来为：

（1）旅游文化是旅游业的灵魂和支柱

对于这一点，谢春山指出：文化是旅游的本质特征，是国际旅游名城的主要标志之一，其蕴藏着巨大的经济潜能，而且是提高人的素质、提高管理水平的关键，旅游业提高竞争力的法宝。费振家认为旅游者和旅游资源都是一定社会文化背景的产物，旅游设施和旅游服务也是一定社会文化环境的反映，并强调重视旅游文化营销。罕华兴也提出旅游文化是旅游业发展的内在动力。于邦成、陈晓晖也指出旅游活动本质上是一种文化活动，发展旅游业必须加强旅游文化建设。晏性枝也指出"文化是旅游的内质（特质），是旅游的高级形式和精神享受"，"发展旅游业要树立大文化观"。

（2）旅游文化是旅游可持续发展的源泉

黄佛君、金海龙、许豫东提出"在旅游活动中旅游文化是首先要考虑的因素，旅游活动的过程是从经济中进去，从文化中出来的过程，旅游开发的价值最终是体现文化的经济价值"，"可持续旅游业要求生态文化作为发展支撑"，"旅游文化的可持续成为可持续旅游业的基础"。赵文红也提出"旅游文化是旅游活动的内涵，旅游文化的载体是旅游资源，而旅游资源又是可持续发展的基础，因此，旅游文化是旅游可持续发展的源泉"。

（3）旅游文化应该确立自己的学科地位，应从学术外围走向学术中心

对此，东南大学的毛桃青等人早在 1996 年就呼吁，"旅游经济"的小袍子已经裹不住日渐突出的旅游文化的躯体了，并提出要规范旅游专业目录。

（4）旅游文化是旅游资源开发的重要内容

陈荣富认为，人文旅游资源在旅游资源的构成上占有极为重要的地位，即使是自然旅游资源的开发，也离不开从文化的角度进行设计和挖掘。郭宽、汤国辉也指出"大幅度开发景洪多姿多彩的旅游文化资源，使旅游文化渗透于旅游活动全过程中，是提高景洪旅游竞争力的必然要求，也是建设云南民族文化大省重要的组成部分"。

（5）旅游文化与经济的关系

很多学者都突出了旅游文化的地位，如秦永红认为"即使在激烈的市场竞争条件下，也必须以发展旅游文化为本，走文化型旅游经济发展的道路"，"文化乃旅游业发展新的经济增长点"。

3. 旅游文化的探析

学者们对各个层面的旅游文化现象进行了探析：

（1）对各类名城的探析

邓祝仁将我国诸名城的旅游文化传统作了归类：①以北京和西安为代表、以充满着中国和地方浓厚的旅游政治历史文化色彩的人文景观著称于世的名城；②以经济浪潮威震世人、以旅游商品使游者流连的名城；③以宗教文化、民俗风情诱惑国内外旅游者的名城；④以名人和文化遗址使旅游者趋之若鹜的名城；⑤以美不胜收的园林艺术使中外旅游者流连忘返、赞叹叫绝的名城；⑥以自然山水风光蜚声全球的名城。

（2）对我国传统文化从旅游文化的角度进行分析

如张来芳对诗经的旅游文化探赜：诗经旅游文化的深刻含义包括旅游概念的文化界定、旅游景观的历史确认、民俗风情的历史遗存；而且诗经旅游文化还具有自然美、典雅美等美学价值。又如魏宏灿提出庄学精神是山水旅游文化的源泉。束有春、焦正安对佛教旅游文化进行了分析，指出佛教等宗教文化景点在旅游业中不可低估的合力作用。另外，周思琴、方燕都对魏晋南北朝的旅游文化进行了分析。

（3）其他学科或技术在旅游文化中的作用

如覃兆刿指出档案的旅游文化价值体现在三个方面：档案的旅游资源价值；档案的文化介质作用；档案在旅游中的导游素材与审美价值。资民筠论述了舞台、影视技术在旅游文化中扮演的重要角色。

4. 旅游文化的应用研究

此类论文占将近一半的比重，说明学者们对现实开发与建设的重视，这与旅游学科实践性较强的特点

是吻合的。在这些论文中，最起码有一点是完全一致的，即学者们都深刻认识到旅游文化在旅游资源开发和建设中的作用，其观点分析归纳如下：

（1）强调在开发建设的过程中要突出传统文化和地方特色

罕华兴在其论文中指出要"充分挖掘西双版纳民族文化资源，正确处理好民族文化传统与现代化的关系"，要"突出体现民族的文化特色和地方特色"。吴世泉在论述时也提出要突出宜昌特色，要在"土（风土人情）、真（返璞归真）、品（文化品位）"上下工夫。于邦成、陈晓晖也强调在建设大连时要充分发掘和提炼独特的城市建设文化。许曦在其论文中指出"独特的地域文化传统、民族传统是三峡库区旅游资源中极其宝贵的财富"。熊学忠、赵玲、何建伟等也提出了类似的观点。

（2）开发与保护并重，实现资源的可持续发展

许曦在论述"开发三峡库区旅游文化"时提出"坚持开发与保护并重，在注重开发旅游文化资源的同时，积极保护库区传统旅游文化营造良好的社会文化环境"。熊学忠、赵玲和王禹浪等也都强调要"处理好旅游开发与环境保护的关系"。

（3）注重自然与人文的融合

此包含两层意思：

一是不仅要提高人文资源的文化内涵，而且要重视自然景观文化内涵的发掘。张晓萍在其论文中得出"一切自然景观如果融入了一定的文化内容就会更加吸引人"的结论。李维青论述吐鲁番旅游文化开发思路时，并举出"人文景区的文化开发"和"自然景观科学与美学内涵的发掘"。

二是加大生态旅游的含量，开发文化生态资源。何勇提出"广义的文化生态资源"，包括"自然遗产生态资源、文化遗产生态资源和精神文明生态资源"。熊学忠、赵玲对云南旅游也提出要加大生态旅游含量。

（4）加大旅游文化宣传的力度

熊学忠、赵玲提出"在旅游文化宣传中，要重视旅游文学潜在的宣传作用"。刘建平指出"南岳要走国内、国际旅游之路，必须重视对外宣传"：①要有目标市场；②要有宣传手段；③要有宣传方法。除上述诸点外，还要提高人员素质，提高管理水平，从而提高产品质量，而且很多学者都已经注意到资金、制度对于开发建设的重要性。

（5）旅游文化专著研究的内容日臻全面系统

如李文初等著《中国山水文化》包括山水哲学、山水文学和山水艺术三大方面的研究。马波著的《现代旅游文化学》就包括旅游文化与旅游文化学的基本概念、理论和方法，旅游消费行为文化，旅游审美文化，旅游接待地经营文化等方面的研究。冯乃康著《中国旅游文学论稿》探讨了旅游文学与山水文学的关系、旅游文学的分类、旅游文学的意境、旅游文学的结构、源流等问题。刘德谦著《中国旅游文学新论》汇集了他多年研究旅游文学典籍的一批考据文章，内容涉及先秦旅游文献、南北朝名著《水经注》的错讹、《文选》的旅游视野等问题。此外，一些融学术性和文化休闲性的图书也开始出现，如高建新著《山水风景审美》从审美的角度全面考察山水风景的美。崔进编著的《旅游文化纵览》、喻学才主编的《中国旅游名胜诗话》丛书也相继出版。福建农林大学王柳云有《森林旅游文化简论》，谢春山有《旅游文化论》。

（6）旅游文化教材出版热闹空间

1995 年，喻学才的《中国旅游文化传统》在东南大学出版后，即被多家高校旅游专业用做教材；此后，郝长海、曹振华等著《旅游文化学概念》，谢贵安、华国梁编著的《旅游文化学》，王淑良编著的《中国旅游史》，沈祖祥主编的《旅游文化概论》，喻学才主编的《旅游文化》相继问世，可谓热火朝天。据闻山东师范大学何佳梅、扬州大学潘宝明、河南大学程遂营均有题为《中国旅游文化》的专著问世，杭州商学院赵荣光主编有《中国旅游文化研究》。因未读到原书，记此备忘。

（7）旅游文化科研项目开始出现

安徽财贸学院的王文举还有题为《中国文化研究》的科研项目（安徽省教育厅），山西大学旅游学院有李书吉主持的《山西旅游文化研究》科研项目。

（喻学才）

（原文发表于《东南大学学报》哲学社会科学版，2004 年第 6 卷第 1 期）